GABRIEL SIRA SANTANA

LA ASAMBLEA NACIONAL CONSTITUYENTE: DESDE SIEYÈS HASTA NUESTROS DÍAS

Mención de Honor en el Premio Academia de Ciencias Políticas y Sociales para Profesionales 2023-2024, Dr. Eloy Maduro Luyando

Serie Estudios, N° 160

Academia de Ciencias Políticas y Sociales

cidep
Centro para la Integración y el Derecho Público

Cita sugerida: Gabriel Sira Santana, *La Asamblea Nacional Constituyente: Desde Sieyès hasta nuestros días* (Caracas: Academia de Ciencias Políticas y Sociales y Centro para la Integración y el Derecho Público, 2026)

Primera publicación: Academia de Ciencias Políticas y Sociales y Centro para la Integración y el Derecho Público (CIDEP), Venezuela, 2025.

ISBN: 979-8-90529-000-8

Publicado por
CENTRO PARA LA INTEGRACIÓN Y EL DERECHO PÚBLICO
Un sello editorial de CIDEP LLC
www.editorial.cidep.online
editorial@cidep.online

Coeditado por
Academia de Ciencias Políticas y Sociales
Caracas, Venezuela
www.acienpol.org.ve
academiadecienciaspoliticas@gmail.com

"El jurado también decidió otorgar mención de honor al trabajo titulado LA ASAMBLEA NACIONAL CONSTITUYENTE: DESDE SIEYÈS HASTA NUESTROS DÍAS, *de la autoría del profesor Gabriel Sira. Se destaca que esta obra constituye un aporte valioso al estudio de las asambleas constituyentes en Venezuela. Su análisis crítico, fundamentado en un marco teórico sólido y una exhaustiva revisión documental, invita a la reflexión sobre el uso de este mecanismo de reforma constitucional y sus implicaciones para la democracia".*

Veredicto del Premio Academia de Ciencias Políticas y Sociales para Profesionales 2023-2024, Dr. Eloy Maduro Luyando, signado por los Individuos de Número Cecilia Sosa Gómez, James-Otis Rodner y Humberto Romero-Muci.

ÍNDICE

ABREVIATURAS

ACIENPOL: Academia de Ciencias Políticas y Sociales
ANC: Asamblea Nacional Constituyente
ANC-1999: Asamblea Nacional Constituyente de 1999
ANC-2017: Asamblea Nacional Constituyente de 2017-2020
Art./s: Artículo/s
AVEDA: Asociación Venezolana de Derecho Administrativo
CEC: Centro de Estudios Constitucionales
CIDEP: Centro para la Integración y el Derecho Público
CLN: Comisión Legislativa Nacional
CNE: Consejo Nacional Electoral
CorteIDH: Corte Interamericana de Derechos Humanos
CRBV: Constitución de la República Bolivariana de Venezuela
CSJ/SP: Corte Suprema de Justicia en Sala Plena
CSJ/SPA: Corte Suprema de Justicia en Sala Político-Administrativa
CSJ/SPA-Acc.: Corte Suprema de Justicia en Sala Político-Administrativa Accidental
EJV: Editorial Jurídica Venezolana
EJVI: Editorial Jurídica Venezolana Internacional
FCE: Fondo de Cultura Económica
G.O.: Gaceta Oficial de la República
Lit./s: Literal/literales
LOSPP: Ley Orgánica del Sufragio y Participación Política
Num./s: Numeral/es
Ord./s: Ordinal/es
TSJ/SC: Sala Constitucional del Tribunal Supremo de Justicia
TSJ/SE: Sala Electoral del Tribunal Supremo de Justicia
TSJ/SP: Sala Plena del Tribunal Supremo de Justicia
UCAB: Universidad Católica Andrés Bello
UCAT: Universidad Católica del Táchira
UCV: Universidad Central de Venezuela
UNAM: Universidad Nacional Autónoma de México

INTRODUCCIÓN

De acuerdo con HAMBLIN, "[u]n argumento falaz, como dicen prácticamente todas las exposiciones desde Aristóteles, es un argumento que parece válido pero no lo es"[1]. Así lo indica también ATIENZA, al calificar a las falacias como aquellos "argumentos que parecen válidos, pero que no lo son", y a cuyo estudio debe prestársele especial atención pues, a diferencia de los argumentos manifiestamente inválidos, son capaces de generar confusión en el receptor del mensaje y llevar a equívocos[2].

Sin que sea nuestra intención profundizar sobre el término, podemos concluir con VEGA REÑÓN en que:

> Aunque las falacias no se dejen identificar con los malos argumentos en general, la falacia suele considerarse un paradigma de mala argumentación. Nuestro término "falacia" ha heredado el doble sentido de su étimo latino fallo: 1. Engañar, inducir a error; 2. Fallar, incumplir, defraudar. "Falaz" designa entonces aquello que se presta o induce a error, sea falso, fallido o fraudulento. Nuestros usos actuales de "falaz" y de "falacia" acentúan su sentido intencional y peyorativo de falsedad, engaño o mentira (...). Así, "falacia" se ha venido a mover en dos planos: el plano proposicional de los asertos o proposiciones, donde significa una creencia u opinión falsa ampliamente extendida (...); y el plano argumentativo, donde significa el razonamiento o la argumentación fraudulenta, un argumento inválido o incorrecto que suele pasar por bueno[3].

En este sentido, cuando nos encontramos frente a un argumento falaz nos hallamos ante un "[e]ngaño, fraude o mentira" –de acuerdo con la definición provista por la Real Academia Española[4]– que tiene la intención de inducir un error, al hacernos creer que una cosa es otra, aceptándose tal enfoque como el correcto gracias a su aparente rectitud, si bien al analizar el fondo del asunto podemos constatar que, en definitiva, se trataba de una mentira.

Traemos a colación este concepto propio de la argumentación jurídica porque somos del criterio que no hay mejor calificativo para

---

1 Charles Hamblin, *Falacias*, trad. Hubert Marraud, Kindle (Lima: Palestra Editores, 2016), loc. 188.

2 Manuel Atienza, *Las razones del Derecho. Teorías de la argumentación jurídica*, 4° ed., Kindle (Lima: Palestra Editores, 2016), loc. 380.

3 Luis Vega Reñón, *Introducción a la teoría de la argumentación. Problemas y perspectivas*, Kindle (Lima: Palestra Editores, 2016), loc. 3529.

4 Real Academia Española, "Falacia", Diccionario de la Lengua Española, 2022, https://dle.rae.es/falacia.

describir lo ocurrido en Venezuela durante los meses de mayo del año 2017 a diciembre del 2020, cuando se *instauró* y *operó* en el país una supuesta "Asamblea Nacional Constituyente" *convocada* por el entonces Presidente de República en fecha 01-05-2017[5], todo lo cual se dio en contravención de lo previsto en la CRBV[6] y los principios más elementales de un Estado Democrático de Derecho, como tendremos oportunidad de desarrollar en esta investigación.

Esta contrariedad a Derecho fue alertada por más de cuarenta autores nacionales e internacionales e instituciones como la ACIENPOL incluso antes de que se materializara la amenaza[7]; pero todos ellos fueron ignorados por la fuerza política dominante que, en su afán de mantenerse en el poder independientemente de los medios requeridos para ello al mejor estilo explicado por Maquiavelo[8], prosiguió con sus planes y el 30-07-2017 llamó al pueblo a acudir a las urnas para *elegir* –en un proceso cuya legalidad fue seriamente cuestionada en todos los niveles[9]– a los constituyentes que integrarían a la ANC-2017, que quedó instaurada tan solo unos días después, el 04-08-2017, al designarse a su Junta Directiva[10].

---

5 *Cfr.* "Decreto n° 2.830, mediante el cual se establece que en ejercicio de las atribuciones que me otorga la Constitución de la República Bolivariana de Venezuela, en su artículo 348 y fundamentado en los artículos 70, 236 numeral 1 y 347 ejusdem, Convoco una Asamblea Nacional Constituyente, ciudadana y de profunda participación popular, para que nuestro Pueblo, como depositario del Poder Constituyente Originario, con su voz suprema, pueda decidir el futuro de la Patria, reafirmando los principios de independencia, soberanía, igualdad, paz, democracia participativa y protagónica, multiétnica y pluricultural", en G.O. n° 6.295 Extraordinario del 01-05-2017.

6 G.O. n° 36.860 del 30-12-1999 con reimpresión en n° 5.453 Extraordinario del 24-03-2000 y enmendada según n° 5.908 Extraordinario del 19-02-2009.

7 *Cfr.* Allan R. Brewer-Carías y Carlos García Soto, eds., *Estudios sobre la Asamblea Nacional Constituyente y su inconstitucional convocatoria en* 2017 (Caracas: ACIENPOL y EJV, 2017).

8 Nótese que aun cuando Maquiavelo no acuñó la célebre frase de "el fin justifica los medios", esta idea está presente a lo largo de su obra como se constata, por ejemplo, en la cita: "[c]uando le sea indispensable derramar la sangre de alguno, no deberá hacerlo nunca sin que para ello haya una conducente justificación", a lo que Napoleón en sus comentarios agregó, en relación con esa justificación, que "[l]os forja uno, cuando no las hay reales". *Cfr.* Fernández y Castrejón, ed., *Maquiavelo comentado por Napoleón I (Bonaparte)* (México D.F.: Tipografía Popular, 1905), 264.

9 *Cfr.* Observatorio Electoral Venezolano, "Domingo 30: La elección de la ANC no es transparente", 28-07-2017, https://bit.ly/3e7RYBx; Observatorio Electoral Venezolano, "OEV | Las cifras del CNE bajo sospecha", 31-07-2017, https://bit.ly/3J1fH4V.

10 *Cfr.* "Acuerdo mediante el cual se elige a las ciudadanas y ciudadanos que en él se mencionan, como integrantes de la Junta Directiva de la Asamblea Nacional Constituyente", en G.O. n° 6.320 Extraordinario del 04-08-2017.

Desde entonces, en la G.O. se publicó una serie de actos emanados de este cuerpo que hoy tenemos la intención de reseñar a fin de brindar al lector una imagen de conjunto, como hemos hecho en otras oportunidades[11], que facilite la comprensión de qué hicieron los representantes llamados a –según quien ejercía la Presidencia de la República– "decidir el futuro de la Patria", para así determinar –a su vez– cuál fue la verdadera finalidad de la ANC-2017.

En este orden de ideas, la hoja de ruta que nos hemos propuesto para esta investigación parte del deber ser de una Asamblea Nacional Constituyente –es decir, lo que prevé la CRBV al respecto (Capítulo IV de este trabajo) y algunos antecedentes y precisiones conceptuales en la materia, producto tanto del propio concepto de la ANC (Capítulo I) como su implementación en nuestra historia constitucional (Capítulo II) y en especial en el año 1999 (Capítulo III)–, para luego adentrarnos en el ser, o la supuesta convocatoria a tal asamblea como respuesta a la crisis política que vivía –y sigue viviendo– el país (Capítulo V), acudiéndose a esta figura no para transformar al Estado y redactar una nueva Constitución con base en los ideales democráticos que deben regir a esta institución –como, vale decir, rigen a todos los órganos y entes que ejercen el Poder Público, independientemente de si se catalogan de constituidos o constituyentes–, sino, más bien, para desconocer esos mismos ideales y al propio pueblo venezolano quien era –y es– el verdadero depositario de la soberanía nacional a tenor del artículo 5 de la CRBV[12].

Es el resultado de esta comparación entre el ser y el deber ser de la ANC-2017 el que nos permitirá, en definitiva, reafirmar el carácter inconstitucional y antidemocrático de este cuerpo[13] y, por ende, tam-

---

11 *Cfr.* Gabriel Sira Santana, *El estado de excepción a partir de la Constitución de 1999* (Caracas: CIDEP y EJV, 2017).

12 El artículo, como se recordará, prevé que: "La soberanía reside intransferiblemente en el pueblo, quien la ejerce directamente en la forma prevista en esta Constitución y en la ley, e indirectamente, mediante el sufragio, por los órganos que ejercen el Poder Público. // Los órganos del Estado emanan de la soberanía popular y a ella están sometidos".

13 Así lo hemos sostenido en Gabriel Sira Santana, "La 'Asamblea Nacional Constituyente' en la Gaceta Oficial de la República", *Revista de Derecho Público*, nº 153-154 (2018): 245-65. Además de las cinco continuaciones de ese estudio publicadas en: Gabriel Sira Santana, "La 'Asamblea Nacional Constituyente' en la Gaceta Oficial de la República (segunda parte)", *Revista de Derecho Público*, nº 155-156 (2018): 219-31; Gabriel Sira Santana, "La 'Asamblea Nacional Constituyente' en la Gaceta Oficial de la República (tercera parte)", *Revista de Derecho Público*, nº 157-158 (2019): 266-74; Gabriel Sira Santana, "La 'Asamblea Nacional Constituyente' en la Gaceta Oficial de la República (cuarta parte)", *Revista de Derecho Público*, nº 159-160 (2019): 227-36; Gabriel Sira Santana, "La 'Asamblea Nacional Constituyente' en la Gaceta Oficial de la República (quinta parte)", *Revista de Derecho Público*, nº 161-162 (2020): 375-80; Gabriel Sira Santana, "La

bién de los –al menos– 215 actos por ella publicados en la G.O.[14] pues, si bien esta asamblea no llegó a discutir un proyecto de Constitución[15], mal podría afirmarse que la misma permaneció inerte durante los tres años y cinco meses que estuvo "vigente"[16], al haber dictado una serie de *leyes*, *decretos* y *acuerdos constituyentes* que pasaron –*de facto*, porque su inconstitucionalidad es manifiesta– a formar parte del ordenamiento jurídico venezolano hasta nuestros días, llegando a ser calificados por la doctrina como vías de hecho normativas[17].

De ahí que, aun cuando pudiera pensarse que el estudio de la ANC-2017 está zanjado por su disolución en el año 2020, la realidad dista de tal afirmación por al menos tres motivos que abogan por su actualidad:

Primero, a la fecha no existe una investigación que aborde el tema que nos hemos propuesto estudiar en toda su extensión, ya que los trabajos suelen enfocarse en la contrariedad a Derecho de su *convocatoria* o de algunas de las *leyes* y *decretos constituyentes* que emanaron de este cuerpo, siendo la única obra que se tiene conocimiento que realizó un estudio general del tema publicada con anterioridad a

---

'Asamblea Nacional Constituyente' en la Gaceta Oficial de la República (sexta parte)", *Revista de Derecho Público*, nº 163-164 (2020): 417-22.

14 Nótese que no aludimos a un número definitivo ya que, como sostuvimos en otra oportunidad, dadas las irregularidades que presenta el manejo de la G.O., a la fecha no han circulado diferentes números ordinarios y extraordinarios del período 2017-2020, por lo que se desconoce si en los mismos se publicaron documentos emanados de la ANC-2017 que habrían de ser incluidos en este estudio. *Cfr.* Gabriel Sira Santana, "La Gaceta Oficial de la República como fuente de inseguridad jurídica", *Revista de Derecho Público*, nº 163-164 (2020): 423-38.

15 A lo sumo, nótese que en septiembre de 2018 circuló una "propuesta" con autoría del Instituto de Altos Estudios del Proceso Social de Trabajo "Jorge Rodríguez" de la Universidad Bolivariana de Trabajadores "Jesús Rivero". El texto puede consultarse en https://bit.ly/3GORuNd.

16 Término usado por la propia ANC-2017 según se aprecia, por ejemplo, en el "Decreto constituyente mediante el cual se establece la vigencia de funcionamiento de la Asamblea Nacional Constituyente", en G.O. nº 41.636 del 20-05-2019. El artículo 1 de este *decreto constituyente* acordó "[e]stablecer la vigencia de funcionamiento de la Asamblea Nacional Constituyente, poder plenipotenciario de la Nación y símbolo indeclinable de la voluntad democrática y soberana de nuestro pueblo, al menos hasta el día treinta y uno de diciembre del año 2020", disolviéndose el 18-12-2020 como detallaremos más adelante.

17 *Cfr.* ACIENPOL, "Pronunciamiento ante la 'Ley constitucional contra el odio, por la convivencia pacífica y la tolerancia' dictada por la asamblea nacional constituyente", *Boletín de la Academia de Ciencias Políticas y Sociales*, nº 156 (2017): 103; Rafael Badell Madrid, *Asalto al Parlamento* (Caracas: ACIENPOL, 2021), 44; Humberto Romero-Muci, "La metamorfosis kafkiana de la unidad tributaria y la dolarización de las sanciones tributarias", *Revista de Derecho Público*, nº 165-166 (2021): 166.

la disolución de la ANC-2017[18]. Por ello, estimamos necesario investigar el antes, durante y después de la ANC-2017, brindándole al lector una visión global que sirva a nuestra memoria histórico-jurídica.

Segundo, la ANC es un concepto que está arraigado en el constitucionalismo venezolano y –como apunta el foro y veremos en el curso de la investigación– también a nivel regional[19], tal como lo demuestran los procesos de las últimas décadas en Colombia, Argentina, Ecuador, Bolivia y Chile.

Según el momento en que se consagre e implemente este mecanismo de cambio constitucional y su apoyo por parte del pueblo, el mismo puede ser una bendición o una abominación, siendo en todo caso prudente conocer de antemano cuál es el verdadero sentido y alcance de la ANC, así como sus limitaciones y formas.

Esto, para evitar su tergiversación por la vía del discurso y, por consiguiente, los peligros que la misma puede representar para un Estado Democrático de Derecho y los principios que de él emanan, con especial mención a la participación ciudadana, el respeto de las minorías y que la soberanía reside en el pueblo. Solo así, la legitimidad de la ANC podrá vincularse con su legalidad, en vez de hacerse depender únicamente de factores políticos y de quien detente el monopolio de la fuerza.

Tercero, aun cuando, como dijimos, la ANC-2017 no redactó una nueva Constitución de la República para someterla a referendo popular, este cuerpo sí dictó un número considerable de actos normativos que habían de mantener "su plena vigencia luego del vencimiento del plazo establecido para su funcionamiento [de la ANC-2017]" (artículo 2 de la "Ley constitucional que regula la vigencia de los actos emanados de la Asamblea Nacional Constituyente"[20]), sometiéndose su reforma y derogatoria a procedimientos agravados según tendremos oportunidad de desarrollar.

Así, hoy en día, los venezolanos estamos regidos por un conjunto de *leyes* y *decretos constituyentes* que forman parte del ordenamiento jurídico a pesar de haber emanado de un cuerpo que, para dictarlos, usurpó la soberanía del pueblo y se instauró y operó en contravención de la CRBV.

---

18 *Cfr.* Carlos Ayala Corao y Rafael Chavero Gazdik, *La Asamblea Constituyente de Venezuela (2017-2019): El Leviatán de la democracia* (Caracas: ACIENPOL y EJV, 2019).

19 *Cfr.* Hildegard Rondón de Sansó, *La Asamblea Constituyente en Latinoamérica*, Kindle (Caracas: FUNEDA, 2016).

20 G.O. n° 6.604 Extraordinario del 18-12-2020.

Este es el caso, por ejemplo, de la "Ley constitucional Antibloqueo para el desarrollo nacional y la garantía de los derechos humanos", el "Decreto constituyente para la participación en procesos electorales", el "Decreto constituyente mediante el cual se dicta el Código Orgánico Tributario" y la "Ley constitucional contra el odio, por la convivencia pacífica y la tolerancia"[21].

Se tratan, todos, de instrumentos inconstitucionales tanto por su contenido como por su origen (la ANC-2017). No obstante, hasta que el Poder Judicial no se pronuncie sobre su contrariedad a Derecho o el resto del Poder Público proceda a repudiarlos en el ámbito de sus competencias, los particulares debemos adaptar nuestro comportamiento a lo previsto en ellos, con el agravante que en ocasiones estos actos están plagados de términos ambiguos que imposibilitan saber cuál es la conducta esperada a fin de evitar la imposición de una severa sanción, favoreciéndose en definitiva que la fuerza política dominante use la norma a su conveniencia[22].

Por estos motivos, somos del criterio que la disolución de la ANC-2017 en el año 2020 no es razón suficiente para abandonar su estudio y centrar nuestra exclusiva atención en otros temas que –también– resultan de valor en una sociedad tan dinámica como la nuestra, en la que constantemente surgen situaciones cuyas implicaciones sociales, políticas y jurídicas ameritan comentarios[23].

En tal sentido, es nuestro deseo que esta investigación brinde luces sobre algunas de las sombras que se ciernen sobre la figura de la ANC en nuestro ordenamiento jurídico y –en especial– su desacertada implementación en el período 2017-2020, a fin de que la sociedad venezolana pueda corregir los excesos en que incurrió dicha institución, derogar o declarar la nulidad de sus actos, regular por las vías ordinarias los temas abordados por la ANC-2017 que se estimen de

---

[21] G.O. n° 6.583 Extraordinario del 12-10-2020, n° 41.308 del 27-12-2017, n° 6.507 Extraordinario del 29-01-2020 y n° 41.274 del 08-11-2017 con reimpresión en n° 41.276 del 10-11-2017, respectivamente.

[22] Nótese que esta ambigüedad no es algo exclusivo de la ANC-2017 y ha sido estudiada por autores como Delgado, quien apunta que ella "convierte la certeza del derecho en una fantasía", ya que "no le deja saber a los ciudadanos qué es exactamente lo que las normas ordenan o prohíben ni cuáles son los límites precisos de sus derechos subjetivos", resultando el ordenamiento en "una abigarrada masa de artículos susceptibles de servir de fundamento para cualquier decisión". Francisco Delgado, *La reconstrucción del Derecho venezolano* (Caracas: Editorial Galipán, 2012), 39.

[23] Solo por nombrar un par, en adición a los temas clásicos del Derecho que siempre están presentes, se tiene la disputa por el Esequibo, la integridad electoral en los últimos procesos electorales en el país y la necesaria reforma de la justicia constitucional.

provecho y exigir las responsabilidades de rigor, como parte del tránsito al Estado Democrático de Derecho.

De lo contrario, como es común escuchar en el argot popular, "quienes no recuerdan su pasado están condenados a repetirlo"[24].

---

[24] George Santayana, *The Life of Reason or the Phases of Human Progress* (New York: Charles Scribner's Sons, 1920), 284. Traducción nuestra.

CAPÍTULO I: EL PODER CONSTITUYENTE EN LA OBRA DE SIEYÈS Y SU NECESARIA CONTEXTUALIZACIÓN

Todo estudio que tenga cierto ánimo de profundidad sobre la ANC debe partir de la obra de SIEYÈS quien, con razón, es calificado en el foro como "quien fue, teoréticamente hablando, el artífice de la situación de Asamblea Constituyente"[25], agregándose que gracias a sus aproximaciones al tema:

> Desde Sieyès se han dibujado dos rasgos esenciales de la teoría del poder constituyente: primero, que toda Constitución supone un poder creador, que no es otro que el poder constituyente; y segundo, que se trata de un poder superior no sometido a los poderes consagrados por la Constitución[26].

En este sentido, si bien las publicaciones del abate no fueron especialmente numerosas, una de ellas destaca por su importancia para el tema que nos ocupa.

Nos referimos, claro está, a su célebre panfleto titulado "¿Qué es el Tercer Estado?" y que sirvió de preámbulo a la Revolución Francesa ante la convocatoria de los Estados Generales de 1789, como Asamblea General Extraordinaria con la que Luis XVI pretendía solventar la crisis económica en la que se encontraba el reino.

Dichos Estados Generales se enfrentaron a una diatriba desde su origen: el sistema de votación, que históricamente había sido por estamentos –es decir, un voto por cada estamento para un total de tres–, en criterio del pueblo llano (*el Tercer Estado*) había de reformarse a un voto por cabeza para, así, garantizar la igualdad entre los estamentos y evitar que la nobleza y el clero pudiesen imponer su criterio a dicho pueblo –que representaba a más del 90 % de la población francesa– por el simple hecho de la condición privilegiada que los dos primeros tenían en la sociedad[27].

SIEYÈS fue, justamente, uno de los pensadores que abogaba por esta igualdad de votos por cabezas –y no por estamento– y así se

---

[25] Humberto La Roche, *Ensayos de Derecho constitucional* (Caracas: TSJ, 2002), 144.

[26] Ricardo Combellas, "Introducción teórica al poder constituyente y al poder de revisión de la Constitución", en *Procesos constituyentes y reformas constitucionales en la historia de Venezuela*: 1811-1999, vol. I (Caracas: UCV, 2005), 1.

[27] *Cfr*. Enmanuel Sieyès, *El tercer estado y otros escritos de* 1789, trad. Ramón Máiz (Madrid: Espasa-Calpe, 1991), 15–34.

constata en tres de sus obras[28] publicadas entre el anuncio de la convocatoria a los Estados Generales (hecho ocurrido el 05-07-1788) y la celebración de su primera reunión el 05-05-1789, donde promovió que el Tercer Estado debía separarse de los Estados Generales y conformar su propia "Asamblea Nacional", como de hecho terminó ocurriendo.

En este orden de ideas, consideramos pertinente traer a colación cuatro de las ideas que el autor expuso en el primero de sus panfletos (*Ideas sobre los medios de actuación de que podrán disponer los representantes de Francia de* 1789), para luego compartir un par de citas de interés del tercero de los mencionados (*¿Qué es el Tercer Estado?*), y que resultan vitales para comprender el rol que el abate –como "artífice de la situación"– confirió a la asamblea nacional (constituyente).

Así, primero, Sieyès partió en su argumentación de la Constitución como norma suprema visto que, en sus palabras:

> ...de todas las leyes, la primera, la más importante para los pueblos, es una buena Constitución. Pues solamente una buena Constitución podrá garantizar a los ciudadanos el disfrute de sus derechos naturales y sociales, dará estabilidad a todo lo que se haga de bien y operará la extinción sucesiva de todo lo que se ha hecho mal hasta nuestros días[29].

No habiendo dudas sobre la importancia de la Constitución –en principio, con énfasis en su parte dogmática aunque luego veremos que el autor también aludió a su parte orgánica– restaba por preguntarse quién podía dictar dicha norma suprema y, al respecto, el abate expuso que todas las leyes –con inclusión de la Constitución– eran "la voluntad manifiesta de aquel que tiene derecho a obligar", y por tal sujeto habíamos de entender al pueblo –la nación, en los términos de Sieyès[30]–, ya que a él pertenece "el derecho de consultar sus intereses, de deliberar y de imponer leyes", sin perjuicio de que la fuerza pública deba luego garantizar su ejecución[31].

---

[28] Ellas son: "Ideas sobre los medios de actuación de que podrán disponer los representantes de Francia de 1789", "Ensayo sobre los privilegios" y "¿Qué es el Tercer Estado?", todas consultadas en la obra identificada en la nota al pie anterior.

[29] Sieyès, *El tercer estado y otros escritos de* 1789, 39.

[30] El autor define a esta como "todos los habitantes y todos los tributarios de la cosa pública". Ibid., 220. En sentido similar, Malaspina plantea que ella es "una cantidad cualquiera de gentes que siguen las mismas leyes, costumbres y religión que se reúnen para su prosperidad y defensa". Citado en Juan Garrido Rovira, "La legitimación de Venezuela (el Congreso Constituyente de 1811)", en *Procesos constituyentes y reformas constitucionales en la historia de Venezuela:* 1811-1999, vol. I (Caracas: UCV, 2005), 15-16.

[31] Sieyès, *El tercer estado y otros escritos de* 1789, 45-46.

En otras palabras, la Constitución debía devenir del pueblo por ser este el que quedaría obligado por la misma y quien conocía -además- sus necesidades, no siendo lícito que un tercero (llámese rey, presidente, líder supremo o como se quiera) decidiera por el primero, pues el poder de este último, más bien, estaba limitado a hacer cumplir la voluntad que dicho pueblo o nación expresara. Es decir, que la voluntad y la actividad del Estado estaba en definitiva formada y ejecutada por quienes estaban sometidos a ellas.

Claramente, una posición revolucionaria y contraria a la que planteaban los autores más cercanos al Absolutismo -como BODIN- que defendían que el monarca podía dar, quebrantar y anular las leyes a voluntad, ya que estas regían únicamente para los súbditos, encontrándose el primero absuelto tanto de las propias como la de sus predecesores[32].

Precisado lo anterior, SIEYÈS pasó a pronunciarse sobre una realidad que podía derivar en problemática, y por ello él planteó su propia solución al respecto.

Así, nos dice el autor que, si bien la voluntad común es "naturalmente el producto general de todas las voluntades particulares" -tema este no exento de debate[33]-, a medida que aumenta el número de ciudadanos lo hace también la imposibilidad de "reunirse para confrontar las voluntades particulares, conciliarlas y conocer la opinión general", de lo que deviene la necesidad de que la sociedad elija a representantes que no solo hagan conocer cuál es la voluntad del grupo que los mismos representan en una asamblea común, sino que puedan deliberar y llegar a acuerdos dentro del marco provisto por los representados[34].

---

32 *Cfr.* Jean-Jacques Chevallier, *Los grandes textos políticos. Desde Maquiavelo a nuestros días*, trad. Antonio Rodríguez Huéscar, 3° ed. (Madrid: Aguilar, 1957), 38.

33 *Cfr.* Jean-Jacques Rousseau, *El contrato social o principios de Derecho político*, trad. Leticia Halperín Donghi (Buenos Aires: La Página, 2003); Friedrich Hayek, *Camino de servidumbre. Textos y documentos. Edición definitiva*, trad. José Vergara Doncel (Madrid: Unión Editorial, 2008). Para el primero la voluntad general no es la suma de las voluntades individuales ya que esta debe estar alejada de la pasión propia de las personas naturales, en tanto para el segundo sí será tal suma por ser lo más cónsono con los principios de igualdad y libertad.

34 Sieyès, *El tercer estado y otros escritos de 1789*, 48–51. Nótese que se trataba de un tema álgido para la época pues, unos veinte años antes, ROUSSEAU se había opuesto a este planteamiento al afirmar que "[l]a soberanía no puede ser representada, por la misma razón que no puede ser enajenada; consiste esencialmente en la voluntad general y ésta no puede ser representada: es ella misma o es otra, no hay término medio", por lo que "no bien un pueblo libre se da representantes, ya no es más libre, ya no existe". Rousseau, *El contrato social o principios de Derecho político*, 128–32.

Es decir, que el proceso de formación de leyes -con inclusión, reiteramos, de la Constitución como ley suprema- habría de ser necesariamente fruto de la democracia representativa y no de la democracia directa[35] pues, aun cuando esta última podría verse como el ideal (una cabeza, un voto, sin intermediarios), no deja de ser utópica la posibilidad de que se logre reunir a todos los sujetos que forman parte de la siempre *in crescendo* sociedad para la toma de cada una de las decisiones que conciernen a la misma.

Lo anterior, aunado al hecho que esa consulta constante al colectivo bien podría transformarse en una limitante a las propias libertades y derechos que las normas buscan garantizar, al restringir las oportunidades para que cada sujeto desarrolle su proyecto de vida por tener que dedicar una cuantiosa parte de la misma a la deliberación y toma de decisiones de interés del conglomerado[36].

Finalmente, la cuarta *idea sobre los medios de actuación* de Sieyès que traeremos a colación es que él indicó que esa asamblea general de representantes que se conformaba como "órgano legítimo de la voluntad nacional (...) dispone del derecho de aprobar las leyes sobre todo lo que atañe a la nación, y (...) no hay nada sobre lo cual no pueda legislar"[37], aunque el propio abate apuntaría más adelante que "[l]a libertad política posee, pues, sus límites de modo semejante a lo que acontece con la libertad civil", en el sentido que "[n]o puede existir, en modo alguno, un derecho o una libertad que carezca de límites"[38].

En otras palabras, el ejercicio del poder para conformar el ordenamiento jurídico -tanto a nivel legal como constitucional, que es el que nos interesa a los efectos de estas líneas- habría de darse de forma racional y sin atentar contra el Derecho natural, que constituía un límite a la función creadora del Derecho.

---

35 *Cfr.* Manuel García-Pelayo, *Derecho constitucional comparado* (Caracas: Fundación Manuel García-Pelayo, 2005), 175-84. El autor precisa un tanto a lo Perogrullo que, de acuerdo con la unidad que exista entre el pueblo y el poder político, nos encontramos frente a una democracia directa si el primero "ejerce de modo inmediato y directo las funciones públicas que se le atribuyen", o representativa, cuando "ejerce su poder de un modo mediato y a través de sus representantes" ante "la imposibilidad técnica de la democracia directa".

36 *Cfr.* Ibid., 175-84. García-Pelayo agrega que, aunque la democracia directa "sería el último grado de la perfección política" (traducción nuestra), debe imperar el sistema representativo visto que "el gran número de ciudadanos hace imposible su reunión conjunta en una asamblea (...), sólo un pequeño número de representantes tiene capacidad para discutir los asuntos, pues la multitud, por el solo hecho de serlo, es incapaz de una decisión reflexiva, y (...) la complejidad y oposición de intereses sólo puede hallar su equilibrio en el seno de una asamblea deliberante".

37 Sieyès, *El tercer estado y otros escritos de* 1789, 55.

38 Ibid., 166.

Este razonamiento aplicaba inclusive cuando la voluntad nacional quisiera ir en contra del Derecho natural, lo que hoy bien podríamos estudiar desde la óptica de los derechos fundamentales y la dignidad de la persona humana[39] y las advertencias formuladas por autores de siglos pasados, como HAYEK en cuanto a "la equívoca e infundada creencia en que mientras la fuente última del poder sea la voluntad de la mayoría, el poder no puede ser arbitrario"[40], o lo apuntado por DE TOCQUEVILLE sobre la *tiranía de la mayoría* como transfiguración de la democracia[41].

Unos meses después, estas cuatro aseveraciones fueron retomadas y fortalecidas por SIEYÈS en su panfleto sobre el Tercer Estado en el cual, luego de responder de forma extensa a tres interrogantes que sirvieron de base para su estudio[42], el autor afirmó que:

> En toda nación libre, y toda nación debe ser libre, no hay sino un modo de resolver las diferencias que se presentan en lo tocante a la Constitución. A saber: no se debe recurrir a los notables sino a la nación misma. Si carecemos de Constitución es preciso hacer una y solo la nación tiene tal derecho[43].

A este postulado, que sirve si se quiere de síntesis de lo expresado en el primero de los panfletos comentados, el autor agregó como puntos de inflexión que, aun cuando la nación actuaba por medio de sus representantes para adoptar esa Constitución –entendida como el texto que determina la "organización, formas y leyes adecuadas [del Estado] para cumplir las funciones a las que se ha querido destinar", de lo que se aprecia que el concepto pasó a incluir también la parte orgánica y no meramente dogmática, como se extrajo de lo dicho en el panfleto *Ideas sobre los medios de actuación de que podrán disponer los representantes de Francia de 1789*– debía tenerse presente que

39 *Cfr.* Gabriel Sira Santana, "La dignidad humana en los fallos de la Sala Constitucional del Tribunal Supremo de Justicia", en *Temas fundamentales de Derecho público en homenaje a Jesús González Pérez* (Caracas: AVEDA, CIDEP y FUNEDA, 2020), 563-99; Jesús González Pérez, *La dignidad de la persona*, 3° ed. (Madrid: Civitas, 2017).

40 Hayek, *Camino de servidumbre. Textos y documentos. Edición definitiva*, 159.

41 Alexis de Tocqueville, *Democracy in America and two essays on America*, trad. Gerald Bevan, Kindle (New York: Penguin Group, 2003).

42 A saber: **(i)** "¿Qué es el tercer estado? Todo", por ser este el pueblo o el conjunto de ciudadanos de orden común con trabajos particulares, tal como sería el caso del campo, la industria, el comercio, las profesiones o los servicios, en contraposición a quienes ejercían la función pública; **(ii)** "¿Qué ha sido hasta el presente en el orden político? Nada", ya que había sido desprovisto de todo peso político en virtud de los privilegios que gozaban el clero y la nobleza; y **(iii)** "¿Cuáles son sus exigencias? Llegar a ser algo", gracias a la elección de representantes que pudieran, a ciencia cierta, defender sus intereses y manifestar su voluntad con la misma influencia que los otrora sectores privilegiados.

43 Sieyès, *El tercer estado y otros escritos de 1789*, 208.

(i) "[l]a comunidad no se despoja en absoluto del derecho de manifestar su voluntad: toda vez que constituye su propiedad inalienable sólo puede delegar su ejercicio", **(ii)** el cuerpo de representantes "no puede poseer la plenitud de este ejercicio, pues la comunidad no le ha confiado más que una porción de su poder total, esto es, solamente aquella que resulta necesaria para mantener el orden", y **(iii)** los representantes no ejercen la voluntad general "como un derecho propio, puesto que se trata del derecho de otro y la voluntad común reside en aquéllos solamente a título de comisión"[44].

Es decir, lo que hoy podríamos resumir en la máxima recogida en el artículo 5 de la CRBV conforme con el cual, como citamos al inicio de esta investigación, "[l]a soberanía reside intransferiblemente en el pueblo, quien la ejerce directamente en la forma prevista en esta Constitución y en la ley, e indirectamente, mediante el sufragio, por los órganos que ejercen el Poder Público", y "[l]os órganos del Estado emanan de la soberanía popular y a ella están sometidos"[45].

No obstante, el punto que reviste mayor interés para nuestro objeto de estudio lo hallamos tan solo unos párrafos más adelante de este panfleto cuando el abate sostuvo que, visto que las Constituciones son normas fundamentales en el sentido que "los cuerpos que existen y actúan regulados por ellas no pueden en absoluto modificarlas", en consecuencia, "[l]a Constitución no es obra de ningún poder constituido, sino del poder constituyente" y "todas las partes del Estado se corresponden y dependen, en última instancia, de la nación"[46].

Es así como Sieyès llegó a tres conclusiones que resultan de especial relevancia para el tema que nos ocupa, y que al estudiarlas desde el caso venezolano de cierta forma diferimos por las razones que expondremos a continuación, siendo oportuno recordar que **(i)** las tesis

---

[44] Ibid., 210–11.

[45] *Cfr.* Allan R. Brewer-Carías, *La Constitución de 1999: Estado democrático y social de Derecho*, Colección Tratado de Derecho Constitucional, VII (Caracas: EJV, 2014), 262–68. El autor expresa que "[e]l principio más importante del constitucionalismo moderno, derivado de las Revoluciones francesa y norteamericana, de fines del Siglo XVIII, sin duda, es el principio que permitió el traslado efectivo de la soberanía, como suprema potestad de mando y gobierno de una Nación, de un Monarca absoluto, al pueblo", lo que ha sido recogido por las Constituciones venezolanas desde 1811 y hoy hallamos en el artículo 5 de la CRBV, ya citado. Nótese, en todo caso, que este no es el único paralelismo que podemos hacer entre la obra de Sieyès y la CRBV, siendo otro ejemplo de valor el hecho que el autor afirmó que "el poder público delegado no puede jamás devenir perjudicial para sus comitentes" porque "el ejercicio del poder devendría ilegal", previéndose en el artículo 25 de la CRBV que "[t]odo acto dictado en ejercicio del Poder Público que viole o menoscabe los derechos garantizados por esta Constitución y la ley es nulo (...)".

[46] Sieyès, *El tercer estado y otros escritos de 1789*, 212–13.

de este autor se dieron al calor de la Revolución Francesa y la lucha contra el *Ancien Régime*, lo que constituye un contexto histórico que no puede dejarse de lado y **(ii)** como expuso el propio SIEYÈS, "el espíritu de imitación no es buen consejero" y se debe "abandonar la funesta manía de imitar a nuestros vecinos", siendo más recomendable que, sin obviar lo que ocurre fuera de nuestras fronteras y que nos puede servir de inspiración (Derecho comparado, posiciones de la doctrina, decisiones de órganos jurisdicciones, etc.), "consultemos (...) nuestras necesidades, las cuales, por mor de su mayor proximidad nos instruirán, sin duda, mucho mejor"[47].

Con este preámbulo, pasamos a comentar lo concerniente a las formas, límites y convocatoria del Poder Constituyente, de acuerdo con SIEYÈS.

1. LAS FORMAS

La primera reflexión del abate que consideramos pertinente contextualizar es que él indicó que "[e]l Estado no ejerce un poder real sino en la medida que es constitucional, pues no resulta legal sino en cuanto sea fiel a las leyes que le han sido impuestas" –lo que hoy conocemos como el principio de legalidad[48], y suscribimos a plenitud–, mientras que la nación (o el pueblo), al no hallarse sometida a Constitución alguna por ser esta última un producto de la primera, estaría facultada para reformar tal texto del modo y en los términos que desee, ya que "una nación no puede ni alinear, ni vetarse el derecho de expresar su voluntad, y fuere cual fuera esta última, jamás podrá perder el derecho de modificarla si su interés así se lo exige"[49].

Este planteamiento es reforzado por el autor al exponer que:

> ...una nación no debe someterse jamás a las trabas de una forma positiva. Sería exponerse a perder su libertad para siempre, pues no haría falta más que un instante de éxito a una tiranía, para someter al pueblo, bajo pretexto de Constitución, a una forma tal, que volviera imposible expresar libremente su voluntad y, consecuentemente, sacudirse las cadenas del despotismo.
>
> Las naciones deben de ser concebidas como individuos carentes de vínculos sociales o, como suele decirse, en estado de naturaleza. Por ello el ejercicio de su voluntad es libre e independiente de todas las formas civiles. No existiendo su voluntad sino en el orden natural, no precisa para surtir efecto, más que reunir los caracteres naturales de una voluntad. De cualquier forma que una nación se pronun-

---

47 Ibid., 203 y 206.

48 *Cfr.* Gonzalo Pérez Luciani, *El principio de legalidad* (Caracas: ACIENPOL, 2009).

49 Sieyès, *El tercer estado y otros escritos de 1789*, 214.

cie, basta con que se pronuncie; todas las formas son buenas y su voluntad es siempre la ley suprema[50].

Al respecto, si bien no rechazamos la advertencia hecha por al abate en cuanto a los riesgos de la tiranía, no podemos sino destacar que ese mismo señalamiento podría hacerse en cuanto a la libertad absoluta que el autor defendió en favor de los cambios constitucionales, visto que la práctica ha demostrado la conveniencia de que las sociedades se autoprovean de procedimientos para encausar su voluntad a fin de eliminar –o reducir– los peligros que llevan intrínsecos los conceptos jurídicos indeterminados, como lo son la voluntad general, el bien común u otros similares[51], y que, producto de tal indeterminación, se prestan para ser moldeados a la conveniencia de sectores poderosos de la población que no se corresponden necesariamente con la *voluntad de la nación* –en los términos de Sieyès– pero, en consonancia con el concepto de falacia que sirve de introducción a esta investigación, se hace ver como sí lo fuese.

En este orden de ideas, así como es frecuente leer que el procedimiento administrativo es una garantía en favor del particular para que él conozca de antemano cómo debe la Administración Pública –y el mismo particular– dirigir su actuar en sede administrativa[52], consideramos que la determinación en el texto constitucional de la forma en que una sociedad puede expresar su voluntad constituyente opera, *mutatis mutandis*, como una garantía en favor de dicha sociedad y de la estabilidad de su ordenamiento jurídico, que solo podrá ser modificado de conformidad con los términos por ella acordados en el pasado y que fungen como un límite de la libertad política que, como vimos páginas más arriba, el abate reconocía no era extraña a las restricciones "de modo semejante a lo que acontece con la libertad civil", siempre que estas limitaciones fuesen racionales.

---

50 Ibid., 215.

51 *Cfr.* Miguel Ángel Torrealba Sánchez, "Discrecionalidad administrativa y conceptos jurídicos indeterminados: ¿Nociones totalmente diversas o dos niveles dentro de una misma categoría? García de Enterría y las posiciones de la doctrina venezolana", *Revista Electrónica de Derecho Administrativo Venezolano*, nº 8 (2016): 221–33. El autor recuerda que "para un amplio sector de la doctrina iberoamericana, los conceptos jurídicos indeterminados son aquellas fórmulas jurídicas que regulan la actividad de la Administración, en los que la indeterminación de sus enunciados no se traduce en una indefinición de sus aplicaciones, pues solo se permite una unidad de solución justa. La Ley no determina con exactitud los límites de esos conceptos porque los mismos no admiten una cuantificación o determinación rigurosas".

52 *Cfr.* Manuel Rachadell, "Las garantías de los administrados en la Ley Orgánica de Procedimientos Administrativos", en *El procedimiento administrativo. Archivo de Derecho Público y Ciencias de la Administración*, vol. 4 (1980-1981) (Caracas: UCV, 1983), 83–106.

No obstante, frente a esta posición surgiría la interrogante asomada por SIEYÈS y que replanteamos del modo siguiente: ¿Qué pasaría en caso que se previese en una Constitución que la misma no puede ser objeto de cambios de ningún tipo, o el procedimiento para ello fuese sumamente complejo y de prácticamente imposible ejecución, a pesar de que tal norma suprema incluyera en su articulado disposiciones que resultasen abiertamente contrarias a los principios más elementales de un Estado de Derecho? ¿Estaría la sociedad atada a esa Constitución *in saecula saeculorum*, dado en parte a que históricamente se ha considerado que la rigidez o estabilidad en el tiempo es uno de los atributos que caracteriza a la Constitución[53]?

He aquí donde creemos prudente presentar la distinción entre el Poder Constituyente Originario y el Poder Constituyente Derivado[54] -ambos diferentes, a su vez, del Poder Constituido[55] y también del

---

53 *Cfr.* García-Pelayo, *Derecho constitucional comparado*, 128-31. Nótese que el autor destaca que esta estabilidad debe entenderse en términos relativos pues "no es posible sustraer la constitución al cambio histórico", pero sí es posible que este último penetre en dicho texto "tan sólo por los casos previstos por ella, es decir, por un método especial de reforma" que lleva consigo a que "[s]e abandona la tesis de inmutabilidad del contenido para asegurar la de su permanencia como forma".

54 Nótese que parte de la bibliografía se refiere a este último como "Poder de Reforma", reservando el calificativo de "Poder Constituyente" únicamente para el originario. *Cfr.* Pedro de Vega García, *La reforma constitucional y la problemática del poder constituyente* (Madrid: Tecnos, 1985), 236. Sostiene el autor que "un hecho que, como punto de partida, a la hora de fijar la naturaleza del poder de reforma, no admite discusión posible, es que se trata de un poder regulado y ordenado en el texto constitucional". Véase también a Jorge Carpizo, "Algunas reflexiones sobre el poder constituyente", en *Estudios en homenaje al doctor Héctor Fix-Zamudio en sus treinta años como investigador de las ciencias jurídicas*, vol. I (México D.F.: UNAM, 1988), 146. Para este último, la clasificación entre originario y derivado es "una distinción muy socorrida pero no acertada, porque la Constitución la reforma el propio poder constituyente o un órgano que creó el poder constituyente, y que no se puede identificar con él, aunque actúa de acuerdo con las normas y procedimientos que el poder constituyente decidió".

55 Entendido este último como la distribución del Poder Público en la Constitución, en atención a los diferentes órganos y entes que conforman al Estado y las competencias que le son asignadas a cada uno de ellos en el texto constitucional, al cual los mismos se encuentran sujetos en todo su actuar. Al respecto, resulta de interés el encabezado del artículo 136 de la CRBV, según el cual "[e]l Poder Público se distribuye entre el Poder Municipal, el Poder Estadal y el Poder Nacional. El Poder Público Nacional se divide en Legislativo, Ejecutivo, Judicial, Ciudadano y Electoral". *Cfr.* Carlos Luis Carrillo Artiles, "La composición del Poder Público en la Constitución de la República Bolivariana de Venezuela", en *Libro homenaje a Enrique Tejera Paris. Temas sobre la Constitución de* 1999 (Caracas: Centro de Investigaciones Jurídicas, 2001), 53-74; Rafael Badell Madrid, "El principio de separación de poderes", en *Principios fundamentales del Derecho público. Desafíos actuales. Libro conmemorativo de los 20 años de la publicación de la Constitución de* 1999 (Caracas: EJVI, 2020), 183-207.

que autores como Nikken denominan el Poder Constituyente Segundario[56]–, así como entre el Poder Constituyente *ex lege*, *praeter legem* y *contra legem*.

En este sentido, y sin ánimos de exhaustividad pues la distinción no es el *quid* de nuestra investigación, los dichos de Sieyès citados *supra* serían cónsonos con el primero de los poderes mencionados (Poder Constituyente Originario) visto que, como expone el foro internacional, él representa un poder "absoluto, ilimitado y auténticamente revolucionario, detentado constantemente por la sociedad frente al Estado y ejercitable sin condiciones por el pueblo en quien reside originariamente la soberanía"[57], que "aparece cuando surge un Estado a la vida jurídica, o bien cuando se rompe el orden constitucional por un hecho ilegítimo respecto del ordenamiento jurídico", pues, "[e]n tales hipótesis, al no existir ningún ordenamiento jurídico vigente, surge el poder constituyente fundacional u originario" cuyo ejercicio "pasa a manos del gobierno *de facto* y posteriormente a la Convención o Asamblea constituyente que se elija para redactar el nuevo texto constitucional"[58].

El mismo criterio se maneja dentro de nuestras fronteras al afirmarse que este poder "pertenece sólo al pueblo, quien lo ejerce directamente o por medio de representantes elegidos. (...) tiene un origen popular, no limitado por el derecho; es *legibus solutus*: decide el orden jurídico y a su vez no puede ser decidido por él"[59] y que, "a decir verdad, en los Estados Constitucionales estables solo se manifiesta una vez, al constituirse el Estado" –momento en el cual será "*supra leges* y queda *legibus solutus*, fuera de toda limitación. Es un hecho que precede al derecho que dicho poder crea y ordena en una Constitución"– pero hoy en día es "una mera representación histórica" y "difícilmente

---

56 *Cfr.* Claudia Nikken, *Consideraciones sobre las fuentes del Derecho constitucional y la interpretación de la Constitución* (Caracas: CIDEP y EJV, 2018), 96-140. La autora identifica a ese poder con la interpretación auténtica de la Constitución y aclara que "no consiste en la adopción de una constitución, ni en su revisión".

57 Antonio Porras Nadales, "Notas sobre la teoría del poder constituyente y la experiencia española", *Revista de Estudios Políticos*, nº 24 (1981): 176.

58 Rubén Hernández Valle, "El poder constituyente derivado y los límites jurídicos del poder de reforma constitucional", *Revista Española de Derecho Constitucional*, nº 37 (1991): 146.

59 Combellas, "Introducción teórica al poder constituyente y al poder de revisión de la Constitución", 3. El autor agrega que se trata a su vez de un poder extraordinario y de ejercicio discontinuo, que actúa solo en circunstancias particulares de la vida de los pueblos cuando deciden crear o recrear su orden político.

aparece de nuevo, salvo que sea como manifestación fáctica, producto de una revolución y, por tanto, de situaciones de hecho"[60].

Es decir, que el Poder Constituyente Originario vendría a ser aquel que antecede o da origen al Estado –o, al menos, a una *nueva versión* del mismo producto de una sucesión de Estados[61]– y de ahí que se entienda que el pueblo no está sometido a una Constitución que ordene o limite su actuar constituyente; sencillamente, porque no existe una Constitución que así lo prevea al *activarse* el poder para que esta sea creada por vez primera, dado el carácter fundacional del poder originario.

No obstante, una vez se redacta y aprueba una Constitución en la que el pueblo decide no solo cómo habrá de estar distribuido el Poder Público (parte orgánica) y cuáles son los derechos fundamentales que se le reconocen y otorgan a la población (parte dogmática), sino también cómo podrá ese pacto social ser objeto de reformas puntuales o de mayor extensión cualitativa o cuantitativamente hablando, el Poder Constituyente Originario habría cumplido su objetivo –a saber, dotar al Estado de su Constitución primigenia o postrevolucionaria– y daría paso a su sucesor: el Poder Constituyente Derivado[62].

Así, con base en los mismos autores a los que acudimos para explicar el Poder Constituyente Originario, por el Poder Constituyente Derivado habríamos de entender aquel:

> ...cuyo ejercicio debe estar restringido al menos en dos aspectos: materialmente por la atribución limitada de la soberanía a través de un sistema representativo que lleva incorporado lógicamente un de-

---

60 Allan R. Brewer-Carías, *Poder constituyente originario y Asamblea Nacional Constituyente* (Caracas: EJV, 1999), 100-101.

61 *Cfr.* Moisés A. Montiel, "La sucesión de los Estados y el derecho de los tratados. El principio de la tabula rasa y sus excepciones", *Revista de la Facultad de Ciencias Jurídicas y Políticas de la Universidad Central de Venezuela*, nº 138 (2013): 143-55.

62 *Cfr.* Lolymar Hernández Camargo, "El poder constituyente como principio legitimador de la Constitución", en *El Derecho público a comienzos del siglo* XXI. *Estudios en homenaje al profesor Allan R. Brewer-Carías*, vol. I (Madrid: Civitas y UCV, 2003), 117. La autora expone que "[p]artiendo del reconocimiento de la soberanía popular, el pueblo tiene per se la facultad de darse su propia Constitución, con lo que se resguarda el principio democrático. Esto implica que una vez cumplida la misión del poder constituyente, una vez que se elabora el texto constitucional, se debe entender que el poder en cuestión desaparece como tal y cede el rol protagónico, como axioma efectivamente operante en el Estado Constitucional, al principio de supremacía constitucional", lo que va de la mano con "la institucionalización en los textos de la Constitución del procedimiento de reforma, que respetando la supremacía constitucional deberá llevarse a cabo cumpliendo con todas las exigencias que ella contempla, requisitos que hacen bastante agravado el proceso, y que en la mayoría de los casos, atendiendo al alcance de dicha modificación, hará imprescindible la participación directa del soberano a través de las vías de participación popular".

terminado proceso de filtración electoral, y formalmente por el sometimiento a unas condiciones temporales o procedimentales que deben quedar expresadas en el texto constitucional preexistente[63].

Lo anterior, dado que "el Estado constitucional moderno es un Estado de Derecho, lo que implica la juridificación de la democracia constitucional y, por consiguiente, la necesidad de concebir jurídicamente a la propia soberanía", lo que se traduce en que "el pueblo, que es el único soberano, se autolimita por medio de la Constitución", discutiéndose es si estos límites son únicamente en cuanto al procedimiento de reforma (carácter adjetivo) o también abarcan el contenido de la Constitución (carácter sustantivo)[64].

Con motivo de lo anterior, una vez el Poder Constituyente se subsume en una Constitución que pasa a precisar cómo y cuándo puede acudirse al mismo, los autores indican que nos hallamos ante un "Poder Constituyente Instituido, como mecanismo para reformar o modificar la Constitución", que vendría a ser el "resultado constitucional de la tensión que deriva de los dos principios (...) que son pilares del Estado Constitucional (...): el principio de la democracia representativa y el principio de la supremacía constitucional"[65].

En resumen, como expone DE VEGA GARCÍA:

> El poder constituyente, como poder soberano, previo y total, podrá en todo momento, claro es, modificar, transformar y destruir; incluso, el ordenamiento constitucional. Pero será en el ejercicio de sus atribuciones soberanas, operando como *res facti, non juris*. Lo que significa que, por la misma razón que se le considera y cataloga como poder político y de hecho, no se le puede encuadrar ni definir como poder jurídico y limitado. A la inversa, el poder de reforma, en la medida en que aparece reglado y ordenado en la Constitución, se convierte en un poder limitado, lo que quiere decir que la actividad de revisión no puede ser entendida nunca como una actividad soberana y libre. Se concretaría de esta forma la distancia y la separación

---

63 Porras Nadales, "Notas sobre la teoría del poder constituyente y la experiencia española", 176. El autor resume su planteamiento al precisar que "a partir de ahora, y dentro siempre de los supuestos normales o ideales, la organización y el funcionamiento del poder constituyente pasa a depender de la propia Constitución, operándose en los casos previstos en ella y por los órganos designados expresamente".

64 Hernández Valle, "El poder constituyente derivado y los límites jurídicos del poder de reforma constitucional", 146. El autor se decanta únicamente por la primera opción ya que, como expone MANUEL ARAGÓN, a quien el primero cita, "el soberano constitucionalizado ha de tener la facultad de cambiar, radicalmente, en cualquier momento, de Constitución, o dicho en otras palabras, el pueblo tiene que conservar la libertad de decidir, jurídicamente, su propio destino".

65 Brewer-Carías, *Poder constituyente originario y Asamblea Nacional Constituyente*, 102.

que media entre la acción legal y la revolución. La reforma constitucional y la problemática del poder constituyente[66].

Es decir que, a diferencia de lo expresado por SIEYÈS, un pueblo sí podría alinear, organizar o instituir positivamente cómo ejercerá el Poder Constituyente a futuro (carácter derivado), sin que ello equivalga a una negativa ni mucho menos renuncia de dicho poder, que siempre residirá en el pueblo independientemente de los medios de reforma que la Constitución propugne (carácter originario).

¿En qué se traduce lo aquí dicho en la práctica? Simplemente, en que si la modificación constitucional se da *desde* la Constitución como Poder Constituyente Derivado, la misma estará sujeta a los límites que ella impone y que derivaron de la propia voluntad del pueblo[67]. En tanto, si el cambio ocurre *fuera* de la Constitución, acudiéndose al concepto del Poder Constituyente Originario, el pueblo gozará de mayores libertades al momento de acordar cuál será su nueva carta magna, sin que podamos obviar que esta última situación, al apartarse de la letra del constituyente, constituiría un atentado contra el principio de supremacía constitucional[68] y el propio Estado de Derecho, y la legitimidad del nuevo texto se haría depender en definitiva de factores *praeter legem*[69], por lo que autores como NOGUEIRA ALCALÁ sostienen que nos encontramos frente a una *res facti, non juris*[70], en tan-

---

66 Citado en Combellas, "Introducción teórica al poder constituyente y al poder de revisión de la Constitución", 5.

67 *Cfr.* La Roche, *Ensayos de Derecho constitucional*, 144. Expresa que "el Poder Constituyente Derivado, Instituido o Constituido, actúa dentro del ámbito de competencias que la Constitución fija para los órganos gubernamentales".

68 En nuestro caso previsto en el artículo 7 de la CRBV, según el cual "[l]a Constitución es la norma suprema y el fundamento del ordenamiento jurídico. Todas las personas y los órganos que ejercen el Poder Público están sujetos a esta Constitución", en concordancia con el artículo 333 *ejusdem* que prevé que "[e]sta Constitución no perderá su vigencia si dejare de observarse por acto de fuerza o porque fuere derogada por cualquier otro medio distinto al previsto en ella. // En tal eventualidad, todo ciudadano investido (...) o no de autoridad, tendrá el deber de colaborar en el restablecimiento de su efectiva vigencia".

69 *Cfr.* Norberto Bobbio, *Estado, gobierno y sociedad. Por una teoría general de la política*, trad. José Fernández Santillán, 4° reimpresión (México D.F.: FCE, 1996), 117-27. El autor -luego de abordar a la voluntad, la naturaleza y la historia como las fuentes de la legitimidad- precisa que "el problema de la legitimidad está íntimamente vinculado al de la obligación política con base en el principio de que la obediencia se debe solamente al mandato del poder legítimo. Donde termina la obligación de obedecer a las leyes (...) comienza el derecho de resistencia. El juicio sobre los límites de la obediencia y la validez de la resistencia depende del criterio de legitimidad que se asuma".

70 *Cfr.* Humberto Nogueira Alcalá, "Poder constituyente, reforma de la Constitución y control jurisdiccional de constitucionalidad", *Cuestiones Constitucionales*, nº 36 (2017): 327-49. Igual plantea DE VEGA GARCÍA, como vimos en la cita *supra*.

to Raffalli Arismendi apunta que "cuando estamos en presencia del ejercicio del Poder Soberano que emana directamente del pueblo, no hay cauce jurídico que pueda acorralar el proceso político. (...) el proceso constituyente se puede reconocer como legítimo o ilegítimo, más que legal o ilegal"[71].

En este orden de ideas, cuando nos encontramos frente a un cambio constitucional que deriva -valga la cacofonía- del Poder Constituyente Derivado, podríamos decir que este cambio opera *ex lege* y, como tal, se apartaría del criterio de Sieyès objeto de estudio cuando expuso que "basta con que [el pueblo] se pronuncie; todas las formas son buenas y su voluntad es siempre la ley suprema".

Lo anterior, porque el pueblo habría de pronunciarse de acuerdo con las formas que la Constitución vigente prevé, que son las únicas que se calificarían como "buenas"[72], so pena de que el proceso constituyente esté viciado de nulidad dada su contrariedad con el bloque de constitucionalidad[73].

Por otro lado, si nos hallamos ante un cambio constitucional que deriva del Poder Constituyente Originario, tal reforma sería *praeter legem* -caso del poder originario clásico al fundarse un nuevo Estado que en principio no está sujeto a normas previas[74]- o *contra legem*, si el pueblo se separa de la Constitución vigente a fin de aprobar una nueva.

En estos dos últimos casos, el accionar del pueblo estaría amparado en la tesis que el abate desarrolló y el poder en cuestión no sería

---

71 Juan Manuel Raffalli, "Reconocimiento judicial del proceso constituyente y sus consecuencias", en *La muerte de una Constitución. El proceso constituyente de 1999 desencadenado por dos sentencias de la Corte Suprema* (Caracas: EJV, 2022), 288.

72 *Cfr*. Eduardo García de Enterría, "La Constitución como norma jurídica", *Anuario de Derecho Civil* 32, nº 2-3 (1979): 298. El autor alude a la "fuerza bilateral" de la norma constitucional, de lo que se desprende que la misma vincula no solo a la autoridad que ejerce el Poder Público, sino también a todos los ciudadanos (el pueblo).

73 *Cfr*. Gabriel Sira Santana, "El bloque de constitucionalidad y su tratamiento por parte de la Sala Constitucional del Tribunal Supremo de Justicia", *Revista Derecho y Sociedad*, nº 18 (2021): 325-40.

74 *Cfr*. Montiel, "La sucesión de los Estados y el derecho de los tratados. El principio de la tabula rasa y sus excepciones", 147-49. Recuerda que en materia de sucesión de Estados los tratados suscritos y ratificados en materia de derechos humanos por el Estado primigenio operan como un límite del nuevo Estado, al fungir como derechos adquiridos o inalienables de la población, por lo que siempre hay algún límite.

más que, como expone AYALA, "un instrumento a los fines de legitimar jurídica y políticamente un cambio de régimen"[75].

Precisado lo anterior restaría por preguntamos si toda reforma constitucional *contra legem* es ajena a los principios democráticos dada su contrariedad a Derecho. Creemos que la respuesta debe ser negativa por dos motivos fundamentales que permitirían, a su vez, reducir el riesgo advertido por SIEYÈS en cuanto a la tiranía y el despotismo:

En primer lugar, sí, como se sostiene en el foro, "[l]a libertad y la igualdad son los dos valores fundamentales que tiende a realizar la democracia y que, al mismo tiempo, constituyen el fundamento de la legitimidad de la Constitución"[76], entonces, toda Constitución que atente contra la libertad y la igualdad estaría viciada desde su origen y mal podría considerarse una carta magna en toda regla[77], por lo que el pueblo podría invocar el Poder Constituyente Originario para dotarse de una verdadera Constitución, incluso en contra de la voluntad del tirano -de haberlo- que haya pretendido imposibilitar toda iniciativa de reforma[78].

En segundo lugar, y lo que constituye un tema digno de estudios particulares pero que en esta oportunidad nos limitaremos a asomar por no ser el eje de nuestra investigación, no podemos olvidar que el derecho a rebelión de todos quienes vivimos en sociedad, tal como lo indicó LOCKE, está estrechamente relacionado con la idea de la legítima defensa[79], por un lado, y, por el otro, como otrora sostuvo ROSCIO, los ciudadanos en general debemos es una "obediencia racional" a las

---

75 Javier Marcelo Ayala, "La problemática del poder constituyente y la reforma constitucional", *Revista de la Facultad de Ciencias Jurídicas y Políticas de la Universidad Central de Venezuela*, nº 134 (2009): 61.

76 Hernández Valle, "El poder constituyente derivado y los límites jurídicos del poder de reforma constitucional", 151.

77 Téngase al respecto presente el artículo 16 de la Declaración de los Derechos del Hombre y del Ciudadano de 1789, conforme con el cual "[u]na Sociedad en la que no esté establecida la garantía de los Derechos, ni determinada la separación de los Poderes, carece de Constitución".

78 *Cfr.* Raffalli, "Reconocimiento judicial del proceso constituyente y sus consecuencias", 272. Plantea que "muy excepcionalmente se hace inevitable romper el cauce de la forma legal para dejar brotar el poder originario con fines de proteger valores y derechos humanos fundamentales, concretamente la dignidad y la libertad de las personas, cuando ellas son oprimidas por sistemas o actos de gobierno, no democráticos, autoritarios o arbitrarios".

79 John Locke, *Second Treatise of Government and* A *Letter Concerning Toleration*, Kindle (Oxford: Oxford University, 2016), loc. 393. Para el autor, "el derecho a la revolución es un derecho natural y no civil: es un derecho de autodefensa" (traducción nuestra).

leyes y a la autoridad, en contraposición a la "obediencia ciega" que, a la larga, conduce al despotismo y a los abusos de autoridad[80].

Por estos motivos, al encontrarnos ante una Constitución cuyas disposiciones resultan irracionales y atentan contra los principios más elementales de la democracia, el Estado de Derecho o la dignidad humana, bien podría la sociedad revelarse contra dicho texto y promover su reforma, incluso a través de formas que la misma no prevea.

Para finalizar con este acápite, queremos dejar constancia que somos conscientes de los riesgos que una afirmación como la del párrafo anterior lleva consigo y que proponer un estudio de caso por caso para determinar si una rebelión es racional o no –y, por ende, si es correcto o no separarse del texto constitucional– podría servir de *válvula de escape* para que iniciativas antidemocráticas inciten reformas constitucionales *contra legem* que, por vía del discurso, se hagan ver contestes con el ideal democrático y *pro homine* que pretendemos defender con nuestro razonamiento, aun cuando no lo sean.

De ahí la importancia, como en tantas otras situaciones cuyo estudio no viene al caso en esta oportunidad, de contar con instituciones sólidas que, junto con la sociedad civil, puedan advertir y extinguir estos conatos para asegurar la vigencia del Estado de Derecho y que este último no sea instrumentalizado en la búsqueda de fines adversos a la sociedad, como lamentable ha ocurrido con frecuencia en nuestra historia[81].

2. LOS LÍMITES

La segunda conclusión de Sieyès que deseamos destacar es que el autor, al tratar el tema de las asambleas y la necesidad de que el pueblo opere a través de las mismas dado el aumento de los índices poblaciones, distingue entre dos tipos de representantes: **(i)** los ordinarios, que son los llamados a "ejercer, en la forma que la Constitución señala, esa parte de la voluntad común que resulta necesaria para el mantenimiento de una buena administración", limitándose su rol a "los asuntos del Estado" como parte del Poder Constituido[82], y **(ii)** los

---

80 Juan Germán Roscio, *El triunfo de la libertad sobre el despotismo* (Caracas: Biblioteca Ayacucho, 1996). *Cfr.* José Ignacio Hernández G., "Espíritu y líneas maestras del Estado democrático de Derecho", *Revista de Derecho Público*, nº 161-162 (2020): 61; José Ignacio Hernández G., "El olvido de Roscio y el sesgo autocrático de nuestro Derecho público, en el bicentenario de 'El triunfo de la libertad sobre el despotismo'", *Revista de Derecho Público*, nº 151-152 (2017): 23.

81 Un ejemplo de dicha instrumentalización en el caso venezolano, en adición al repaso que haremos en los Capítulos II y V de este trabajo, puede consultarse en Francisco Delgado, *Chavismo y Derecho* (Caracas: Editorial Galipán, 2017).

82 Piénsese en el artículo 145 de la CRBV, conforme con el cual "[l]os funcionarios públicos (...) están al servicio del Estado y no de parcialidad alguna. Su nombramiento y remoción no podrán estar determinados por la afiliación u orien-

extraordinarios, que son quienes disponen del poder para crear las normas constitucionales -es decir, el Poder Constituyente-, para los que en criterio de Sieyès "[n]o será necesario (...) tomar excesivas precauciones para impedir el abuso de poder habida cuenta que los representantes son diputados para un asunto único y durante un tiempo determinado"[83].

Nuevamente, creemos necesario realizar un par comentarios sobre lo dicho por el abate, particularmente en cuanto a que los representantes extraordinarios no deben estar sujetos a *excesivas* limitaciones o precauciones con las que se busque aminorar el riesgo de que estos abusen de su poder, ya que tales representantes habrían sido electos para un tema en concreto (reforma o elaboración de la Constitución) y por un tiempo que habría de ser determinado por el pueblo.

Al respecto, somos del criterio que los motivos presentados por el autor, si bien develan su buena fe en cuanto a los representantes y las asambleas, no resultan lo suficientemente fuertes para concertar que tales representantes deban quedar desprovistos de mayores controles por un motivo fundamental: estamos hablando, nada más y nada menos, de quienes tienen el poder de *traducir* la voluntad general en el texto que eventualmente el pueblo aprobará como su Constitución; frente a lo cual resulta prudente recordar la célebre frase de Lord Acton en cuanto a que "todo poder tiende a corromper y el poder absoluto corrompe absolutamente"[84].

En otras palabras, sí históricamente se ha visto necesario ser precavido con las atribuciones que se le otorgan al Poder Constituido (el Ejecutivo, el Legislativo y el Judicial) ya que la naturaleza humana parece tender a los abusos y, a fin de cuentas, son humanos los que ejercerán las funciones que se le confieran a los órganos y entes en cuestión[85], con mayor razón habrían de preverse límites en relación

---

tación política. Quien esté al servicio de los Municipios, de los Estados, de la República y demás personas jurídicas de derecho público o de derecho privado estatales, no podrá celebrar contrato alguno con ellas, ni por sí ni por interpuesta persona, ni en representación de otro (...)".

83 Sieyès, *El tercer estado y otros escritos de* 1789, 217-18.

84 Acton Institute, "Lord Acton Quote Archive", https://bit.ly/3FBpX1i. Traducción nuestra.

85 Recuérdese también la célebre frase de Madison en El Federalista n° 51 según la cual, "si los ángeles gobernaran a los hombres, no serían necesarios ni controles externos ni internos sobre el gobierno. Al formular un gobierno que debe ser administrado por hombres sobre hombres, la gran dificultad radica en esto: primero debe permitir que el gobierno controle a los gobernados; y en segundo lugar obligarlo a controlarse. La dependencia del pueblo es, sin duda, el control principal del gobierno; pero la experiencia ha enseñado a la humanidad la necesidad de precauciones auxiliares". *Cfr.* Alexander Hamilton, James

con la atribución del Poder Constituyente pues, en la medida en que aumenta la cuota de poder que se le concede a una persona (representante), también habrían de hacerlo los medios con los que cuenta la sociedad para prevenir su desviación[86].

Ahora, ¿cómo se logra ese control? En el caso del Poder Constituido la solución a la que han arribado los Estados es el conocido sistema de pesos y contrapesos (*checks and balances*), que propugna que el poder controla al poder una vez este se distribuye en diferentes ramas: el Ejecutivo, el Legislativo y el Judicial[87]. No obstante, la limitación del Poder Constituyente se presta a mayores inconvenientes ya que él, en principio, no contaría con un par que le sirva de contrapeso.

¿Significa ello que este poder es absoluto y puede hacer y deshacer el Estado tanto como lo desee? Creemos que la respuesta a esta interrogante es negativa por dos motivos, y de ahí que no coincidamos con Sieyès en cuanto a la inconveniencia de las "excesivas precauciones para impedir el abuso de poder", pues consideramos que ellas no solo son necesarias, sino vitales para el correcto funcionamiento de una ANC.

Así, en primer lugar, hemos de tener presente los principios de la irreversibilidad y progresividad de los derechos humanos –que son dos de sus características fundamentales junto con la universalidad, la indivisibilidad y la inalienabilidad–, traduciéndose el primero de ellos, según nos indica Nikken, en que "[u]na vez que un determinado derecho ha sido formalmente reconocido como inherente a la persona humana queda definitiva e irrevocablemente integrado a la categoría de aquellos derechos cuya inviolabilidad debe ser respetada y garantizada", visto que "[l]a dignidad humana no admite relativismos, de modo que sería inconcebible que lo que hoy se reconoce como un atri-

---

Madison, y John Jay, *The Federalist Papers* (New York: Signet Classics, 2003), 319. Traducción nuestra.

86 *Cfr*. Eduardo Jorge Prats, "A manera de prólogo. Ulises, las sirenas y los muertos constituyentes", en *La muerte de una Constitución. El proceso constituyente de 1999 desencadenado por dos sentencias de la Corte Suprema* (Caracas: EJV, 2022), 21. El autor plantea que "todo poder en un Estado constitucional, aun si se trata del poder constituyente del pueblo, está sujeto a límites impuestos por la propia Constitución y las normas supranacionales incorporadas a los ordenamientos jurídicos nacionales con aplicación preferente a las normas internas".

87 Ver como ejemplo el numeral 7 del artículo 187 de la CRBV que prevé que corresponde a la Asamblea Nacional autorizar los créditos adicionales al presupuesto que le solicite el Presidente de la República (control del Poder Legislativo sobre el Poder Ejecutivo), y el último aparte del artículo 214 *ejusdem* que faculta al Presidente de la República para solicitar a la TSJ/SC que se pronuncie sobre la constitucionalidad de una ley antes de su promulgación (control del Poder Ejecutivo sobre el Poder Legislativo).

buto inherente a la persona, mañana pudiera dejar de serlo por una decisión gubernamental" o, agregamos nosotros, del constituyente[88].

Es decir, que el Poder Constituyente -Originario o Derivado, según la clasificación realizada *supra*- no podría suprimir derechos que se hubiesen catalogado en la Constitución que le precede como inherentes a la persona humana, visto que estos derechos, adicionalmente y de acuerdo con el segundo principio que hemos enunciado, se caracterizan por su progresividad en el sentido que "los derechos humanos son inherentes a la persona y su existencia no depende del reconocimiento de un Estado", por lo que la enumeración que suele hacerse en las Constituciones "es meramente enunciativa y no taxativa, pues no excluye la protección de otros derechos inherentes a la persona humana que no figuran expresamente en el texto constitucional"[89]. A esto, SALVIOLI agrega que:

> La progresividad de los derechos humanos se vincula de forma dinámica con el objetivo principal de las instituciones públicas nacionales (los Estados) e internacionales (organizaciones universales y regionales de carácter político): servir a la persona humana y garantizarle plenamente sus derechos, partiendo de la idea de que nunca es suficiente, que hay que avanzar permanentemente para abordar lo que está pendiente -aún no cubierto-, y finalmente hacer frente a los requerimientos y complejidades que surgen permanentemente de las dinámicas que va presentando la vida en sociedad[90].

Así, los derechos humanos tendrían un carácter expansivo y no le estará dado al Poder Constituyente -y mucho menos al Poder Constituido, vale recordar- desconocer los avances cuantitativos y cualitativos que la sociedad ha logrado al respecto pues, como sostienen en el foro, la constitucionalización de estos derechos da pie a "la garantía de que el Estado respete el ejercicio de los derechos humanos y a la vez una obligación de no regresividad, de no disminución de esos derechos"[91]; todo lo cual estaría en consonancia con los artículos 19, 22 y 23 de la CRBV[92].

---

88 Pedro Nikken, "La protección de los derechos humanos: Haciendo efectiva la progresividad de los derechos económicos, sociales y culturales", *Revista IIDH*, nº 52 (2010): 70-71.

89 Ibid., 71-72.

90 Fabián Salvioli, "El desarrollo progresivo: Elemento central de la perspectiva pro persona", *Revista IIDH*, nº 71 (2020): 117-18.

91 María Verónica Espina Molina, "El principio de progresividad de los derechos humanos", *Revista de Derecho Público*, nº 112 (2007): 262.

92 Los artículos son del siguiente tenor: "Artículo 19. El Estado garantizará a toda persona, conforme al principio de progresividad y sin discriminación alguna, el goce y ejercicio irrenunciable, indivisible e interdependiente de los derechos humanos. Su respeto y garantía son obligatorios para los órganos del Poder Público de conformidad con la Constitución, los tratados sobre derechos humanos suscritos y ratificados por la República y las leyes que los desarrollen";

En este sentido, gracias al principio de la progresividad e irreversibilidad de los derechos humanos, una ANC no podría *descartar* los derechos reconocidos en textos anteriores o incorporar disposiciones que pudiesen atentar en modo alguno contra la dignidad humana.

Lo anterior, inclusive si esa fuese la voluntad de la mayoría del pueblo que ella representa y que exige la transformación del Estado y la redacción de una nueva Constitución pues, como bien apuntó de Tocqueville, los derechos, libertades y garantías individuales no pueden ceder a la ya traída a colación *tiranía de la mayoría*[93], si bien otros autores como Schmitt han priorizado la voluntad política sobre los límites aquí esbozados al ver al Poder Constituyente como un mero ejercicio de fuerza cuya legitimidad descansa, en definitiva, en el reconocimiento del producto obtenido -es decir, la Constitución- por parte de sus destinatarios, independientemente del contenido que ella profese y el modo como se llegó a ella[94].

Abstrayéndonos de la posición del último de los autores citados (Schmitt) y acercándonos más al primero (de Tocqueville), reiteramos que los derechos fundamentales serían un límite infranqueable para el Poder Constituyente, independientemente de si este opera

---

"Artículo 22. La enunciación de los derechos y garantías contenidos en esta Constitución y en los instrumentos internacionales sobre derechos humanos no debe entenderse como negación de otros que, siendo inherentes a la persona, no figuren expresamente en ellos. La falta de ley reglamentaria de estos derechos no menoscaba el ejercicio de los mismos"; y "Artículo 23. Los tratados, pactos y convenciones relativos a derechos humanos, suscritos y ratificados por Venezuela, tienen jerarquía constitucional y prevalecen en el orden interno, en la medida en que contengan normas sobre su goce y ejercicio más favorables a las establecidas por esta Constitución y la ley de la República, y son de aplicación inmediata y directa por los tribunales y demás órganos del Poder Público".

[93] de Tocqueville, *Democracy in America and two essays on America*, locs. 287-304. El autor, luego de calificar como detestable la máxima de que "la mayoría de una nación tiene derecho a hacerlo todo", se pregunta "¿qué es una mayoría como un todo colectivo, si no un individuo con opiniones y muy a menudo intereses, en oposición a otro individuo al que llamamos minoría?", lo que le da pie para concluir que "si se admite que un hombre todopoderoso puede abusar de su poder contra sus oponentes, ¿por qué no admitir lo mismo para la mayoría? ¿Han cambiado los hombres, unidos, su carácter? (...) Por mi parte, no puedo pensarlo y nunca otorgaré a varios el poder de hacer lo que quieran y que me niego a otorgar a uno solo de mis compañeros". Traducción nuestra.

[94] *Cfr.* Carl Schmitt, *Teoría de la Constitución*, trad. Francisco Ayala, 2° reimpresión (Madrid: Alianza Editorial, 1996), 93-107. El autor indicó, entre otras consideraciones de interés, que el "Poder constituyente es la voluntad política cuya fuerza o autoridad es capaz de adoptar la concreta decisión de conjunto sobre modo y forma de la propia existencia política, determinando así la existencia de la unidad política como un todo. De las decisiones de esta voluntad se deriva la validez de toda ulterior regulación legal-constitucional".

por medio de una enmienda, reforma *stricto sensu* o, el caso que nos interesa, la ANC.

De este modo, la discusión puede trasladarse es a cuáles son esos derechos inherentes a la persona humana que resultan inmutables en una sociedad, sea que en el debate se denominen derechos humanos o fundamentales[95], lo que rebasa el objeto de esta investigación y ha sido abordado en el foro, en relación con el poder estudiado, desde una visión jurídico-política[96].

De forma similar, RIVERA apunta que aun cuando el constitucionalismo clásico defendió que los cambios constitucionales no estaban sujetos a límites y valía todo lo que la nación quisiera:

> En el constitucionalismo contemporáneo, esa posición ha sufrido profundos cambios, debido a que, en el nuevo contexto mundial caracterizado por los fenómenos de la globalización y la integración regional, ningún poder de reforma, ni siquiera el poder constituyente fundador u originario, puede actuar al margen de los compromisos y obligaciones que asume el respectivo Estado en el marco del derecho internacional, el derecho de integración o derecho comunitario y el derecho internacional de los derechos humanos.
> De lo referido se puede concluir que, más allá de los debates doctrinales, no existe una reforma constitucional ilimitada; ello significa que incluso una reforma total realizada por el poder constituyente originario está sujeta a límites estructurales, axiológicos y dogmáti-

---

95 *Cfr.* Jesús María Casal Hernández, *Los derechos fundamentales y sus restricciones. Constitucionalismo comparado y jurisprudencia interamericana* (Bogotá: Editorial Temis y KAS, 2020), 16-22. El autor destaca que por un derecho humano suele entenderse la categoría "inscrita en el Derecho Internacional Público" que tiene como fuentes "la dignidad humana (...) y (...) la idea (o ficción) del estado de naturaleza y del contrato social, y se enfatiza su carácter de derechos que corresponden a la persona en su condición de tal y no en virtud de un título jurídico (adquisitivo), así como la pretensión racional de universalidad que les es propia", mientras los derechos fundamentales se referirían "al reconocimiento y garantía de estos derechos, u otros considerados trascendentales en una comunidad política determinada, en el plano constitucional".

96 *Cfr.* Combellas, "Introducción teórica al poder constituyente y al poder de revisión de la Constitución", 7-8. El autor expone que esta visión "tiende progresivamente a privilegiar tres grandes condicionamientos limitantes de la vocación absorbente del poder constituyente. En primer lugar, la carta de derechos humanos. // El segundo (...) reposa en la idea de democracia y sus atributos (...): el derecho del pueblo a participar, directamente o por medio de representantes electos, en la decisión de los asuntos colectivos; el respeto a la regla de la mayoría en la definición del gobierno; la existencia de alternativas reales que el pueblo puede seleccionar libremente (...); y un sistema de distribución (...) de poderes que impide su concentración personalizada. // (...) se discute en torno a los límites que la comunidad internacional, expresados fundamentalmente en los tratados válidamente suscritos por los órganos legitimados para ello por los Estados".

cos, así como a límites que nacen de los compromisos internacionales del Estado[97].

En clara sintonía con estos límites hallamos el segundo motivo por el que, consideramos, el Poder Constituyente no es absoluto y resulta necesario tomar medidas –o precauciones, en los términos de Sieyès– para evitar que el ejercicio del mismo derive en abusos que atenten contra quienes hacen vida en la sociedad objeto del cambio constitucional.

Así, a la par de la irreversibilidad y progresividad de los derechos humanos encontramos a las llamadas cláusulas pétreas que el foro internacional identifica como "de intangibilidad que preservan el núcleo constitucional, la forma básica de gobierno (civil, democrático, representativo)"[98] y "son inmodificables por representar o ser la expresión de la ideología que permea el régimen político. Tales cláusulas sólo pueden variarse mediante un cambio de ideología, lo cual implica una revolución en sentido técnico-jurídico"[99], que nos acercaría al Poder Constituyente Originario *contra legem* desarrollado en páginas anteriores.

Estas cláusulas pueden ser expresas o tácitas y responden a "la voluntad del constituyente o de las creencias sociales"[100], advirtiéndose en ambos casos que se trata de un límite si se quiere más relativo que el anterior (los derechos humanos) en el entendido que:

> La petrificación de la constitución por un lapso prolongado, sea total o parcial, no es legítima, desde el momento en que una generación no puede imponer a las posteriores, negándoles la posibilidad de cambio, un tipo de régimen o una manera de regularse (salvo que lo pétreo sea forzosamente perenne: p.ej., si se petrificase una norma que reconociese al hombre el derecho a su dignidad)[101].

En sentido similar se pronuncia el foro nacional cuando expone que a pesar de que el "cambio de las bases constitucionales" es posible "si las contradicciones entre el texto y la realidad impiden o enervan el sostenimiento del Estado de Derecho", tal modificación no puede atentar contra la llamada "constitución histórica", al determinar esta los "límites impuestos por nuestra historia y que no se pue-

---

97 José Antonio Rivera, "Reformas constitucionales y justicia constitucional", *Anuario de Derecho Constitucional Latinoamericano*, nº 15 (2009): 131.

98 Jorge Prats, "A manera de prólogo. Ulises, las sirenas y los muertos constituyentes", 22.

99 Hernández Valle, "El poder constituyente derivado y los límites jurídicos del poder de reforma constitucional", 150.

100 Néstor Pedro Sagüés, *Manual de Derecho constitucional* (Buenos Aires: Astrea, 2007), 71.

101 Ibid.

den desconocer ni desnaturalizar, sino por el contrario deben ser enriquecidos"[102].

Estas aproximaciones nos obligan a retomar la diferencia entre los límites adjetivos y sustantivos del Poder Constituyente mencionados *supra*, refiriéndose los primeros a cómo ha de darse el cambio constitucional para que el mismo pueda ser calificado como *ex lege* -por ejemplo, mediante una reforma *stricto sensu* o una enmienda, ajustándose una u otra vía a las pautas acordadas por el constituyente para que el texto que eventualmente se someta a la aprobación del pueblo pueda considerarse como válido-, mientras que los segundos aludirían a qué puede ser objeto de cambio; enlazándose las cláusulas pétreas, por lo general, con estos últimos y la idea de la legitimidad de la Constitución.

Así las cosas, el razonamiento de las cláusulas pétreas permitiría en parte justificar que principios y valores como los contenidos en el título I de la CRBV[103] no pueden ser alterados por una ANC, siendo obligación del pueblo venezolano -y de sus autoridades legítimas- desconocer "cualquier régimen, legislación o autoridad que contraríe los valores, principios y garantías democráticos o menoscabe los derechos humanos" -dentro de lo cual encuadraría la propia ANC y sus decisiones- dada "su tradición republicana" y "su lucha por la independencia, la paz y la libertad" (art. 350 constitucional).

Lo anterior, en parte, visto que si bien la ANC está facultada para "transformar al Estado" y "crear un nuevo ordenamiento jurídico" de

---

102 Fortunato González Cruz, "Constitución histórica y poder constituyente", *Revista de Derecho Público*, nº 112 (2007): 34. El autor apunta como ejemplo que "[u]no de los límites históricos es el establecido en el artículo 1 constitucional cuando declara que 'La República de Venezuela es irrevocablemente libre e independiente.' Cualquier intento de modificación de la forma republicana o de su independencia como Estado Soberano para formar parte de una Confederación es contrario a este primer límite histórico. La forma republicana se sostiene sobre tres principios fundamentales: la soberanía reside en el pueblo, el gobierno es alternativo y el Poder Público se divide en tres ramas independientes que son el Legislativo, el Ejecutivo y el Judicial".

103 Entre ellos, la independencia de la República y "la libertad, la soberanía, la inmunidad, la integridad territorial y la autodeterminación nacional" como derechos irrenunciables (art. 1), "la vida, la libertad, la justicia, la igualdad, la solidaridad, la democracia, la responsabilidad social y en general, la preeminencia de los derechos humanos, la ética y el pluralismo político" como valores superiores del Estado (art. 2), "la defensa y el desarrollo de la persona y el respeto a su dignidad, el ejercicio democrático de la voluntad popular, la construcción de una sociedad justa y amante de la paz, la promoción de la prosperidad y bienestar del pueblo y la garantía del cumplimiento de los principios, derechos y deberes consagrados en esta Constitución" como fines esenciales del Estado, y el carácter "democrático, participativo, electivo, descentralizado, alternativo, responsable, pluralista y de mandatos revocables" del gobierno de la República y de las entidades políticas que la componen (art. 6).

acuerdo con el artículo 347 de la CRBV, esas atribuciones se encuentran íntimamente vinculadas con la redacción de una nueva Constitución -que a fin de cuentas en su verdadero objetivo- por lo que, hasta tanto no exista esa nueva Constitución aprobada por el pueblo, la anterior (en nuestro caso de estudio, la CRBV) seguiría vigente y la ANC, como el resto del Poder Público y la sociedad venezolana, estaría atada a la misma por imperativo del artículo 7 constitucional[104], no pudiendo en consecuencia los representantes extraordinarios -por ejemplo- desconocer a los poderes constituidos ni tomar sus competencias para sí, por ser ello contrario a los principios y valores democráticos que recoge el referido título I de la CRBV, cuyos artículos ya hemos citados[105].

No obstante lo aquí dicho, a diferencia del límite anterior (derechos humanos) que no suele generar mayor debate -y que, de hecho, podría enlazarse con las referencias que Sieyès realizó en cuanto al Derecho natural y la racionalidad de la Constitución-, la existencia de las cláusulas pétreas no es objeto de una opinión unívoca por parte del foro ya que, frente a los que abogan por su existencia, encontramos quienes las califican de "inútiles (...), más allá de ser, muchas veces, hijas de la buena intención de preservar el sistema constitucional", por el simple hecho que "su eficacia se ve impedida frente violaciones o quebrantamientos revolucionarios, por un lado, y modificaciones de la misma cláusula pétrea por una reforma, por otro"[106]; y de modo similar se pronuncian otros tantos autores nacionales como Haro García al apuntar que:

> ...no puede hablarse (o es un error hablar) de límites materiales [cláusulas pétreas, en los términos que hemos empleado en este

---

[104] Como se recordará, el artículo reza que "[l]a Constitución es la norma suprema y el fundamento del ordenamiento jurídico. Todas las personas y los órganos que ejercen el Poder Público están sujetos a esta Constitución".

[105] A la misma conclusión llega Jorge Kiriakidis Longhi, "La Asamblea Nacional Constituyente en la Constitución venezolana de 1999: Un método de reforma constitucional, nada más, nada menos", *Revista de Derecho Público*, nº 151-152 (2017): 28. Plantea que "preexistiendo un Estado Constitucional de Derecho, la llamada a una Asamblea Constituyente se limita a un mecanismo para emprender una modificación del texto de la Constitución, nada más, y nada menos. No se trata, en modo alguno, de un sistema de sustitución y suplantación de los órganos del Estado (vamos a llamarlos 'constituidos') y de sus funciones. No se trata, en fin, de un mecanismo o forma de gobierno sustitutivo del previsto y reglamentado por la propia Constitución cuya modificación se emprende".

[106] Ayala, "La problemática del poder constituyente y la reforma constitucional", 76. En sentido similar se pronuncia Hernández Valle, "El poder constituyente derivado y los límites jurídicos del poder de reforma constitucional", 151. Este último, al indicar que "desde un punto de vista jurídico, tienen apenas un valor relativo, puesto que se pueden derogar, en cualquier momento, por los mecanismos previstos por el texto constitucional para su reforma general, con lo cual desaparece del mundo jurídico la respectiva norma pétrea".

trabajo], cuando una reforma constitucional es realizada por iniciativa popular y mediante aprobación por referéndum, pues, en este caso, la suma de estos dos mecanismos de democracia directa representa la manifestación del poder constituyente originario del pueblo, poder frente al cual no pueden oponerse límites materiales[107].

Para luego agregar el último de los autores citado que "los límites materiales de la reforma constitucional son débiles e ineficaces frente a las revoluciones o los intentos violentos de cambiar la Constitución"[108] y, adicionalmente:

> ...lo más peligroso es que esos los límites materiales pueden servir para que aparentes democracias y gobiernos con perfil autoritario (...), impongan a los ciudadanos de una nación el cumplimiento y respeto de una Constitución o de determinadas normas constitucionales que han perdido legitimidad. Así, los límites materiales de la reforma constitucional pueden constituir una peligrosa mordaza para los cambios que demande legítimamente el pueblo y, con ello, un mecanismo abiertamente antidemocrático.
>
> ...lo que se propone es replantear la tesis de los límites materiales de la reforma constitucional para darle una dimensión que, por una parte no anule la soberanía popular y el principio democrático, no admitiendo límites cuando sea el pueblo el que proponga y apruebe mediante referéndum una reforma constitucional; y, por otra parte, reconozca como únicos límites el contenido mínimo esencial de los derechos fundamentales y el principio democrático, cuando la reforma sea realizada por los poderes constituidos; todo ello con el objeto de no obstaculizar la evolución y el cambio, esto es, no obstaculizar el progreso que puede reflejarse y hasta impulsarse desde la Constitución permitiendo la "transformación constitucional" cuando sea necesaria[109].

El extracto citado nos hace recordar lo afirmado por GARCÍA-PELAYO en cuanto a que "una constitución, escrita o no escrita, no es nunca una obra totalmente acabada, sino una apertura de posibilidades para que los hombres realicen su convivencia"[110] y que, ciertamente, la existencia de cláusulas pétreas podría atentar contra esa convivencia al forzar al pueblo a acudir a una reforma constitucional *contra legem* frente a la imposibilidad de lograr un cambio legítimo –es decir, por los canales regulares–, lo que también nos retrotraería a la advertencia de SIEYÈS citada *supra* en cuanto a que los límites del Poder Constituyente pueden convertirse a la larga en una *camisa de fuerza* de la que el pueblo no pueda liberarse y que, lejos de favorecer sus

107 José Vicente Haro García, "Sobre los límites materiales de la enmienda y la reforma constitucional", *Revista de Derecho Constitucional*, nº 8 (2003): 36.

108 Ibid., 51.

109 Ibid., 62-63.

110 García-Pelayo, *Derecho constitucional comparado*, 132.

derechos e intereses, los coarte en favor del siempre poderoso Estado y de quienes ejercen el Poder Público[111].

No obstante, decir que el Poder Constituyente no se encuentra sujeto a ningún tipo de límites porque el mismo es la expresión de la voluntad del pueblo tampoco lo vemos conteste con los ideales democráticos que resultan intrínsecos a todo texto constitucional y las sociedades modernas[112], además que tal planteamiento nos acercaría –una vez más– a la *tiranía de la mayoría* advertida por Tocqueville[113].

Por estos motivos, más bien, creemos que lo que resultaría necesario es *redimensionar* las cláusulas pétreas a su justa medida a fin de que estas no impidan que la Constitución se adapte a las nuevas realidades de la sociedad, pero que tales realidades tampoco puedan invocarse para desconocer la propia existencia del Estado ni sus condiciones existenciales[114].

¿Cómo lograr ese equilibrio? Somos del criterio que ello se consigue al subsumir los supuestos *válidos* de cláusulas pétreas en la irreversibilidad y progresividad de los derechos humanos que desarrollamos *supra*, en el sentido que si la cláusula versa sobre alguno de estos derechos la misma se considerará inamovible sin requerir de mayores estudios. En parte, porque no constituiría un *nuevo* supuesto de limitación sino tan solo la materialización del primero.

En caso que la cláusula no pueda vincularse de modo directo con alguno de estos derechos[115], tal imposibilidad de modificación sí ha-

---

111 A modo de ejemplo, téngase que se prevea en una Constitución, sin posibilidad de reforma por ninguna vía constitucional, que el único partido político que puede postularse en cualquier elección a nivel nacional, estadal o municipal es el partido de gobierno y aquellos que sean cónsonos con sus ideologías, anulándose por vía de consecuencia el pluralismo político como uno de los principios propios de la democracia.

112 Recuérdese nuevamente el artículo 16 de la Declaración de los Derechos del Hombre y del Ciudadano de 1789, conforme con el cual "[u]na Sociedad en la que no esté establecida la garantía de los Derechos, ni determinada la separación de los Poderes, carece de Constitución", por lo que del pueblo aprobar algunas de estas medidas se estaría yendo en contra del propio concepto de Constitución, aunque ello sea el deseo de la mayoría.

113 *Cfr*. Jorge Prats, "A manera de prólogo. Ulises, las sirenas y los muertos constituyentes", 22. Expresa que "la Constitución deba ser lo suficientemente rígida para proteger los derechos y la democracia de las tentaciones autoritarias incluso del propio pueblo y no tan rígida que impida a la mayoría popular reformar la Constitución". Lo anterior, visto que "[e]l elemento clave de todo verdadero Estado constitucional de derecho es la estabilidad de su Constitución".

114 *Cfr*. Gabriel Sira Santana, "Introducción al estudio del Estado", *Revista de Derecho Público*, nº 157-158 (2019): 124-54. Por tales condiciones nos referimos, claro está, al territorio, la población y el poder.

115 Por ejemplo, alguna que establezca que el texto constitucional no podrá ser modificado hasta que haya transcurrido un tiempo determinado o que imposi-

bría de entenderse en términos relativos y en consonancia con la ideología que *guía* al texto constitucional, siendo posible que, de producirse un cambio ideológico en las bases del Estado, la cláusula *perdería vigencia* y sería necesaria su reforma, por lo que como advierte el foro la imposibilidad o petrificación no sería tal sino que, a lo sumo, podría tratarse es de una norma cuya reforma resulte más compleja.

En todo caso, visto que los derechos irrenunciables, los valores superiores y los fines esenciales del Estado, así como los caracteres del gobierno de la República y de las entidades políticas que la componen, a tenor de los artículos constitucionales citados *supra* y que hemos calificado como cláusulas pétreas fácilmente podrían enlazarse con los derechos civiles y políticos que detenta la población venezolana[116] –y, por ende, con el primero de los límites desarrollados en este acápite–, incluso si nos abstraemos de la teoría de las cláusulas pétreas hemos de llegar a la misma conclusión: la ANC, como representante extraordinaria del pueblo soberano, está sujeta a límites que derivan de la dignidad y los derechos fundamentales de todas las personas que hacen vida en el Estado que ella pretende reconfigurar y, como tales, en palabras de Sieyès, hacen las veces de "precauciones para impedir el abuso de poder"[117] y, en definitiva, salvaguardar los principios democráticos que tanto han costado a la sociedad[118], por lo que las mismas no pueden ser ignoradas, ni siquiera por el soberano.

---

bilite cambiar la forma de gobierno de un sistema presidencial a parlamentario o viceversa.

116 *Cfr.* Pacto Internacional de Derechos Civiles y Políticos y Convención Americana sobre Derechos Humanos, el primero adoptado por la Asamblea General de las Naciones Unidas el 16-12-1966 y suscrito por Venezuela el 24-06-1969 (con ratificación del 10-05-1978) y la segunda adoptada en San José de Costa Rica el 22-11-1969 y suscrita por Venezuela en esa misma fecha (ratificada el 23-06-1977). En https://bit.ly/32BMxbH y https://bit.ly/3pzKhe4, respectivamente. Sobre la denuncia de la Convención en general véase Carlos Ayala Corao, "Inconstitucionalidad de la denuncia de la Convención Americana sobre Derechos Humanos por Venezuela", *Revista Estudios Constitucionales* 10, nº 2 (2012): 643-82.

117 *Cfr.* Luis María Díez-Picazo, "Límites internacionales al poder constituyente", *Revista Española de Derecho Constitucional*, nº 76 (2006): 9-32. El autor, en consonancia con lo expuesto en este aparte, asevera que "puede afirmarse que los Estados no dejan de estar sometidos al derecho internacional cuando aprueban o modifican sus propias normas constitucionales", sea que "[l]os límites internacionales más intensos y frecuentes al poder constituyente vienen dados (...) por los tratados internacionales sobre derechos humanos", siendo usual que los principios democráticos se enlacen con el derecho de los ciudadanos de participar en los asuntos públicos que prevé tanto el Pacto como la Convención referidos en la nota al pie anterior.

118 *Cfr.* Raffalli, "Reconocimiento judicial del proceso constituyente y sus consecuencias", 288. El autor indica que "[u]n proceso constituyente de corte revolucionario que pretenda suprimir el orden constitucional anterior no puede ser legítimo sin un acto de contundente aprobación popular y sin el respeto a

3. LA CONVOCATORIA

Al tratar el tema de la convocatoria a la asamblea extraordinaria que servirá de epicentro a la nueva Constitución, Sieyès expresó que este derecho/deber corresponde a "todos cuantos pueden hacer algo" en el Estado, con inclusión del Poder Ejecutivo al estar este "más dotado que los simples particulares a efectos de advertir a la generalidad de los ciudadanos, indicando el lugar de la asamblea y superando todos los obstáculos que el interés corporativo pudiera interponer", a lo que agregó que "el príncipe (...) es el más interesado en convocar al pueblo y si bien es incompetente para decidir sobre la Constitución, no lo es para provocar esta decisión"[119].

Esta legitimidad amplísima para convocar una Asamblea Nacional Constituyente fue compartida también por Loewenstein quien, luego de señalar que con "las teorías de la soberanía del pueblo (...) se ha generalizado, y hasta estereotipado, un procedimiento para la elaboración y la adopción de la constitución escrita: un[a] asamblea nacional o constituyente será elegida por todo el pueblo para esta tarea específica", siendo que, adicionalmente, "[c]on más frecuencia hoy que en tiempos pasados, se prescribe imperativamente la ratificación final por el pueblo soberano"[120], apuntó que:

> La ideología del Estado constitucional democrático exige que la competencia para la reforma constitucional no sea el monopolio de un único detentador del poder, sino que debe de estar lo más distribuida que sea posible. Todos los detentadores legítimos del poder -gobierno, parlamento y pueblo organizado como electorado- deben poder participar en ella. A través de la máxima dispersión de esta participación, la reforma constitucional realizada adquiere el más amplio consenso y, con ello, la más elevada legitimidad[121].

Al respecto, somos del criterio que esta idea puede resultar lesiva a la soberanía pues, sí como sostuvo el propio Loewenstein, "soberano es aquel entre los detentadores del poder que decide sobre la reforma constitucional"[122], y tal soberano es el pueblo de acuerdo con el ya citado artículo 5 de la CRBV, es el pueblo -y solo el pueblo- el que podrá decidir sobre la reforma constitucional *lato sensu*, que en el caso de la ANC abarca desde si se convoca o no a este mecanismo de representación hasta la posterior elección de los representantes y,

---

los principios básicos de la democracia", entre los que enlista la soberanía, tolerancia, elecciones periódicas con sufragio universal, separación de poderes, pluralismo, etc.

119 Sieyès, *El tercer estado y otros escritos de* 1789, 224.

120 Karl Loewenstein, *Teoría de la Constitución*, trad. Alfredo Gallego Anabitarte, 2° ed. (Barcelona: Editorial Ariel, 1979), 160-61.

121 Ibid., 172.

122 Ibid.

finalmente, la aprobación –o no– del texto que los mismos hayan redactado.

En este sentido, al ser "[l]a fase de iniciativa-convocatoria (...) aquella en la que se sustancia el 'quién' convoca, 'a quién', 'cómo', 'para qué' y con qué 'plazo'"[123], es el pueblo el que habrá de decidir sobre cada uno de estos aspectos sin negar que el Poder Público –llámesele gobierno, parlamento o príncipe, como lo hacen los autores citados– pueda *impulsar* el cambio constitucional al inquirir al pueblo si desea o no convocar a la ANC, pero nunca decidiendo por él.

Estas ideas pueden ser complementadas por el planteamiento de SAGÜÉS quien nos recuerda que "[e]s usual distinguir entre la titularidad del poder constituyente (generalmente conferida al pueblo (...); es decir, en quién se hace formalmente residir la potestad constituyente, y a quien se le atribute o imputa la decisión del poder constituyente)", por un lado, y, por el otro, "el ejercicio de tal poder, o sea, el desempeño de éste por los autores de la constitución formal (p.ej., los miembros de una asamblea constituyente)", a lo que agrega que "[s]i el 'titular' (...) se limita a elegir a quien lo 'ejercita', sin poder controlarlo luego, es evidente que su titularidad es un derecho sumamente relativo, y que el poder constituyente, de modo efectivo, recayó en el ejercitador"[124].

Creemos que la misma relatividad se aprecia cuando el titular del Poder Constituyente es limitado a elegir quiénes ejercitarán dicho poder en la asamblea extraordinaria, proscribiéndosele la oportunidad de decidir si quiere que alguien, en efecto, ejerza tal poder, pues es más que probable que el pueblo esté conforme con su Constitución y la convocatoria sea promovida por el Ejecutivo Nacional como un mero plebiscito para recobrar la legitimidad perdida o imponer políticas que no ha logrado materializar con base en el ordenamiento vigente, tal como veremos en esta investigación.

Es cierto que, en el caso narrado precedentemente, todavía se le reconocería al pueblo la posibilidad de controlar luego el quehacer de sus representantes al aprobar o no el texto que los mismos presenten[125].

---

123 José Juan González Encinar et al., "El proceso constituyente. Deducciones de cuatro casos recientes: España, Portugal, Brasil y Chile", *Revista de Estudios Políticos*, nº 76 (1992): 13.

124 Sagüés, *Manual de Derecho constitucional*, 67.

125 Este planteamiento se antepone a la asamblea nacional que "acuerda y despacha" y que SCHMITT define como aquella "elegida según los postulados democráticos fundamentales, comisionada especialmente para la formulación y normación de las determinaciones legal-constitucionales, acuerda el texto de las leyes constitucionales y las expide. Una normación (...) así surgida, entra en vigor por acuerdo de simple mayoría, sin que pueda tener lugar un referéndum

Sin embargo ello no niega que, mientras no ocurra tal referendo, pendería sobre la sociedad una *espada de Damocles* al operar frente a los poderes constituidos un supuesto poder constituyente que alega contar con la competencia para reformar el Estado, traduciéndose ello no solo en un peso económico y político que este último -y la sociedad- debe soportar, sino que, lo que resulta más grave, al estar viciada desde su origen la convocatoria de la ANC, los actos que estén basados en dicha convocatoria -tal como sería la elección de los representantes y la Constitución que los mismos elaboren- también estarían viciados por vía de consecuencia, lo que a todas luces resulta contrario a los principios de eficacia y eficiencia que deben caracterizar al Estado, pues se estaría incurriendo en un gasto público y sociopolítico que, a larga, llevaría a decisiones viciadas de nulidad y nos acercarían a la doctrina del fruto del árbol envenenado de amplia aplicación en el mundo procesal y perfectamente trasladable a este supuesto[126].

En todo caso, visto que sobre este punto volveremos *infra* por ser justamente la convocatoria uno de los aspectos más debatidos de la ANC-2017, de momento nos bastará lo dicho para contextualizar los planteamientos de Sieyès en cuanto a la ANC que, como bien expuso el autor, debe tener como objetivo "la seguridad y libertad comunes, en definitiva, la cosa pública", visto que "el verdadero objeto de una Asamblea nacional; no es (...) ocuparse de los asuntos particulares de los ciudadanos, sino considerarlos en su conjunto y desde la perspectiva del interés común"[127].

A tal efecto, consideramos, habrían de tenerse presentes los comentarios efectuados en este Capítulo sobre la tipología del Poder Constituyente, sus límites y posibilidad de convocatoria, a fin de evitar que este método de reforma -o adopción- constitucional pueda ser desvirtuado para ocuparse de asuntos que sean del solo interés de las fuerzas dominantes -políticas, económicas o de otra naturaleza- en desmedro del llamado interés común del pueblo o la nación, y la seguridad y libertad de los particulares, tal como tendremos oportunidad de comentar en los próximos capítulos de esta investigación.

---

sobre el proyecto aprobado; por lo tanto, sin confirmación por parte de los ciudadanos con derecho a voto". Schmitt, *Teoría de la Constitución*, 101.

126 La teoría, surgida en los Estados Unidos de América en 1920, plantea que si el origen de algo (prueba) está "envenenado" (fue obtenida ilícitamente), los frutos que de ella se obtengan directa o indirectamente de ella (información) correrán con la misma suerte y no serán admisibles en el proceso. *Cfr.* Rómulo Chacín González, "Las excepciones a las exclusiones probatorias en el proceso penal venezolano", *Revista de la Facultad de Derecho de la Universidad Católica Andrés Bello*, nº 72 (2018): 204-62.

127 Sieyès, *El tercer estado y otros escritos de 1789*, 239 y 243.

CAPÍTULO II: LOS ANTECEDENTES VENEZOLANOS EN MATERIA DE REFORMA CONSTITUCIONAL

Una de las tantas novedades que trajo consigo la CRBV en relación con los veinticinco textos que le antecedieron[128] es que, en adición a la enmienda y la reforma como métodos para modificar el texto constitucional, se incluyó en los artículos 347 a 349 a la llamada "Asamblea Nacional Constituyente", calificada en el foro como una "instancia política para que se produzca una nueva Constitución"[129] o una:

> ...entidad colegiada, integrada por sujetos que van a actuar como los máximos legisladores, ya que les corresponde elaborar un texto que establezca el régimen que ha de regir en un Estado, tanto en el ámbito de los derechos y deberes de los ciudadanos, como en el de la organización de sus poderes y de los órganos que los ejercen[130].

Esta asamblea comportó un cambio significativo visto que, desde nuestra primera Constitución en el año 1811, la revisión y reforma del texto constitucional era una actividad protagonizada -al menos formalmente, pues la práctica relata otra historia, y sin que tal protagonismo se traduzca en monopolio dados los consensos requeridos- por el Poder Legislativo ordinario, tal como pasaremos a reseñar de seguida sin ánimos de exhaustividad[131], valiéndonos de los períodos en

---

128 Consultados todos en Allan R. Brewer-Carías, *Las Constituciones de Venezuela* (San Cristóbal - Madrid: CEC, IEAL y UCAT, 1985).

129 Carlos García Soto, "Principio de la formación del Derecho por grados", en *Principios fundamentales del Derecho público. Desafíos actuales. Libro conmemorativo de los 20 años de la publicación de la Constitución de 1999* (Caracas: EJV, 2020), 331.

130 Hildegard Rondón de Sansó, "La Asamblea Nacional Constituyente de 1999", en *Libro homenaje a la Academia de Ciencias Políticas y Sociales en el centenario de su fundación 1915-2015*, vol. I (Caracas: ACIENPOL, 2015), 397.

131 Para un estudio detallado de nuestra historia constitucional se recomienda la lectura de Elena Plaza y Ricardo Combellas, eds., *Procesos constituyentes y reformas constitucionales en la historia de Venezuela: 1811-1999*, vol. I (Caracas: UCV, 2005); Elena Plaza y Ricardo Combellas, eds., *Procesos constituyentes y reformas constitucionales en la historia de Venezuela: 1811-1999*, vol. II (Caracas: UCV, 2005); Jesús María Casal Hernández, *Apuntes para una historia del Derecho constitucional de Venezuela* (Caracas: CIDEP y EJV, 2019); Rondón de Sansó, *La Asamblea Constituyente en Latinoamérica*, locs. 974–3022. De más vieja data: José Gil Fortoul, *Historia constitucional de Venezuela*, 2° ed., vol. I (Caracas: Parra León Hermanos y Editorial Sur América, 1930); José Gil Fortoul, *Historia constitucional de Venezuela*, 2° ed., vol. II (Caracas: Parra León Hermanos y

los que la doctrina suele clasificar nuestra historia constitucional[132] y sin olvidar que, como alerta Casal Hernández, "[l]a historia constitucional se forma (...) por la confluencia de variados componentes, entre los cuales la literalidad documental puede jugar un papel relevante mas por lo general no decisivo", por lo que se debe "abarcar el Derecho Constitucional en toda su complejidad o extensión, examinar los textos y los contextos y abrir la mirada a los niveles de cumplimiento y a la función político-institucional de las Constituciones"[133].

Lo anterior aunado a que, como apunta Zerpa Aponte:

> ...debemos atender cada caso, cada proceso constituyente, de manera autónoma, para evaluar en su esencia, en su desarrollo, si en él se verifica tan estruendosa finalidad fundacional, o si por el contrario, el específico proceso constituyente del que se trate, no es más que un burdo mecanismo de usurpación de poder[134].

De este modo, pasamos de seguida a relatar lo que previeron las Constituciones de Venezuela en materia de revisión y reforma constitucional durante los períodos del Estado independiente y autónomo (1811-1864), el Estado federal (1864-1901), el Estado autocrático centralizado (1901-1947) y el Estado democrático centralizado (1947-1999), así como la forma en la que, en la práctica, se materializaron dichos cambios; en la mayoría de las veces, de forma ajena a la *literalidad documental* que estatuían los textos suplantados y sin una verdadera *finalidad fundacional*, pues los objetivos perseguidos por sus promotores giraron más bien en torno a la idea de su permanencia en el poder, constatándose lo advertido por Soriano de García-Pelayo en cuanto a que los cambios constitucionales en Venezuela son un:

Editorial Sur América, 1930); José Gil Fortoul, *Historia constitucional de Venezuela*, 4° ed., vol. III (Caracas: Ministerio de Educación, 1954).

132 *Cfr.* Allan R. Brewer-Carías, *Constituciones iberoamericanas. Venezuela* (México D.F.: UNAM, 2017), 2-3. El autor indica que a pesar del elevado número de Constituciones que ha tenido Venezuela, "si [se] analizan globalmente todas estas 'Constituciones' en el marco histórico del país, ello pone en evidencia, ante tantos textos, que en realidad, Constituciones políticas entendidas como las que conformaron determinados regímenes políticos diferenciados derivados de verdaderos pactos políticos o de imposiciones políticas a la sociedad, diferentes sustancialmente unas de otras, ha habido solo cinco, que fueron las sancionadas en 1811, 1864, 1901, 1947 y 1999. Esas Constituciones fueron, además, las que marcaron el inicio de los cinco grandes periodos políticos que caracterizan la historia constitucional de Venezuela, cuatro que se sucedieron hasta 1999, y el último, que se [sic] si bien se inició en 1999, aún está en proceso de configuración".

133 Casal Hernández, *Apuntes para una historia del Derecho constitucional de Venezuela*, 47-52.

134 Ángel Zerpa Aponte, "Los procesos constituyentes de 1882 y 1893: La constitucionalización de la 'Caída del Liberalismo Amarillo'", en *Procesos constituyentes y reformas constitucionales en la historia de Venezuela:* 1811-1999, vol. I (Caracas: UCV, 2005), 347.

> ...instrumento de las voliciones sinceras de pueblos y gobernantes como en el caso de la Constitución (...) de 1830 con la que se inicia la Venezuela independiente y liberal (...); pretexto para cubrir las ambiciones reales del gobernante de turno en coherencia con las posibilidades del país como en los casos de las que promulgaron Guzmán Blanco o Gómez (...); producto imperfecto pero socialmente coherente y duradero del "pacto" como la Constitución (...) de 1961, o (...) "bisagra" política inserta entre la "revolución", la farsa de la vida pública y la realidad efectiva como en el caso de la Constitución (...) de 1999[135].

1. EL ESTADO INDEPENDIENTE Y AUTÓNOMO (1811-1864)

El primero de los períodos a estudiar, como indica BREWER-CARÍAS, "corresponde al de la constitución del Estado" venezolano como una entidad independiente y autónoma de la Corona Española, asentándose en los textos constitucionales de la época "las bases de lo que sería el constitucionalismo venezolano posterior, al adoptarse los principios básicos del constitucionalismo moderno producto de las revoluciones norteamericana y francesa de finales del siglo XVIII"[136].

Así, en palabras de GARRIDO ROVIRA, el Congreso Constituyente de 1811 –formalmente denominado Congreso General de Venezuela– se transformó en el "gran actor" del proceso independentista al fungir como "órgano que realiza el tránsito de la monarquía a la república"[137] y, en tal sentido:

> ...reúne y concentra en sí todos los poderes públicos al momento de su instalación; (...) hace surgir a Venezuela como un nuevo Estado soberano y traslada la soberanía del Rey al Pueblo, quien la ejercerá a través de representantes; legisla sobre la organización y funcio-

---

135 Graciela Soriano de García-Pelayo, "Mito y reforma constitucional en Venezuela 2007", en *Procesos constituyentes contemporáneos en América Latina. Tendencias y perspectivas* (México D.F.: UNAM, 2009), 513–14.

136 Brewer-Carías, *Constituciones iberoamericanas. Venezuela*, 4. En el mismo sentido: Gerardo Fernández Villegas, "Las Constituciones de la independencia venezolana (1811-1830)", en *Libro homenaje al Dr. Pedro Nikken*, vol. II (Caracas: ACIENPOL y EJV, 2021), 727–38. Este último plantea que Venezuela tomó de la Revolución Francesa lo concerniente a "la separación de poderes, la soberanía popular y una declaración de derechos ciudadanos", y de la Americana la forma de Estado federal y el sistema de gobierno presidencial.

137 Garrido Rovira, "La legitimación de Venezuela (el Congreso Constituyente de 1811)", 19. En el mismo sentido: Irene Loreto González, "Proceso constituyente y Constitución de 1811", en *El Derecho público a comienzos del siglo XXI. Estudios en homenaje al profesor Allan R. Brewer-Carías*, vol. I (Madrid: Civitas y UCV, 2003), 134. Expresa que "este primer proceso constituyente tiene una doble finalidad: la declaratoria de la independencia y como manifestación de ella, la creación de una República a través de una Constitución que la formara y la definiera".

> namiento del nuevo Estado según las circunstancias del momento (...).
> (...). En efecto, sentó bases firmes para convertir al hombre de vasallo y súbdito en individuo y en ciudadano libre; suprimió y prohibió la concentración de los poderes públicos, característica fundamental del despotismo; estableció expresamente la separación de dichos poderes; consagró los Derechos del Hombre e impulsó determinantemente la democracia, a través de la representación, como medio de conquista efectiva de las libertades públicas y de la igualdad política y civil[138].

Esta idea de la representación –consideramos oportuno mencionar– estuvo también presente en la propia conformación del Congreso Constituyente visto que, en la *introducción* del reglamento para la elección de sus diputados dictado el 11-06-1810, ya se afirmaba que "[e]l ejercicio más importante de los derechos del pueblo es aquel en que los transmite a un corto número de individuos, haciéndolos árbitros de la suerte de todos" y "[h]abéis visto la necesidad de un[a] delegación; pero es necesario restringir de tal manera las funciones de vuestros delegados que no puedan mandar con arbitrariedad ni abusar de vuestra confianza"[139].

Planteamiento este que nos permite regresar a lo dicho en el Capítulo anterior sobre la importancia de fijar límites a las facultades de los representantes para que no se vulneren las libertades alcanzadas, contrario a lo afirmado por Sieyès en su momento.

En todo caso, una vez electos los representantes en cuestión, el 20-07-1811 el Congreso General de Venezuela "decidió elaborar el texto constitucional, entendido esencialmente como las reglas de derecho frente al poder, tal como lo hicieron los demás países revolucionarios a fines del siglo XVIII y comienzos del siglo XIX", pasándose del régimen de las leyes fundamentales a una Constitución escrita caracterizada por "el garantismo, como un contenido particular y específico de derechos individuales y garantías, y la forma, estructura y organización del nuevo sistema político"[140].

En este sentido, por lo que se refiere a la materia que nos ocupa podemos precisar que la Constitución de 1811 –denominada "Constitución Federal para los Estados de Venezuela" y catalogada por Brewer-Carías como la tercera Constitución republicana del mundo mo-

---

138 Garrido Rovira, "La legitimación de Venezuela (el Congreso Constituyente de 1811)", 19. El autor agrega más adelante que, "[s]in decirlo explícitamente, con la separación de los poderes, ya efectuada, y el traslado de la soberanía del Rey al Pueblo se había proclamado la República".

139 Ibid., 37.

140 Ibid., 55.

derno[141]- dedicó su capítulo VI a la revisión y la reforma constitucional, previéndose al respecto lo siguiente:

> Artículo 135. En todos los casos en que las dos terceras partes de cada una de las Cámaras del Congreso o de las Legislaturas Provinciales se propusieren y aprobaren original y recíprocamente algunas reformas o alteraciones que crean necesarias en esta Constitución se tendrán éstas por válidas y harán desde entonces parte de la misma Constitución.
> Artículo 136. Ya provenga la reforma del Congreso o de las Legislaturas, permanecerán los artículos sometidos a la reforma en toda su fuerza y vigor hasta que uno de los Cuerpos autorizando para ella haya aprobado y sancionado lo propuesto por el otro en la forma prevenida en el párrafo anterior.

De este modo, la Constitución de 1811 previó que la *iniciativa constituyente* podía provenir tanto de la mayoría calificada (específicamente, de dos tercios) de la Cámara de Representantes y del Senado -es decir, del Congreso de Venezuela a cuyo cuerpo se confiaba el Poder Legislativo de la Confederación según el artículo 3 *ejusdem*- como de las legislaturas provinciales -a las que correspondía el ejercicio del Poder Legislativo a nivel de las provincias que hoy equivaldrían a los estados federados, aunque con menor autonomía[142]-, requiriéndose en ambos casos el beneplácito del cuerpo restante y del propio pueblo, en virtud del artículo 137 *ejusdem* que era del siguiente tenor:

> Artículo 137. El pueblo de cada provincia, por medio de convenciones particulares reunidas expresamente para el caso o por el órgano de sus electores capitulares autorizados determinadamente al intento, o por la voz de los sufragantes parroquiales que hayan formado las Asambleas primarias para la elección de representantes, expresará solemnemente su voluntad libre y espontánea de aceptar, rechazar o modificar en todo o en parte esta Constitución.

---

141 *Cfr.* Allan R. Brewer-Carías, *Historia constitucional de Venezuela*, Colección Tratado de Derecho Constitucional, I (Caracas: EJV, 2013), 128. El autor afirma que "[l]a primera Constitución del mundo moderno, por tanto, fue la de los Estados Unidos de América de 1787, seguida de la de Francia de 1791. Luego se dictaron las de Haití en 1806 y la tercera Constitución moderna republicana, fue la de Venezuela de 1811".

142 Téngase al respecto presente el artículo 71 de la Constitución de 1811 que preveía como atribución del Congreso, entre otras, "examinar todas las leyes que formasen las Legislaturas Provinciales y exponer su dictamen sobre si se oponen o no a la autoridad de la Confederación", dado que de acuerdo con el artículo 124 *ejusdem* "[p]ara que las leyes particulares de las provincias no puedan nunca entorpecer la marcha de las federales se someterán siempre al juicio del Congreso antes de tener fuerza y valor de tales en sus respectivos Departamentos, pudiéndose, entre tanto, llevar a ejecución mientras las revisa el Congreso".

Así, como bien apunta Aguiar en relación con la Constitución de 1811:

> ...la iniciativa de reforma constitucional la tienen tanto las cámaras del Congreso como las legislaturas provinciales, siempre que cada una de aquéllas y éstas, en sus respectivos niveles, alcancen el voto de las dos terceras partes de sus integrantes; y la sanción o ratificación de la Constitución queda en manos del pueblo de cada provincia, que se expresará a través de sus electores[143].

Estos tres artículos, no obstante, no tuvieron aplicación práctica ya que la vigencia de la Constitución de 1811 "desaparece con la caída de la primera República en 1812" -específicamente, el 25-07-1812 con la Capitulación de San Mateo, a poco más de siete meses de la aprobación del texto del 21-12-1811[144]- y "[d]e ahí hasta el Congreso de Angostura en 1819 las necesidades y vicisitudes de la guerra hicieron imposible la vida constitucional, como no fueran los poderes militares transitorios y de hecho que aquella imponía"[145], y que rebasen el objeto de esta investigación.

Es en dicho Congreso de Angostura donde se sancionó la segunda Constitución de Venezuela -a saber: la Constitución de 1819 denominada "Constitución Política del Estado de Venezuela"- que estuvo "influida sin duda por muchos de los principios del constitucionalismo moderno que se habían incorporado en la Constitución de 1811 y las propias ideas del Libertador", al punto que su célebre Discurso de Angostura, donde dio a conocer sus ideas sobre la organización del Estado, se configuró como "la exposición de motivos del Proyecto de Constitución que sometió a la consideración de dicha Asamblea"[146].

En este orden de ideas, a los fines de nuestro estudio hemos de centrar nuestra atención en el título X ("Revisión de la Constitución") del texto mencionado, contentivo de los tres artículos que trascribimos a continuación:

---

143 Asdrúbal Aguiar, *Génesis del pensamiento constitucional de Venezuela* (Cádiz: EJV y RAHA, 2018), 115.

144 *Cfr*. Casal Hernández, *Apuntes para una historia del Derecho constitucional de Venezuela*, 128–31. El autor indica que "[l]a Capitulación de San Mateo significó, por consiguiente, no solo la caída de la Primera República y de la naciente Constitución de diciembre de 1811, como primer ensayo de constitucionalismo, sino el inicio de un periodo caracterizado por los excesos del gobierno de Monteverde", comandante realista que, luego de la capitulación, asumió el mando de la Capitanía General de Venezuela.

145 Irene Loreto González, *Algunos aspectos de la historia constitucional venezolana* (Caracas: ACIENPOL, 2010), 97.

146 Allan R. Brewer-Carías, *Angostura, 1819. La reconstitución y la desaparición del Estado de Venezuela con motivo del bicentenario del Congreso y de la Constitución de Angostura* (1819-2019) (Caracas: ACIENPOL y EJV, 2019), 216.

> Artículo 1. Cada diez años podrá la Cámara de Representantes proponer la revisión de la Constitución o de algunos de sus títulos o artículos. Pero para formar deliberación deberá haber conformidad en las dos terceras partes del número total de representantes.
> Artículo 2. Si la proposición de revisión ha obtenido esta mayoría, se pasará al Senado, y admitida por éste con la misma mayoría se procederá con las formalidades prevenidas para las leyes, la discusión de toda ella o de la parte que se haya creído necesario reformar o adicionar.
> Artículo 3. Sólo con estas formalidades podrá la Constitución ponerse en discusión; pero el Congreso puede, durante los diez años, interpretar provisionalmente todos los artículos en que haya alguna duda.

Así, la Constitución de 1819 planteó un cambio sustancial en cuanto a su predecesora (la de 1811) visto que no solo **(i)** suprimió el rol de las legislaturas provinciales y del pueblo en cuanto a la iniciativa constituyente y la aprobación de la reforma en los términos reseñados *supra*, sino que **(ii)** determinó que tal modificación podía ocurrir únicamente cada diez años, dotando al texto en su conjunto de carácter pétreo, siendo que **(iii)** antes del cumplimiento de dicho término el Congreso solo podía interpretar el texto constitucional a los fines de solventar las posibles dudas que derivaran del mismo, en un claro antecedente de la competencia que hoy se le concede a la TSJ/SC[147].

De este modo, el proceso de revisión y reforma de la Constitución quedó circunscrito al Poder Legislativo nacional, correspondiéndole la iniciativa constituyente a las dos terceras partes de la Cámara de Representantes y la aprobación del texto al Senado, luego de lo cual habría de darse paso a las formalidades previstas para el proceso de formación de leyes ordinarias. A saber: su promulgación y publicación por parte del Poder Ejecutivo (art. 11 de la sección primera del título VI de la Constitución de 1819).

Dos precisiones hemos de hacer sobre este proceso constituyente antes de continuar con nuestro repaso histórico-constitucional:

---

[147] *Cfr.* Artículo 335 de la CRBV –"El Tribunal Supremo de Justicia garantizará la supremacía y efectividad de las normas y principios constitucionales; será el máximo y último intérprete de la Constitución y velará por su uniforme interpretación y aplicación. Las interpretaciones que establezca la Sala Constitucional sobre el contenido o alcance de las normas y principios constitucionales son vinculantes para las otras Salas del Tribunal Supremo de Justicia y demás tribunales de la República"– y el numeral 17 del artículo 25 de la Ley Orgánica del Tribunal Supremo de Justicia (G.O. n° 6.684 Extraordinario del 19-01-2022), conforme con el cual "[s]on competencias de la Sala Constitucional del Tribunal Supremo de Justicia: (...) 17. Conocer la demanda de interpretación de normas y principios que integran el sistema constitucional".

La primera es que el Congreso de Angostura no se limitó a redactar la nueva Constitución sino que, también, "produjo leyes, decretos, reglamentos e interpretaciones jurídicas", entre las que encontramos la Ley de Organización y Administración de Misiones, el Reglamento Provisional para el Ejercicio de la Presidencia de la República y el Reglamento de Funciones del Procurador General de la República, solo por nombrar algunos, gracias al "manejo discursivo según el cual todos los actos que emanan del congreso de Angostura corresponden a mandatos de la voluntad general", por lo que este también estaba habilitado para actuar como legislador ordinario[148], como se ha repetido con las asambleas constituyentes más recientes, incluyéndose a la ANC-2017.

La segunda es que su resultado -es decir, la Constitución de 1819- "propiamente no llegó a entrar en vigencia" pues se enfrentó al hecho que solo una porción de la naciente República se hallaba verdaderamente liberada de la monarquía española y, de mayor gravedad, la carta "fue propuesta como base jurídico-constitucional de la unión colombiana (...) pero fue aprobada como constitución política de la república de Venezuela", lo que acentuó las dudas sobre su legitimidad, al punto de considerarse imperativo sancionar la "Ley Fundamental de la República de Colombia cuatro meses más tarde" y, finalmente, "la convocatoria al congreso de Cúcuta, a objeto de elaborar la constitución que a su vez signaría la existencia política de Colombia"; convocatoria que, de hecho, "se hizo desde el [congreso] constituyente de Angostura el 20 de enero de 1820, tras lo cual este último quedó disuelto"[149].

Así, de modo similar al caso de la Constitución de 1811, el procedimiento de reforma previsto en la Constitución de 1819 tampoco llegó a materializarse en la práctica pues, como concluye Brewer-Carías:

> Esa Constitución, y la reconstitución del Estado de Venezuela, sin embargo, en la realidad no tuvo una vigencia plena, no sólo por los avatares de la guerra, que continuó, sino porque a los cuatro meses de vigencia comenzó a ser modificada formalmente con la sanción

---

148 Carolina Guerrero, "Los constituyentes de la Unión Colombiana: Una creación limitada y menguada", en *Procesos constituyentes y reformas constitucionales en la historia de Venezuela*: 1811-1999, vol. I (Caracas: UCV, 2005), 80-81, 83. Nótese que una situación similar se produjo en 1811 ya que, una vez sancionada la Constitución, el Congreso General de Venezuela "continuó (...) en sus funciones de suprema autoridad constituyente nombrando el Poder Ejecutivo Federal provisorio, mandando observar la mencionada Constitución (...) y arbitrando la situación política y militar del momento". *Cfr.* Garrido Rovira, "La legitimación de Venezuela (el Congreso Constituyente de 1811)", 66.

149 Guerrero, "Los constituyentes de la Unión Colombiana: Una creación limitada y menguada", 84.

el 17 de diciembre de 1819, por el mismo Congreso de Angostura, de una Ley donde se decidió eliminar el Estado de Venezuela y reunir la República junto con las provincias de Nueva Granda [sic], en otro Estado distinto, la República de Colombia, la cual se reguló formalmente en la Constitución de Cúcuta de 1821, y que duró hasta 1830[150].

De esta forma, la Constitución de Cúcuta –o Constitución de 1821– es la tercera que nos corresponde reseñar en este paneo vista la unión de Venezuela con Nueva Granada, apreciándose en ese texto que el tema de la reforma constitucional quedó regulado en dos artículos del título X ("De la observancia de las leyes antiguas, interpretación y reforma de esta Constitución") que estatuían lo siguiente:

> Artículo 190. En cualquier tiempo en que las dos terceras partes de cada una de las Cámaras juzguen conveniente la reforma de algunos artículos de esta Constitución, podrá el Congreso proponerla para que de nuevo se tome en consideración, cuando se haya renovado, por lo menos, la mitad de los miembros de las Cámaras que propusieron la reforma, y si entonces fuere también ratificada por los dos tercios de cada una, procediéndose con las formalidades prescritas en la sección primera del título IV, será válida y hará parte de la Constitución, pero nunca podrán alterarse las bases contenidas en la sección primera del título I, y en la segunda del título II.
> Artículo 191. Cuando ya libre toda o la mayor parte de aquel territorio de la República, que hoy está bajo el poder español, pueda concurrir con sus representantes a perfeccionar el edificio de su felicidad y después que una práctica de diez o más años haya descubierto todos los inconvenientes o ventajas de la presente Constitución, se convocará por el Congreso una gran convención de Colombia, autorizada para examinarla o reformarla en su totalidad.

Se trató de un régimen con mayor especificidad que el visto en los años anteriores en el que se reiteraban algunas de sus disposiciones –por ejemplo, la mayoría de dos tercios para proponer la reforma y lo referido a la promulgación de la nueva Constitución de acuerdo con las pautas que regían a las leyes en general–, agregándose un par de previsiones en pro de la rigidez del texto según se aprecia del hecho que **(i)** la propuesta debía ser confirmada por el Congreso una vez se renovara la mitad de sus miembros, y **(ii)** parte del texto[151] no podía

---

[150] Brewer-Carías, *Angostura, 1819. La reconstitución y la desaparición del Estado de Venezuela con motivo del bicentenario del Congreso y de la Constitución de Angostura* (1819-2019), 217.

[151] Específicamente los artículos 1 al 3 (sección primera del título I) y 9 al 11 (sección segunda del título II), que versaban sobre la independencia de la Nación, donde a su vez residía la soberanía; el deber de la Nación de "proteger por leyes sabias y equitativas la libertad, la seguridad, la propiedad y la igualdad de todos los colombianos"; el carácter popular y representativo del gobierno de Colombia; el derecho del pueblo de participar en las elecciones primarias; y la separación del Poder Público en el Ejecutivo, el Legislativo y el Judicial.

ser modificado hasta tanto la Constitución alcanzara una vigencia de al menos diez años y, adicionalmente, se hubiese liberado la mayoría del territorio de la República que se encontraba bajo el dominio español, siendo que en este caso el Congreso había de convocar a una "gran convención" que podría asemejarse a lo que hoy conocemos como ANC, según detallaremos más adelante.

Este artículo 191 resulta de especial interés ya que, para autores como Guerrero, "da cuenta de la necesidad de conformar una representación que pueda reconocerse como legítima, a diferencia de las configuradas en 1819 y 1821", visto el hecho que el Congreso de Cúcuta "[n]o sólo inició sus sesiones sin el mínimo de diputados requerido, sino que en las respectivas actas (...) nunca se especificó a qué provincias representaba cada diputado, ni, en general, qué provincias tuvieron representación en el congreso", lo que ponía en entredicho la legitimidad del nuevo texto constitucional[152] y de las múltiples leyes, reglamentos, decisiones e interpretaciones que emanaron de este cuerpo[153].

Por otra parte, en consonancia con las críticas reseñadas en el Capítulo anterior sobre las cláusulas pétreas, Gil Fortoul comenta en cuanto a las innovaciones de los artículos 190 y 191 de la Constitución de 1821 que:

> Declarar invariables tales principios [sección primera del título I y sección segunda del título II], sobre todo el que se refiere a no depositar el ejercicio de la soberanía en unas solas manos, revela de nuevo la candidez de los legisladores; porque ni podía bastar semejante declaración para impedir la dictadura de hecho, ni fue óbice para que muchos republicanos de toda Colombia promoviesen públicamente, aunque sin resultado, una reacción cesarista en 1825 y otra monárquica en 1829[154].

Como si ello fuese poco, Casal Hernández agrega que la Constitución de 1821 fue "rápidamente relativizada mediante el otorgamiento, por el Congreso, de poderes extraordinarios al Poder Ejecutivo" en virtud de la "inclinación creciente a fundir (...) [el] pensamiento cons-

---

[152] Guerrero, "Los constituyentes de la Unión Colombiana: Una creación limitada y menguada", 97 y 89. La autora ahonda en esta tesis al manifestar que "es mediante una acción discursiva del propio congreso que se pretende establecer su propia legitimidad, lo cual, a su vez, sugiere que la representación política que ejercen tales diputados no ha emanado adecuadamente de los representados, ya que sólo la representatividad configurada con base en la expresión de la voluntad de los miembros de la sociedad política daría sentido político y legitimidad al congreso en una república moderna, y en consecuencia originaría el obligatorio reconocimiento por parte de las demás autoridades".

[153] Ibid., 90. Nótese que estas leyes versaron sobre asuntos de la más variada naturaleza, tales como indultos, la formación del ejército de reserva, la dieta de los diputados, las rentas nacionales, la libertad de partos, y la manumisión.

[154] Gil Fortoul, *Historia constitucional de Venezuela*, 1930, I:434.

titucional con las exigencias de las circunstancias y a reemplazarl[o] por un arquetipo de personalismo político y concentración del poder", lo que derivó en la desaplicación *de facto* del texto constitucional y la dictadura bolivariana de 1828[155].

Lo anterior, dado que la relativización comentada se extendió -inclusive- al artículo 191 citado *supra* sobre la rigidez de la Constitución, puesto que, motivado en parte "por los sucesos que protagonizaron las municipalidades de Valencia y Caracas entre abril y diciembre de 1826 conocidos como La Cosiata, y que evidenciaron (...) las tensiones entre (...) municipios y (...) aquel ensayo político en el cual consistía la unión colombiana"[156], Bolívar se vio en la *necesidad* de promover una convención nacional a celebrarse en la ciudad de Ocaña en 1828 -esto es, antes de los diez años previstos en el artículo 191 de la Constitución de 1821, según vimos- ante "la imposibilidad de practicar la carta de Cúcuta"[157].

Esta convención se instaló el 09-04-1828, siete días después "declaró urgente la reforma de la constitución"[158] y, por motivos sociopolíticos que escapan al objeto de estas líneas, luego de poco más de dos meses "fue abortada sin que alcanzara una resolución sobre el contenido de una nueva Constitución"[159].

No obstante, como ya avanzamos, "[m]eses después, invocando el fracaso de la Convención, (...) Bolívar apelaría al respaldo popular para autoproclamarse dictador, al margen completamente de la Constitución", para más adelante promover "un debate abierto en el que los pueblos manifiesten sus opiniones sobre la reforma constitucional, la forma de gobierno y la elección del Jefe de Estado, pensando que de

155 Casal Hernández, *Apuntes para una historia del Derecho constitucional de Venezuela*, 135.

156 Guerrero, "Los constituyentes de la Unión Colombiana: Una creación limitada y menguada", 99-100.

157 Gil Fortoul, *Historia constitucional de Venezuela*, 1930, I:434. Algunas páginas más adelante -592- el autor agrega que el "3 de agosto [de 1827], el Congreso nacional convoca la Gran Convención de Colombia, 'para que, reuniéndose en la ciudad de Ocaña el día 2 de marzo de 1828, y declarando ella misma previamente si hay urgente necesidad de examinar la Constitución o de reformarla, proceda a verificarlo'. Y para justificar esta medida violatoria de la misma Constitución, dice el decreto: 'Aunque en el curso ordinario y regular de los acontecimientos habría sido necesaria la práctica de la Constitución por diez o más años, que se exige en su artículo 191 para que el Congreso pudiera convocar la Gran Convención de Colombia; sin embargo, en las circunstancias críticas en que se halla la República, la experiencia ya obtenida basta, y llena el espíritu del artículo citado".

158 Guerrero, "Los constituyentes de la Unión Colombiana: Una creación limitada y menguada", 100.

159 Casal Hernández, *Apuntes para una historia del Derecho constitucional de Venezuela*, 136.

esa forma podía evitar el fatal desenlace" de la Gran Colombia[160], dejándose de lado -una vez más- el proceso de reforma previsto en la carta magna y dándose pie a la interrogante de si, luego de la Convención de Ocaña, Venezuela había quedado desprovista de texto constitucional[161].

En todo caso, surge aquí una bifurcación en nuestra historia constitucional:

a. En Colombia, el Congreso Admirable de 1830 sancionó una Constitución que ofreció a Venezuela el 05-05-1830, a pesar de que esta última ya había anunciado su separación de la Gran Colombia[162].

b. En Venezuela, tuvo lugar el Congreso Constituyente de 1830 que, una vez rechazó unánimemente la Constitución ofrecida por su par colombiano, procedió a redactar la Constitución de 1830 -conocida como la "Constitución del Estado de Venezuela"- en la que se hizo constar la disolución de la Gran Colombia[163] y se buscó "constituir un nuevo Estado en la 'an-

---

160 Ibid., 136-37.

161 *Cfr.* Herviz Geralda González Camacho, "El proceso constituyente del Congreso Admirable, Bogotá 1830", en *Procesos constituyentes y reformas constitucionales en la historia de Venezuela:* 1811-1999, vol. I (Caracas: UCV, 2005), 111. Expresa que "la suspensión de las sesiones, sin llegar a modificar o sustituir la Constitución de 1821, por ningún acto de la constituyente, conduciría a un vacío constitucional sin precedentes en la República de Colombia". Véase también Guerrero, "Los constituyentes de la Unión Colombiana: Una creación limitada y menguada", 103. Plantea por su parte que "[l]a vigencia o no de la Constitución de 1821 tras la disolución de la Convención de Ocaña conduce a la categorización del régimen que Bolívar instala en agosto de 1828 o bien como una dictadura (tal como lo denomina el Libertador) o bien como una tiranía. En el primer caso, la dictadura supone la apelación a aquella magistratura extraordinaria prevista por la constitución de la Roma clásica para enfrentar la emergencia, y supone la necesaria vigencia del derecho -por tanto, de la constitución- que autoriza y regula su ejercicio. En el segundo, la tiranía refiere aquella magistratura propia de las ciudades griegas de la antigüedad, en las que se accede y/o se ejerce el poder en contra del derecho. Ciertamente, la constitución de Cúcuta no abría canales para el establecimiento de la llamada dictadura de Bolívar, ya que sólo preveía el otorgamiento de facultades extraordinarias al titular del poder ejecutivo, con autorización del congreso", de lo que se desprende que "coexistían la constitución vigente por derecho y la defragmentación [sic] de hecho de todos los elementos conformadores de la república, incluyendo su constitución".

162 *Cfr.* González Camacho, "El proceso constituyente del Congreso Admirable, Bogotá 1830", 125.

163 *Cfr.* Gil Fortoul, *Historia constitucional de Venezuela*, 1930, I:664-87.

tigua Venezuela' (...) liberal de derecho, conforme lo sugerían las ideas modernizadoras dominantes del momento"[164].

Lo anterior, si bien hemos de destacar que, como ocurrió en congresos anteriores, este cuerpo no se limitó únicamente a sancionar la nueva carta magna sino que dictó diversos actos de rango legal -por ejemplo: la Ley que establece una Escuela Militar dentro de la Escuela de Matemáticas; la Ley sobre conspiración o traición, juicios y penas; y la Ley que abole la confiscación- lo que produjo discusiones en el propio seno del Congreso sobre si este tenía carácter constituyente o constitucional-legislativo y la reinante confusión del Poder Constituyente con el Poder Constituido[165].

De cualquier modo, en materia de reforma constitucional que es el tema que nos ocupa, se estatuyó en el título XXVIII ("De la observancia, interpretación, y reforma de la Constitución") lo siguiente:

> Artículo 225. En cualquiera de las Cámaras del Congreso podrá proponerse la reforma de algún artículo de esta Constitución, y si tuviere el apoyo de la quinta parte de los miembros presentes, se discutirá conforme a las reglas de debate; en caso que la reforma propuesta sea calificada de útil o necesaria por el voto de las dos terceras partes de los miembros presentes, pasará a la otra Cámara; y si fuere calificada en ésta con las mismas formalidades, se publicará por imprenta el proyecto de reforma, y quedará en suspenso hasta la primera reunión del Congreso en que se hayan renovado completamente las dos Cámaras.
> Artículo 226. Las Cámaras entonces tomarán nuevamente en consideración el proyecto de reforma, y si mereciere la aprobación de las dos terceras partes de los miembros presentes de cada una de ellas, se tendrá como parte de la Constitución, pasándose al Ejecutivo para su publicación y cumplimiento.
> Artículo 228. La autoridad que tiene el Congreso para reformar la Constitución no se extiende a la forma de gobierno que será siempre republicano, popular, representativo, responsable y alternativo.

De los artículos citados de la Constitución de 1830 se puede constatar que se trató de un régimen similar al previsto en la Constitución de 1821 con la salvedad que:

---

164 Enrique J. Sánchez Falcón, "El congreso constituyente venezolano de 1830", en *Procesos constituyentes y reformas constitucionales en la historia de Venezuela:* 1811-1999, vol. I (Caracas: UCV, 2005), 136.

165 *Cfr.* Ibid., 149. Recoge que "hubo posiciones como la del Diputado Ayala, quien opinó (...) que el Congreso Constituyente de 1830 'no tiene la menor autoridad para dictar leyes, porque sería confundir sus funciones'. Y agregó, 'No olvidemos los males que causó el Congreso de Cúcuta, que dio leyes en gran cantidad siendo constituyente'".

a. Se suprimió el requisito de los diez años de vigencia para que se pudiese reformar el texto, lo que como vimos de todos modos ya había sido ignorado en la práctica.

b. Se limitó la cláusula pétrea al carácter republicano, popular, representativo, responsable y alternativo del gobierno en contraposición de los seis artículos que enlistaba la Constitución anterior[166].

c. Se determinó que la propuesta de reforma había de contar con el apoyo inicial de un quinto de los miembros presentes en la Cámara al momento de su discusión, luego de lo cual es que operaría la aprobación por los dos tercios vista en años anteriores.

En este sentido, la Constitución de 1830 mantuvo la tendencia de un procedimiento agravado en materia de reforma constitucional, derivado de la rigidez que caracteriza a estos textos a fin de buscar mayores consensos en la población y evitar reformas autoritarias, si bien ello "no impediría (...) que la Constitución fuese reformada expeditivamente en 1857, precisamente para afectar el carácter alternativo del gobierno que ese Texto quiso preservar del poder de revisión constitucional del Congreso"[167], en lo que Brewer-Carías cataloga como el inicio de "la larga historia de reformas constitucionales circunstanciales que caracteriza nuestra evolución constitucional desde 1857, muchas de ellas precisamente para establecer la reelección o aumentar el período constitucional presidencial"[168].

Llegamos así a la quinta Constitución de nuestra reseña –la Constitución de los Estados Unidos de Venezuela o la Constitución de 1857– que dedicó cuatro artículos a nuestro objeto de estudio: los tres primeros en el título XXVII ("De la reforma de la Constitución") y el restante en el título siguiente ("De la Confederación colombiana"). Estos artículos eran del siguiente tenor:

---

[166] *Cfr.* Casal Hernández, *Apuntes para una historia del Derecho constitucional de Venezuela*, 141–42. El autor agrega que esta "importante cláusula o norma pétrea o de intangibilidad frente a las posibles reformas constitucionales, (...) se ha mantenido, con ajustes, en Constituciones posteriores", y la misma se traducía en que "se fijaban límites al poder de revisión de la Constitución por el Congreso, sin que se descartara que futuros Congresos Constituyentes pudieran adoptar una decisión distinta en relación con alguno de esos principios, o añadir otros, con lo cual se adelantaban nuestros constituyentes a la distinción, contemporáneamente más afinada, aunque no exenta de controversias, entre los límites del poder de reforma [Poder Constituyente Derivado] y los del poder constituyente [Poder Constituyente Originario]".

[167] Ibid., 142.

[168] Brewer-Carías, *Historia constitucional de Venezuela*, 368.

Artículo 128. Cualquiera de las Cámaras puede iniciar la reforma de la Constitución; pero tanto en la una como en la otra Cámara se calificará la necesidad de la reforma por las dos terceras partes de los miembros presentes.
Artículo 129. Declarada la necesidad de la reforma por ambas Cámaras, la que la haya iniciado redactará el proyecto correspondiente para que sea discutido y pueda ser sancionado en la misma forma que las leyes por la próxima legislatura, publicándose, entre tanto, por la imprenta.
Artículo 130. La facultad que tienen las Cámaras para reformar la Constitución, no se extiende a la forma de Gobierno que será siempre republicano, popular, representativo, responsable y alternativo.
Artículo 131. El Congreso queda autorizado para dictar las providencias conducentes a la Confederación de los Estados de Colombia, y para hacer en este caso las reformas de la Constitución que fueren necesarias pudiendo discutirlas en las sesiones del mismo año en que se propusieren, y observándose los demás requisitos establecidos en el Título anterior; conservando siempre la Soberanía del Estado en todo lo que se refiera a su régimen interior.

Se trata de disposiciones que no resultan sustancialmente diferentes a lo visto en años anteriores –mayorías requeridas, necesidad de que la reforma fuese reafirmada por la siguiente legislatura y forma de gobierno como cláusula pétrea–, agregándose como punto de interés la posibilidad de modificar la Constitución en pro de la Confederación de los Estados de Colombia en un hecho catalogado por la doctrina como una mera "consigna" con la que se quiso justificar la necesidad de reformar en 1857 la Constitución de 1830, siendo el verdadero objetivo del para entonces Presidente de la República, José Tadeo Monagas, que se permitiese su reelección inmediata[169].

En todo caso, y sin que sea nuestra intención ahondar en demasía al respecto, hemos de resaltar que esta reforma de 1857 se caracterizó por ignorar –como era la regla hasta el momento– los preceptos constitucionales en materia de modificaciones pues, con el objetivo de evitar someter el texto de la reforma a la aprobación de dos legislaturas como lo preveía el artículo 225 de la Constitución de 1830, citado *supra*, el Ejecutivo arguyó que ese artículo aludía a "la reforma de algún artículo de esta Constitución" pero no de esta en su conjunto[170].

---

169 *Cfr.* Casal Hernández, *Apuntes para una historia del Derecho constitucional de Venezuela*, 144–45. De modo similar se pronuncia Francisco Delgado, "La Constitución de 1857: 'Por esta vez'", en *Procesos constituyentes y reformas constitucionales en la historia de Venezuela*: 1811-1999, vol. I (Caracas: UCV, 2005), 163. Afirma que "si existe un ejemplo claro en la historia venezolana de discordancia entre los objetivos 'enunciados' de un proyecto constituyente, y sus objetivos 'reales', es el caso que analizamos".

170 Casal Hernández, *Apuntes para una historia del Derecho constitucional de Venezuela*, 144–50. El autor detalla el acontecer político en torno a esta reforma,

De este modo, se estaba ante una *laguna jurídica* que había de colmarse mediante un trámite expedito, según luego afirmaría el Congreso conforme con los designios de Monagas[171], evitándose a su vez acudir a la reforma parcial y los canales regulares del artículo 225 como paso previo -en caso que la laguna de verdad existiese- para que luego pudiese realizarse la reforma general del texto[172].

Así, siendo una realidad que "no es el cuestionamiento racional a la Constitución de 1830 lo que mueve a los actores principales de este episodio de nuestra historia, sino la ambición de que su influencia directa en la vida de la nación perdurara indefinidamente"[173], se fraguó desde el Congreso "el suicidio de un Poder Legislativo a los pies de un Ejecutivo personalista"[174] y "el fraude constitucional de mayores proporciones de nuestra historia política"[175], ya que, como resume Casal Hernández:

> Para introducir algún ajuste en un artículo de la Constitución había que cumplir los pasos de la confirmación de la reforma inicialmente aprobada por el Congreso por otro completamente renovado, mientras que para reformar la Constitución de manera general bastaba con la adopción de la reforma por un solo Congreso, respaldado por una vaga o difusa petición de los pueblos. Desde la óptica democrá-

---

a la que se sumó luego una ley que aumentó el número de provincias con el objetivo de instaurar el *futuro Congreso* de forma anticipada.

171 *Cfr.* ACIENPOL, ed., *Recopilación de leyes y decretos de Venezuela*, vol. I (Caracas: ACIENPOL, 1982), 333. Recoge el decreto del Congreso del 10-03-1856 que, luego de considerar "1° Que los artículos 225 y 226 de la Constitución solo se refieren a reformas parciales. 2° Que la misma Constitución no establece trámites para la reforma general; y 3° Que el artículo 228 concede al Congreso la autoridad para reformar la Constitución, con tal que no se extienda a la forma de Gobierno, que será siempre republicano, popular, responsable y alternativo", decretó: "Los futuros Congresos tienen la facultad para efectuar la reforma general de la Constitución, observándose las formalidades establecidas para la formación de leyes, con tal que la forma de gobierno sea siempre republicano, popular, responsable y alternativo, y obtenga en cada una de sus discusiones la aprobación de las dos terceras partes, por lo menos, de los miembros presentes en cada Cámara" (art. 1) y "La reforma se efectuará cuando la pidan los pueblos y se hayan renovado en su totalidad las Cámaras que sanciona el presente decreto" (art. 2).

172 *Cfr.* Delgado, "La Constitución de 1857: 'Por esta vez'", 166-67. Sostiene que "si la actuación del Gobierno hubiera estado realmente orientada por el propósito de hacer lo mejor para el país, respetando la legalidad vigente, entonces hubiera tenido que tomar la decisión de enmendar la Constitución de 1830 para incluir en ella una norma sobre la reforma general, y sólo después de aprobado este cambio puntual promover el proceso de elaboración de un nuevo texto constitucional". Una solución similar se planteó respecto a la sustitución de la Constitución de 1961 en el año 1999, según retomaremos más adelante.

173 Ibid., 156.

174 Gil Fortoul, *Historia constitucional de Venezuela*, 1930, II:50.

175 Casal Hernández, *Apuntes para una historia del Derecho constitucional de Venezuela*, 145.

> tica la diferencia es esencial, ya que la mediación de una consulta al electorado, entre un Congreso y otro, da al pueblo la oportunidad de votar en función de las posiciones defendidas por los distintos partidos políticos en relación con el contenido de la reforma. Así, pues, sorprendentemente, el pretendido reconocimiento de una laguna respecto de la reforma general de la Constitución, como cambio constitucional de mayor alcance, fue usada no para agravar los requisitos exigidos o para extender analógicamente a este supuesto los que estaban contemplados, sino para flexibilizarlos y restarles legitimación democrática. (...) Se consolidaba así la inclinación, que llega con vicisitudes hasta la actualidad, a aducir una manifestación vaporosa o no formal de la voluntad popular para soslayar la constitucionalidad y a menudo también para privar al pueblo de sus opciones de participación efectivas y del control democrático sobre las autoridades[176].

La cita, por cuya longitud nos excusamos, es clara al exponer los diferentes vicios y problemas de legitimidad en los que se incurrió desde el Poder Ejecutivo y el Poder Legislativo al momento de reformar *contra legem* la Constitución de 1830 y sancionarse la de 1857, fiel a la que había sido nuestra tradición constitucional hasta la época y que seguiría siendo la norma pues, tan solo al año siguiente, se dictaría otra Constitución que haría caso omiso a las disposiciones constitucionales en la materia. En parte, dado que, como apuntan en el foro, "no era difícil prever" que el modo como se acordó la reforma del texto constitucional de 1830 "afectaría inevitablemente la validez jurídica" de la Constitución de 1857[177].

Arribamos entonces al año 1858 y, con él, a la nueva Constitución de los Estados Unidos de Venezuela, que es la última del período que analizamos y derivó de la "Gran Convención Nacional aclamada por los pueblos para reconstituir la República" convocada, "de manera inmediata, como necesidad de re-institucionalizar al país" por Julián Castro luego de asumir el poder en virtud de la Revolución de Marzo[178].

Así, resulta relevante traer a colación –*in totum*– el decreto del 19-04-1858 signado por Julián Castro como General en Jefe del Ejército Libertador y Encargado de la Organización Provisional de la República quien, "acatando el voto general de la Nación que anhela por la reconstrucción de la República"[179], decretó:

---

176 Ibid., 147-48.

177 Delgado, "La Constitución de 1857: 'Por esta vez'", 167.

178 Arturo Peraza Celis, "Proceso constituyente de 1858", en *Procesos constituyentes y reformas constitucionales en la historia de Venezuela: 1811-1999*, vol. I (Caracas: UCV, 2005), 151.

179 ACIENPOL, *Recopilación de leyes y decretos de Venezuela*, I:610.

> Artículo 1. Se convoca la Gran Convención Nacional aclamada por los pueblos para reconstruir la República sobre las sólidas bases de la más amplia libertad y para rehabilitar los sagrados principios de moral y de justicia que han sido lamentablemente conculcados.
> Artículo 2. Se llama a todos los venezolanos al ejercicio de su soberanía para elegir por voto libre, universal y directo, los Diputados que han de representarlos en la Gran Convención.
> Parágrafo único. Solo quedan exceptuados del goce de este derecho:
> 1. Los solteros menores de veinte años.
> 2. Los que habiendo sido condenados a pena corporal, por delitos comunes, no hayan cumplido sus condenas.
> 3. Los que sufran enajenación mental.
> 4. Los que tengan causa criminal pendiente.
> 5. Los ebrios consuetudinarios.
> Artículo 3. Cada una de las provincias de la República estará representada en la Gran Convención, por un número de Diputados igual al de los Representantes y Senadores que han nombrado últimamente.
> Artículo 4. Todo venezolano con solo la excepción del parágrafo del artículo 2, puede ser elegido para la Gran Convención. La confianza de sus conciudadanos es la única condición que se requiere.
> Artículo 5. El día 5 de julio del presente año (...) se reunirá la Gran Convención Nacional en la ciudad de Valencia, con la asistencia de las dos terceras partes, por lo menos, de los miembros nombrados, y podrá continuar sus sesiones con la de los dos tercios de los presentes, con tal que no baje de la mitad de la totalidad.
> Artículo 6. Por decreto separado se determinarán las reglas de la elección[180].

En este sentido, por lo que respecta a la reforma constitucional, la Constitución de 1858 estipuló en su título XXIV ("De la reforma de la Constitución") lo siguiente:

> Artículo 163. En cualquiera de las Cámaras se puede proponer la reforma de alguno o algunos artículos de esta Constitución, por cualquier número de miembros; mas para que las reformas propuestas puedan discutirse, deberá declararse en cada Cámara la necesidad de ellas por las dos terceras partes de los miembros presentes. Declarada la necesidad de la reforma, la Cámara que la haya propuesto redactará el proyecto correspondiente, para que sea discutido con las mismas formalidades que las leyes en la próxima Legislatura, publicándose tanto la reforma por la imprenta.
> Artículo 164. La facultad que concede al Congreso por el Artículo anterior no se extiende a variar la forma del Gobierno, que será

---

[180] Ibid., I:610–11. El decreto del 26-04-1858 sobre "Reglas para la práctica de las elecciones" puede consultarse en las páginas siguientes (611-613) de la obra mencionada, donde destaca el artículo 41 según el cual "[l]as provincias pueden elegir libremente para representarlas en la Gran Convención a los ciudadanos que merezcan su confianza, aunque no sean naturales ni vecinos de la provincia, y aun cuando estén ausentes de la República".

siempre republicano, popular representativo, responsable y alternativo.

Es decir, un régimen que no presentaba mayores diferencias con el previsto en la Constitución del año anterior y que, producto del estallido de la Guerra Federal a los pocos días de aprobado[181], tampoco encontraría aplicación práctica.

A pesar de lo anterior, y de especial interés para el tema que nos ocupa, de la Constitución de 1858 es prudente destacar que la *Gran Convención Nacional* que le dio origen es calificada por la doctrina como el inicio del "proceso venezolano de convocatoria de Asambleas Constituyentes como consecuencia de rupturas del hilo constitucional, a los efectos de recomponerlo", visto que las dos asambleas de este tipo que habían ocurrido con anterioridad –no está de más recordarlo, sin fundamento constitucional expreso que les sirviera de base, como tampoco lo tuvo esta Gran Convención– tuvieron por objeto constituir un Estado[182].

No obstante, la intención de *recomponer el hilo constitucional* y de apaciguar las diferencias sociopolíticas que afectaban a la patria no logró materializarse con la Convención en cuestión visto que, como apunta PERAZA CELIS:

> Que la Guerra Federal haya estallado justo al terminar el proceso constituyente de 1858, resulta significativo, en el entendido que un proceso constituyente debería recoger los anhelos y aspiraciones políticas de una población en el momento determinado, servir de canal para lograr el consenso político y evitar el enfrentamiento[183].

Más adelante, cuando el autor se pregunta sobre el fracaso de esta Convención a pesar del talante democrático de su convocatoria según vimos en el decreto de Julián Castro citado *supra*, donde se aludía a la elección de los representantes a través del "voto libre, universal y directo" para "reconstruir la República sobre las sólidas bases de la más amplia libertad y para rehabilitar los sagrados principios de moral y de justicia que han sido lamentablemente conculcados", el mismo concluye que ello se debió principalmente a la exclusión de dos grupos sociopolíticos: **(i)** los liberales, que se abstuvieron de par-

---

[181] *Cfr.* Peraza Celis, "Proceso constituyente de 1858", 221. Recoge que "[t]erminada la convención ese mismo día aparece una pinta en la iglesia de San Francisco en Valencia que dice 'viva la futura revolución'. (...) a menos de 20 días de finalizada la Convención estalla la guerra civil más larga y cruenta que sufrió la nación".

[182] Brewer-Carías, *Historia constitucional de Venezuela*, 376–77. El autor alude al **(i)** Congreso General de 1811, cuyo objetivo fue la conformación del Estado venezolano independiente del Reino de España, y el **(ii)** Congreso Constituyente de 1830, para la conformación del Estado venezolano ante la separación de la Gran Colombia.

[183] Peraza Celis, "Proceso constituyente de 1858", 179.

ticipar en el proceso constituyente al considerarlo poco garantista y se negaron a legitimarlo, y **(ii)** la peonada, que no vio en el nuevo texto constitucional respuesta a sus reclamos sobre el denfeudamiento y el reparto de tierras[184].

De este modo finaliza el primer período de nuestra historia constitucional caracterizado por reformas que respondieron a la forma de congresos o asambleas constituyentes *praeter legem* y *contra legem* –según definiéramos en el Capítulo anterior– y que hicieron caso omiso a las previsiones que los textos a reformar preveían en la materia, ya que estos o bien fueron ignorados completamente, o por vía de discurso se moldearon a la voluntad del mandatario de turno para dar respuestas a sus requerimientos.

Lamentablemente, lo vivido en el período siguiente no diferirá sustancialmente de lo aquí narrado.

2. EL ESTADO FEDERAL (1864-1901)

El segundo período que nos corresponde analizar en es el de la federación del Estado venezolano, que inicia con la Constitución de 1864 como resultado de la Asamblea Nacional convocada por José Antonio Páez como Jefe Supremo de la República el 06-06-1863, como "consecuencia directa de la guerra de la federación"[185] y"[e]n virtud del convenio celebrado el día 22 de Mayo último (...) entre [su] Secretario General y el Secretario General del Presidente provisional de la Federación", Juan Crisóstomo Falcón[186].

Al respecto, el foro apunta que el "tratado de Coche consagró, como forma de lograr de inmediato la pacificación, la celebración de una Asamblea Nacional conformada paritariamente por representantes de cada uno de los bandos contendientes y designados por Páez y por Falcón", cuyo "único propósito era la designación, por unanimidad, de un nuevo gobierno de reconciliación nacional que habría de tener, por su parte como fin principal, la convocatoria a una Asamblea Constituyente"[187].

---

[184] Ibid., 199–200, 222. El autor agrega que "[n]o podía esta asamblea ser legítima a los ojos de quienes se perciben excluidos del proceso y no representados, por tanto el producto de la misma no era un pacto, sino una imposición, por más que ésta contará con el aval de las urnas electorales. (...) la persecución de un sector de la sociedad deslegitimó lo que en la formalidad se intentó alcanzar".

[185] Rafael Lugo Felice, "Constituyente de 1863", en *Procesos constituyentes y reformas constitucionales en la historia de Venezuela*: 1811-1999, vol. I (Caracas: UCV, 2005), 225.

[186] Estados Unidos de Venezuela, ed., *Recopilación de leyes y decretos de Venezuela*, 2° ed., vol. IV (Caracas: Opinión Nacional, 1890), 263.

[187] Lugo Felice, "Constituyente de 1863", 243–44.

El 15-06-1863 la Asamblea Nacional en cuestión **(i)** designó como Presidente de la República a Juan Crisóstomo Falcón y a Antonio Guzmán Blanco como Vicepresidente, **(ii)** fijó la duración del mandato de ambos y **(iii)** determinó que el Ejecutivo había de "convocar una Asamblea Constituyente y dirigir al Estado hasta la reunión de la misma", vista la "necesidad de iniciar un proceso constituyente y de reorganizar un país en trance de disgregación"[188].

Con base en lo anterior y por decreto del 13-08-1863[189], Falcón, en su carácter de General en Jefe y Presidente de la República, consideró que:

> ...libre ya la República del ominoso poder que por largo tiempo había impedido la manifestación de su voluntad soberana, es llegado el momento en que la Nación se constituya conforme a su más libre querer, y resuelva las grandes cuestiones que al pueblo solo toca decidir.

En virtud de lo anterior, según quedó asentado en el artículo 1 de este decreto:

> Se convoca al pueblo de Venezuela para que, por medio de sus representantes, comparezca en Asamblea Constituyente que fije las condiciones de su ser político y eleve a cánones constitucionales los principios porque ha prodigado su sangre en los campos de batalla, a que lo condujeron la más imperiosa de las necesidades y la más feroz y torpe de las obcecaciones.

El decreto agregó que la Asamblea Constituyente se instauraría el 10-12-1863 (art. 2) y cada provincia elegiría cinco diputados (art. 3), destacando que estos últimos gozarían "de inmunidad desde el día de su nombramiento hasta treinta días después de terminadas las sesiones de la Asamblea Constituyente; y en consecuencia, no podrán ser citados, presos ni encausados por ninguna autoridad de la República" (art. 30).

En criterio de los autores, la invocación del soberano por parte de Falcón permitía afirmar que se trataba de una constituyente con "carácter originario y consensual, ya que Venezuela se encontró al final de la guerra, en un estado de caos y sin un orden constitucional vigente, obteniendo (...) el consenso porque, aún el sector derrotado de la clase dominante así lo admitió"[190], y de ahí que la misma se separase

---

[188] Ibid., 244.

[189] Estados Unidos de Venezuela, *Recopilación de leyes y decretos de Venezuela*, 1890, IV:269.

[190] Lugo Felice, "Constituyente de 1863", 229. El autor profundiza este planteamiento más adelante al afirmar que "[e]l carácter originario de esta constituyente no ofrece para nosotros duda. A sus inicios no hay un orden jurídico-constitucional vigente. La Constitución de 1830 había sido derogada por la aprobada en 1857, y esta, a su vez había sido sustituida por la de 1858, que de-

del proceso de revisión y reforma constitucional previsto en su predecesora.

En este orden de ideas, como hemos adelantado, esta Asamblea tenía por objeto –únicamente– sancionar la nueva Constitución del Estado venezolano. No obstante, consideramos oportuno mencionar que, una vez instaurada, la Asamblea Constituyente no se limitó a dictar una nueva Constitución sino que publicó actos de la más variada naturaleza, como hemos visto también ocurrió en procesos constitucionales anteriores.

Entre esos actos encontramos: **(i)** la concesión a Juan Crisóstomo Falcón del título de "Gran Ciudadano" al aprobarse "todos y cada uno de sus actos, consumados en ejercicio de la autoridad omnímoda que le confirieron los pueblos"[191]; **(ii)** la ratificación de Falcón como Presidente de los Estados Unidos de Venezuela y la designación de Guzmán Blanco como Vicepresidente, "hasta la elección constitucional que hagan los pueblos de Venezuela"[192], así como la ratificación de las competencias que correspondía ejercer al primero[193], de modo similar a como luego haría la ANC-1999 y la ANC-2017; **(iii)** La concesión a Ezequiel Zamora y José Gregorio Monagas de diversos honores[194]; **(iv)** la confirmación de empréstitos internacionales[195]; **(v)** la liberación de los prisioneros del motín de Puerto Cabello[196]; **(vi)** la creación provisional del Distrito Federal, que sería regulado –también provisionalmente– por el Ejecutivo Nacional[197]; y **(vii)** la dispensa de exámenes universitarios a individuos determinados[198]; lo que continuó ocurrien-

---

rogó Páez al inaugurar su dictadura. (...) habían dejado al país sin constitución formalmente vigente. Eso, en el terreno formal, pero lo decisivo es que esta constituyente fue convocada como corolario de una cruenta y prolongada guerra que destruyó la vida institucional. Todo el país confluyó en la aceptación de ese hecho y, en consecuencia: la necesidad de crear nuevas instituciones". En sentido similar se pronuncia Antonio J. Pacheco Amistesarove, "El proceso constituyente y la Constitución de 1874", en *Procesos constituyentes y reformas constitucionales en la historia de Venezuela*: 1811-1999, vol. I (Caracas: UCV, 2005), 269. Expresa que "[l]a Asamblea Nacional Constituyente prevista era originaria. En efecto, la convocatoria se hacía apelando únicamente a la soberanía de la Nación cuya voluntad soberana, se decía en el considerando inicial del Decreto, se había impedido hasta ese momento".

191 Decreto del 22-12-1863, en Estados Unidos de Venezuela, *Recopilación de leyes y decretos de Venezuela*, 1890, IV:296.

192 Decreto del 24-12-1863, en Ibid., IV:296-97.

193 Acuerdo del 26-12-1863, en Ibid., IV:297.

194 Decretos del 04-01-1864 y 25-02-1864, en Ibid., IV:297-98, 305-6.

195 Acuerdo del 14-01-1864, en Ibid., IV:298-99.

196 Resolución del 16-01-1864, en Ibid., IV:299.

197 Resolución del 29-02-1864, en Ibid., IV:306.

198 Acuerdo del 08-04-1864, en Ibid., IV:342.

do incluso luego de que la Asamblea dictara la Constitución de los Estados Unidos de Venezuela el 28-03-1864[199].

En todo caso, de regreso al tema que nos ocupa, en esta nueva carta magna la reforma constitucional quedó circunscrita a un único artículo que era del siguiente tenor:

> Artículo 122. Esta Constitución podrá ser reformada total o parcialmente por la Legislatura Nacional, si lo solicitare la mayoría de las legislaturas de los Estados; pero nunca se hará la reforma sino sobre los puntos a que se refieran las solicitudes de los Estados.

Este artículo, como apuntan en el foro, fue "cónsono con el federalismo" al darle al Poder Legislativo estadal participación decisiva en el procedimiento de reforma, "hasta el punto de tener reservada la iniciativa al respecto (...), la cual definía además el alcance temático de la reforma, lo que contrastaba con la regulación de Constituciones precedentes, que permitían al Congreso (...) efectuar por sí solo el cambio constitucional"[200]. Asimismo, el artículo aludió a la reforma total o parcial de la Constitución para evitar lagunas e interpretaciones viciadas como las vistas con José Tadeo Monagas.

Penosamente, esta Constitución corrió con la misma suerte que sus predecesores en el sentido que "[s]us violaciones son coetáneas a su sanción, y no se la obedeció ni en la forma, ni en el fondo, en los diez años que estuvo vigente"[201], lo que sirvió de antesala para que en 1874 se dictase una nueva Constitución de los Estados Unidos de Venezuela.

Esta vez, decretada por el Congreso de los Estados Unidos de Venezuela "por autoridad del pueblo de Venezuela, manifestada en las solicitudes que le han dirigido las Legislaturas de los veinte Estados que componen la Unión Venezolana pidiendo la reforma de la Constitución de 1864 (...) de conformidad con su artículo 122", según se desprende de su preámbulo.

---

199 Téngase como ejemplos de esta extralimitación: **(i)** El decreto del 21-05-1864 referido a la declaratoria de varios puertos francos en Nueva Esparta, Ibid., IV:355. **(ii)** El decreto de la misma fecha sobre la creación de un Consejo de Administración, visto que "el primer Congreso constitucional no podrá reunirse hasta el 20 de febrero de 1865" y "son aquellos los que pueden resolver las cuestiones fiscales y económicas", por lo que era necesaria la instauración de un régimen transitorio que no se había previsto en la Constitución, Ibid., IV:356-57. **(iii)** El decreto del 23-05-1864 sobre la elección del Presidente de la Unión, Ibid., IV:357.

200 Casal Hernández, *Apuntes para una historia del Derecho constitucional de Venezuela*, 156.

201 Pablo Ruggeri Parra, *Historia política y constitucional de Venezuela*, vol. II (Caracas: UCV, 1949), 62.

En este sentido, estaríamos ante la primera reforma constitucional que habría acontecido de conformidad con lo previsto en su predecesora –al menos formalmente–, si bien no puede olvidarse que ella ocurrió bajo la impronta de Antonio Guzmán Blanco, una vez consolidado en la Presidencia, y que fue este último quien había solicitado la reforma en cuestión.

Al respecto resulta de interés, por ejemplo, el hecho que al prestar juramento ante el Congreso de los Estados Unidos de Venezuela como Presidente de la República para el período 1873-1877, Guzmán Blanco indicó en su discurso que:

> La Constitución de 1864 (...). Es tan previsiva, que hasta para su reforma parcial o absoluta tiene abierto todo camino de hacerlo tan fácil y rápidamente como lo quiera la opinión. Así es que constitucionalmente, con esa fe de mis convicciones, es que he pedido e insisto en pedir a los venezolanos la reforma de ciertos artículos que reclama esta situación[202].

De ahí que Pacheco Amistesarove sostenga que "[l]a reforma de la Constitución de 1864 que dio origen a la de 1874 y la de esta última de la cual surgió la de 1811, fueron decididas y promovidas personalmente por el Presidente Guzmán Blanco"[203]; en tanto Brewer-Carías apunta que "[d]urante el primer período constitucional de Guzmán Blanco, y conforme a sus propias iniciativas, en 1874 se reformó la Constitución de 1864 en sólo algunos artículos"[204], no siendo lo referido a la reforma constitucional afectado por estos cambios por lo que la redacción de este artículo –y su numeración, como el 122 de la carta magna– no sufrió variaciones en cuanto a lo visto en la Constitución de 1864.

Una situación similar se presentó en otras dos ocasiones, ya que en 1881[205] y en 1891 el Congreso de los Estados Unidos de Venezuela,

---

[202] Pacheco Amistesarove, "El proceso constituyente y la Constitución de 1874", 274.

[203] Ibid., 292.

[204] Brewer-Carías, *Historia constitucional de Venezuela*, 400. En el mismo sentido: Casal Hernández, *Apuntes para una historia del Derecho constitucional de Venezuela*, 158. Afirma que "[a]l tomar el mando en 1870 [Guzmán Blanco] no convocó inmediatamente 'su' constituyente, porque en teoría la revolución que dirigió buscaba reivindicar la Constitución de 1864, pero no tardaría en hacerlo. Después de su proclamación como Presidente en 1873, (...) el Congreso emprendió la tarea constitucional que el mismo Guzmán le había encargado al juramentarse ante dicho cuerpo".

[205] Nótese lo señalado por Casal Hernández, *Apuntes para una historia del Derecho constitucional de Venezuela*, 158. Antes de este año –específicamente, en 1877– "el general Linares Alcántara (...) promovió la convocatoria de una Asamblea Nacional Constituyente, que se instaló y se volvió abiertamente contra Guzmán en diciembre de 1878", pero de ella no emanó texto constitucional alguno dado el regreso de Guzmán Blanco al poder gracias a la Revolución Reivindicadora. Adicionalmente, los actos dictados por esa Asamblea fueron declarados nulos según se aprecia en el acuerdo del 28-04-1879 del Congreso

atendiendo nuevamente a las *solicitudes del Poder Legislativo estadal*[206], dictó sendas reformas constitucionales, agregando la primera a lo ya dicho por las Constituciones de 1864 y 1874 en materia de reforma constitucional que la decisión de la mayoría de las legislaturas de los Estados era vinculante.

Así, el artículo -que ahora pasaba a ser el 118- en la Constitución de 1881, apodada *La Suiza*, quedó redactado de la siguiente forma:

> Artículo 118. Esta Constitución podrá ser reformada total o parcialmente por la Legislatura Nacional, si lo solicitare la mayoría de las Legislaturas de los Estados. Lo resuelto por la mayoría hace obligatoria la reforma; pero nunca se hará ésta sino sobre los puntos en que coincidan las solicitudes.

En tanto, la Constitución de 1891 retiró el carácter *reservado* de la reforma en favor del Poder Legislativo estadal, ya que determinó que ahora también sería posible reformar el texto constitucional si esta era la voluntad de las dos terceras partes del Congreso Nacional, requiriéndose en este caso -denominado por el constituyente "enmienda", siendo a su vez la primera vez que se incluye este término en una Constitución venezolana- que el cambio fuese ratificado *a posteriori* por las diferentes legislaturas estadales en un claro guiño al sistema

---

de Plenipotenciarios de los Estados Unidos de Venezuela -convocado por Guzmán Blanco a los fines de fijar "las instituciones que provisionalmente deben regir al país, mientras son reformadas conforme a las fórmulas legales" (art. 3 del decreto del 27-02-1879)- al considerar tal Consejo que dicha Asamblea pretendió "reformar de una manera arbitraria las instituciones nacionales" (art. 1). *Cfr.* Estados Unidos de Venezuela, ed., *Recopilación de leyes y decretos de Venezuela*, vol. VIII (Caracas: Opinión Nacional, 1884), 175-76 y 191-92. Sobre el actuar de este Consejo -que prácticamente operó como la ANC que se decía rechazar- véase Brewer-Carías, *Historia constitucional de Venezuela*, 402-3. Ahí se reseña cómo el Consejo modificó la estructura y las bases de la Unión.

206 Así se hace constar en el preámbulo de ambos textos, indicándose en el primero que se habían "considerado y escrutado las solicitudes que los veinte Estados que componen la Federación Venezolana dirigen por medio de sus Legislaturas, pidiendo la reforma de la Constitución de 1874, de entera conformidad con el Proyecto que el Congreso sometió a su consideración, y con todas y cada una de las modificaciones propuestas por el ilustre americano, Presidente de la República, en el Mensaje que en 15 de octubre de 1880 dirigió a las Legislaturas de los Estados, sin diferencia esencial en los puntos generales de la reforma; y teniendo presente además la voluntad expresada por las Secciones en cuanto a su propia agrupación", y en el segundo que se habían "considerado y escrutado las solicitudes que los nueve Estados de la Federación Venezolana dirigen por órgano de sus respectivas Legislaturas, pidiendo la reforma del Artículo 118 de la Constitución de 1881", teniéndose en cuenta que "no sólo existe la mayoría requerida para tal reforma, sino que es unánime el voto de las Entidades autonómicas en el particular" y "en este caso la reforma es obligatoria, y la Legislatura Nacional tiene que hacerla con presencia de lo dispuesto en los Artículos 46 y 50 del Pacto de la Unión", referidos ambos al procedimiento de formación de leyes.

federal, y que "hacía más flexible la Constitución, al eliminarse la iniciativa exclusiva que tenían las Legislaturas Estadales para su reforma"[207]. El artículo pasó a estar redactado del modo siguiente:

> Artículo 118. Esta Constitución podrá ser reformada por la Legislatura Nacional, si lo solicitaren las Legislaturas de los Estados; pero nunca se hará la reforma sino sobre los puntos en que coincida la mayoría de los Estados; también podrá hacerse la reforma sobre uno o más puntos cuando lo acordaren las dos terceras partes de los miembros de la Legislatura Nacional, funcionando separadamente y por el procedimiento establecido para sancionar las leyes; pero en este segundo caso, la enmienda acordada será sometida a las Legislaturas de los Estados y quedará sancionada en el punto o puntos en que fuere ratificada por la mayoría de ellas.

De este modo resulta prudente acotar que las dos primeras Constituciones guzmancistas comparten la particularidad de que "fueron sancionadas por los respectivos Congresos Nacionales de 1874 y 1881 en sus sesiones ordinarias, congresos legítimamente electos, de acuerdo con los vigentes dispositivos legales para la celebración de elecciones, y no por Asambleas Constituyentes", por lo que "no hubo en consecuencia convocatoria especial para realizar las reformas constitucionales" y "no se trató tampoco de procesos constituyentes originarios", sino, más bien, "de reformas a constituciones previamente existentes (...) de acuerdo con los procedimientos que las mismas reformadas preveían (...) con apego estricto a la normativa que al respecto establecía la reformada en su artículo 122"[208].

Lo anterior, sin olvidar la fuerte influencia de Guzmán Blanco en ambos procesos, quien que no dudó en presionar a los presidentes de estados, las legislaturas estadales y al Congreso para obtener el resultado deseado[209].

En tanto, por lo que se refiere a la Constitución de 1881 hemos de reiterar que si bien ella derivó del Congreso Nacional según lo previsto en la que le antecedía, se discutió conforme con el procedimiento de formación de leyes y contó con el aval de las legislaturas estadales[210], la misma no estuvo exenta de diatribas.

---

207 Zerpa Aponte, "Los procesos constituyentes de 1882 y 1893: La constitucionalización de la 'Caída del Liberalismo Amarillo'", 362. En iguales términos se pronuncia Brewer-Carías, *Historia constitucional de Venezuela*, 408. Afirma que "el artículo 118 (...) hizo mucho más flexible la Constitución, al eliminarse la iniciativa exclusiva que tenían las Legislaturas Estatales para las reformas".

208 Pacheco Amistesarove, "El proceso constituyente y la Constitución de 1874", 293.

209 Ibid., 296.

210 Elide Rivas, "El proceso constituyente y la Constitución de 1881: Un federalismo a la Suiza", en *Procesos constituyentes y reformas constitucionales en la historia de Venezuela*: 1811-1999, vol. I (Caracas: UCV, 2005), 331.

Esto, porque prácticamente se limitó a convalidar las decisiones del Congreso de Plenipotenciarios que había convocado Guzmán Blanco en 1879 como consecuencia de la Revolución Reivindicadora y el rechazo al intento constituyente de 1878, y que "asumi[ó] de hecho características de Asamblea Constituyente porque las tareas asumidas no se detuvieron en procurar la pacificación del país, sino que se ocuparon de asuntos relacionados con la organización político-administrativa del Estado"[211].

Finalmente, la última Constitución de este período es la Constitución de los Estados Unidos de Venezuela de 1893 que se apartó de las anteriores en el sentido que no derivó de una reforma dictada desde el Parlamento con el beneplácito de los legisladores estadales, sino que provino –nuevamente– de una Asamblea Constituyente postrevolucionaria –en este caso, con motivo de la Revolución Legalista– visto el ideario del líder de esta revolución de que "la legitimidad constituyente debe descansar en una Asamblea Nacional, electa en votación popular general, libre y secreta, y no en el Congreso de la República"[212].

Así las cosas, la Asamblea en cuestión fue convocada por Joaquín Crespo como Jefe del Ejecutivo Nacional el 01-01-1893, precisándose en la convocatoria a sus elecciones que en ella participaría el pueblo mediante el voto directo y secreto (arts. 1 y 2)[213], y que la Asamblea había de quedar instaurada el 01-05-1893 (art. 6).

Los objetivos de este cuerpo serían: **(i)** dictar "en nombre de la Soberanía de la República, la nueva Constitución" (art. 7), **(ii)** precisar quién había de ejercer la Presidencia de la República "hasta la inauguración del periodo constitucional" (art. 9) y **(iii)** dictar "las demás medidas que juzgue necesarias, para que sea regular en toda la República la transición hacia el nuevo período constitucional" (art. 10), todo lo cual había de hacerlo en un plazo de sesenta días contados desde su instauración (art. 11)[214].

---

211 Ibid., 325–26. La autora agrega que "[e]l fundamento de la discusión, por parte de los opositores a la reforma, giraba en torno a la consideración de que el plan de reorganización política y territorial que se proponía, era monstruoso e inconstitucional, por cuanto la vía utilizada para la presentación de los puntos de reforma, no habían seguido los canales establecidos en la Constitución, es decir, no había partido de la solicitud de las legislaturas de los Estados".

212 Zerpa Aponte, "Los procesos constituyentes de 1882 y 1893: La constitucionalización de la 'Caída del Liberalismo Amarillo'", 407.

213 Las particularidades de estas elecciones se precisaron en otro decreto de la misma fecha. *Cfr.* Estados Unidos de Venezuela, ed., *Recopilación de leyes y decretos de Venezuela*, vol. XVI (Caracas: Imprenta Bolívar, 1896), 267–70.

214 Ibid., XVI:267.

Esta Asamblea, instaurada el 04-05-1893, dictó la Constitución encomendada el 12-06-1893 y la reforma constitucional -ahora bajo el nombre de enmienda- pasó a estar regulada en cinco artículos que eran del siguiente tenor:

> Artículo 151. Esta Constitución es susceptible de enmiendas o de adiciones; pero ni unas ni otras se decretarán por el Congreso Nacional sino en sesiones ordinarias, y cuando sean solicitadas por las tres cuartas partes de las Asambleas Legislativas de los Estados, en sesiones ordinarias, ni se podrán poner en vigor sino después de la renovación de los Poderes Públicos de la Nación que las hayan solicitado o sancionado.
> Artículo 152. Las enmiendas o adiciones constitucionales se harán por el mismo procedimiento establecido para sancionar las leyes.
> Artículo 153. Acordada la enmienda o adición por la Legislatura Nacional, el Presidente del Congreso la someterá a las Asambleas Legislativas de los Estados para su ratificación definitiva.
> Artículo 154. Puede también el Congreso tomar la iniciativa en las enmiendas o adiciones y acordarlas por el procedimiento indicado en el artículo anterior; pero en este caso no se considerarán sancionadas sin la ratificación de las tres cuartas partes de las Asambleas Legislativas de los Estados.
> Artículo 155. Bien sean las Asambleas Legislativas de los Estados, o bien las Cámaras Legislativas las que inicien enmiendas o adiciones, el voto definitivo de los Estados volverá siempre al Congreso Nacional, que es al que le corresponde escrutarlo y ordenar la promulgación de la enmienda o adición que fuere sancionada.

En este sentido, la Constitución de 1893 reforzó la rigidez del texto constitucional, "haciéndolo más engorroso y, en particular, postergando la entrada en vigor de las enmiendas o adiciones a la renovación de los poderes nacionales que las hubieran promovido o sancionado, lo cual era una respuesta a la manipulación constitucional" vivida en años anteriores[215].

No obstante, no sorprenderá al lector saber que esa rigidez no trajo consigo los efectos deseados, pues por acuerdo del Congreso Nacional del 27-04-1899, ante la petición de los estados -para entonces denominados *secciones*- de constituirse como entidades autónomas y vista la falta de previsiones constitucionales al respecto, dicho Congreso afirmó que era necesario enmendar la Constitución de 1893 para que tal pedimento encontrase respuesta[216] y, hasta tanto ello no

[215] Casal Hernández, *Apuntes para una historia del Derecho constitucional de Venezuela*, 159.

[216] Nótese que, anteriormente, por acuerdo del 26-04-1898, el Congreso ya había diferido la discusión y sanción del proyecto de enmiendas constitucionales por considerar que este requería de un "estudio detenido" y del "tiempo (...) suficiente para formular, discutir y sancionar, con la calma que el patriotismo exige, el Proyecto", así como "conocer la opinión, necesidades y aspiraciones de los pueblos que les han confiado su representación en el Cuerpo Legislativo".

ocurriera, las *secciones* serían organizadas provisionalmente y el Presidente de la República designaría a sus autoridades[217]; lo que fue considerado un intento centralista por parte del Poder Nacional que "provocó la reacción de los caudillos regionales, y con ello, la llegada de los andinos al Poder y el fin del ciclo histórico político que se inició después de las guerras federales"[218].

De este modo, el estudio del período en cuestión confirma, como bien sostiene el foro, que "no es posible separar Gobernante y Constitución en el siglo XIX venezolano"[219] al estar estas últimas prácticamente casadas con los mandatarios de turno que buscaban ajustar los textos a su conveniencia, tantas veces como fuese necesario.

Como consecuencia de ello, con estos procesos constituyentes se desnaturalizó **(i)** el carácter rígido que las propias Constituciones promovían al dictaminar cómo podía ocurrir su reforma y **(ii)** la legitimidad de estos textos en el ideario colectivo, que no se sentía vinculado u obligado por los mismos al darse un desfase entre los objetivos jurídicos y políticos de los procesos aquí reseñados[220] que, en definitiva, impedía alcanzar un verdadero y sólido *nuevo pacto social* donde se dejaran suficientemente asentados los derechos fundamentales de los ciudadanos que el Estado estaba obligado a garantizar, y cómo estaba organizado dicho Estado en cuanto a sus órganos, funciones y limitaciones.

De ahí, en parte, que "por razón del desorden administrativo e institucional reinante en la novel república, la historiografía ha visto como un índice de retraso político, la proliferación de Cartas Constitucionales"[221], siendo que once de las veintiséis Constituciones que ha

---

Cfr. Estados Unidos de Venezuela, ed., *Recopilación de leyes y decretos de Venezuela*, vol. XXI (Caracas: Imprenta Bolívar, 1901), 57–58.

217 *Cfr.* Estados Unidos de Venezuela, ed., *Recopilación de leyes y decretos de Venezuela*, vol. XXII (Caracas: Imprenta Bolívar, 1903), 46–48.

218 Brewer-Carías, *Historia constitucional de Venezuela*, 411.

219 Rivas, "El proceso constituyente y la Constitución de 1881: Un federalismo a la Suiza", 338.

220 *Cfr.* Delgado, "La Constitución de 1857: 'Por esta vez'", 161–62. Señala que "[c]uando se plantea la cuestión de los objetivos del proceso [constituyente] se hace necesario distinguir con claridad el plano jurídico y el político. Obviamente, el fin jurídico no es otro que elaborar una nueva Constitución, pero sucede en todos los casos que la aprobación de un nuevo texto constitucional tiene un propósito político que es el que origina el proceso y le da sentido a su realización".

221 Rivas, "El proceso constituyente y la Constitución de 1881: Un federalismo a la Suiza", 322.

tenido Venezuela estuvieron vigentes durante los dos primeros períodos analizados[222].

Así, nos restarían por analizar los antecedentes previstos en otros catorce textos antes de adentrarnos en las disposiciones de la Constitución de 1999 en materia de reforma constitucional y, muy especialmente, de la ANC.

3. EL ESTADO AUTOCRÁTICO CENTRALIZADO (1901-1947)

Como dijimos en el acápite anterior, el llamado a la defensa de la soberanía de los estados frente al acto del Congreso Nacional que planteaba su organización provisional y que el Presidente de la República pasara a designar las máximas autoridades de los mismos llevó a que, en 1899, tuviese lugar la Revolución Liberal Restauradora con la que se inició el tercer período de nuestra historia constitucional[223].

En criterio de autores como Zerpa Aponte, esto se dio "como una suerte de cruzada legalista para propiciar la vigencia de la primacía constitucional"[224], sin que el proyecto de enmienda constitucional planteado por el Congreso por decreto legislativo del 25-05-1899 llegase a ser considerado por las asambleas legislativas de los estados[225].

Producto de esta revolución, Cipriano Castro asumió "el Poder Ejecutivo de la República, mientras ésta se reconstituye bajo la forma estrictamente constitucional"[226] y dictó una serie de medidas referidas a la organización del Ejecutivo Nacional y de los estados de la Unión, siendo de especial interés el decreto ejecutivo del 27-10-1899 por medio del cual ratificó la vigencia de la Constitución de 1893 "en cuanto no se opongan a los fines de la Revolución Liberal Restaurado-

---

222 Como se recordará: **(i)** el Estado independiente y autónomo (1811-1864), durante el cual se dictaron las Constituciones de 1811, 1819, 1821, 1830, 1857 y 1858, y **(ii)** el Estado federal (1864-1901), durante el cual se dictaron las Constituciones de 1864, 1874, 1881, 1891 y 1893.

223 Brewer-Carías, *Constituciones iberoamericanas. Venezuela*, 15.

224 Ángel Zerpa Aponte, "El primer proceso constituyente del siglo XX: La constituyente de 1901", en *Procesos constituyentes y reformas constitucionales en la historia de Venezuela*: 1811-1999, vol. II (Caracas: UCV, 2005), 419. El autor agrega que ello estuvo en sintonía con lo vivido en años anteriores en los que se acudía al "desconocimiento de la Constitución (...) directamente de pretexto de guerra".

225 El proyecto puede consultarse en Estados Unidos de Venezuela, *Recopilación de leyes y decretos de Venezuela*, 1903, XXII:82–84. Se aprecia que se proponía la enmienda de veintiocho artículos, encontrándose entre ellos el artículo 151 sobre las reformas constitucionales –citado *supra*– al que se le suprimía la frase "ni se podrán poner en vigor sino después de la renovación de los Poderes Públicos de la Nación que las hayan solicitado o sancionado".

226 Artículo 1 del decreto ejecutivo del 23-10-1899 en Ibid., XXII:622.

ra y sean compatibles con la naturaleza del Gobierno que de ella ha surgido" (arts. 1 y 2)[227].

Tal medida, sin embargo, tendría corta vigencia. A poco menos un año -esto es, el 03-10-1900- Castro convocó una nueva ANC que había de instaurarse el 20-02-1901 (art. 1), precisándose a su vez la forma en la que se elegirían los diputados y cuántos serían (arts. 2 y 3)[228], con lo que, como sostuvo CASAL HERNÁNDEZ, "volvió a suceder que las rígidas disposiciones constitucionales sobre la reforma constitucional, establecidas en 1893, y antes en 1830, fueron soslayadas mediante subterfugios jurídicos"[229].

Al respecto, especial interés reviste el artículo 5 del decreto de octubre de 1900, que enlistaba las atribuciones de la Asamblea en cuestión del modo siguiente:

> Artículo 5. La Asamblea Nacional Constituyente tendrá las atribuciones siguientes:
> 1. Dictar en nombre de la Soberanía de la República la nueva Constitución de los Estados Unidos de Venezuela.
> 2. Conocer de todos los actos del Gobierno surgido de la Revolución Liberal Restauradora, con vista de la cuenta que de ellos le presentará el Jefe Supremo de la República.
> 3. Dictar la Ley de elecciones populares para la organización del Gobierno Constitucional.
> 4. Nombrar al ciudadano que deba desempeñar provisionalmente la Presidencia de la República hasta la inauguración del período constitucional, y determinar el modo de sustituir a dicho Magistrado en los casos de falta temporal o absoluta.
> 5. Dictar las leyes y demás medidas que juzgue necesarias para la organización del Gobierno provisional de la República y la transición hacia el nuevo período constitucional.
> 6. Considerar cualquiera otra materia de carácter urgente que le sea sometida por el Jefe Supremo de la República en Mensaje especial[230].

Es decir, que las funciones de este cuerpo iban más allá de dictar la nueva Constitución, lo que en todo caso había de ocurrir dentro de los treinta días siguientes a su instauración, prorrogables únicamente por diez días más si así lo acordaba la mayoría (art. 9), destacándose en el foro que "la justificación del proceso constituyente, atiende más

---

227 Ibid., XXII:624.

228 *Cfr.* Estados Unidos de Venezuela, ed., *Recopilación de leyes y decretos de Venezuela*, vol. XXIII (Caracas: Imprenta Nacional, 1903), 222.

229 Casal Hernández, *Apuntes para una historia del Derecho constitucional de Venezuela*, 126.

230 Estados Unidos de Venezuela, *Recopilación de leyes y decretos de Venezuela*, 1903, XXIII:222.

bien a la necesidad de legitimidad del ejercicio del gobierno, más que a una intrínseca finalidad de reacomodo institucional del Estado"[231].

Así las cosas, la Asamblea ratificó a Castro como Presidente del Poder Ejecutivo el 26-02-1901[232], aprobó todos sus actos el 06-03-1901[233], dictó acuerdos sobre asuntos de la más variada naturaleza[234] y decretó la nueva Constitución de los Estados Unidos de Venezuela el 26-03-1901, que fue promulgada el 29 del mismo mes.

Luego de esto, la ANC continuó sesionando al dictar –entre otros– la Ley sobre Censo Electoral del 28-03-1901, la Ley de Elecciones del 29-03-1901 y la Ley sobre Finanzas del 30-03-1901[235], en adición al decreto del 28-03-1901 por medio del cual organizó provisionalmente a la República[236], dándose una vez la fusión del Poder Constituyente con el Poder Legislativo ordinario, en aras de la transición constitucional.

De vuelta al tema que nos ocupa, la enmienda constitucional quedó regulada en los artículos 141 a 145 de la nueva Constitución y no incluyó modificaciones al régimen previsto en la Constitución de 1893, salvo por el cambio de numeración, si bien es prudente mencionar que al otrora artículo 154 –ahora 144– se agregó la frase "En este caso tampoco regirán enmiendas sino para el período siguiente".

Asimismo, llama la atención el artículo 7 conforme con el cual "[n]i el Congreso Nacional, ni los Estados, en su leyes, podrán alterar en manera alguna las bases estipuladas en el artículo anterior [bases de la Unión], con el pretexto de aclararlas o interpretarlas, sino por el procedimiento establecido para reformar esta Constitución". De ello se aprecia que ya en 1900 se percibía que el proceso de interpretación podía servir de mecanismo para trastocar la letra del constituyente

---

231 Zerpa Aponte, "El primer proceso constituyente del siglo XX: La constituyente de 1901", 435. Téngase al respecto presente la definición de "Constituyente" que ofreció el Diputado Villanueva Mata durante las sesiones de la asamblea en cuestión, según quien esta era "una congregación de ciudadanos, representantes del pueblo, que tienen el encargo de constituir la República y de darle al país el pacto fundamental de sus derechos. A eso vienen los representantes de Venezuela en esta ocasión; a cumplir el mandato de sus comitentes y a realizar los hermosos ideales de la Revolución Liberal Restauradora". Ibid., 439.

232 Estados Unidos de Venezuela, ed., *Recopilación de leyes y decretos de Venezuela*, vol. XXIV (Caracas: Imprenta Nacional, 1904), 79.

233 Ibid., XXIV:91.

234 Por ejemplo, la autorización para que el Ejecutivo Nacional adquiriera el Palacio de Miraflores y lo destinara a "mansión presidencial", así como la autorización para que atendiera a las víctimas de la Revolución Restauradora, en Ibid., XXIV:105.

235 Ibid., XXIV:141–45.

236 Ibid., XXIV:145–46.

como, sin lugar a dudas, hemos tenido la desdicha de comprobar en épocas mucho más recientes[237].

Esta Constitución, no obstante, tuvo una vigencia reducida pues tan solo tres años después -específicamente, el 18-04-1904- el Congreso Nacional como Poder Constituido dictó un acuerdo por medio del cual asumió "las funciones, facultades y derechos que corresponden al Poder Constituyente" en los siguientes términos:

> Por cuanto las Asamblea [sic] Legislativas de los Estados, respondiendo a las peticiones de los Concejos Municipales, representantes legítimos de la comunidad, y a los votos de los pueblos, confirmados éstos y aquéllas por el Poder Ejecutivo de las respectivas Entidades Federales en Mensajes especiales, solicitan la reforma de la Constitución vigente;
> Por cuanto el Congreso, lo mismo que las Asambleas Legislativas, los Concejos Municipales y los pueblos, estima como suprema necesidad nacional la reforma de la Carta Fundamental que rige al país;
> Por cuanto es deber indeclinable, proveer a la salud de la República, a la consolidación de la paz y al resguardo de los intereses públicos;
> Por cuanto los pueblos, en uso de su soberanía inmanente, han confirmado de modo amplio las atribuciones del Congreso para la reforma de la Constitución vigente, y le han delegado, en cuanto sea necesario, el poder que· les asiste para dictar la Carta Fundamental indispensable a la atinada y armónica dirección de los negocios públicos y al desarrollo de las fuerzas vitales de la Nación.
> Acuerda:
> Art. 1°. El Congreso de los Estados Unidos de Venezuela, en uso de la delegación que le otorgan los pueblos, asume las funciones, facultades y derechos que corresponden al Poder Constituyente por la esencial naturaleza de éste.
> Art. 2°. El Congreso Constituyente procederá a decretar la nueva Constitución por que ha de regirse el país, dictará las leyes que fueren necesarias para el inmediato cumplimiento de ésta, así como también la que señale las reglas que deben observarse en la organización de los Poderes Públicos Nacionales, y de las Entidades provisionales que establezcan las nuevas instituciones[238].

Este proceso de reforma destacó en primer lugar por su carácter expedito, ya que "el Congreso Nacional recibió el pronunciamiento de las Legislaturas Estadales por la reforma constitucional, asumió el Poder Constituyente, discutió las reformas y sancionó la nueva Cons-

---

[237] *Cfr.* Rafael Chavero Gazdik, "Modificaciones no formales de la Constitución", *Revista de Derecho Constitucional*, n° 2 (2000): 243-52; Ramón Escovar León, "Límites de la interpretación constitucional", *Revista de Derecho Público*, n° 157-158 (2019): 46-65.

[238] Estados Unidos de Venezuela, ed., *Recopilación de leyes y decretos de Venezuela*, vol. XXVII.2 (Caracas: Imprenta Nacional, 1905), 140.

titución en sólo doce días"[239]; y en segundo lugar porque, como expuso Casal Hernández, revela que "[t]anto había sido degradada ya la constitucionalidad y el postulado de la limitación jurídica del poder que Castro no se quiso someter al procedimiento de su Constitución de 1901 para reformarla", visto que ello implicaba "mayor consulta y tiempo, incluyendo la necesaria participación de las Asambleas Legislativas"[240], operando así un nuevo cambio constitucional *contra legem*.

En tanto, por lo que se refiere a la regulación de la reforma constitucional en el nuevo texto (arts. 127 a 131), hallamos que únicamente se realizaron dos supresiones a lo previsto en 1901, en el sentido que se eliminó: **(i)** del artículo 141 -ahora 127- que las enmiendas o adiciones no podían ponerse en vigor sino después de la renovación de los Poderes Públicos de la Nación que las hubiesen solicitado o sancionado, y **(ii)** del artículo 144 -ahora 130- que las enmiendas regirían a partir del siguiente período del Congreso.

Ambos supuestos en consonancia con la inmediatez comentada *supra* y el verdadero interés que envolvía al cambio constitucional: la intención de Castro de ser electo para un nuevo período presidencial aun cuando el texto prohibiese la reelección inmediata[241].

Poco tiempo después, con la salida de Castro del poder y la llegada de Juan Vicente Gómez al mismo el 19-12-1908, inició un nuevo proceso de reforma constitucional -en esta ocasión, basado en lo previsto en la Constitución de 1904, por lo que no se acudió al llamado de asambleas constituyentes- que, en criterio de autores como Delgado, tuvo como "objetivos políticos reales (...) la necesidad tanto de legitimar la asunción al poder del General Gómez, como la de proporcionarle a éste herramientas efectivas para consolidar el gobierno"[242].

Nuevamente, un cambio constitucional que derivó del poder y no de la sociedad civil[243] y que se caracterizó por su celeridad[244].

---

[239] Antonio J. Pacheco Amistesarove, "El proceso constituyente y la Constitución de 1904", en *Procesos constituyentes y reformas constitucionales en la historia de Venezuela*: 1811-1999, vol. II (Caracas: UCV, 2005), 475.

[240] Casal Hernández, *Apuntes para una historia del Derecho constitucional de Venezuela*, 126.

[241] Ibid. Sostiene que "la supuesta irrupción del poder constituyente, sirvió para intentar justificar que con la Constitución de 1904 arrancaba un nuevo orden constitucional, cuyo inició fue fijado por la Constitución para mayo de 1905. Así fue electo Castro para otros seis años de mandato contados desde 1905, sin que formalmente hubiera sido reelecto".

[242] Francisco Delgado, "Procesos constituyentes y reformas constitucionales durante el régimen gomecista", en *Procesos constituyentes y reformas constitucionales en la historia de Venezuela*: 1811-1999, vol. II (Caracas: UCV, 2005), 493.

[243] Nótese al respecto lo apunto por Delgado en Ibid., 502-3. Se asienta que si bien fueron los presidentes de estados y concejos municipales los que mandaban telegramas al Congreso solicitando la reforma constitucional, "[l]a sincro-

Surge así la Constitución de 1909, "específicamente vinculada con la situación política derivada de los hechos que condujeron al fin del Gobierno de Cipriano Castro" y que, si bien guardó gran similitud con la de 1904, permitió "obtener el control completo de la estructura institucional del Estado" a pesar de que "las circunstancias históricas no eran del todo favorables a la aprobación de una Constitución que reflejara con exactitud el proyecto gomecista de permanencia indefinida en el poder"[245].

De ahí que la Constitución en cuestión fuese reformada en ocho oportunidades -como observaremos de seguida- para dar cabida a los cambios requeridos por la dictadura en abstracción del principio de rigidez constitucional, aunado a la incorporación de artículos como el 156 según el cual el Presidente Provisional de la República -es decir, Gómez- quedaba "plenamente facultado para dictar las medidas, disposiciones, decretos y reglamentos que sean necesarios para la organización política y administrativa del País durante el período provisional", lo que llevó a autores como DELGADO a sostener que:

> En apariencia, la reforma dio lugar a una Constitución democrática y liberal; el país creyó ingenuamente en la necesidad del cambio constitucional; pero en esencia, ella no tuvo jamás como verdadero propósito el establecimiento de un Estado liberal y democrático, fuerte y moderno, sino el de procurar las bases más firmes posibles al poder de un autócrata[246].

Esa apariencia demócrata se ve, por ejemplo, en el artículo 145 del texto de 1909 que, al regular la enmienda constitucional, reincorporó que estas no se "podrán poner en vigor sino después de la renovación de los Poderes Públicos de la Nación que las haya solicitado o sancionado", quedando el resto de los artículos sin cambios salvo por el 149 -previamente 131- del que se suprimió que correspondía el Congreso Nacional ordenar la promulgación de la nueva Constitución.

En todo caso, decimos que se trató de una apariencia porque una vez el Ejecutivo Nacional tuvo interés en reformar la Constitución de

---

nía con la que aparecen y la similitud del contenido de dichos mensajes no permite creer en la espontaneidad de su origen, y por el contrario, sugiere la ejecución de un plan cuidadosamente organizado desde los más altos niveles del poder".

[244] Ibid., 503-4. La comisión nombrada por la Cámara de Diputados del Congreso requirió solo ocho días para presentar el proyecto de Constitución luego de su nombramiento, discutiéndose todo el proyecto en poco más de un mes visto que "[e]l control que el Ejecutivo tenía sobre el Congreso no dejaba lugar a dudas acerca de la aprobación final del proyecto que se sometió a la consideración del cuerpo legislativo".

[245] Ibid., 495-96.

[246] Ibid., 507. Esta realidad la viviríamos nuevamente con la Constitución de 1953, como tendremos oportunidad de comentar más adelante.

1909 para dar pie a la reelección inmediata del Presidente de la República, y visto que el agregado citado impedía que dicho cambio entrase en vigencia de forma inmediata, se recurrió a la suspensión de garantías constitucionales ante una supuesta conmoción interior.

Esto trajo consigo la no celebración de los comicios previstos en la Constitución para la elección de las cabezas de los órganos del Poder Federal y llevó al Ejecutivo a "defender la tesis de que la validez de la Constitución se extinguía inexorablemente al no haberse podido llevar a cabo, en los Estados, las elecciones correspondientes a la integración de los órganos legislativos" y, por ende, era necesario organizar un nuevo Congreso que sancionara una nueva Constitución ante el vacío existente[247].

Es así como el 19-04-1914 se instaura el "Congreso de Diputados Plenipotenciarios de los Estados Soberanos" y, ese mismo día, se aprueba el "Estatuto Constitucional Provisorio de los Estados Unidos de Venezuela", "en ejercicio del poder que le confirieron las Asambleas de Plenipotenciarios de los Distritos de los Estados" tal como se desprende de su preámbulo, aun cuando la Constitución de 1909 no preveía tales asambleas, por lo que estábamos frente a una nueva invocación del Poder Constituyente Originario, calificado por Delgado como una asamblea constituyente "desde un punto de vista formal"[248].

Lo mismo podría decirse de la Constitución de junio de 1914, sancionada por el mismo Congreso y que derogó al estatuto provisional, respecto a la cual solo nos interesa destacar que, una vez más, suprimió en los artículos referidos a la reforma constitucional (arts. 130 a 134) que esta entraba en vigor después de la renovación del Poder Público que la hubiese solicitado o sancionado, claramente con la intención de evitar nuevos escenarios de *gimnasia jurídica* como el vivido durante el estatuto reseñado.

Ahora bien, como dijimos, la Constitución de la República fue sometida a ocho reformas durante el período gomecista siendo las cinco restantes en los años 1922, 1925, 1928, 1929 y 1931, todas las cuales respondieron al procedimiento de enmienda previsto en su predecesora[249] gracias a la comunidad existente entre el Poder Ejecutivo y el Poder Legislativo, encontrándose este último subordinado al primero.

---

247 Ibid., 513-15.

248 Ibid., 493.

249 A saber, los artículos 130 a 134 de la Constitución de 1922 y los artículos 123 a 127 de la Constitución de 1925, 1928, 1929 y 1931 que no presentan cambios en relación con el régimen de años anteriores, siendo oportuno mencionar que a partir de 1925 se volvió a usar el término "reforma" en referencia a los cambios

Estas reformas giraron en torno a necesidades puntuales del Ejecutivo Nacional -por ejemplo, el estado de salud de Gómez a finales de 1921 que hizo pensar en la necesidad de regular su falta absoluta, o la prohibición de la propaganda comunista con motivo de las protestas de 1928[250]–, lo que llevó al foro a concluir que de:

> ...los diversos procesos constituyentes que se realizaron durante el régimen de Gómez, es posible ver muy claramente que el objetivo específico de cada uno de ellos se halla determinado por dos fines generales que son los que orientan su ejecución y explican su sentido último. Se trata de asegurar al régimen: 1) un control absoluto sobre el país; y 2) una permanencia indefinida en el ejercicio de sus funciones[251].

En otras palabras, una Constitución que no responde a la figura de pacto social sino, más bien, de instrumento del Poder para *autolegitimarse* ante las necesidades y exigencias que la realidad sociopolítica del Estado le imponían, a fin de mantener a flote su programa de gobierno, tal como también ha ocurrido en el país durante las últimas décadas según detallaremos *infra*.

La situación narrada se mantuvo hasta 1936 ya que, con la muerte de Gómez en diciembre de 1935, inició el tránsito hacia la democracia que tuvo su epicentro en las sesiones del Congreso de los Estados Unidos de Venezuela de abril a julio de 1936, que derivaron en un nuevo texto constitucional para el país visto que tal reforma era planteada por "[t]odas las organizaciones importantes de la oposición (...) como uno de los instrumentos de aniquilamiento del Gomecismo y de instauración de la legalidad necesaria a un Estado de derecho democrático", inclusive si la misma provenía de un Congreso electo durante el gomecismo a tenor del proceso de reforma que preveía la Constitución de 1931[252].

De este modo, "se trató de una Constitución que gozó de consenso" y que "apoyó la transición de un régimen autoritario a uno democrático" y "condujo a una reorganización y modernización del país"[253]

---

constitucionales, si bien se hace como sinónimo de "enmienda" al alternarlos de forma indistinta.

250 Véase sobre estos cambios en general: Brewer-Carías, *Historia constitucional de Venezuela*, 421-27; Casal Hernández, *Apuntes para una historia del Derecho constitucional de Venezuela*, 129-32.

251 Delgado, "Procesos constituyentes y reformas constitucionales durante el régimen gomecista", 533.

252 Enrique J. Sánchez Falcón, "La reforma constitucional de 1936", en *Procesos constituyentes y reformas constitucionales en la historia de Venezuela: 1811-1999*, vol. II (Caracas: UCV, 2005), 548. Nótese que el autor comenta que otro sector de la población abogaba por obviar este proceso y convocar en cambio una Asamblea Constituyente ante las dudas sobre la legitimidad del Congreso, pero tales llamados no prosperaron.

253 Ibid., 561.

que, por lo que respecta al procedimiento de reforma constitucional (arts. 126 a 131), solo agregó a lo visto en los años anteriores que "la Constitución así enmendada o reformada, entrará en vigencia el mismo día de su publicación en la Gaceta Oficial de los Estados Unidos de Venezuela" (art. 131)[254].

Finalmente, cierra este período la Constitución de 1945 que, en criterio del foro, "fue producto de la voluntad de[l Presidente] Medina de ampliar la democracia en Venezuela, creando garantías constitucionales y libertades públicas, facilitando la existencia y organización de partidos y sindicatos en los ámbitos político y económico-social"[255].

Esta reforma se dio conforme con el procedimiento previsto en la de 1936 y contó con la aprobación absoluta del Congreso donde se dieron tres discusiones y remitió a los estados para su aprobación, algunos de los cuales presentaron excepciones, constatándose a su vez que el Congreso continuó actuando como cuerpo legislador durante este período[256].

Como otras tantas, la duración de esta Constitución fue efímera pues a pesar de sus avances[257] a los pocos meses ocurrió un golpe de Estado en el país por parte de quienes consideraban las reformas como insuficientes y, con él, el llamado a otra ANC en contravención del proceso de reforma previsto en el texto de 1945 que no difería de lo visto en la Constitución anterior (arts. 131 a 136).

Con ello se constató, una vez más, que la rigidez profesada por los textos constitucionales continuaba siendo un desiderátum y que los mismos estaban casados con los gobernantes de turno, tal como había ocurrido en el siglo pasado y ahora llegaba a su máxima expresión, pues de las doce Constituciones que integran el período del Estado autocrático centralizado –con inclusión del llamado estatuto provisorio–, dos respondieron a los designios de Cipriano Castro, ocho a los de Juan Vicente Gómez y las dos restantes a las solicitudes de sus sucesores (Eleazar López Contreras e Isaías Medina Angarita), si bien estos últimos tuvieron un mayor talante democrático.

De ahí que no resulte extraño que durante esta etapa de nuestra historia constitucional, como recoge el foro, "algunos sectores de la

---

[254] Sobre la Constitución en general véase Brewer-Carías, *Historia constitucional de Venezuela*, 442–46.

[255] Linda Núñez, "La reforma constitucional de 1945", en *Procesos constituyentes y reformas constitucionales en la historia de Venezuela*: 1811-1999, vol. II (Caracas: UCV, 2005), 566.

[256] Ibid., 571–72.

[257] Sobre la Constitución en general véase Casal Hernández, *Apuntes para una historia del Derecho constitucional de Venezuela*, 137–38.

población decían que la Constitución de Venezuela era un folleto amarillo reformado todos los años y violado todos lo [sic] días"[258], en clara contravención a los principios de rigidez y supremacía que ya tantas veces hemos mencionado.

4. EL ESTADO DEMOCRÁTICO CENTRALIZADO (1947-1999)

El último período de nuestra historia constitucional que antecede a la Constitución de 1999 es el del llamado Estado democrático centralizado, caracterizado por "la democratización del Estado petrolero" con el "interregno de la intervención y dictadura militar"[259]. Tres Constituciones conforman este período.

La primera de ellas es la Constitución de 1947 que, como adelantamos, respondió al golpe de Estado del 18-10-1945 y el primer decreto de la Junta Revolucionaria de Gobierno[260], donde se afirmó que "[s]e mantiene en vigencia el ordenamiento jurídico nacional en tanto no resulte derogado directa o indirectamente por los decretos que sancione este gobierno que con el asentimiento popular ha asumido los plenos poderes de la soberanía nacional" (art. 1).

Adicionalmente, se determinó que la Junta dictaría "un decreto ley de elecciones de constituyentes, para fijar el procedimiento mediante el cual realizará una Constituyente Nacional que tendrá por finalidad dar a Venezuela una Constitución realmente democrática" (art. 3).

Este estatuto electoral, elaborado por la misma Comisión que luego presentaría el proyecto de Constitución a ser discutido en la Asamblea, consagró el voto universal, directo y secreto para la elección de los miembros del calificado por el foro como Poder Constituyente Originario[261], visto que:

> ...la Asamblea Nacional Constituyente fue (...) convocada por una Junta Revolucionaria de Gobierno, cuyo poder era de facto y cuyo objetivo político no constituía únicamente realizar una nueva constitución, sino realizar los ideales de la "Revolución de Octubre", es decir transformar el sistema político, instaurando una democracia representativa y bajo un sistema económico, en el cual prevaleciera

[258] Ibid., 569.

[259] Brewer-Carías, *Constituciones iberoamericanas. Venezuela*, 18.

[260] *Cfr.* Ingrid Jiménez Monsalve, "Asamblea Nacional Constituyente 1946-1947. Logros y fracasos de un programa democrático", en *Procesos constituyentes y reformas constitucionales en la historia de Venezuela: 1811-1999*, vol. II (Caracas: UCV, 2005), 591.

[261] Ibid., 592-94.

el control del Estado sobre el capital para garantizar el bienestar de la población[262].

Hemos de hacer notar que esta Asamblea no solo actuó como Poder Constituyente sino también como Poder Legislativo[263], dándose la dualidad constituyente-constituido vista en el pasado y que se repetiría años más adelante; a la par que el resultado de la misma –es decir, la Constitución de 1947– fue catalogado como "una de las constituciones más modernas y democráticas que han existido en la historia venezolana, no sólo desde el punto de vista estrictamente jurídico; sino también por las implicaciones políticas y filosóficas que contenía", a pesar de que la misma no hubiese sido ratificada por consulta popular o referendo y bastara su sanción por parte de la Asamblea[264].

Esa consulta tampoco se incluyó en los artículos 248 a 252 de la Constitución al regularse la posibilidad de su reforma total o parcial, bien a iniciativa de las Asambleas Legislativas o del Congreso Nacional en cualesquiera de sus Cámaras como también se vio en años anteriores, quedando los artículos redactados de la siguiente forma:

> Artículo 248. Esta Constitución podrá ser reformada, total o parcialmente, a iniciativa de las Asambleas Legislativas, o del Congreso Nacional en cualesquiera de sus Cámaras.
> Artículo 249. Cuando la iniciativa parta de las Asambleas Legislativas, el Congreso la declarará procedente si las dos terceras partes de aquéllas, reunidas en sesiones ordinarias, han considerado necesaria o conveniente la reforma mediante acuerdos aprobados en cada Asamblea por la mayoría absoluta de la totalidad de sus miembros. Declarada procedente la iniciativa, las Cámaras discutirán la reforma por el sistema establecido en esta Constitución para la discusión de las leyes ordinarias. Acordadas enmiendas o adiciones, el Presidente del Congreso las someterá a las Asambleas Legislativas para su ratificación, la cual se hará por el mismo procedimiento previsto para la iniciativa.
> Artículo 250. Cuando la iniciativa de cualquiera de la Cámaras del Congreso, deberá ser propuesta por la cuarta parte de la totalidad

---

262 Ibid., 595. La autora agrega que fue la ANC la que legitimó el poder de la Junta, una vez esta última se juramentó ante la primera que como "instancia de deliberación se había convertido gracias al voto popular, en el único poder legítimo".

263 Ibid., 616. Nótese que estas funciones legislativas "se extendieron hasta el momento de la elección del nuevo gobierno", por lo que la Asamblea siguió operando luego de haber sancionado la Constitución.

264 Ibid., 610 y 615. En el mismo sentido véase Brewer-Carías, *Historia constitucional de Venezuela*, 452. Expresa que "[l]a Constitución de 1947, en efecto, a pesar de su vigencia efímera de algo más de un año, y de que, por tanto, muchas de sus disposiciones no llegaron a aplicarse, cambió completamente en cuanto al fondo y a la forma, la tradición constitucional precedente, incluso en el número de los artículos que la conformaron que doblaron a los de los textos anteriores".

de sus miembros, siguiendo el sistema establecido en esta Constitución para la discusión de las leyes ordinarias. Acordadas las enmiendas o adiciones, el Presidente del Congreso las someterá a las Asambleas Legislativas en sus sesiones ordinarias del año siguiente para su ratificación, la cual se considerará válida cuando sea aprobada por las dos terceras partes de ellas, en sus sesiones ordinarias mediante el voto de la mayoría absoluta de la totalidad de los miembros de cada Asamblea.
Artículo 251. No se harán enmiendas o adiciones sino en los puntos en que se coincidiere la preindicada mayoría de Asambleas Legislativas.
Artículo 252. En todo caso, el voto definitivo de las Asambleas Legislativas volverá al Congreso para su escrutinio final, hecho el cual, si él resultare que las enmiendas han sido legalmente ratificadas por la Asambleas Legislativas, la Constitución así enmendada o reformada entrará en vigencia el mismo día de su publicación en la Gaceta Oficial de los Estados Unidos de Venezuela.

No obstante, poca importancia práctica hubiese tenido la inclusión de tal consulta pues el 24-11-1948 se produciría un nuevo golpe de Estado en el país que derivaría en la conformación de una Junta Militar de Gobierno para el ejercicio del Poder Ejecutivo, la sustitución de la Constitución de 1947 por la de 1945, y el posterior llamado -en 1951- a otra ANC que no solo fungió como un plebiscito contra Marcos Pérez Jiménez y su gobierno, sino que reforzó las bases de la dictadura militar una vez estos últimos desconocieron los resultados adversos en las elecciones de constituyentes de 1952[265].

De este modo, la nueva ANC carecía de legitimidad como también ocurriría, por vía de consecuencia, con la Constitución de 1953 y la posterior elección de las cabezas del Poder Público Nacional, Estadal y Municipal[266], al punto que el foro llegó a afirmar que "la cuestión del poder constituyente se presenta aquí en los mismos términos que en la época de la formación originaria del Estado: se reduce a una cues-

---

[265] *Cfr.* Elisa Escovar León, "Asamblea Nacional Constituyente de 1953", en *Procesos constituyentes y reformas constitucionales en la historia de Venezuela: 1811-1999*, vol. II (Caracas: UCV, 2005), 633-35. La autora recoge declaraciones del partido URD, contrario a Pérez Jiménez, en las que se sostiene que "[m]añana pretenderá el gobierno usurpador consumar el mayor atentado contra la fe pública y la soberanía popular que se conoce en la historia de Venezuela. Se trata de la instalación de una Asamblea a la cual el régimen (...) quiere calificar como Nacional Constituyente cuando en realidad es solo la reunión de un grupo de empleados públicos (...) mediante el otorgamiento de falsas credenciales". Ibid., 640.

[266] Al respecto téngase presente la disposición transitoria segunda de la Constitución de 1953 según la cual correspondía a la ANC elegir por mayoría absoluta al Presidente de la República, diputados y senadores del Congreso, vocales de la Corte Federal y de la Corte de Casación, el Contralor de la Nación, el Procurador de la Nación, los diputados de las Asambleas Legislativas de los Estados, y los concejales municipales.

ción de hecho y deja de ser una cuestión de derecho"[267], lo que le restó "cualquier posible legitimidad y por ende despojó al proceso constituyente de capacidad legitimadora del régimen con respecto a la sociedad venezolana"[268].

En otras palabras, la Constitución como producto de la fuerza política dominante y no un pacto social racionalizado por medio de instituciones jurídicas que, para mayor gravedad, resultaba sumamente flexible pues, a pesar de prever un procedimiento de reforma similar al previsto en su predecesora[269], gracias a sus disposiciones transitorias podía ser modificada -o ignorada- en cualquier momento por parte del Ejecutivo Nacional[270], dando paso a una verdadera *Constitución Fachada*[271] que bajo un manto de aparente legalidad acobijaba los abusos del Poder pues, como recuerda el foro:

> Los golpes como las llamadas revoluciones latinoamericanas suelen ser producidos en nombre de la Constitución. De modo que el mito de la Constitución está presente en todas estas vueltas y contravueltas de nuestro orden político. El derecho paralelo de los gobiernos de facto ha tenido a veces más influencia en nuestro país que el derecho teóricamente consagrado en las Constituciones[272].

Esta sería la situación constitucional de Venezuela hasta el año 1961 cuando, de regreso a la democracia, se sancionaría la última Constitución que funge de antecedente a la Constitución de 1999.

Al respecto, autores como Rachadell expresan que "la Constitución de 1961 ha sido la Norma Suprema (...) que ha regido con mayor intensidad las relaciones en la sociedad y la que ha impulsado un proceso de democratización de mayor aliento", a la par que "[n]unca en

---

267 Escovar León, "Asamblea Nacional Constituyente de 1953", 648.

268 Pedro Vicente Sosa Llanos, "Procesos políticos en dictadura. La asamblea constituyente de 1953", *Revista de la Facultad de Ciencias Jurídicas y Políticas de la Universidad Central de Venezuela*, nº 126 (2006): 119.

269 Véanse al respecto los artículos 140 a 142 de la Constitución de 1953, donde se suprimieron las menciones a las enmiendas para referirse únicamente a la reforma de la Constitución, pero el procedimiento y autoridades intervinientes no variaron.

270 Téngase como ejemplo la disposición transitoria tercera según la cual "[e]ntretanto se completa la legislación determinada en el capítulo sobre Garantías individuales de esta Constitución se mantienen en vigor las disposiciones correspondientes del Gobierno Provisorio y se autoriza al Presidente de la República para que tome las medidas que juzgue convenientes a la preservación en toda forma de la seguridad de la Nación, la conservación de la paz social y el mantenimiento del orden público".

271 *Cfr*. Jesús María Casal Hernández, "¿De la Constitución nominal a la Constitución fachada? Reflexiones a partir de la evolución constitucional venezolana", *Anuario de Derecho Constitucional Latinoamericano*, nº 17 (2011): 361-82.

272 Ramón Escovar Salom, *Evolución política de Venezuela* (Caracas: Monte Ávila Editores, 1972), 100-101.

nuestra vida republicana ha habido mayores niveles de consenso en la sociedad y jamás una Constitución había sido elaborada atendiendo (...) a las aspiraciones de los sectores de la población más disímiles"[273].

Nótese al respecto que, al contrario de lo que podría pensarse, ese debate social no se dio en el seno de una ANC pues, una vez planteada la necesidad de sustituir la Constitución de 1953, las voces políticas del Estado consideraron pertinente que fuese el Congreso el que redactara la nueva carta magna, en virtud de lo previsto en la Constitución que se deseaba suplantar y que, como se recordará, tampoco preveía la posibilidad de una asamblea como la comentada[274].

De este modo, fueron sendas comisiones especiales designadas por la Cámara de Diputados y la Cámara del Senado del Congreso las que formularon el proyecto de nueva Constitución que, si bien actuaron como Poder Constituyente Derivado, ello "no configuró limitación alguna para la discusión o aprobación de ningún proyecto de modificación, y ni siquiera obligó a que las discusiones tuvieran como base la Constitución entonces vigente"[275].

Así, una vez avalado el proyecto por el Congreso, el mismo fue remitido a las Asambleas Legislativas que procedieron a ratificarlo para que, finalmente, el Congreso lo aprobara el 23-01-1961, procediéndose a la sanción de la nueva Constitución e inmediata promulgación por parte del Presidente de la República.

Dos comentarios finales quedarían por hacer de este texto antes de pasar a la Constitución de 1999:

El primero, es que la Constitución de 1961, en sus artículos 245 a 249, previó de forma diferenciada el trámite requerido para la enmienda y la reforma constitucional[276], precisándose como régimen

---

[273] Manuel Rachadell, "El proceso político en la formación y vigencia de la Constitución de 1961", en *Procesos constituyentes y reformas constitucionales en la historia de Venezuela*: 1811-1999, vol. II (Caracas: UCV, 2005), 683.

[274] Ibid., 691.

[275] Ibid., 705.

[276] Además de variar las mayorías requeridas para que se materializara la iniciativa, interesa destacar que para la aprobación de la enmienda bastaba el voto favorable del Congreso y la ratificación de las Asambleas Legislativas –lo que, como vimos, se compaginaba con nuestra historia constitucional– mientras que la reforma, al ser un cambio "general" del texto constitucional –sin que el Constituyente precisara qué había de entenderse como tal y si ello respondía a valoraciones cualitativas o cuantitativas, aunque se ha entendido que eran las del primer tipo– requería que el proyecto fuese sometido "a referéndum en la oportunidad que fijen las Cámaras en sesión conjunta, para que el pueblo se pronuncie en favor o en contra de la reforma. El escrutinio se llevará a conocimiento de las Cámaras en sesión conjunta, las cuales declararán sancionada la nueva Constitución si fuere aprobada por la mayoría de los sufragantes de toda la República" (art. 246 num. 4). *Cfr.* Carlos Luis Carrillo Artiles, "Las singu-

común a ambos métodos que las iniciativas rechazadas no podían presentarse de nuevo en el mismo período constitucional, el Presidente de la República no podía objetar los cambios y estaba obligado a promulgar la nueva Constitución dentro de los diez días siguientes a su sanción, y que el procedimiento de formación de leyes en caso de urgencia no podía ser aplicado para introducir enmiendas o reformas al texto constitucional[277].

El segundo, es que este texto fue objeto de enmienda en dos oportunidades –años 1972 y 1983– a fin de evitar el regreso de Marcos Pérez Jiménez al Poder y para profundizar la democracia, respectivamente[278], siendo que en 1989 se designó una comisión del Congreso para concretar un tercer grupo de enmiendas pero la cuantía y cualidad de las mismas llevó a abandonar el proyecto y plantear más bien la reforma constitucional[279], abriéndose paso al discurso de la ANC que dio lugar a la CRBV, como abordaremos de seguida.

---

laridades del proceso constituyente en Venezuela. Análisis histórico jurídico", en *La muerte de una Constitución. El proceso constituyente de 1999 desencadenado por dos sentencias de la Corte Suprema* (Caracas: EJV, 2022), 368–70.

277 Véanse sobre estas leyes los artículos 155 y 168 de la Constitución de 1961, según los cuales, respectivamente, "[e]l Congreso se reunirá en sesiones extraordinarias para tratar las materias expresadas en la convocatoria y las que les fueren conexas. También podrá considerar las que fueren declaradas de urgencia por cualquiera de las Cámaras" y "[e]l Proyecto de ley aprobado por una de las Cámaras podrá serlo por la otra en una sola discusión cuando sea declarado de urgencia por las dos terceras partes de sus miembros".

278 *Cfr.* Julia Alcibiades, "Enmiendas a la Constitución de 1961", en *Procesos constituyentes y reformas constitucionales en la historia de Venezuela:* 1811-1999, vol. II (Caracas: UCV, 2005), 733–64.

279 *Cfr.* Ricardo Combellas, "El proceso constituyente y la Constitución de 1999", en *Procesos constituyentes y reformas constitucionales en la historia de Venezuela:* 1811-1999, vol. II (Caracas: UCV, 2005), 767. Un listado de las reformas propuestas puede consultarse en Ricardo Combellas, "La reforma general de la Constitución y sus aspectos más resaltantes", *Revista de la Facultad de Ciencias Jurídicas y Políticas de la Universidad Central de Venezuela*, nº 84 (1992): 261–68.

CAPÍTULO III: LA ASAMBLEA NACIONAL CONSTITUYENTE DE 1999

Para el año 1998, cuando tuvieron lugar las elecciones para elegir al nuevo Presidente de la República, la crisis sociopolítica que aquejaba al país desde la década de los ochenta del siglo XX resultaba difícil de contrarrestar y el orden constitucional mostraba indicios de resquebrajarse ante la desconfianza existente en las instituciones del Estado y quienes se encontraban a la cabeza del mismo[280], visto que "nadie creía en el Congreso, (...) en el Poder Judicial, ni en la administración pública, ni en la policía, ni en los cuerpos de seguridad. Nadie creía en los liderazgos"[281].

De ahí que no resulte extraño que el para entonces candidato Hugo Chávez Frías tomase como bandera de su campaña presidencial -en adición a políticas de corte populista como lo eran aumentar el poder adquisitivo de sectores vulnerables[282]- la convocatoria a una ANC que se encargaría de redactar una nueva Constitución (la número veintiséis, como se recordará) e impulsar los cambios institucionales que en su criterio, y el de quienes terminarían votando por él en diciembre de 1998, requería el país.

El llamado a esta asamblea, téngase presente, no era algo totalmente nuevo. El tema de la reforma constitucional venía en desarrollo

---

280 *Cfr.* Jesús María Casal Hernández, "El constitucionalismo venezolano y la Constitución de 1999", *Revista de Derecho de la Universidad Católica Andrés Bello*, nº 56 (2001): 145-46; Rondón de Sansó, "La Asamblea Nacional Constituyente de 1999", 401-6. Los autores exponen entre los problemas presenciados la devaluación de la moneda, la alternancia entre los dos partidos políticos mayoritarios que imposibilitaba que otros minoritarios tuviesen verdadera participación política, hechos de corrupción y protestas sociales por el aumento del precio de la gasolina y del transporte público que derivaron en saqueos, la suspensión de garantías y la represión por parte de las fuerzas del Estado con decenas de muertos y heridos, sobre todo de los sectores más pobres de la población.

281 Allan R. Brewer-Carías, "Recuerdos de sobre mi participación en la 'polémica constituyente', y las lecciones del 'populismo constitucional' que caracterizó al proceso constituyente venezolano de 1999", en *La muerte de una Constitución. El proceso constituyente de 1999 desencadenado por dos sentencias de la Corte Suprema* (Caracas: EJV, 2022), 46.

282 *Cfr.* Margarita López Maya y Dinolis Alexandra Panzarelli, "Populismo, rentismo y socialismo del siglo XXI: El caso venezolano", *Revista de Ciencias Sociales de la Universidad Católica del Uruguay*, nº 2 (2011): 39-61.

tanto por la doctrina como los políticos de la época desde -al menos- 1989[283].

No obstante, un problema derivaba de la realidad jurídica venezolana: la Constitución de 1961, como vimos *supra*, solo preveía a la enmienda[284] y a la reforma[285] como métodos para alcanzar el cambio constitucional -vale agregar, con amplia participación del Poder Le-

---

283 *Cfr.* Rondón de Sansó, "La Asamblea Nacional Constituyente de 1999", 406. Apunta que luego de los gobiernos de Herrera Campins (1979-1984) y Lusinchi (1984-1989), "los medios políticos comenzaron a analizar las propuestas para la recuperación de la estabilidad institucional, basados, en los elementos (...) tales como: un Acuerdo Nacional; iniciar la Reforma Constitucional o, hacer la convocatoria a una Asamblea Nacional Constituyente. (...) Se creía que la conformación de una Asamblea Nacional Constituyente para cambiar el estado de cosas narradas, era también una solución prevista para el cambio político inmediato". *Cfr.* Ricardo Combellas, ed., *Venezuela. Crisis política y reforma constitucional* (Caracas: UCV, 1993). El autor plantea en su artículo de esta obra colectiva que "el fracaso de la reforma constitucional fue el fracaso de la clase política que, incapaz de adelantar un acuerdo político viable y expedito (...) que incluyera profundas reformas de la Constitución", lo que hizo fue promover "una lamentable frustración, de peligrosas consecuencias (...) dada la prolongación de la crisis de legitimidad que sufría el sistema político venezolano". Ricardo Combellas, "La reforma constitucional en Venezuela: Retrospectiva de una experiencia frustrada", en *Venezuela. Crisis política y reforma constitucional* (Caracas: UCV, 1993), 29.

284 "Artículo 245. Las enmiendas a esta Constitución se tramitarán en la forma siguiente: 1. La iniciativa podrá partir de una cuarta parte de los miembros de una de las Cámaras, o bien de una cuarta parte de las Asambleas Legislativas de los Estados, mediante acuerdos tomados en no menos de dos discusiones por la mayoría absoluta de los miembros de cada Asamblea (...) 4. Aprobada la enmienda por el Congreso, la Presidencia la remitirá a todas las Asambleas Legislativas para su ratificación o rechazo en sesiones ordinarias, mediante acuerdos considerados en no menos de dos discusiones y aprobados por la mayoría absoluta de sus miembros. 5. Las Cámaras reunidas en sesión conjunta escrutarán en sus sesiones ordinarias del año siguiente los votos de las Asambleas Legislativas, y declararán sancionada la enmienda en los puntos que hayan sido ratificados por las dos terceras partes de las Asambleas".

285 "Artículo 246. Esta Constitución también podrá ser objeto de reforma general, en conformidad con el siguiente procedimiento: 1. La iniciativa deberá partir de una tercera parte de los miembros del Congreso, o de la mayoría absoluta de las Asambleas Legislativas en acuerdos tomados en no menos de dos discusiones por la mayoría absoluta de los miembros de cada Asamblea; 2. La iniciativa se dirigirá a la Presidencia del Congreso, la cual convocará a las Cámaras a una sesión conjunta con tres días de anticipación por lo menos, para que se pronuncie sobre la procedencia de aquélla. La iniciativa será admitida por el voto favorable de las dos terceras partes de los presentes; 3. Admitida la iniciativa, el proyecto respectivo se comenzará a discutir en la Cámara señalada por el Congreso, y se tramitará según el procedimiento establecido en esta Constitución para la formación de las leyes; 4. El proyecto aprobado se someterá a referéndum en la oportunidad que fijen las Cámaras en sesión conjunta, para que el pueblo se pronuncie en favor o en contra de la reforma. El escrutinio se llevará a conocimiento de las Cámaras en sesión conjunta, las cuales declararán sancionada la nueva Constitución si fuere aprobada por la mayoría de los sufragantes de toda la República".

gislativo Nacional que resultaba adverso al nuevo gobernante[286]–, excluyéndose en consecuencia la posibilidad de una ANC.

A esto se sumaba que, de acuerdo con el encabezado de su artículo 250, "[e]sta Constitución no perderá su vigencia si dejare de observarse por acto de fuerza o fuere derogada por cualquier otro medio distinto del que ella misma dispone (...)".

Esta situación dio lugar a dos posiciones contrapuestas en la sociedad venezolana y el foro jurídico[287]:

Por una parte, el Presidente electo y los partidos políticos que le apoyaban (MVR, PPT, MAS, entre otros), defendían que la ANC podía invocarse sin requerirse su previsión constitucional ya que, de acuerdo con el artículo 4 de la Constitución de 1961, "[l]a Soberanía reside en el pueblo, quien la ejerce, mediante el sufragio, por los órganos del Poder Público", por lo que al equipararse a esta con el "Poder Constituyente primario u originario: éste puede, en todo momento, modificar y transformar el ordenamiento constitucional"[288].

Así se desprende de declaraciones del futuro mandatario al afirmar que "[l]a Asamblea Constituyente no tiene marcha atrás (...). Lo que voy a hacer no será un reforma superficial"[289], y el anuncio realizado el 07-12-1998 de que "convocará un referéndum sobre la elección de una Asamblea Constituyente que dé paso a una 'democracia participativa'. Y lo hará en cuanto llegue al palacio de Miraflores"[290].

A tal efecto, los defensores de esta posición decían basarse en el artículo 181 de la LOSPP[291]; aunado al discurso de que el resultado de

---

286 En las elecciones parlamentarias de noviembre de 1998 los partidos Acción Democrática y COPEI obtuvieron respectivamente poco más del 24 % y 12 % de los votos tanto de la Cámara de Diputados como de Senadores, mientras el partido MVR -de quien luego se haría con la Presidencia de la República- poco menos del 20 %, lo que le obligaba a alcanzar acuerdos políticos con la oposición a fin de lograr las enmiendas o reformas, aun cuando al sumar los partidos minoritarios que apoyaban al futuro presidente la colisión tenía más fuerza que la oposición. *Cfr.* Georgetown University, "Venezuela: Resultados de las elecciones legislativas de 1998", 2006, https://pdba.georgetown.edu/Elecdata/Venezuela/legvote98.html.

287 *Cfr.* Carrillo Artiles, "Las singularidades del proceso constituyente en Venezuela. Análisis histórico jurídico", 370-80.

288 Thais Maingon, Carmen Pérez Baralt, y Heinz Sonntag, "La batalla por una nueva Constitución para Venezuela", *Cuestiones Políticas* 16, nº 24 (2000): 26.

289 El País, "El presidente electo convocará un referéndum de reforma constitucional", 07-12-1998, https://bit.ly/3JpYtiE.

290 El País, "El antiguo golpista Chávez anuncia un nuevo proceso constituyente en Venezuela", 08-12-1998, https://bit.ly/3LyPdve.

291 G.O. nº 5.200 Extraordinario del 30-12-1997 con reimpresión en nº 5.219 Extraordinario del 13-03-1998. De acuerdo con el encabezado del artículo, "[e]l Presidente de la República, en Consejo de Ministros, el Congreso de la República por acuerdo adoptado en sesión conjunta de las Cámaras, (...) por el voto favo-

la elección presidencial del 06-12-1999 "representaba una señal tan clara de que el pueblo quería convocar una Asamblea Nacional Constituyente, que no se requería ninguna otra consulta posterior"[292].

Del mismo modo, un sector minoritario del foro sostuvo que:

> La legitimidad que le da el hecho de su elección en el proceso de 1998 habilita al Presidente de la República, en virtud de las facultades implícitas a su cargo y la vigencia del artículo 4° de la Constitución de 1961 y el artículo 181 de la Ley Orgánica del Sufragio y Participación Política, para efectuar una convocatoria con el objeto de consultar al pueblo sobre la procedencia y conformación de una Asamblea Constituyentes[293].

Por la otra, con base en el principio de supremacía constitucional y el artículo 250 de la Constitución de 1961, ya citado, el foro jurídico mayoritario[294] y los partidos políticos de oposición apuntaban la necesidad de reformar el texto constitucional a fin de "establecer las reglas conforme a las cuales debía convocarse [la Asamblea Nacional Constituyente], quiénes la podían integrar, la forma de elección de sus miembros y las funciones específicas que se le debían atribuir", pues solo así dicha asamblea podía considerarse un instrumento democrático "para recomponer el sistema político y plasmarlo en una nueva Constitución", y no el "producto de un golpe de Estado o de

---

rable de las dos terceras (2/3) partes de los miembros presentes; (...) tendrán la iniciativa para convocar la celebración de un referendo, con el objeto de consultar a los electores sobre decisiones de especial trascendencia nacional". Nótese que, como recoge la prensa internacional, el presidente electo habría dado un "plazo de tres semanas (...) a los parlamentarios para que discutan y aprueben la convocatoria de la Asamblea Constituyente" y, al ser inquirido "[s]i los dos tercios del Congreso no logran ese acuerdo porque está muy fragmentado, ¿usted firmará el decreto presidencial de la constituyente, dando un chavazo al estilo del fujimorazo?", respondió que "[n]o será un chavazo, sino un pueblazo, porque el pueblo ha votado por la constituyente". El País, "Entrevista: 'En Venezuela no tenemos democracia'", 15-12-1998, https://bit.ly/3ZX1he9.

292 Raffalli, "Reconocimiento judicial del proceso constituyente y sus consecuencias", 273. El autor comenta al respecto que "[e]sta posición obviamente carece de todo Fundamento jurídico y político pues no es sustentable cambiar las bases del Estado y las relaciones de poder con el ciudadano, presumiendo voluntades".

293 Tulio Álvarez, *La Constituyente. Todo lo que usted necesita saber* (Caracas: El Nacional, 1998), 124-25.

294 *Cfr*. Ramón Guillermo Aveledo, "Sobre los riesgos de reformar la Constitución por un medio no establecido en ella (Visión del proceso constituyente venezolano de 1999)", en *La muerte de una Constitución. El proceso constituyente de 1999 desencadenado por dos sentencias de la Corte Suprema* (Caracas: EJV, 2022), 294. El autor expone que "[p]redomina abiertamente en la doctrina, lo mismo que predominó en número y solidez en los argumentos del debate venezolano, la defensa de la Constitución porque así se protegen las finalidades de derechos humanos y libertades en estabilidad, paz y mediante instituciones. Una Asamblea Constituyente mal concebida es retroceso y no progreso".

una revolución, en el cual el poder revolucionario es el que fija las reglas para la Constituyente"[295].

En otras palabras, "era necesaria una reforma puntual de la Constitución para crear la figura de la ANC, normar su funcionamiento y después realizar el referendo consultivo", ya que "convocar la ANC, sin antes reformar la Constitución, significaba un 'golpe de estado civil'"[296], aunado a que la falta de reglas claras para el proceso atentaba contra su "fluidez, seguridad y estabilidad"[297].

Lo anterior visto que, como recordaba COMBELLAS, "[l]a Asamblea Constituyente no está contemplada como poder de reforma por la Constitución vigente. [sic] lo que plantea serias dificultades al Estado de Derecho. Hemos señalado que la Constituyente nunca debe convocarse fuera del marco del Estado de Derecho"[298].

Esta diatriba dio lugar a un par de recursos de interpretación que se presentaron ante la CSJ/SPA, cuyas sentencias en la materia han sido calificadas como la *causa de muerte* de la Constitución de 1961 y el nacimiento de la Constitución de 1999[299], abriéndose la *Caja de*

---

[295] Brewer-Carías, "Recuerdos de sobre mi participación en la 'polémica constituyente', y las lecciones del 'populismo constitucional' que caracterizó al proceso constituyente venezolano de 1999", 55. El autor comparte más adelante un "Proyecto alternativo de Reforma Constitucional relativo a la Asamblea Constituyente y su inmediata convocatoria" que ya había presentado en el año 1992 y preveía -entre otros aspectos que dotaban a su integración y funcionamiento de rango constitucional- que "[e]l Presidente de la República, la tercera parte de cualquiera de las Cámaras del Congreso de la República, la tercera parte de los Gobernadores de Estado o de las Asambleas Legislativas, o el cinco por ciento de los ciudadanos inscritos en el Registro Electoral debidamente identificados ante los organismos electorales, podrán solicitar la celebración de un referéndum para la convocatoria a una Asamblea Nacional Constituyente, para la reforma integral de la Constitución".

[296] Maingon, Pérez Baralt, y Sonntag, "La batalla por una nueva Constitución para Venezuela", 26.

[297] Raffalli, "Reconocimiento judicial del proceso constituyente y sus consecuencias", 286. El autor destaca entre los puntos que debían ser regulados: "quién debe fijar el estatuto electoral para elegir a la Asamblea; qué tipo de Asamblea Constituyente podríamos convocar, una plenipotenciaria como en Colombia o una Asamblea 'constitucional' que se limite a crear una nueva Constitución; si debe exigirse un quórum mínimo para dar legitimidad a la consulta popular; y de ser así, cuál sería el límite y quién debe fijarlo".

[298] Ricardo Combellas, "Palabras del Presidente de la AVDC, en el acto de apertura del IV Congreso de Derecho Constitucional, Caracas 15-11-95", en *El nuevo Derecho constitucional latinoamericano*, vol. 1 (Caracas: KAS, 1996). Citado en Aveledo, "Sobre los riesgos de reformar la Constitución por un medio no establecido en ella (Visión del proceso constituyente venezolano de 1999)", 305.

[299] *Cfr.* Allan R. Brewer-Carías, ed., *La muerte de una Constitución. El proceso constituyente de 1999 desencadenado por dos sentencias de la Corte Suprema* (Caracas: EJV, 2022).

Pandora del Derecho Público venezolano para que la legalidad ceda a los requerimientos políticos del momento[300].

A estos fallos dedicaremos el próximo acápite de esta investigación, para abordar luego el proceso constituyente que derivo de ellas, todo esto sin ánimos de exhaustividad y únicamente para brindar una visión global del tema como antecedente directo de la ANC-2017[301].

1. LAS SENTENCIAS REFERENDO CONSULTIVO I Y II

En fecha 19-01-1999, a través de las sentencias n° 17 y 18, la CSJ/SPA resolvió los recursos de interpretación que les fueron presentados, respectivamente, el 16-12-1998 (*caso: Fundahumanos*) y el 21-10-1998 (*caso: Miguel Mónaco y otros*). En ambas oportunidades, sobre el artículo 181 de la LOSPP, ya citado, agregándose al primero de ellos la interpretación *forzosa* del artículo 4 de la Constitución de la República -también citado- al evaluarse la "viabilidad constitucional" de la propuesta de referendo comentada al inicio de este Capítulo.

Así, en el *caso Fundahumanos*[302], la Sala, con ponencia de Humberto La Roche, expresó lo siguiente frente al petitorio formulado por los recurrentes de determinar "qué sentido debe atribuírsele a las referidas normas, en cuanto a la posibilidad real o no de llevar a cabo dicha convocatoria a una Asamblea Constituyente":

a. Aun cuando la Ley Orgánica de la Corte Suprema de Justicia[303] atribuía competencias a la Sala para "conocer del recurso de interpretación y resolver las consultas que se formulen acerca del alcance e inteligencia de los textos legales" (art. 42 num. 24), ello no impedía que se tomaran en consideración artículos del texto constitucional -en el caso concreto, el 4 ya citado- visto que siempre "resulta imperativo para la Sala (...) efectuar una interpretación que atienda en un todo a los principios fundamentales del orden jurídico vigente", con inclusión del "orden constitucional", por lo que toda interpretación debe darse "a partir de los principios y valores constitucionales".

---

300 *Cfr.* Henrique Iribarren, "El principio de la legalidad de los actos del poder público y el proceso constituyente de 1999 en Venezuela", *Boletín de la Academia de Ciencias Políticas y Sociales*, n° 144 (2006): 89–104.

301 Estudios más profundos sobre la Constituyente de 1999 pueden consultarse, en adición a la bibliografía citada en este Capítulo, en Allan R. Brewer-Carías, *Asamblea Constituyente y Proceso Constituyente* 1999, Colección Tratado de Derecho Constitucional, VI (Caracas: EJV, 2013); Rondón de Sansó, *La Asamblea Constituyente en Latinoamérica.*

302 Consultado en Brewer-Carías, *La muerte de una Constitución. El proceso constituyente de 1999 desencadenado por dos sentencias de la Corte Suprema*, 637–57.

303 G.O. n° 1.893 Extraordinario del 30-07-1976.

De este modo, como plantea la doctrina, la Sala se extralimitó en sus funciones que se referían en exclusiva a actos legislativos cuando, a lo sumo, podía era "tomar en consideración (...) los principios y los valores constitucionales con el objeto de interpretar correctamente la norma legislativa ordinaria", sin "avanzar hasta el punto de ampliar el contenido propio de su competencia interpretativa, extendiéndola hasta incluir directamente las normas constitucionales"[304].

b. Era un hecho notorio que el presidente electo deseaba "convocar a un referéndum consultivo a fin de determinar si la intención popular mayoritaria se inclina hacia una Asamblea Constituyente que, ejerciendo su poder originario, se aboque a sancionar y promulgar una nueva Constitución para el país".

c. Virando la mirada al Derecho, la Sala apuntó que Venezuela como Estado Constitucional basaba su institucionalidad en el principio democrático y el principio de supremacía constitucional, que "obliga tanto a los gobernantes como a los gobernados a someterse a ella" como manifestación -a su vez- de la rigidez constitucional, tal como vimos plantea la doctrina[305].

d. Todo cambio constitucional, de acuerdo con la Sala, podía plantear un conflicto entre los principios mencionados según se le dé más importancia a la Constitución "como norma suprema y fundamental" para "prever y organizar sus propios procesos de transformación" (supremacía sobre soberanía) o al pueblo, "a quien corresponderá siempre, como titular del Poder Constituyente, realizar y aprobar cualquier modificación de la Constitución" (soberanía sobre supremacía).

e. Esta pugna dio paso a la distinción entre el Poder Constituyente -"poder soberano previo y total, el que puede, en todo momento, modificar y transformar el ordenamiento constitucional"- y el Poder de Revisión, que se considera un "Poder Constituido, en la medida en que aparece reglado y ordenado en la Constitución, se convierte en un poder limitado", como se desprendía del artículo 250 de la Constitución de 1961 que

---

304 Alessandro Pace, "Morte di una Costituzione", en *La muerte de una Constitución. El proceso constituyente de 1999 desencadenado por dos sentencias de la Corte Suprema* (Caracas: EJV, 2022), 34.

305 *Cfr.* García de Enterría, "La Constitución como norma jurídica".

aplicaba únicamente a este último y no al Poder Constituyente[306].

En este sentido, continuó la Sala, el Poder Constituyente "no debe confundirse con la competencia establecida por la Constitución para la reforma de alguna de sus cláusulas" (Poder de Revisión), siendo a su vez que estos poderes -Constituyente y de Revisión- podían calificarse como medios pacíficos o violentos de reforma según ocurriesen conforme o no al hilo constitucional vigente, sumándose al Poder de Revisión que este era parcial (enmienda) o total (reforma).

Sobre este punto, llama la atención -además de la paridad entre el Poder Constituido y el Constituyente Derivado- que la Sala limitara el contenido del artículo 250 de la Constitución de 1961 a los poderes constituidos dejando de lado manifestaciones que ocurran fuera de los mismos -por ejemplo, una guerra civil- cuando lo cierto del caso es que el constituyente "no distingue entre actos de fuerza, de gobierno, legislativos, o revolucionarios"[307] y es conocida la máxima de que donde el legislador -o el constituyente- no distingue, tampoco ha de hacerlo el intérprete.

f. Visto que la soberanía reside en el pueblo, este último solo transfería a sus representantes la cuota de poder requerida para que lleven a cabo sus funciones públicas, quedando el resto en cabeza de los primeros -es decir, del pueblo- "para su ejercicio directo en las materias en las cuales no existe previsión expresa de la norma sobre el ejercicio de la soberanía a través de representantes", como ocurría con los referendo.

Así, la Sala se separó de la interpretación que históricamente se le había dado al artículo 4 de la Constitución de 1961 sobre el principio de representación popular y el ejercicio de la soberanía por los órganos del Poder Público como consecuencia del sufragio, para dar paso a su ejercicio directo -e incluso, *contra legem*[308]-; aunado al desconocimiento de que, de acuerdo con los artículos 245 y 246 de la Constitución comentada, sí se estatuía la existencia de representantes (del Poder Legislativo Nacional y Estadal) para dar inicio al cam-

---

306 Como se recordará, el artículo preveía que la Constitución no perdía su vigencia si era derogada por medios distintos a los que ella disponía (enmienda y reforma). En sentido similar se pronunció Carrillo Artiles, "Las singularidades del proceso constituyente en Venezuela. Análisis histórico jurídico", 374.

307 Loewenstein, *Teoría de la Constitución*, 283.

308 Pace, "Morte di una Costituzione", 36.

bio constitucional, por lo que no había una laguna como se desprendía de lo dicho por la Sala.

g. El referendo consultivo era un "mecanismo llamado a canalizar la participación popular en los asuntos públicos nacionales" que se calificaran como trascendentales y no encuadraran en algunas de las prohibiciones taxativas del artículo 185 de la LOSPP, dentro de las cuales no se encontraban las consultas sobre eventuales reformas a la Constitución[309].

h. El derecho a la consulta popular era un derecho implícito de la Constitución de 1961 a tenor de su artículo 50[310], por lo que "[e]l referéndum previsto en la Ley Orgánica del Sufragio y Participación Política es un derecho inherente a la persona humana no enumerado, cuyo ejercicio se fundamenta en el artículo 50 de la Constitución".

Esta aseveración fue calificada por la doctrina como "una exageración, porque no se trata de un derecho personal o individual, sino político o institucional"[311], agregándose que lo dicho por la Sala era "conceptualmente inexact[o], toda vez que la participación política es el verdadero derecho inherente a la persona humana y el referendo, al igual que el sufragio, constituyen un elemento esencial para el ejercicio del referido derecho"[312], estando tal participación consagrada en la Constitución de la época.

i. Como consecuencia de las afirmaciones anteriores, la CSJ/SPA interpretó que según el artículo 181 de la LOSPP, "puede ser consultado el parecer del cuerpo electoral sobre

---

309 "Artículo 185. No podrán someterse a referendos nacionales, las siguiente materias: 1. Presupuestarias, fiscales o tributarias; 2. Concesión de amnistía o indultos; 3. Suspensión o restricción de garantías constitucionales; supresión o disminución de los derechos humanos; 4. Conflictos de poderes que deban ser decididos por los órganos judiciales; 5. Revocatoria de mandatos populares, salvo lo dispuesto en otras leyes; y, 6. Asuntos propios del funcionamiento de algunas entidades federales o de sus municipios".

310 "Artículo 50. La enunciación de los derechos y garantías contenida en esta Constitución no debe entenderse como negación de otros que, siendo inherentes a la persona humana, no figuren expresamente en ella. // La falta de ley reglamentaria de estos derechos no menoscaba el ejercicio de los mismos".

311 Allan R. Brewer-Carías, "El equilibrio del Estado constitucional: Entre soberanía popular y supremacía constitucional. A propósito de las sentencias de la Corte Suprema de Justicia en Sala Político Administrativa de 19 de enero de 1999", en *La muerte de una Constitución. El proceso constituyente de 1999 desencadenado por dos sentencias de la Corte Suprema* (Caracas: EJV, 2022), 167.

312 Víctor Rafael Hernández-Mendible, "La contribución del Poder Judicial a la desaparición de la constitución, la democracia y el Estado de Derecho", en *La muerte de una Constitución. El proceso constituyente de 1999 desencadenado por dos sentencias de la Corte Suprema* (Caracas: EJV, 2022), 334.

cualquier decisión de especial trascendencia nacional distinto a los expresamente excluidos por la propia Ley (...) en su artículo 185, incluyendo la relativa a la convocatoria de una Asamblea Constituyente".

j. No obstante, asentó que el resultado de este referendo no adquiría "eficacia" hasta tanto "mediante los mecanismos legales establecidos, se dé cumplimiento a la modificación jurídica aprobada. Todo ello siguiendo procedimientos ordinarios previstos en el orden jurídico vigente, a través de los órganos del Poder Público competentes en cada caso".

Resulta lógico que así fuera, si se tiene en cuenta que el referendo de la LOSPP era consultivo –y no decisivo– y, por ende, su objeto era "[e]xaminar, tratar un asunto con una o varias personas" o "[p]edir parecer, dictamen o consejo a alguien"[313].

Por su parte, la sentencia nº 18 del 19-01-1999 (*caso: Miguel Mónaco y otros*) con ponencia de Héctor Paradisi León dio respuesta a la interrogante de sí "con fundamento en dicha norma [artículo 181 de la LOSPP] puede convocarse un Referendo que sirva de base para la convocatoria de una Asamblea Constituyente sin que medie una Enmienda o una Reforma de la Constitución" de un modo mucho más breve, limitándose a afirmar que:

> A juicio de esta Sala la aplicación de esta fórmula consultiva a un caso concreto, dependería de que queden satisfechos dos requisitos fundamentales, a saber: 1) La necesidad de que el asunto sometido a consulta esté revestido de una especial trascendencia para el colectivo; y 2) La no inclusión de esta materia en la enumeración taxativa contenida en el artículo 185 de la misma Ley Orgánica del Sufragio y Participación Política.

De este modo, nada impedía que se celebrara el referendo en cuestión ya que, como afirmó la Sala, la consulta sobre la convocatoria a una ANC no estaba dentro de las prohibiciones del artículo 185 de la LOSPP y, adicionalmente, se trataba de un caso de "especial trascendencia nacional", pues sus resultados eran un:

> ...factor decisivo para que los Órganos competentes del Poder Público Nacional diseñen los mecanismos de convocatoria y operatividad de una Asamblea a los fines propuestos; o para que, previamente, tomen la iniciativa de enmienda o de reforma que incluya la figura de una Asamblea de esta naturaleza.

---

313 Primera y tercera acepción del vocablo "consultar". Real Academia Española, "Consultar", Diccionario de la Lengua Española, 2022, https://dle.rae.es/consultar.

En otras palabras, según la sentencia n° 18, los efectos del referendo basado en la LOSPP –en caso que ganase el voto positivo– no serían la instauración de una Asamblea Nacional Constituyente *per sé*, sino más bien un *parecer, dictamen* o *consejo* que las autoridades debían tomar en cuenta dentro del marco constitucional vigente, dado su carácter consultivo y no decisorio, a fin de proceder del modo que estimaran más conveniente.

Esto, sin que la Sala se decantara por una u otra de las dos posiciones reseñadas *supra* –esto es, si hacía o no falta reformar a la Constitución de 1961 para darle cabida a la ANC– a pesar de que **(i)** la hermenéutica jurídica de su decisión llevaba a la primera de las opciones planteadas[314], pero **(ii)** al plantear la aparente dicotomía entre soberanía versus supremacía constitucional ella parecía favorecer la primera, y por ende dotaba al referendo de un mayor valor del que le correspondía en contra del propio texto constitucional[315].

Como consecuencia de esta falta de nitidez, y a pesar de las insuficiencias constatadas en ambas sentencias sobre el referendo como un mecanismo de cambio constitucional al no dar respuesta a temas como la efectiva convocatoria y operatividad de la asamblea en cuestión[316]:

---

314 *Cfr*. Brewer-Carías, "El equilibrio del Estado constitucional: Entre soberanía popular y supremacía constitucional. A propósito de las sentencias de la Corte Suprema de Justicia en Sala Político Administrativa de 19 de enero de 1999", 121. El autor plantea que la sentencia "exige determinar, conforme a la Constitución y a las leyes, qué órganos del Poder Nacional tienen competencia para establecer el régimen de una Asamblea Constituyente, siendo la conclusión elemental que ninguno; y en segundo lugar, para que los mismos órganos del Poder Público Nacional tomen la iniciativa de enmienda o de reforma que incluya la figura de una Asamblea Constituyente, lo que conforme a los artículos 245 y 246 de la Constitución solo corresponde, según los casos, a los miembros de las Cámaras Legislativas o a las Asambleas Legislativas". En el sentido mismo se pronunció AVELEDO quien, al preguntarse "¿cuál es el órgano competente para hacer 'modificaciones jurídicas' en los procedimientos de reforma constitucional?", responde "[e]l Congreso. Al votar afirmativamente la mayoría en el referéndum a él le nacía una obligación". Aveledo, "Sobre los riesgos de reformar la Constitución por un medio no establecido en ella (Visión del proceso constituyente venezolano de 1999)", 309.

315 *Cfr*. Raffalli, "Reconocimiento judicial del proceso constituyente y sus consecuencias", 280. Plantea que "[u]na simple lectura de los párrafos que anteceden permite concluir que la Corte Suprema de Justicia de la República de Venezuela, en fecha 19 de enero de 1999, reconoció expresamente la supremacía del poder soberano y originario del pueblo, por encima del texto Constitucional que organiza el Estado".

316 *Cfr*. Lolymar Hernández Camargo, "¿Hacia un nuevo concepto de poder constituyente?: La Constitución venezolana de 1999", en *La muerte de una Constitución. El proceso constituyente de 1999 desencadenado por dos sentencias de la Corte Suprema* (Caracas: EJV, 2022), 434. En el mismo sentido se pronuncia GARCÍA SOTO, para quien "la Corte no se pronunció de modo expreso sobre si

> ...tal era el deseo general que existía en el país por que la Corte pusiera fin a la discusión constitucional, que la opinión pública, reflejada en titulares, declaraciones, editoriales y noticias de prensa, ha estimado que con las mencionadas decisiones se habría legitimado el referéndum consultivo para convocar la Constituyente sin necesidad de reforma constitucional previa[317].

Así, la Corte Suprema de Justicia pavimentó la vía para que tuviese lugar el referendo sobre la ANC y dio una estocada fatal a la Constitución de 1961 y los principios propios del constitucionalismo moderno como lo son la supremacía constitucional, su rigidez, jerarquía y valor normativo[318], visto que la sentencia "sacrificó el Estado de Derecho invocando el deber de facilitar la expresión de la soberanía popular"[319] (soberanía sobre supremacía, en los términos comentados *supra*), y, en definitiva:

> ...reconoció la existencia y validez del Derecho a la Revolución al admitir que el soberano está por encima de la supremacía constitucional por lo cual puede el pueblo ser consultado conforme a las normas de la Ley Orgánica del Sufragio y Participación Política, para suprimir y transformar el texto de la Constitución, fuera de los mecanismos naturales de reforma y enmienda por parte del poder constituido que ella misma establece[320].

En otras palabras, la Sala abonó al criterio de que "cuando el pueblo así lo decida, puede revelarse contra el orden constitucional que [él] mismo creó, incluso hasta el punto de destruirlo y sustituirlo por otro totalmente diferente"[321], pues su poder era absoluto e ilimitado.

En tanto, la doctrina alertó que ello no era posible pues, al fundarse Venezuela como República soberana, libre e independiente en 1811 y dictar su primera Constitución, ella fijó "a partir de ese momento y para siempre, los principios políticos y derechos inalienables que

---

era o no posible convocar una Constituyente aún a pesar de no estar prevista en la Constitución como un instrumento para la reforma o sustitución de la Constitución. Por el contrario, realizó varias consideraciones, ambiguas, sobre la soberanía popular y su relación con el poder constituyente". Carlos García Soto, "La Asamblea Nacional Constituyente de 2017 en su contexto histórico", en *Estudios sobre la Asamblea Nacional Constituyente y su inconstitucional convocatoria en* 2017 (Caracas: ACIENPOL y EJV, 2017), 88.

317 Brewer-Carías, "El equilibrio del Estado constitucional: Entre soberanía popular y supremacía constitucional. A propósito de las sentencias de la Corte Suprema de Justicia en Sala Político Administrativa de 19 de enero de 1999", 126.

318 *Cfr*. Rubio Llorente, "La Constitución como fuente de Derecho" (México D.F.: Porrúa y UNAM, 2000), 155-76; García de Enterría, "La Constitución como norma jurídica".

319 Casal Hernández, *Apuntes para una historia del Derecho constitucional de Venezuela*, 164.

320 Raffalli, "Reconocimiento judicial del proceso constituyente y sus consecuencias", 275-76.

321 Ibid., 280-81.

regirían en nuestro país y vincularían a las generaciones futuras", constituyéndose en consecuencia en "valores que preexisten, que moldean y dan vida al actual Poder Constituyente y que vincularán al futuro Poder Constituyente, porque están por encima de toda regulación jurídica positiva"[322].

En breve, ante el supuesto conflicto de la supremacía constitucional versus la soberanía popular anotado más arriba, el Poder Judicial ofreció un mayor apoyo a esta última, obviando que tal conflicto en realidad no tenía la gravidez que le hizo hacer ver pues de la mera lectura de los artículos dedicados en la Constitución de 1961 a la enmienda y a la reforma constitucional se aprecia que existía un proceso de consulta al pueblo (el soberano), calificado por el foro como "un mecanismo refrendario ad-hoc para la aprobación del texto constitucional, lo cual implica una vía de participación democrática indiscutible"[323] y que permitía la convergencia de ambos principios (supremacía y soberanía).

Lo anterior, aunado a advertencias como la de LOEWENSTEIN para quien:

> El referéndum constitucional goza, en los regímenes autocráticos y autoritarios de nuestro tiempo, de una sospechosa popularidad (...). La razón evidente de este preferencia no es tanto el carácter ultrademocrático de este procedimiento como el hecho de que la votación de referéndum se puede manipular con propaganda y presión mejor que el procedimiento de una votación a través de una asamblea representativa -ciertamente más racional[324].

Dentro de nuestras fronteras, NJAIM aseveró que los referendo eran "un instrumento de participación que resulta sumamente primitivo pues las complejidades de las decisiones públicas no pueden, a menudo, reducirse al maniqueísmo de un sí o un no", sin que pudiera dejarse de lado que "[l]a democracia representativa (...) ha sido ideada para controlar los desbordes de emocionalidad e irracionalidad en la política", en tanto la democracia directa, siendo el referendo un ejemplo de ella, "envuelve el riesgo de la anarquía o el totalitarismo"[325].

Nuestra historia constitucional le daría la razón a ambos autores, como veremos de seguida.

---

322 Hernández-Mendible, "La contribución del Poder Judicial a la desaparición de la constitución, la democracia y el Estado de Derecho", 335.

323 Raffalli, "Reconocimiento judicial del proceso constituyente y sus consecuencias", 281.

324 Loewenstein, *Teoría de la Constitución*, 329.

325 Humberto Njaim, ed., "La reforma constitucional", en *Venezuela. Crisis política y reforma constitucional* (Caracas: UCV, 1993), 160-62.

2. LA CONVOCATORIA A LA ASAMBLEA NACIONAL CONSTITUYENTE

Con base en los fallos reseñados *supra*, el 02-02-1999, día en que el nuevo Presidente de la República asumió su cargo, firmó y publicó el Decreto n° 3, "mediante el cual se establece la realización de un referendo para que el pueblo se pronuncie sobre la convocatoria de una Asamblea Nacional Constituyente"[326].

Este decreto, según su exposición de motivos, respondió al hecho que "[e]l sistema político venezolano está en crisis y las instituciones han sufrido un acelerado proceso de deslegitimación", teniéndose por una parte que "los beneficiarios del régimen, caracterizado por la exclusión de las grandes mayorías, han bloqueado, en forma permanente, los cambios exigidos por el pueblo", mientras que por la otra "se han desatado las fuerzas populares que sólo encuentran su cauce democrático a través de la convocatoria del Poder Constituyente Originario".

En este sentido, continuó, la "convocatoria de una Asamblea Constituyente es un compromiso moral y político con el pueblo venezolano", que había sido avalado por la Corte Suprema de Justicia en las sentencias ya mencionadas según las cuales:

> ...para realizar el cambio que el país exige, es el Poder Constituyente, como poder soberano previo y total, el que puede, en todo momento, modificar y transformar el ordenamiento constitucional, de acuerdo con el principio de la soberanía popular consagrado en el artículo 4 de la Carta Fundamental.

Así, el referendo previsto en la LOSPP era el "mecanismo democrático a través del cual se manifiesta el poder originario del pueblo para convocar una Asamblea Nacional Constituyente" como "derecho inherente a la persona humana no enumerado, cuyo ejercicio se fundamenta en el artículo 50 del Texto Fundamental", ya citado, que aplicaba también a los "momentos de transformación institucional que marcan la vida de la Nación y la historia de la sociedad".

Por este motivo, y arguyendo como fundamento jurídico los artículos 181, 182, 185 y 186 de la LOSPP[327], decretó:

---

[326] G.O. n° 36.634 del 02-02-1999.

[327] Los artículos que restan por citar son del siguiente tenor: "Artículo 182. La convocatoria de los referendos, deberá contener los siguientes requisitos: 1. Formulación de la pregunta en forma clara y precisa, en los términos exactos en que será objeto de la consulta, de tal manera que pueda contestarse con un 'si' o un 'no'; y, 2. Exposición breve de los motivos, acerca de la justificación y propósito de la consulta"; "Artículo 186. No podrán celebrarse referendos durante la vigencia del estado de emergencia, de suspensión o restricción de garantías constitucionales, o de graves trastornos del orden público, previstos en los artículos 240, 241 y 244 de la Constitución de la República".

> Artículo 1°: La realización de un referendo para que el pueblo se pronuncie sobre la convocatoria de una Asamblea Nacional Constituyente.
> Artículo 2°: El Consejo Nacional Electoral ejecutará los actos necesarios para divulgar el contenido de la propuesta de convocatoria, invitar a los ciudadanos a participar en el referendo y realizar el escrutinio del acto de votación.
> Artículo 3°: El instrumento electoral contendrá las siguientes preguntas que serán contestadas con un "si" o un "no":
> PRIMERA: ¿Convoca usted una Asamblea Nacional Constituyente con el propósito de transformar el Estado y crear un nuevo ordenamiento jurídico que permita el funcionamiento efectivo de una Democracia Social y Participativa?
> SEGUNDA: ¿Autoriza usted al Presidente de la República para que mediante un Acto de Gobierno fije, oída la opinión de los sectores políticos, sociales y económicos, las bases del proceso comicial en el cual se elegirán los integrantes de la Asamblea Nacional Constituyente?
> Artículo 4°: Los Ministros de Relaciones Interiores y de la Secretaría de la Presidencia quedan encargados de la ejecución del presente Decreto.

Nótese como, desde la propia motivación del Decreto, el llamado a la Asamblea Nacional Constituyente se casó con la idea de un poder originario, previo, total y soberano capaz de transformar el orden constitucional sin límites, lo que nos acerca al desarrollo del tema por parte de SIEYÈS, según vimos en el Capítulo I de esta investigación.

Al respecto, la doctrina apuntó que:

> ...debido a que se trataba de una Asamblea Constituyente que se quería convocar en democracia, en un país donde existía una Constitución (la de 1961) que estaba vigente y que no perdía vigencia frente a la propuesta de la convocatoria y elección de la Constituyente; en ese contexto, si esa Asamblea Constituyente se convocaba, no podía ser en contra de la Constitución y, al contrario, debía estar sometida a ella[328].

Asimismo, ahora sobre la primera pregunta, se aprecia que lejos del carácter consultivo que las sentencias de la CSJ/SPA y la ley daban al referendo, el mismo tenía una naturaleza decisiva por los verbos y las terminaciones empleadas ("convoca usted") que daban a entender que el votante -es decir, el pueblo- era quien estaba tomando directamente la decisión de ir a una ANC, en vez de pedir a otra autoridad -por ejemplo, al Congreso- que hiciera lo conducente

[328] Brewer-Carías, "Recuerdos de sobre mi participación en la 'polémica constituyente', y las lecciones del 'populismo constitucional' que caracterizó al proceso constituyente venezolano de 1999", 82.

para que este mecanismo de cambio constitucional pudiera activarse[329].

Pero, ¿qué era esa ANC a la cual se estaba convocando?

La respuesta, más allá de lo dicho en el Decreto n° 3 y en el discurso político, era que se trataba de una institución cuyo forma y fondo resultada desconocida y sería precisada por el Presidente de la República *a posteriori*, a quien prácticamente se le transferiría la soberanía que, recordamos han planteado los autores desde siglos atrás, es suprema, ilimitada, absoluta, indivisible, perpetua e imprescriptible en favor del pueblo[330].

En este orden de ideas, la segunda de las preguntas que conformaba el referendo -y que tampoco tenía carácter consultivo, pues versaba sobre otorgar una autorización por el tiempo verbal utilizado- ya atestiguaba el carácter personalista de la "convocatoria", trasladando a la sociedad -el soberano, en los términos de la motivación del Decreto- a un rol de mero asesor, en tanto las decisiones serían tomadas por el mandatario nacional.

Sobre este punto adquiere especial interés lo advertido por Brewer-Carías de lo desatinado que resultaba convocar a una asamblea de este tipo por vía de referendo y que su régimen fuese en definitiva establecido por un Poder Constituido (la Presidencia de la República), ya que:

> ...para que la soberanía popular manifestada en un referéndum consultivo se materialice en la convocatoria de una Asamblea Constituyente, el régimen de la Constituyente tenía necesariamente que estar consagrado con rango constitucional. Es decir, sólo la Constitución podría establecer el carácter de dicha Asamblea (...); la forma de elección (...); las condiciones de elegibilidad de los constituyentistas, las condiciones de postulación de los mismos (...), la duración

329 *Cfr*. Hernández Camargo, "¿Hacia un nuevo concepto de poder constituyente?: La Constitución venezolana de 1999", 449. Para la autora, "[l]a redacción del numeral primero de este decreto deja ver que se le está solicitando al pueblo que otorgue unos poderes imprecisos e ilimitados, pues transformar el Estado y crear un nuevo ordenamiento jurídico sin más parámetros de referencia (...) puede exponer a una variada gama de posibilidades. Además, este texto se aleja de la naturaleza del referéndum autorizado por la Corte Suprema de justicia y previsto en la LOSPP, que es consultivo. Con esta pregunta se pretende que el pueblo tome directamente la decisión, (...) no se le está consultando sobre su voluntad de convocar o no la asamblea sino se le está pidiendo que lo haga per se".

330 *Cfr*. Carlos Fayt, *Derecho político*, vol. I (Buenos Aires: Editorial Depalma, 1985), 269-95.

de su mandato y sus funciones y poderes, particularmente en relación con los Poderes Constituidos[331].

En breve, como planteó el foro, "[p]or lo que respecta a la primera pregunta, la misma (...) supone una desviación y abuso de poder e incluso un fraude a la Constitución; en cuanto a la segunda, hay concordancia en que su texto implica un plebiscito y no una consulta, por lo cual es inaceptable"[332].

Este decreto fue objeto de diversas demandas de nulidad por inconstitucionalidad e ilegalidad, pero el Poder Judicial declaró las mismas inadmisibles al considerar "que el Decreto del Presidente de la República (...) no era un acto administrativo recurrible (...) en virtud de que no producía 'efectos externos'" y "se trataba de una simple 'solicitud' formulada por el Presidente ante el Consejo Nacional Electoral", siendo el acto de este último el que podía ser recurrido[333].

Así, una vez se dio a conocer la Resolución n° 990217-32 del CNE del 17-02-1999 en la que este órgano **(i)** reprodujo el texto del Decreto n° 3 luego de haberlo "estudiado y analizado", **(ii)** afirmó que "la Corte Suprema de Justicia en Sala Político-Administrativa (...) decidió que el Referéndum Consultivo (...) es instrumento idóneo para la convocatoria de una Asamblea Nacional Constituyente" y **(iii)** fijó tal referendo para el 25-04-1999[334], los interesados volvieron a demandar la nulidad, ahora en contra de la resolución.

Al respecto, la CSJ/SPA-Acc. decidió en fecha 18-03-1999, con ponencia de Hermes Harting en el *caso Gerardo Blyde*[335]:

a. Que la estructuración de la ANC estaba "vinculada (...) al propio espíritu de la Constitución vigente, bajo cuyos términos se producirá su celebración", por lo que **(i)** no podía alterar principios fundamentales del Estado Democrático de Derecho, en lo que nos acerca a la idea de las cláusulas pétreas

---

[331] Brewer-Carías, "El equilibrio del Estado constitucional: Entre soberanía popular y supremacía constitucional. A propósito de las sentencias de la Corte Suprema de Justicia en Sala Político Administrativa de 19 de enero de 1999", 152.

[332] Raffalli, "Reconocimiento judicial del proceso constituyente y sus consecuencias", 274.

[333] Allan R. Brewer-Carías, "La configuración judicial del proceso constituyente de 1999: O de cómo el guardián de la Constitución abrió el camino para su violación y para su propia extinción", en *La muerte de una Constitución. El proceso constituyente de 1999 desencadenado por dos sentencias de la Corte Suprema* (Caracas: EJV, 2022), 208.

[334] Nótese que este acto nunca fue publicado en la G.O., por lo que su contenido se conoce es de la sentencia que al respecto dictó el Poder Judicial. *Cfr.* Mary Ramos Fernández y Marianella Villegas Salazar, "Jurisprudencia administrativa y constitucional (Corte Suprema de Justicia y Corte Primera de lo Contencioso Administrativo): de 1999", *Revista de Derecho Público*, n° 77-80 (1999): 77-78.

[335] Ibid., 73-83.

desarrolladas *supra*; **(ii)** se rechazaba la idea de que esta asamblea fuese un Poder Constituyente originario *praeter legem* o *contra legem*[336]; y **(iii)** la Constitución de 1961 seguía vigente hasta tanto no se dictara y aprobara una nueva, de lo que deriva que "la Asamblea Constituyente (...) no podía en forma alguna, durante su celebración y funcionamiento, desconocer, apartarse, suspender o derogar norma alguna de la Constitución de 1961"[337].

b. Que la pregunta sobre la conveniencia de convocar o no a una ANC debía ir de la mano con la consulta de cuáles serían las "reglas fundamentales que detallen su organización y régimen general", a fin de evitar interpretaciones viciadas y facilitar que la población pudiera expresar su voluntad de modo informado. De ahí que, al haberse delegado estas reglas en la figura del Presidente de la República, la segunda pregunta del referendo estuviera viciada de inconstitucionalidad por vulnerar el derecho a la participación política.

c. Que el referendo que había avalado la Sala en sus sentencias del 19-01-1999 era de carácter "eminentemente consultivo, a diferencia de otras modalidades bajo las cuales se presentan consultas de tipo autorizatorio dirigidas a delegar en determinado funcionario o persona la realización de específicas tareas y gestiones", por lo que no cabía que se decidiera una delegación en favor del Presidente de la República, si bien la Sala calló en cuanto a que en la primera pregunta también se estaba tomando una decisión y no era una mera consulta u opinión.

Nótese que entre la fecha de interposición del recurso contencioso electoral y la sentencia comentada –esto es, del 03 al 18-03-1999– el Presidente de la República dio a conocer la "Propuesta del

---

336 Este criterio fue reiterado por la Sala en sentencia aclaratoria del 23-03-1999 con ponencia de Hermes Harting, en la que lo calificó como "vinculante". *Cfr.* Ibid., 83-85.

337 Brewer-Carías, "La configuración judicial del proceso constituyente de 1999: O de cómo el guardián de la Constitución abrió el camino para su violación y para su propia extinción", 217. El criterio fue reiterado por la Sala en la sentencia del 21-07-1999 del *caso Alberto Franceschi y otros*, con ponencia de Hildegard Rondón de Sansó, conforme con la cual "[l]o novedoso –y por ello extraordinario– del proceso constituyente venezolano actual, es que el mismo no surgió como consecuencia de un suceso fáctico (guerra civil, golpe de estado, revolución, etc.), sino que, por el contrario, fue concebido como un 'Proceso Constituyente de Iure', esto es, que se trata de un proceso enmarcado dentro del actual sistema jurídico venezolano". Ramos Fernández y Villegas Salazar, "Jurisprudencia administrativa y constitucional (Corte Suprema de Justicia y Corte Primera de lo Contencioso Administrativo): de 1999", 109.

Ejecutivo Nacional que fija la convocatoria de la Asamblea Nacional Constituyente"[338], considerando su deber de "garantizar la participación soberana del pueblo" y que él se había comprometido a oír la opinión de la sociedad para determinar las bases en cuestión.

En este sentido, propuso como bases:

> Primero: Se considerará aprobada la convocatoria de la Asamblea Nacional Constituyente si el número de votos afirmativos es superior al número de votos negativos.
> Segundo: La Asamblea Nacional Constituyente estará integrada por ciento tres (103) miembros y tendrá una conformación unicameral. A la Asamblea Nacional Constituyente sólo se elegirán representantes principales.
> Tercero: La elección de los constituyentes será en forma personalizada (por su nombre y apellido), de acuerdo al mecanismo siguiente:
> 1. Se producirá la elección de setenta y seis (76) constituyentes, en veinticuatro (24) circunscripciones regionales, coincidentes con los Estados y el Distrito Federal, de acuerdo con su número de habitantes (...).
> 2.- Se producirá la elección de veinticuatro (24) constituyentes en una circunscripción nacional. El elector dispondrá de un máximo de diez (10) votos.
> Parágrafo único: En atención al régimen de excepción constitucional vigente y a los compromisos asumidos en los tratados y acuerdos internacionales, las comunidades indígenas de Venezuela estarán representadas por tres (3) constituyentes electos de acuerdo con sus costumbres y prácticas ancestrales (...).
> Cuarto: La postulación de los candidatos se podrá presentar en alguna de las siguientes formas:
> 1. Por iniciativa propia.
> 2. Por iniciativa de los partidos políticos legalmente constituidos.
> 3. Por iniciativa de cualquiera de los sectores de la sociedad civil interesados en participar en el proceso. En cualquiera de las formas de postulación antes señaladas se deberá cumplir con los siguientes parámetros: (...).
> Quinto: El tiempo de funcionamiento de la Asamblea Nacional Constituyente será de ciento ochenta (180) días contados a partir del día de su instalación.
> Sexto: Para ser representante a la Asamblea Nacional Constituyente se requerirán las condiciones generales de elegibilidad: ser venezolano por nacimiento y mayor de veintiún (21) años. Los constituyentes electos gozarán de inmunidad en los términos que consagrará la Asamblea Nacional Constituyente.
> Séptimo: No podrán ser elegidos representantes a la Asamblea Nacional Constituyente: el Presidente de la República, los Ministros, los Presidentes y Directores de los Institutos Autónomos o Empresas del Estado, los Gobernadores y Secretarios de Gobierno de los Estados y el Distrito Federal, los Senadores y Diputados al Congreso

[338] G.O. n° 36.658 del 10-03-1999 con reimpresión en n° 36.660 del 12-03-1999.

de la República, los Diputados a las Asambleas Legislativas de los Estados, los Alcaldes y Concejales, Magistrados de la Corte Suprema de Justicia, Consejo de la Judicatura y demás jueces de la República, el Fiscal General, el Contralor General y el Procurador General de la República, los Militares activos y los miembros del Consejo Nacional Electoral; a menos que renuncien dentro de los quince (15) días siguientes a la convocatoria. El cargo de constituyente exige la dedicación exclusiva a los deberes inherentes a esta alta función, por lo que es incompatible con cualquier otro destino público o privado.
Octavo: El período de postulación será de treinta (30) días contados a partir del 25 de abril, fecha de la convocatoria. La campaña electoral tendrá una duración de treinta (30) días contados a partir del cumplimiento del lapso de postulación. La proclamación de los candidatos que resulten electos se realizará dentro de los cinco (05) días siguientes a la fecha de la
elección.
Noveno: La Asamblea Nacional Constituyente se instalará, sin necesidad de previa convocatoria a las diez de la mañana (10:00 a.m.) del día 5 de julio de 1999.
Décimo: Una vez instalada la Asamblea Nacional Constituyente, como poder originario que recoge la soberanía popular, deberá dictar sus propios estatutos de funcionamiento, teniendo como límites los valores y principios de nuestra historia republicana, así como el cumplimiento de los tratados internacionales, acuerdos y compromisos válidamente suscritos por la República, el carácter progresivo de los derechos fundamentales del hombre y las garantías democráticas dentro del más absoluto respeto de los compromisos asumidos.
Undécimo: La Constitución que redacte la Asamblea Nacional Constituyente será sometida a referendo dentro de los treinta (30) días continuos a su sanción. La Constitución quedará definitivamente aprobada si el número de votos afirmativos es superior al número de votos negativos.

Sobre ello destacamos cuatro aspectos:

a. Tanto la convocatoria a la ANC como la aprobación de la Constitución requerían únicamente de una mayoría simple, independientemente de cuál fuese el grado de abstención en los procesos electorales, lo que podría operar en contra de su legitimidad.

b. La propuesta aludía a la vigencia de un "régimen de excepción", a pesar de que el artículo 186 de la LOSPP preveía que "[n]o podrán celebrarse referendos durante la vigencia del estado de emergencia, de suspensión o restricción de garantías constitucionales, o de graves trastornos del orden público"[339].

---

339 Nótese que, quizá por ello, en G.O. nº 36.643 del 17-02-1999 se publicó el "Decreto nº 11, mediante el cual se restituye la garantía prevista en el ordinal 1º del

c. El período de postulación de los candidatos a la Asamblea Nacional Constituyente se computaría desde el 25-04-1999 como "fecha de la convocatoria" y que coincidía con la fecha del referendo según la Resolución n° 990217-32 del CNE, reiterándose en consecuencia el carácter decisivo y no consultivo de este proceso.

d. Concordando con lo visto en el Decreto n° 3, la ANC se calificó como un "poder originario" aunque sujeto -al menos formalmente- a los límites que derivaban de la historia republicana de Venezuela, el Derecho internacional público y los derechos humanos.

Al respecto, interesa mencionar que la CSJ/SPA-Acc. estimó que esta base -sobre la cual el CNE no formuló objeciones y pasó a ser la octava luego de que este órgano suprimiera la octava y novena de la propuesta-, "está en franca contradicción con los principios y criterios vertidos en la sentencia pronunciada por esta Sala el 18 de marzo de 1999, y su aclaratoria del 23 de marzo de 1999".

Por este motivo, procedió a reformularla del modo siguiente: "Una vez instalada la Asamblea Nacional Constituyente, ésta deberá dictar sus propios estatutos de funcionamiento, teniendo como límites" los ya mencionados por el Presidente de la República[340], publicándose las nuevas bases en la G.O. como un "aviso oficial" del CNE pocos días antes de la fecha del referendo[341].

Acto seguido, luego de la sentencia de la CSJ/SPA-Acc. del 18-03-1999 ya comentada, el CNE publicó tres resoluciones por medio de las cuales aprobó con cambios menores las bases propuestas por el Presidente de la República[342] y determinó cuáles serían las preguntas del referendo[343], quedando estas redactadas del modo siguiente:

---

artículo 60 de la Constitución y las establecidas en los artículos 62 y 64 del mismo texto constitucional, en el territorio de los Municipios que en él se mencionan".

340 Ramos Fernández y Villegas Salazar, "Jurisprudencia administrativa y constitucional (Corte Suprema de Justicia y Corte Primera de lo Contencioso Administrativo): de 1999", 90. La ponencia de la sentencia correspondió a Hermes Harting.

341 G.O. n° 36.684 del 21-04-1999.

342 Resoluciones n° 990323-70 y 990323-71, en G.O. n° 36.669 del 25-03-1999. Entre los cambios, aumentó el número de miembros de la asamblea a 131 y suprimió -como ya dijimos- los numerales octavo y noveno "por considerar que son materia que son propias de la facultad reglamentaria atribuida por la Ley al Consejo Nacional Electoral".

343 Resolución n° 990324-72, en G.O. n° 36.672 del 30-03-1999.

Pregunta n° 1. ¿Convoca usted una Asamblea Nacional Constituyente con el propósito de transformar el Estado y crear un nuevo ordenamiento jurídico que permita el funcionamiento efectivo de una Democracia Social y Participativa?
Pregunta n° 2. ¿Está usted de acuerdo con las bases propuestas por el Ejecutivo Nacional para la convocatoria de la Asamblea Nacional Constituyente, examinadas y modificadas parcialmente por el Consejo Nacional Electoral (...) y publicadas en su texto íntegro, en la Gaceta Oficial de la República de Venezuela n° 36.669 de fecha 25-03-99?[344]

Llegada la fecha del referendo según la Resolución n° 990217-32 del CNE, el 25-04-1999 el proceso electoral contó con una abstención superior al 60 % y las respuestas a ambas preguntas fueron afirmativas con números que rondaron el 90 % para la primera y el 85 % para la segunda[345], quedando *convocada* la Asamblea Nacional Constituyente en los términos deseados por el Presidente de la República y avalados por la autoridad electoral por una cifra que, en definitiva, rondó el 36 % del Registro Electoral una vez factorizada la abstención.

A ello luego se sumaría que la CSJ/SPA apuntara el 03-06-1999 (*caso: Cecilia María Colón de González*, con ponencia de Humberto La Roche) que al haber sido las bases comiciales aprobadas por el "cuerpo electoral, en ejercicio del poder constituyente", estas dejaban de ser "la manifestación unilateral de voluntad de un órgano administrativo -el Consejo Nacional Electoral- mediante la cual ejerce, a través de un acto sublegal, su potestad reglamentaria para regular el respectivo proceso comicial", para pasar a ser "una decisión de obligatorio e inmediato cumplimiento, pues posee, validez suprema"[346].

---

344 Téngase presente que la CSJ/SPA-Acc. declaró la conformidad a Derecho de esta nueva redacción en sentencia del 13-04-1999, al sostener que "en forma alguna puede considerarse tal remisión como vaga o imprecisa -de modo que amerite su invalidación- pues ésta, por el contrario, refiere a los términos precisos recogidos en el acto emanado del Consejo Nacional Electoral por el cual se revisaron las bases comiciales propuestas por el Ejecutivo Nacional, siendo sólo necesario entonces que se dé la debida difusión a dichas condiciones, de manera que el electorado esté suficientemente enterado de su alcance". La ponencia de la sentencia correspondió a Hermes Harting, y obvió que en la pregunta no se aludía al cambio de la ahora base octava. Ramos Fernández y Villegas Salazar, "Jurisprudencia administrativa y constitucional (Corte Suprema de Justicia y Corte Primera de lo Contencioso Administrativo): de 1999", 89.

345 Pace, "Morte di una Costituzione", 29.

346 Ramos Fernández y Villegas Salazar, "Jurisprudencia administrativa y constitucional (Corte Suprema de Justicia y Corte Primera de lo Contencioso Administrativo): de 1999", 92-93. Ello fue reiterado en sentencia de la misma Sala del 17-06-1999 (*caso: Antonio Ramón Astudillo y otros*, con ponencia de Héctor Paradisi León), conforme con la cual las bases comiciales "se ubica[n] por encima de la ley, no sólo por la materia que contiene, sino -básicamente- por ser el reflejo más directo de la voluntad popular (referéndum consultivo)". Ibid., 101.

En tanto, sectores de la doctrina calificaron a las bases comiciales como una "ley constitucional" que formaba parte del "Bloque de la Constitucionalidad, constituyéndose en el marco jurídico que regula las atribuciones del órgano constituido por la Asamblea Nacional Constituyente, siendo en consecuencia inimpugnables"[347].

A continuación, como complemento de las bases comiciales, el CNE dictó las "Normas para la elección de representantes a la Asamblea Nacional Constituyente"[348] en las que, como alertó el foro[349], el órgano incurrió en un falso supuesto al señalar en su motivación que las bases comiciales publicadas en la G.O. n° 36.669 del 25-03-1999 habían sido aprobadas como parte de la segunda pregunta del referendo, siendo lo cierto que tales bases habían sido reformadas por la Corte Suprema de Justicia que eliminó el carácter "originario" de la Asamblea Nacional Constituyente, como de hecho el CNE había reconocido en su "aviso oficial" de abril de 1999 al publicar "en cumplimiento de lo acordado por la Corte Suprema de Justicia en Sala Político Administrativa Accidental, mediante sentencia dictada en fecha 13-04-99, (...) el nuevo contenido de la Base Comicial octava"[350].

En todo caso, abstrayéndonos de esta nueva ilegalidad que dejaba en claro la voluntad de algunos sectores del Poder Público de que la ANC fuese originaria, el CNE expuso que "la elección de los representantes a la Asamblea Nacional Constituyente es consecuencia directa de los resultados del Referendo Consultivo Nacional" y, al corresponderle a él la administración electoral y no estar previsto estos comicios en la LOSPP, debía proceder a dictar las normas en cuestión, eliminándose en consecuencia la posibilidad de que el Congreso obstaculizara o dilatara el proceso constituyente.

De este modo, el CNE reguló lo concerniente a los organismos electorales, las postulaciones, la campaña electoral, los instrumentos de votación, el acto de votación, el escrutinio, la totalización, la adjudicación, la proclamación, y los recursos contra los actos electorales.

---

[347] Hernández-Mendible, "La contribución del Poder Judicial a la desaparición de la constitución, la democracia y el Estado de Derecho", 343.

[348] Resolución n° 990519-154, en G.O. n° 36.707 del 24-05-1999.

[349] Brewer-Carías, "La configuración judicial del proceso constituyente de 1999: O de cómo el guardián de la Constitución abrió el camino para su violación y para su propia extinción", 229.

[350] Nótese que este error ha sido reiterado por el Poder Judicial, como se aprecia en TSJ/SC n° 24 del 22-01-2003 (*caso: Elba Paredes y otro*) donde, al interpretar el artículo 350 de la CRBV, expresó que los límites de la ANC-1999 "fueron incorporados dentro de las bases comiciales para el referendo consultivo del 25 de abril de 1999, concretamente la Base Octava, que a la letra señala: 'Una vez instalada la Asamblea Nacional Constituyente, como poder originario que recoge la soberanía popular, deberá (...)'".

Así, con base en estas normas, las bases comiciales y otras resoluciones publicadas por el CNE[351], la elección de los representantes a la ANC ocurrió el 25-07-1999 y, en el proceso, el Presidente de la República "se aseguró la mayoría absoluta y el control total de la Asamblea, en la cual, de 131 miembros constituyentes, sólo seis fueron no chavistas"[352].

Lo anterior, en parte, gracias a los múltiples abusos en los que dicho mandatario incurrió a lo largo de la campaña electoral[353] y el desconocimiento del principio de representación proporcional de las minorías[354].

3. LOS PRIMEROS ACTOS DE LA ASAMBLEA NACIONAL CONSTITUYENTE

Llegado el día de la sesión de instauración de la ANC-1999 en el Aula Magna de la UCV el 03-08-1999[355], luego de haber celebrado una sesión previa en la que eligió a su Directiva, dicha Asamblea "asumió la soberanía" después de los discursos del Presidente de la República, la Directiva de este cuerpo y algunos constituyentes que abogaban por la necesidad -una vez más- de la que la ANC-1999 fuese originaria, al no poderse "permitir ningún acto que interrumpa, altere o mu-

---

[351] *Cfr.* Resolución n° 990324-0098 con las normas para la constitución y registro de los Grupos Nacionales de Electores que participarán en el referendo consultivo nacional; Resolución n° 990324-102 con las normas para el registro de las organizaciones que participarán en el referendo consultivo nacional. G.O. n° 36.680 del 14-04-1999.

[352] Brewer-Carías, "Recuerdos de sobre mi participación en la 'polémica constituyente', y las lecciones del 'populismo constitucional' que caracterizó al proceso constituyente venezolano de 1999", 80.

[353] *Cfr.* Aveledo, "Sobre los riesgos de reformar la Constitución por un medio no establecido en ella (Visión del proceso constituyente venezolano de 1999)", 321–22. El autor reseña que "[e]l presidente de la República es el principal vocero de la campaña de los candidatos del Polo Patriótico a la ANC, a pesar de las expresas disposiciones de la ley que prohíben tal participación a los funcionarios públicos. Ante las reconvenciones del Consejo Nacional Electoral, el presidente desafía a que 'vengan a ponerlo preso'. Realiza un mitin a las puertas del organismo comicial. Es multado. Cuando se prohíben sus programas de TV y radio, los sustituye por cadenas nacionales (...) Promueve a los candidatos de su preferencia. Literalmente se mofa de las disposiciones legales y de la autoridad encargada de aplicarlas. Desde el gobierno se responde que el proceso no está sometido a la regulación de la Ley porque no está previsto en nuestro ordenamiento jurídico".

[354] *Cfr.* Combellas, "El proceso constituyente y la Constitución de 1999". El autor plantea que aunque el oficialismo obtuvo un 60 % de los votos, ello se tradujo en una sobrerrepresentación del 94 % de las plazas disponibles como consecuencia del modo en que se organizaron los comicios.

[355] Previamente, el CNE había publicado la Resolución n° 990728-337 con la lista de representantes a la ANC correspondiente a la circunscripción nacional (G.O. n° 36.752 del 28-07-1999).

cho menos contradiga las decisiones de esta plena soberanía de la Asamblea Nacional Constituyente"[356].

De ahí, que el Presidente de la ANC-1999 vociferara en su discurso que "Nosotros declaramos (...) solemnemente el carácter originario (...) y nadie podrá disminuir el carácter soberano de esta Asamblea y así será consagrada ante la historia de nuestra patria"[357], para unas semanas después dejarlo asentado en el "Estatuto de Funcionamiento de la Asamblea Nacional Constituyente"[358].

De este modo, como bien plantea la doctrina, "a partir de su instalación el 3 de agosto de 1999, puede decirse esa Asamblea Constituyente dio un golpe de Estado contra la Constitución de 1961"[359].

No siendo nuestra intención hacer una reseña de los pormenores de las sesenta y tres sesiones de este cuerpo[360] ni del debate constituyente[361], podemos mencionar que el primer acto publicado en la G.O. por el mismo –luego de la elección de su directiva– fue el "Decreto mediante el cual se ratifica al ciudadano Hugo Chávez Frías en el cargo de Presidente Constitucional de la República de Venezuela"[362], lo cual hizo "[e]n nombre y representación del Pueblo soberano (...), en ejercicio del poder constituyente originario otorgado por éste", y visto que dicho mandatario en su discurso del 05-08-1999 –es decir, durante la primera sesión formal de la ANC-1999– "manifestó que colocaba su cargo a la orden de esta ASAMBLEA (...), por considerarla la superior expresión del Pueblo soberano al cual deben someterse los Poderes Constituidos".

---

[356] Brewer-Carías, *Asamblea Constituyente y Proceso Constituyente* 1999, 368.

[357] Ibid., 372.

[358] G.O. n° 36.786 del 14-09-1999.

[359] Brewer-Carías, "Recuerdos de sobre mi participación en la 'polémica constituyente', y las lecciones del 'populismo constitucional' que caracterizó al proceso constituyente venezolano de 1999", 86.

[360] *Cfr.* Combellas, "El proceso constituyente y la Constitución de 1999", 777.

[361] Allan R. Brewer-Carías, ed., "Diario de Debates de la Asamblea Nacional Constituyente de 1999, Vol. I", 2000, https://allanbrewercarias.com/wp-content/uploads/2019/06/ANC.-Actas.-Vol-I.-agosto.-sept.-1999.pdf; Allan R. Brewer-Carías, ed., "Diario de Debates de la Asamblea Nacional Constituyente de 1999, Vol. II", 2000, https://allanbrewercarias.com/wp-content/uploads/2019/06/ANC.-Actas-Vol-II.-sept.-octubre-1999.pdf; Allan R. Brewer-Carías, ed., "Diario de Debates de la Asamblea Nacional Constituyente de 1999, Vol. III", 2000, https://allanbrewercarias.com/wp-content/uploads/2019/06/ANC.-Actas.-Vol-III.-Oct.-Nov-1999.pdf; Allan R. Brewer-Carías, ed., "Diario de Debates de la Asamblea Nacional Constituyente de 1999, Vol. IV", 2000, https://allanbrewercarias.com/wp-content/uploads/2019/06/ANC.-Actas-Vol-IV.-Nov.-Dic-1999-enero-2000.pdf.

[362] G.O. n° 36.761 del 10-08-1999.

Con menos *suerte* corrió el resto del Poder Público pues, acto seguido, la ANC-1999 publicó el "Decreto mediante el cual se declara la reorganización de todos los órganos del Poder Público"[363] en el que, arguyendo nuevamente el "poder constituyente originario" -además de que Venezuela vivía "una grave crisis política, económica, social, moral e institucional, que ha llevado al colapso a los órganos del poder público", siendo esta situación estructural por lo que era imposible "que dichas instituciones puedan, por sí misma, superar la crisis"- declaró la reorganización comentada y que la ANC-1999 decretaría "las medidas necesarias para enfrentar situaciones específicas de la reorganización y dispondrá la intervención, modificación o suspensión de los órganos del poder público que así considere".

En breve: atrás quedaba la parte orgánica de la Constitución de 1961, tal como vimos ocurrió con frecuencia en nuestra historia constitucional donde, producto de revoluciones y el ascenso al Poder de nuevos caudillos, las Constituciones quedaban vigente en tanto y en cuanto no se opusieran al nuevo gobierno y los fines que estos perseguían.

De este modo, en la G.O. n° 36.772 del 25-08-1999 se publicó el "Decreto mediante el cual se regulan las funciones del Poder Legislativo" -reformado en la G.O. n° 36.776 del 31-08-1999[364]- y el "Decreto mediante el cual se reorganiza el Poder Judicial" -reimpreso en la G.O. n° 36.782 del 08-09-1999-, invocando en ambos casos el "ejercicio del poder constituyente originario otorgado por (...) referendo".

Así, por lo que respecta al Poder Legislativo, la ANC-1999 partió irónicamente del principio de separación de las funciones del Poder Público y la importancia de la función legislativa como medio "para desarrollar el ordenamiento jurídico y ejercer el control de los actos de gobierno", para sostener que, como parte del "proceso de transición democrática cuya misión ha sido encomendada por el Pueblo venezolano a la Asamblea Nacional Constituyente" -redacción que huelga decir no se compagina con lo aprobado en el referendo consultivo-, el Poder Legislativo quedaba regulado del modo siguiente:

a. Se suspendieron las sesiones ordinarias y extraordinarias del Congreso, así como cualquier otra actividad de sus Cámaras, quedando operativa únicamente una Comisión Delegada y

---

363 G.O. n° 36.764 del 13-08-1999.

364 Como plantea la doctrina, esta reforma derivó del conflicto entre los miembros del Congreso y la ANC-1999 cuando los primeros protestaron al verse impedidos de entrar al Capitolio para dar inicio a una sesión extraordinaria, a lo que la ANC-1999 arremetió con el incremento de su control sobre el Poder Legislativo. *Cfr.* Aveledo, "Sobre los riesgos de reformar la Constitución por un medio no establecido en ella (Visión del proceso constituyente venezolano de 1999)", 326.

otras cuatro comisiones dedicadas al tema de finanzas, contraloría y reestructuración administrativa del Congreso, cuyas funciones en todo caso podían ser asumidas por la ANC-1999 si ella estimaba que no estaban ejerciéndolas del modo correcto (art. 2).

b. La legislación financiera, presupuestaria, tributaria, sobre tratados y convenios internacionales, y telecomunicaciones que dictara la Comisión Delegada –como únicas áreas en las que podía legislar– quedaba sujeta a la ratificación de la ANC-1999 (art. 1).

c. Se obviaron funciones previstas en la Constitución de 1961, tales como la aprobación de contratos de interés nacional (art. 126); la autorización al Ejecutivo Nacional para enajenar bienes inmuebles de dominio privado (art. 150 num. 2), el empleo de misiones militares venezolanas en el extranjero (art. 150 num. 4) y el ascenso de oficiales de la Fuerza Armada (art. 150 num. 5); la autorización de enjuiciamiento del Presidente de la República (art. 150 num. 8); y dar voto de censura a los ministros (art. 153 num. 2).

d. La ANC-1999 contaba con una Comisión Legislativa –encargada de estudiar y elaborar proyectos de reglamentos, acuerdos y resoluciones para la consideración de ese cuerpo (arts. 4 y 5), así como evaluar el desempeño de los contralores estadales y municipales para su ratificación o destitución (art. 12)– y una Comisión de Investigación sobre las Gestiones Administrativas del Congreso de la República que debía elaborar un informe sobre su ejecución presupuestaria e irregularidades en general que constatara (arts. 6 a 10).

e. A nivel estadal, las actividades de las Asambleas Legislativas también fueron suspendidas y se revocó la inmunidad de los diputados, salvo de aquellos que conformaran las Comisiones Delegadas de cada estado (art. 11).

f. A nivel municipal, se prohibió a los municipios disponer de los ejidos y bienes municipales, así como aprobar o modificar planes de desarrollo urbano local, tramitándose las excepciones que exigiera el interés general a través de la ANC-1999 (art. 13).

Más extenso, en tanto, fue el decreto referido al Poder Judicial que aludió a asuntos como el acceso a la justicia, transparencia, imparcialidad, autonomía, celeridad, simplicidad, control social, idoneidad ética y seguridad jurídica, a fin de declarar la "emergencia y reorganización" del Poder Judicial y el Sistema Penitenciario (art. 1), que tendría vigencia "hasta que sea sancionada la nueva Constitución" (art. 32).

A tal efecto, la ANC-1999 creó una Comisión encargada de proponer a dicho cuerpo las medidas necesarias para la reorganización comentada con inclusión del plan nacional de evaluación y selección de jueces sobre el cual se daban ciertas pautas en el propio Decreto[365], organización de circunscripciones y circuitos judiciales, entre otros (arts. 2 y 3).

Adicionalmente, esa Comisión evaluaría el desempeño de los Magistrados de la Corte Suprema de Justicia (art. 4), subordinándose el Consejo y el Inspector General de Tribunales a la Comisión en cuestión que, por si fuera poco, contaba con la atribución de destituir a cualquier funcionario del Poder Judicial que obstaculizara su actividad o incumpliera sus instrucciones (art. 5) y de suspender a los que estuviesen inmiscuidos en causas de corrupción (art. 6).

Finalmente, las vacantes judiciales –así como las que derivaran de destituciones por retardo procesal inexcusable, desconocimiento manifiesto del Derecho, incumplimiento grave de obligaciones y riqueza de causa no demostrada (art. 7)– serían suplidas por suplentes elegidos a criterio de la Comisión "hasta tanto se realicen los concursos públicos de oposición (...) durante el tiempo de vigencia de la emergencia judicial" (art. 8).

Ambos decretos fueron dictados, como expone la doctrina, "en usurpación de funciones de los otros órganos del Poder Público y en extralimitación de atribuciones, razón por la cual son írritos al no tener fundamento en el Bloque de la Constitucionalidad"[366], siendo el primero impugnado ante la CSJ/SP.

En esa oportunidad (*caso: Henrique Capriles Radonski*), la Sala sentenció el 14-10-1999 con ponencia de Iván Rincón Urdaneta[367] que:

> ...el poder constituyente es la facultad soberana del pueblo de darse un ordenamiento político jurídico fundamental por medio de una Constitución, y poder proceder a la revisión de ella cuando lo crea necesario. Igualmente se observa, que a los Poderes Públicos tradicionales, Legislativo, Ejecutivo y Judicial, se superpone un poder supremo y extraordinario, el cual, tiene por objeto instituir todos los demás, y es distinto de ellos; esto es, el principio de la separación

---

365 A saber: lo referido a su publicidad, suspensión de la estabilidad de los jueces en funciones, regiones para los concursos, integración de jurados, procedimiento y examen de oposición (arts. 10 a 24).

366 Hernández-Mendible, "La contribución del Poder Judicial a la desaparición de la constitución, la democracia y el Estado de Derecho", 348.

367 Ramos Fernández y Villegas Salazar, "Jurisprudencia administrativa y constitucional (Corte Suprema de Justicia y Corte Primera de lo Contencioso Administrativo): de 1999", 118–19.

> entre poder constituyente y los poderes constituidos. (...) Cabe observar que, el poder constituyente, no puede ejercerlo por sí mismo el pueblo, por lo que la elaboración de la Constitución recae en un cuerpo integrado por sus representantes, que se denomina Asamblea Constituyente.

Como vemos, una argumentación muy cercana a los planteamientos de SIEYÈS que comentamos en el Capítulo I de esta investigación sobre la forma y los límites del Poder Constituyente, cuyas conclusiones damos por reiteradas acá. De seguida, la Sala agregó que:

> ...la pregunta N° 1 del Referendo Consultivo Nacional, aprobado el 25 de abril de 1999, y la Base Comicial Octava del mismo Referendo, consagra la supraconstitucionalidad de sus prescripciones, ya que en ningún momento remite a la Constitución de 1961 sino a la tradición de cultura (...), es claro que la Asamblea Nacional Constituyente, no es un poder derivado, pues su función de sancionar una nueva Constitución implica el ejercicio del Poder Constituyente, el cual no puede estar sujeto a los límites del orden jurídico establecido, incluyendo la Constitución vigente (...).

Con este argumento, la CSJ/SP se hizo eco del discurso oficial que defendía el carácter originario de la ANC-1999, si bien la CSJ/SPA-Acc. ya había alertado –como vimos *supra*– que esa afirmación estaba "en franca contradicción con los principios y criterios vertidos en la sentencia pronunciada por esta Sala el 18 de marzo de 1999, y su aclaratoria del 23 de marzo de 1999", por lo que había procedido a su reforma, a lo que se agrega que la pregunta n° 1 tampoco consagraba "la supraconstitucionalidad de sus prescripciones" como se afirma en la sentencia, sino la creación de un nuevo ordenamiento jurídico (la Constitución de 1999).

De este modo, el planteamiento de que la ANC-1999 no estaba vinculada a la Constitución de 1961 únicamente porque no se había hecho alusión a esta última en las preguntas o las bases comiciales carecía totalmente de sentido porque, tal norma, no perdía su carácter constitucional hasta que no fuese derogada por otra de la misma fuerza como consecuencia del referendo aprobatorio previsto en las bases comiciales.

A esto se suman las menciones a los valores y principios de nuestra historia republicana, el carácter progresivo de los derechos fundamentales y las garantías democráticas que tales bases imponían como límites a la ANC-1999 y que, claramente, contrariaban lo dicho por la CSJ/SP en su afán de hacer ver a esta Asamblea como un poder "autónomo, ilimitado e indivisible".

De ahí que la Sala también haya errado cuando afirmó en la misma sentencia objeto de comentarios que:

> El cambio constitucional dirigido a la supresión de la Constitución vigente, es un proceso que, como tal, no se limita a la sanción de la nueva Constitución, sino al interregno, durante el cual, la Asamblea Nacional Constituyente actúa dentro del contexto jurídico donde rige transitoriamente, la Constitución anterior. Si este es el caso, es claro que hay que determinar los procedimientos conforme a los cuales deben dirimirse los conflictos de poderes en el tiempo, pues el hecho de que la supresión de la Constitución actual se produce sólo cuando es refrendada y sancionada por el pueblo la Constitución nueva, el tiempo de vigencia de la primera no puede impedir ni obstaculizar el cumplimiento de la función de la Asamblea Nacional Constituyente (...).
> ...la soberanía popular se convierte, a través de la Asamblea Nacional Constituyente, en supremacía de la Constitución, por razón del carácter representativo del Poder Constituyente, es decir, como mecanismo jurídico de producción originaria del nuevo régimen constitucional de la República.

En breve, la CSJ/SP asumió una postula similar a la observada en la disposición transitoria tercera de la Constitución de 1953 –producto de la dictadura de Pérez Jiménez– según la cual:

> Entretanto se completa la legislación determinada en el capítulo sobre Garantías individuales de esta Constitución se mantienen en vigor las disposiciones correspondientes del Gobierno Provisorio y se autoriza al Presidente de la República para que tome las medidas que juzgue convenientes a la preservación en toda forma de la seguridad de la Nación, la conservación de la paz social y el mantenimiento del orden público.

Así, con esta decisión, el Poder Judicial convirtió a la ANC-1999 en una "Constitución viva", en el sentido que las decisiones que la misma dictara desde su instauración entraban en vigencia de inmediato en una suerte de reformas parciales y sucesivas del texto constitucional, sin que fuesen refrendadas por el pueblo, y adicionalmente estaban desprovistas de cualquier tipo de control, ya que el ordenamiento jurídico vigente, con inclusión de la Constitución de 1961, no le resultaba aplicable[368].

Esto nos recuerda –una vez más– lo aseverado por Escovar Salom, para quien "[l]os golpes como las llamadas revoluciones latinoamericanas suelen ser producidos en nombre de la Constitución. De

[368] *Cfr*. Carlos Ayala Corao, "Venezuela: De la Constituyente de 1999 a la reforma constitucional de 2007", en *Procesos constituyentes contemporáneos en América Latina. Tendencias y perspectivas* (México D.F.: UNAM, 2009), 337. El autor expone que "la ANC (...) comenzó en paralelo a actuar como un poder por encima de la Constitución de 1961, llevando a cabo actos de gobierno constituyente contrarios a la Constitución y que incluso la fueron derogando parcial y progresivamente, aun antes de aprobarse la nueva Constitución. De esta manera, nos quedamos sin 'norma suprema' objetiva y ésta pasó a ser lo que la ANC dijera para cada caso en cada decisión que iba tomando".

modo que el mito de la Constitución está presente en todas estas vueltas y contravueltas de nuestro orden político"[369].

Con esta sentencia, en resumen, la CSJ/SP había avalado el *golpe* que la ANC-1999 había provisto al Poder Legislativo y el Poder Judicial, y con ello a la parte orgánica de la Constitución de 1961 y también su parte dogmática, en cuanto a la garantía que la separación de poderes representa para los derechos de los particulares.

Esta decisión dio lugar a cinco votos salvados –de Hermes Harting, Hildegard Rondón de Sansó, Belén Ramírez Landaeta, Héctor Grisanti Luciani y Humberto La Roche– que atestiguaron su contrariedad a Derecho y recalcaron, en breve, que la ANC-1999 sí estaba sometida a la Constitución de 1961 y sus atribuciones se limitaban a redactar un nuevo texto constitucional[370], por lo que todo actuar que difiriera de estas pautas –como era el Decreto mediante el cual se regulan las funciones del Poder Legislativo y el Decreto mediante el cual se reorganiza el Poder Judicial– daba pie al vicio de usurpación de poder, como en efecto había ocurrido.

La sentencia, en todo caso, no podía calificarse como sorpresiva. Previamente, el 23-10-1999, la misma CSJ/SP había adoptado un Acuerdo sobre el decreto que reorganizaba al Poder Judicial en el que abogaba por la importancia de los principios de racionalidad, proporcionalidad, independencia y autonomía del proceso a la par que se sometía a la voluntad de la ANC-1999, dando lugar a otros tantos múltiples votos salvados[371] que criticaban el carácter supraconstitucional que esta última se arrogaba y que, con esta decisión, la Corte Suprema de Justicia se había autodisuelto[372], por lo que sus fallos habían pasado de tener una connotación jurídica a meras consignas políticas.

Gracias a estas interpretaciones viciadas del Poder Judicial y con un Poder Legislativo prácticamente disuelto, a la par de un Poder Ejecutivo que la ANC-1999 estaba deseosa de satisfacer, este cuerpo procedió a suspender las elecciones municipales[373], profundizar la

---

369 Escovar Salom, *Evolución política de Venezuela*, 100-101.

370 *Cfr.* Ramos Fernández y Villegas Salazar, "Jurisprudencia administrativa y constitucional (Corte Suprema de Justicia y Corte Primera de lo Contencioso Administrativo): de 1999", 120-32.

371 Los votos fueron de Héctor Paradisi León, Nelson Rodríguez García, Hermes Harting, Héctor Grisanti Luciani, Cecilia Sosa Gómez y Aníbal Rueda. *Cfr.* Aveledo, "Sobre los riesgos de reformar la Constitución por un medio no establecido en ella (Visión del proceso constituyente venezolano de 1999)", 325-26.

372 *Cfr.* Hernández-Mendible, "La contribución del Poder Judicial a la desaparición de la constitución, la democracia y el Estado de Derecho", 248-350.

373 Decreto mediante el cual se suspende la convocatoria de los comicios para elegir alcaldes, concejales y miembros de las juntas parroquiales hasta la fecha que considere la Asamblea Nacional Constituyente o determine el nuevo texto Constitucional, en G.O. n° 36.776 del 31-08-1999. El decreto adujo como moti-

reorganización del Poder Judicial[374] y ratificar los nombramientos de algunos cargos públicos estadales y nacionales[375].

Ello, aunado a un acto sumamente importante que la ANC-1999 dictó el 08-08-1999 pero no fue publicado en G.O. sino hasta la n° 36.786 del 14-09-1999: el "Decreto mediante el cual se dicta el Estatuto de Funcionamiento de la Asamblea Nacional Constituyente".

Este decreto, conformado por noventa y dos artículos, se dividió en doce capítulos que versaban sobre el carácter, integración y duración de la ANC-1999; los constituyentes; la junta directiva; las comisiones; la comisión general; el debate, el quorum y las sanciones; las mociones; la programación de actividades; el régimen de votación; la participación ciudadana; el ceremonial; y disposiciones finales, absteniéndose en todo caso de "de usar la fórmula habitual de señalar sus atribuciones, lo que permitiría saber los límites de su competencia como corresponde por naturaleza a cualquier órgano del poder público"[376], en sintonía con su deseo de presentarse como un órgano con poderes ilimitados y que no se circunscribían a la aprobación de un proyecto de Constitución para presentarlo al electorado.

De todos estas normas nos interesan destacar las siguientes:

a. Se reiteraba que la ANC-1999 era "depositaria de la voluntad popular", "expresión de su soberanía" y que tenía "atribuciones del poder originario". Como consecuencia de ello, **(i)** podía "limitar o decidir la cesación de las actividades de las autoridades que conforman el Poder Público", extralimitando

---

vo que la nueva Constitución "podría establecer cambios substanciales en la estructura y Régimen Municipales, así como en el sistema electoral".

374 Decreto mediante el cual se adoptan las medidas necesarias para la reorganización del Poder Judicial y del Sistema Penitenciario (G.O. n° 36.805 del 11-10-1999, reformado según G.O. n° 36.825 del 09-11-1999) y Decreto mediante el cual se le confieren las facultades que en él se señalan a la Comisión de Emergencia Judicial hasta el 16-12-1999 (G.O. n° 36.832 del 18-11-1999). Como apunta la doctrina, "con fundamento en estos Decretos se produjo la intervención del Poder Judicial, se destituyeron y suspendieron jueces, con precaria garantía al derecho a la defensa, se designaron suplentes e interinos sin sistema alguno de selección que no fuera la voluntad del designante, con lo cual, el Poder Judicial quedó signado por la provisionalidad, con su secuela de dependencia respecto del nuevo Poder". Brewer-Carías, "La configuración judicial del proceso constituyente de 1999: O de cómo el guardián de la Constitución abrió el camino para su violación y para su propia extinción", 259. En el mismo sentido, con énfasis en el carácter político de la intervención, véase Ayala Corao, "Venezuela: De la Constituyente de 1999 a la reforma constitucional de 2007", 338-42.

375 Caso del Contralor General, Subcontralor y Procurador General del Estado Bolívar (G.O. n° 36.828 del 12-11-1999) y los miembros del CNE (G.O. n° 36.829 del 15-11-1999 y n° 36.841 del 01-12-1999).

376 Aveledo, "Sobre los riesgos de reformar la Constitución por un medio no establecido en ella (Visión del proceso constituyente venezolano de 1999)", 322.

sus funciones más allá de la redacción de una nueva Constitución **(ii)** "[t]odos los organismos del Poder Público quedan subordinados a la Asamblea Nacional Constituyente", y **(iii)** el ordenamiento jurídico, con inclusión de la Constitución de 1961, "mantendrán su vigencia en todo aquello que no colida o sea contradictorio con los actos jurídicos y demás decisiones de la Asamblea Nacional Constituyente", lo que la doctrina correctamente calificó como "la fórmula clásica de los regímenes de facto"[377] (art. 1).

b. La ANC-1999 funcionaría por ciento ochenta días contados desde su instauración, aunque hubiese redactado el proyecto de Constitución antes del cumplimiento de ese lapso (art. 4). Es decir, que operaría del 03-08-1999 al 31-01-2000.

c. Se constituían veinte comisiones, cada una de ellas encargada de estudiar y proponer normas vinculadas con su sector (art. 28). A saber: **(i)** Constitucional[378]; **(ii)** Disposiciones fundamentales, de la soberanía y de los espacios territoriales; **(iii)** Integración y relaciones internacionales; **(iv)** Régimen político, democracia, participación política, referéndum, sistemas electorales, Poder Electoral y partidos políticos; **(v)** Poder Público nacional; **(vi)** Forma de Estado y asuntos de estados, municipios y otras entidades, federalismo; **(vii)** Poder Ejecutivo; **(viii)** Poder Legislativo; **(ix)** Administración de Justicia; **(x)** Poder Moral o Contralor; **(xi)** Nacionalidad y ciudadanía; **(xii)** Derechos humanos y garantías constitucionales, deberes constitucionales, derechos individuales, seguridad ciudadana, régimen penitenciario y derecho a la información; **(xiii)** Derechos sociales y de la familia; **(xiv)** Educación, cultura, ciencia, tecnología, deporte y recreación; **(xv)** Ambiente, derecho del ambiente y calidad de vida, derechos de tercera y cuarta generación, ordenamiento territorial; **(xvi)** Derechos de los pueblos indígenas, relación del Es-

---

377 Ibid., 323; Hernández-Mendible, "La contribución del Poder Judicial a la desaparición de la constitución, la democracia y el Estado de Derecho", 346.

378 Nótese que de acuerdo con el artículo 36 de este Estatuto, correspondía a esta Comisión elaborar la exposición de motivos del proyecto de Constitución para que fuese aprobado por la ANC-1999. No obstante, como bien apunta la doctrina, la exposición de motivos que terminó publicándose en la G.O. "es absolutamente írrita. Por una parte, la exposición de motivos de la Constitución nunca fue sometida a consulta popular, de manera que el pueblo nunca conoció los motivos de la Constitución. Además, para la fecha de la publicación de esa exposición de motivos, la Asamblea Nacional Constituyente estaba ya disuelta, por lo que mal pudo haber ordenado su publicación". Claudia Nikken, "Sobre la invalidez de una Constitución", en *Derecho Público a comienzos del siglo XXI. Estudios en homenaje al profesor Allan R. Brewer Carías*, vol. I (Madrid: Civitas e IDP-UCV, 2003), 210-11.

tado con los pueblos indígenas; **(xvii)** Defensa y Fuerzas Armadas; **(xviii)** Económico y social; **(xix)** Modificación y protección de la Constitución[379]; y **(xx)** Disposiciones transitorias.

d. Al aprobar la ANC-1999 el proyecto de Constitución, el mismo se sometería a referendo aprobatorio en los treinta días siguientes[380]. Una vez celebrado el referendo, el Presidente de la ANC-1999 convocaría a una sesión de clausula en los quince días siguientes y, si el resultado del mismo era aprobatorio, se procedería a proclamar la nueva Constitución (art. 90).

Tales eran las críticas a la forma en como se estaba realizando el proceso constituyente con base en estos estatutos, que la ANC-1999 dictó el 09-09-1999 el "Decreto mediante el cual se declara que el proceso constituyente del pueblo de Venezuela tiene su fundamento en el principio legitimador de la democracia y atiende a los supuestos políticos y jurídicos en que descansa el Estado constitucional contemporáneamente comprendidos"[381], como respuesta a las "interpretaciones disimiles y a veces equivocadas" del foro nacional e internacional.

En ese decreto -que bien podríamos calificar como un panfleto- la ANC-1999 ahondó en su supuesto carácter originario al aseverar, entre otros puntos de interés, que **(i)** "el poder constituyente es previo y superior a los Poderes Constituidos y éstos en el caso de Venezuela, se encuentran severa y gravemente deslegitimados"; **(ii)** el Derecho internacional público reconoce el derecho de libre determinación de los pueblos; **(iii)** el debate constituyente era una "revolución pacífica y democrática" para la "sustitución (...) de una idea de derecho por otra"; **(iv)** la intervención de la ANC-1999 del Poder Legislati-

---

379 De acuerdo con su descripción en el artículo 28 del Estatuto, a ella correspondía estudiar "la institución de la Asamblea Constitucional y sus principios y fundamentos como poder originario y soberano", preavisando sobre la inclusión de la ANC como uno de los métodos para modificar la Constitución de 1999.

380 Nótese que este referendo tuvo lugar el 15-12-1999 de acuerdo con la fecha fijada por la ANC-1999 por decreto publicado en la G.O. n° 36.821 del 03-11-1999 en el que, a su vez, se facultó al CNE para adquirir los bienes y servicios relacionados con el proceso por la vía de la adjudicación directa dada la urgencia del caso. La ANC-1999, adicionalmente, declaró el 15-12-1999 festivo de acuerdo con el decreto publicado en la G.O. n° 36.849 del 13-12-1999, cuyo articulado se enfocó en gran medida en los aspectos laborales y tributarios de esta declaratoria.

381 G.O. n° 36.786 del 14-09-1999. Curiosamente, la misma en la que se publicó el estatuto de funcionamiento de la ANC-1999, aunque estos habían sido adoptado poco más de un mes antes.

vo y el Poder Judicial respondió al deber de las diferentes ramas del Poder Público de colaborar entre sí para alcanzar los fines del Estado.

Este decreto, estimamos, resume bien cuál era el objetivo que perseguía la ANC-1999 y que sería profundizado por la fuerza política dominante desde incluso antes de la aprobación de la Constitución de 1999 hasta nuestros días: el Estado de Derecho había de ceder a una nueva "idea" del mismo, la cual desconocía los principios más fundamentales del primero como lo son la legalidad, la eficacia de los derechos fundamentales, la separación de poderes, el control jurisdiccional y la responsabilidad del Estado[382].

Todo ello bajo la bandera de la autodeterminación y una participación ciudadana -que no es tal- como mecanismos de legitimación[383].

4. LA ASAMBLEA NACIONAL CONSTITUYENTE LUEGO DE LA APROBACIÓN DE LA CONSTITUCIÓN DE 1999

El 15-12-1999, en el marco de lo que se conocería como La Tragedia de Vargas[384], tuvo lugar el referendo aprobatorio de la Constitución que contó con una abstención superior al 55 % y, de los votantes, un poco más del 70 % lo hizo por el "sí", de lo que deriva que "sólo el 32% de los venezolanos con derecho al voto aprobaron la nueva Constitución"[385].

Anteriormente, como parte de la campaña por el "sí" y muestra de la sumisión de la ANC-1999 al Presidente de la República, fue este último quien presentó al país el proyecto de Constitución el 25-11-1999 como un encarte gratuito en "El Correo del Presidente"[386] y, esa

---

382 *Cfr.* Francisco Delgado, *La idea de Derecho en la Constitución de 1999* (Caracas: UCV, 2008); Delgado, *Chavismo y Derecho*.

383 *Cfr.* Gabriel Sira Santana, *Poder Popular, descentralización y participación ciudadana* (Caracas: CIDEP y FUNEDA, 2018).

384 *Cfr.* Carlos Genatios y Marianela Lafuente, "Lluvias torrenciales en Vargas, Venezuela, en diciembre de 1999: Protección ambiental y recuperación urbana", *Boletín Técnico* 41, nº 2-3 (2003): 49-62. Para la fecha, las costas venezolanas eran objeto de lluvias torrenciales y prolongadas que derivaron en inundaciones y deslaves calificados como el mayor desastre natural en el país desde el terremoto de 1812, estimándose unos 15 mil desaparecidos, 75 mil damnificados y 3.5 millones de dólares en pérdidas solo en el estado Vargas.

385 *Cfr.* Brewer-Carías, *Historia constitucional de Venezuela*, 565.

386 Este impreso circuló desde julio de 1999 hasta poco después de aprobada la Constitución del mismo año y constituyó una de las primeras iniciativas comunicacionales del Presidente de la República, que luego sería suplantada por el programa Aló Presidente. *Cfr.* Luisa Torrealba Mesa, "Políticas de comunicación y acceso a la información noticiosa en Venezuela entre 1999 y 2004" (Caracas, UCV, 2009), http://saber.ucv.ve/bitstream/10872/6415/1/TesisPDF.pdf.

misma tarde, desde el Palacio de Miraflores en una alocución donde expuso, entre otros:

> ...esta Constitución (...) ahora hay que aprobarla, aprobarla es vital para el país (...). Todo venezolano está obligado, es un deber consigo mismo y con su historia y con su futuro (...).
> Incluso creo que muchos de los que están llamando por ahí a votar por el NO, no se han dado cuenta de lo que significaría -en el supuesto negado- que lograran manipular al pueblo. Repito, hermanos: el único camino pacífico para salir de este desastre que tenemos (...) es la aprobación de la nueva Constitución[387].

A continuación de este ultimátum -o amenaza-, el Presidente de la República señaló que con la Constitución de 1961 él estaba "amarrado (...) al Congreso" y "[c]asi todas la leyes que aprobaron todos los congresos anteriores impiden gobernar con eficacia e impiden impulsar un proceso de desarrollo"[388], dejando en claro que no solo se pretendía un cambio del texto constitucional, sino detonar al Poder Legislativo Nacional para que este, reconformado, aprobara un ordenamiento jurídico cónsono con su plan de gobierno, en el entendido que parte de las normas vigentes también quedarían derogadas con la entrada en vigencia de la Constitución de 1999.

Así, el Presidente de la República vociferó que "desde hoy comienzo la campaña (y amigos del Consejo Nacional Electoral no me vayan a venir otra vez con el mismo cuentico aquél)" -esto en relación con los llamados de atención que el CNE había efectuado durante la elección de constituyentes, según vimos *supra*- "te llamo al SÍ, a todos los venezolanos", a la par que destacó que él había mandado a hacer una "edición de bolsillo" del para entonces proyecto de Constitución, la ANC-1999 mandó a imprimir dos millones, y el CNE también debía imprimir otros tantos[389].

Para concluir su alocución, el Presidente de la República hizo un repaso del proyecto de Constitución, dándole lectura a los artículos 1 al 4, 20, 21, 29, 43, 45, 100, 102 a 104, 108, 112, 113, 118, 119, 123, 127 a 129, 185, 197, 299, 301, 303, 306 a 310, 328 y 330, para luego comentarlos, señalando por ejemplo que:

> Yo creo que en ninguna parte del mundo Constitución alguna ha definido a un Estado como un Estado de Justicia. Todos sabemos que la justicia es el fin que se busca a través del derecho. Estamos definiendo un Estado avanzado, más allá del derecho[390].

---

387 Hugo Chávez Frías, *Discursos fundamentales. Ideología y acción política*, vol. I (Caracas: FBNA, 2003), 409.

388 Ibid., I:410.

389 Ibid., I:411.

390 Ibid., I:414. *Cfr*. Sira Santana, *Poder Popular, descentralización y participación ciudadana*, 34-40.

Y, más adelante, que "yo había solicitado que el período de gobierno del Presidente se extendiera a siete años, la Asamblea decidió que se quedara en seis"[391], para culminar con que daba instrucciones al Ministro de la Secretaría "para que el día 16 de diciembre (...) publiquemos la Constitución en la Gaceta. ¿Podemos hacer la Gaceta por adelantado? Vamos a hacerla. Esto está más que ganado"[392].

Esta alocución, sin lugar a dudas, ratificó lo que serían los próximos años bajo el mandato del Presidente indicado y cómo los principios del Estado Democrático de Derecho sucumbirían ante el discurso oficial de lo que debía hacerse para superar la crisis social, política y económica que aquejaba al país, sobreponiendo un efímero concepto de justicia a la certeza del Derecho, usando fondos públicos en beneficio de los intereses del partido de gobierno, doblegando la función legislativa a los deseos del Poder Ejecutivo llegando al extremo de su constante delegación, y amenazando con el uso de la fuerza en contra de aquellos que se opusieran a sus planes.

La *Constitución* fue proclamada el 20-12-1999 y entró en vigencia el 30-12-1999 como consecuencia de su publicación en la G.O. n° 36.860 de esa misma fecha[393], que en marzo del año 2000 sería objeto de reimpresión por supuesto "error material del ente emisor"[394] aun cuando, como la doctrina apunta, se trató de verdaderos cambios de fondo que desconocieron la voluntad expresada en el referendo aprobatorio[395].

---

391 Chávez Frías, *Discursos fundamentales. Ideología y acción política*, I:427.

392 Ibid., I:431.

393 Nótese que la doctrina apunta que "es necesario señalar que (...) el proyecto sometido a referendo el día 15 de diciembre de 1999 y, por lo tanto, sancionado como Constitución en esa misma fecha, no se corresponde con el publicado en la Gaceta Oficial el 30 de diciembre de 1999". Nikken, "Sobre la invalidez de una Constitución", 210. Véase en el mismo sentido Allan R. Brewer-Carías, *Golpe de Estado y proceso constituyente en Venezuela* (Guayaquil: Goberna y Derecho, 2007), 373. Este último coloca como ejemplo que en la Gaceta Constituyente y en el texto publicado por el CNE el artículo 317 sometido a referendo aludía a "los casos previstos por la ley que cree el tributo correspondiente" y en el texto publicado en G.O. se sustituyó por "los casos previstos por las leyes". Asimismo, es prudente acotar que para algunos autores la Constitución entró en vigencia con el voto afirmativo del 15-12-1999 sin que fuese necesaria su promulgación o publicación. *Cfr.* Ricardo Antela Garrido, "La transición constitucional (O cómo la Asamblea Nacional Constituyente se transformó en un poder suprapopular)", *Revista de Derecho Constitucional*, n° 2 (2000): 24.

394 G.O. n° 5.453 Extraordinario del 24-03-2000.

395 *Cfr.* Nikken, "Sobre la invalidez de una Constitución", 210; Brewer-Carías, *Golpe de Estado y proceso constituyente en Venezuela*, 374; Delgado, *Chavismo y Derecho*, 15-28. Los autores plantean que en adición a la publicación de la exposición de motivos de la CRBV que nunca fue aprobada por la ANC-1999 ni por referendo, con la reimpresión se introdujeron en el texto constitucional

En todo caso, entre la fecha de referendo y la entrada en vigencia de la nueva Constitución la ANC-1999 no permaneció inerte, pues ella continuó actuando como "poder originario", en parte, gracias a lo previsto en el artículo 4 del Estatuto de Funcionamiento de la Asamblea Nacional Constituyente conforme con el cual -como dijimos- la ANC-1999 funcionaría por ciento ochenta días contados desde su instauración, aunque hubiese redactado el proyecto de Constitución antes del cumplimiento de ese lapso, sin que nada se hubiese previsto en relación con la aprobación por referendo del mismo antes de que transcurriese ese tiempo.

De este modo, la ANC-1999 dictó múltiples leyes y acuerdos en materia presupuestaria[396] en adición al Decreto de "declaratoria del estado de alarma sobre todo el territorio de la República mientras dure la actual catástrofe natural"[397], producto de las lluvias que venían azotando al país desde mucho antes pero que habían sido ignoradas para no poner en riesgo la celebración del referendo aprobatorio.

Así, el Decreto del 16-12-1999, inspirado en el artículo 338 de la Constitución de 1999 que aún no había entrado en vigencia[398], estatuyó que:

> Artículo 2. Se faculta ampliamente al Ejecutivo Nacional para que ejecute directamente todas las previsiones y medidas necesarias para evitar mayores daños y atienda las necesidades de la población afectada, y para que coordine la acción unificada de todos los órganos nacionales, estadales y municipales.
> Artículo 3. Se convoca a toda la población a movilizarse y colaborar solidariamente en las acciones de respuesta a esta catástrofe natu-

---

modificaciones -algunas más relevantes que otras- en 182 artículos y 13 disposiciones transitorias.

396 A saber: **(i)** Acuerdo mediante el cual se autoriza al Presidente de la República en Consejo de Ministros, para que decrete las modificaciones presupuestarias requeridas para el cumplimiento de las operaciones de crédito público ya autorizadas por los órganos competentes y en proceso de aprobación contempladas en la Ley de Endeudamiento para el Ejercicio Fiscal de 1998, en G.O. n° 36.855 del 22-12-1999; **(ii)** Acuerdo mediante el cual se aprueba el proyecto de Ley de Presupuesto para el Ejercicio Fiscal del Año 2000, así como el proyecto de Ley de Endeudamiento para el mismo período, en G.O. n° 36.855 del 22-12-1999; **(iii)** Ley de Presupuesto para el Ejercicio Fiscal 2000, en G.O. n° 5.414 Extraordinario del 22-12-1999; **(iv)** Ley que autoriza al Ejecutivo Nacional para la contratación y ejecución de operaciones de crédito público durante el ejercicio fiscal del año 2000, en G.O. n° 5.414 Extraordinario del 22-12-1999; y **(v)** Acuerdo mediante el cual se prorroga hasta el 31-01-2000 la ejecución del presupuesto reconducido para el ejercicio fiscal 1999, en G.O. n° 36.859 del 29-12-1999 con reimpresión en n° 36.871 del 17-01-2000.

397 G.O. n° 36.853 del 20-12-1999.

398 El artículo califica a los estados de alarma como "catástrofes, calamidades públicas u otros acontecimientos similares que pongan seriamente en peligro la seguridad de la Nación o de sus ciudadanos". *Cfr.* Sira Santana, *El estado de excepción a partir de la Constitución de 1999*.

ral, para lo cual se exhorta acatar las directrices de las autoridades públicas, seguir sus recomendaciones y cooperar en las acciones de prevención y de respuesta que emprendan.

Curiosamente, en una G.O. anterior la ANC-1999 publicó el "Decreto mediante el cual se exonera del pago del impuesto al débito bancario a todas aquellas operaciones que se encuentren destinadas a contribuir con las necesidades que demanda el estado de alarma que viven los compatriotas afectados por la situación de catástrofe"[399], con fecha del 17-12-1999. Es decir: posterior a la declaratoria del estado de alarma pero antes de que esta fuese publicada en la G.O.

No obstante, el acto más relevante de este período fue sin lugar a dudas el "Decreto mediante el cual se dicta el Régimen de Transición del Poder Público"[400], calificado por la doctrina como un acto dictado "a espaldas del pueblo y lesivo de valores fundamentales de la nueva Constitución, como el principio y el derecho de participación política", que "representó un condicionamiento anticipado de la fuerza normativa de la Constitución de 1999"[401].

La ANC-1999 "aprobó unilateralmente, sin consultar al pueblo, un régimen de transición constitucional paralelo o complementario al aprobado por el pueblo el día 15 de diciembre de 1999"[402], violándose en consecuencia el nuevo texto constitucional, a pesar de que la novísima TSJ/SC declarase en una de sus primeras sentencias[403] que "en la historia reciente de Venezuela, han coexistido un conjunto de normas que rigen para el Poder Constituido y un ordenamiento que ha nacido de un Proceso Constituyente", siendo el régimen en cuestión uno de esos "actos constituyentes" dictados en ejecución de las bases comiciales de la ANC-1999 y, de ahí, que:

> De lo anterior se colige, que los actores cuestionan el rango de las actuaciones de la Asamblea Nacional Constituyente y, en consecuencia, la sujeción de sus actos a la nueva Constitución, lo cual colocaría a los actos de la Asamblea dentro de los denominados por la

---

399 G.O. n° 36.852 del 17-12-1999. En realidad, las medidas no se circunscribieron al impuesto al débito bancario, ya que también abarcaron el impuesto sobre la renta, el impuesto al valor agregado y los impuestos por importaciones, a la par que se exhortó a las compañías de telefonía a exonerar el pago del servicio a los usuarios de los estados afectados y donar equipos al Ejecutivo Nacional.

400 G.O. n° 36.857 del 27-12-1999 con reimpresión en n° 36.859 del 29-12-1999 y n° 36.920 del 28-03-2000.

401 Jesús María Casal Hernández, "Proceso constituyente, Constitución y justicia constitucional", en *La muerte de una Constitución. El proceso constituyente de 1999 desencadenado por dos sentencias de la Corte Suprema* (Caracas: EJV, 2022), 502.

402 Antela Garrido, "La transición constitucional (O cómo la Asamblea Nacional Constituyente se transformó en un poder suprapopular)", 22.

403 TSJ/SC n° 6 del 27-01-2000 (*caso: Milagros Gómez y otros*).

doctrina como preconstitucionales sujetos a su derogación de forma sobrevenida.

Tal planteamiento, exige de esta Sala un pronunciamiento acerca de si la naturaleza supraconstitucional de los actos dictados por la Asamblea Nacional Constituyente abarcan aquellos emitidos con posterioridad a la aprobación de la Constitución de 1999. En tal sentido, entiende la Sala que hasta la fecha de la publicación de la nueva Constitución, la que le precedió (1961) estuvo vigente, lo cual se desprende de la Disposición Derogatoria Única; y como los actos de la Asamblea Nacional Constituyente no estaban sujetos a la Constitución derogada, los mismos sólo podrían estar regulado –como fuera señalado por la sentencia de la Corte Suprema de Justicia en Pleno antes referida– por normas supraconstitucionales. Así, por argumento en contrario, sólo los actos dictados por la Asamblea Nacional Constituyente con posterioridad a la publicación de la nueva Constitución estarían sujetos a ésta.

De todo lo anterior emerge que, el acto de la Asamblea Nacional Constituyente impugnado en esta oportunidad publicado en la Gaceta Oficial número 36.859 del 29 de diciembre de 1999, esto es, con anterioridad a la vigencia de la Constitución de la República Bolivariana de Venezuela de 1999, no está sujeto ni a ésta, ni a la Constitución de 1961.

En consecuencia, dado que las impugnaciones del acto constituyente son respecto de un texto normativo que no le era aplicable al mismo (Constitución de 1999) no puede existir jurídicamente una contradicción entre ambos. De allí que, en ningún caso procederá una acción de nulidad por vicios inconstitucionalidad contra el Decreto s/n, emanado de la Asamblea Nacional Constituyente, mediante el cual se establecieron los parámetros del "Régimen de Transición del Poder Público"[404].

De este modo la TSJ/SC creó una nueva categoría de actos en nuestro ordenamiento jurídico –actos supraconstitucionales, aunque en otras ocasiones se refirió a ellos como con "rango de norma constituyente"[405]– que estaban exentos de cualquier tipo de control jurisdiccional al no quedar sometidos ni a la Constitución de 1961 ni de

---

[404] Reiterado –entre otros– en TSJ/SC n° 393 del 18-05-2000 (*caso: Euclides Gil y otros*), n° 407 del 19-05-2000 (*caso: Carmen Cuevas*), n° 865 del 28-07-2000 (*caso: William Izarra y otros*) y n° 951 del 09-08-2000 (*caso: Genoroso Mazzocca*).

[405] TSJ/SC n° 445 del 23-05-2000 (*caso: Gerardo Blyde*), n° 508 del 31-05-2000 (*caso: Pic-ling Fung*), n° 591 del 22-06-2000 (*caso: Mario Pesci-Feltri*) y n° 1088 del 27-09-2000 (*caso: Eduardo García*). La Sala agregó en el segundo que "la Asamblea Nacional Constituyente, como órgano del poder originario puede abrogar, derogar o modificar sus propias normas, pues tal competencia es inherente a la organicidad de su poder originario", y en el tercero que en adición a ello podía "disponer la integración provisional de las nuevas estructuras políticas creadas por el nuevo Texto Fundamental, en aquello no definido de manera expresa por dicho cuerpo de normas", colocando a la ANC prácticamente sobre el propio electorado y lo decidido en los referendos que caracterizaron al proceso constituyente de 1999.

1999, aun cuando los mismos contradijeran la voluntad del pueblo expresada en el referendo de diciembre de 1999[406] y fungieran como base legal de otros tantos dictados con posterioridad a la publicación de la CRBV.

De ello se deriva que la Constitución de 1999 fue violada por la fuerza política dominante desde incluso antes de su inserción en la G.O. con el beneplácito de la TSJ/SC que, si bien estaba llamada a defenderla, no podemos obviar el hecho que los magistrados que la conformaban habían sido designados con fundamento en el acto cuya nulidad se reclamaba[407], constatándose así vicios de origen en la propia conformación del Poder Judicial que han trascendido hasta nuestros días[408].

Ahora bien, ¿qué estatuyeron los cuarenta artículos del Régimen de Transición del Poder Público, sancionado para desarrollar y complementar –verbos usados por la ANC-1999– lo previsto en la CRBV, y cuya vigencia habría de extenderse hasta que se implementara efectivamente lo que esta última estipulaba (arts. 2 y 3 del Régimen)[409]? En resumen:

---

[406] *Cfr.* Brewer-Carías, "La configuración judicial del proceso constituyente de 1999: O de cómo el guardián de la Constitución abrió el camino para su violación y para su propia extinción", 268. El autor plantea que "[h]asta ese momento, lo que se había considerado como de carácter supraconstitucional era únicamente la voluntad popular expresada en el referendo del 25 de abril de 1999; ahora, el Tribunal Supremo 'equiparaba' los actos de la Asamblea, que era un órgano representativo del pueblo, a los del propio pueblo y reconociéndole tal igual carácter, se derivaba, entonces, que la Asamblea podía modificar la propia voluntad popular, lo cual era una aberración constitucional".

[407] Así de hecho lo reconocieron los Magistrados en el fallo TSJ/SC n° 4 del 26-01-2000 (*caso: Eduardo García*), aunque hicieron de lado la cuestión por considerar que no decidir equivalía a negar el acceso a la justicia y "no ha sido discutida por el recurrente la honorabilidad ni imparcialidad de los Magistrados que integran este máximo Tribunal, quienes además reúnen todas las condiciones éticas y morales para pronunciar un fallo de forma objetiva".

[408] *Cfr.* Laura Louza Scognamiglio y Flavia Pesci Feltri, "La justicia constitucional en Venezuela: Instrumento político para la edificación del autoritarismo (1999-2021)", en *Estudios constitucionales y parlamentarios. Anuario 2021-2022* (Caracas: CIDEP, IEPFT y UCAB, 2023), 144. Las autoras indican que "[e]l primer nombramiento de magistrados (…) se produjo, cuando la ANC designó al margen de la nueva constitución (…) a veinte magistrados principales del Tribunal Supremo de Justicia, aunque no a sus suplentes. Este decreto fue objeto de varias acciones de inconstitucionalidad ante la propia SC, conformada por los magistrados recién elegidos, y todos fueron declarados improcedentes bajo el argumento de que se trataba de un acto constituyente exento de control judicial".

[409] Nótese que, pasados casi veinticinco años de la vigencia de la Constitución de 1999, parte de este régimen transitorio sigue causando estragos, sobre todo en el Poder Judicial. *Cfr.* Allan R. Brewer-Carías, "Sobre la ausencia de carrera judicial en Venezuela: Los jueces temporales y provisorios, y la irregular juris-

a. *Poder Legislativo Nacional*. Disolvió el Congreso de la República (art. 4) y creó una "Comisión Legislativa Nacional" que se encargaría de ejercer este Poder hasta que se eligieran y tomaran posesión los diputados de la Asamblea Nacional (art. 5). Esta Comisión estuvo conformada por veintiún personas nombradas por la ANC-1999 (en su mayoría, constituyentes) y ejercía las mismas atribuciones que el artículo 187 de la CRBV preveía para la Asamblea Nacional -con exclusión de los numerales 2, 4, 5, 8, 10 y 15[410]- e incluyéndose otras tantas que no contaban con un equivalente en la CRBV y, más bien, podían entenderse como una negación de los principios democráticos previstos en ella[411] (art. 6).

b. *Poder Legislativo Estadal y Municipal*. Disolvió las asambleas legislativas de los estados (art. 11) y creó las comisiones legislativas estadales -cuyos miembros serían seleccionados por la ANC-1999- hasta que fuesen electos los consejos legislativos previstos en la CRBV (art. 12). A nivel municipal, en tanto, no hubo disolución pero se sometió al control y supervisión de la ANC-1999 las actividades de los concejos municipales (art. 15).

c. *Poder Ejecutivo*. Previó la continuidad en el cargo del Presidente de la República, gobernadores y alcaldes hasta que se realizaran las elecciones respectivas (art. 16), aun cuando se determinó que la ANC-1999 podía sustituir a los alcaldes que en su criterio incurrieran en "graves irregularidades administrativas" (art. 15).

d. *Poder Judicial*. Designó a los magistrados de las seis Salas del Tribunal Supremo de Justicia (art. 19) de forma provisoria, hasta que la Asamblea Nacional los ratificara o sustituyera (art. 20)[412]. Adicionalmente, señaló que hasta que la Dirección

dicción disciplinaria judicial", *Revista de Derecho Funcionarial*, nº 12-19 (2016): 8-26.

410 Referidos a proponer enmiendas y reformas a la Constitución, organizar la participación ciudadana, decretar amnistías, aprobar las líneas del plan de desarrollo socioeconómico, dar votos de censura, y acordar los honores del Panteón Nacional.

411 A saber: designar provisoriamente a los miembros del CNE, nombrar a todas las autoridades y funcionarios cuya designación correspondía a la Asamblea Nacional o el extinto Congreso, controlar a las altas autoridades del Poder Público y fijar la fecha para los comicios de los cargos de elección popular.

412 Nótese que gracias a la Ley especial para la ratificación o designación de los funcionarios o funcionarias del Poder Ciudadano y Magistrados y Magistradas del Tribunal Supremo de Justicia para el primer periodo constitucional, en G.O. nº 37.077 del 14-11-2000, la Asamblea Nacional cónsona con el partido de gobierno ideó un trámite sumario y ajeno al texto constitucional para ratificar en el cargo a la gran mayoría de estos Magistrados y los miembros del Poder

Ejecutiva de la Magistratura y los Tribunales Disciplinarios no estuviesen operativos, sus competencias serían ejercidas por una "Comisión de Funcionamiento y Reestructuración del Sistema Judicial" (arts. 21 y 23), cuyos miembros serían designados por la ANC-1999 (art. 27).

e. *Poder Ciudadano.* Designó a los integrantes del Comité de Evaluación y Postulaciones del Poder Ciudadano (art. 33), así como provisionalmente al Defensor del Pueblo (art. 34), el Fiscal General de la República (art. 35) y el Contralor General de la República (art. 36).

f. *Poder Electoral.* Previó que la ANC-1999 designaría a sus miembros (art. 40) y determinó que ellos habían de organizar los comicios para los cargos de elección popular de acuerdo con la fecha y los estatutos que la ANC-1999 aprobaría (art. 39).

Con base en este Decreto violatorio de múltiples derechos fundamentales[413], la ANC-1999 publicó otros tres actos referidos a designaciones de la Comisión de Funcionamiento y Reestructuración del Sistema Judicial y del CNE[414] antes de que, como había sido acordado según el acto por ella publicado en la G.O. n° 36.855 del 22-12-1999, se llevará a cabo la "sesión de clausura de la Asamblea Nacional Constituyente, en Ciudad Bolívar, en homenaje a la Constitución de 1819", el 30-01-1999.

Esta sesión, sin embargo, no se tradujo en el fin de las actividades de la ANC-1999 pues, como atestigua la G.O., durante los meses de enero a abril del año 2000 se constata la publicación de treinta y tres actos signados por este cuerpo y que versaron sobre:

a. *Elecciones.* Fijó el Estatuto Electoral del Poder Público[415] y que las elecciones de todos los cargos populares se celebrarían el 28-05-2000[416]. Esto respondió, según el estatuto, a

Ciudadano que no habían actuado en contra de los designios del Presidente de la República, fomentando en consecuencia el control de Poder Ejecutivo sobre buena parte -por no decir todo- el Poder Público Nacional. *Cfr.* Casal Hernández, "Proceso constituyente, Constitución y justicia constitucional", 503-4.

413 *Cfr.* Antela Garrido, "La transición constitucional (O cómo la Asamblea Nacional Constituyente se transformó en un poder suprapopular)". El autor alude al derecho a la participación política, sufragio activo y pasivo, igualdad, legalidad, reserva legal, separación de poderes y juez natural.

414 G.O. n° 36.857 del 27-12-1999.

415 G.O. n° 36.884 del 03-02-2000.

416 Ibid. El decreto se refirió al Presidente de la República, gobernadores de estados, alcaldes de municipios y del Distrito Metropolitano de Caracas, Diputados a la Asamblea Nacional y a los consejos legislativos, concejos municipales y del Cabildo Metropolitano de Caracas, juntas parroquiales, y representantes al Parlamento Latinoamericano y el Parlamento Andino. Nótese que las eleccio-

que la CRBV había creado nuevos órganos para el ejercicio del Poder Legislativo Nacional y Estadal y habían variado los períodos de algunos cargos de elección popular mientras otros se encontraban vencidos[417]. De modo más particular, convocó el proceso electoral de la Federación Campesina de Venezuela[418].

b. *Poder Legislativo.* Dictó el régimen para la integración de las comisiones legislativas de los estados[419], la reestructuración de los servicios administrativos del Poder Legislativo Nacional[420], las Normas sobre los beneficios y planes de jubilación especiales para los funcionarios, empleados y obreros del disuelto Congreso de la República[421], y la ampliación de las competencias de la CLN[422].

---

nes fueron finalmente diferidas hasta el 30-07-2000, y en ellas no solo se reeligió al Presidente de la República, sino que su partido político se hizo con la mayoría de los diputados de la Asamblea Nacional y gobernadores, así como un número importante de alcaldías. *Cfr.* Politikaucab, "En el año 2000 las megaelecciones no fueron 'el 28, el 28, el 28' sino el 30 de julio", 2024, https://politikaucab.net/2024/04/23/en-el-ano-2000-las-megaelecciones-no-fueron-el-28-el-28-el-28-sino-el-30-de-julio/.

417 Nótese que la nulidad por inconstitucionalidad de este Estatuto fue demandada ante la TSJ/SC en al menos dos oportunidades, señalando la Sala que se trataba de una "norma constituyente" que no quedaba sujeta a las limitaciones del Poder Constituido por devenir de la ANC-1999. De esta forma, el Estatuto Electoral del Poder Público formaba parte del "régimen Constitucional nacido del proceso constituyente, en orden a hacer efectivo el proceso de transición hacia la plena vigencia de la Constitución de la República", sin que pudiera "distinguirse la naturaleza de la Constitución de la República Bolivariana de Venezuela y las otras normas sancionadas por la Asamblea Nacional Constituyente", por lo que poco importaba para la TSJ/SC en este sentido que la CRBV hubiese sido aprobada por el pueblo por vía de referendo a diferencia de las "otras normas". TSJ/SC n° 179 del 28-03-2000 (*caso: Gonzalo Pérez y otro*). Es así como la Sala avaló no solo la alternativa -vocablo usado por la Sala- de no "elaborar una Constitución con un conjunto de disposiciones transitorias que regularan al máximo la implementación jurídica del régimen transitorio entre las instituciones previstas en la Constitución de (...) 1961, y las prevenidas en la Constitución de (...) 1999", sino más bien "realizar dicha implementación (...) mediante un cuerpo legislativo aparte, complementado por actos destinados a llenar el vacío institucional que se crearía al entrar en vigencia la nueva Constitución", reiteramos, sin que dicho cuerpo se hubiese sometido a la aprobación del electorado. TSJ/SC n° 180 del 28-03-2000 (*caso: Allan R. Brewer-Carías y otros*).

418 G.O. n° 36.920 del 28-03-2000.

419 G.O. n° 36.865 del 07-01-2000.

420 G.O. n° 36.880 del 28-01-2000. La resolución se acompañó de otras dos por medio de las que se delegó la firma de los actos de retiros y egresos de los funcionarios y obreros del Poder Legislativo Nacional.

421 Ibid., reformado según G.O. n° 36.920 del 28-03-2000.

422 G.O. n° 36.884 del 03-02-2000. A las ya previstas en el Régimen de Transición del Poder Público se sumaron otras veintidós "competencias especiales" refe-

c. *Poder Municipal*. Autorizó la disposición y enajenación de ejidos y bienes municipales para la ubicación de damnificados[423], dictando un mes después el régimen sobre autorización de operaciones de enajenación, disposición y afectación de terrenos ejidos[424]. En otro orden de ideas, también destituyó a un alcalde "por cometer graves irregularidades administrativas en contra de esta Asamblea Nacional Constituyente"[425] y dictó la Ley especial sobre el régimen del Distrito Metropolitano de Caracas[426].

d. *Crédito público*. Emitió opinión favorable para diversas operaciones y reprogramaciones planteadas por el Ejecutivo Nacional[427], en adición a la publicación de la Ley que autoriza al Ejecutivo Nacional para la contratación y ejecución de operaciones de crédito público[428] y la Ley especial que autoriza al Ejecutivo Nacional para la contratación y ejecución de operaciones de crédito público destinadas a financiar programas, proyectos y gastos extraordinarios para atender la situación de calamidad pública, consecuencia de las precipitaciones de proporciones inusuales[429].

---

ridas -entre otros- a la designación de las comisiones legislativas estadales, del comité de postulaciones del Poder Ciudadano, y de los suplentes de los magistrados del Tribunal Supremo de Justicia, del Defensor del Pueblo y del Fiscal General de la República; la modificación de la fecha de los comicios para los cargos de elección popular; y el dictar medidas sobre registro civil, marina mercante, educación superior, desarrollo agrícola, y procesos electorales de asociaciones gremiales, solo por nombrar algunos supuestos. Nótese que la TSJ/SC declaró que este Decreto de ampliación tenía "en rigor, rango constitucional", al hacer "referencia implícita a las referidas Bases Comisiales [sic], al fundar sus potestades en el (...) referendo aprobado". TSJ/SC n° 1454 del 29-11-2000 (*caso: Goodyear de Venezuela*), reiterado en n° 3007 del 04-11-2003 (*caso: Gualberto Faneite*).

423 G.O. n° 36.878 del 26-01-2000.

424 G.O. n° 36.902 del 29-02-2000.

425 G.O. n° 36.880 del 28-01-2000.

426 G.O. n° 36.906 del 08-03-2000. La ley estatuyó un sistema de gobierno municipal a dos niveles (metropolitano y municipal) y las atribuciones del alcalde, consejo de gobierno, cabildo, contraloría y procurador metropolitano, en adición a su hacienda pública. *Cfr*. Lizett Fernández Parra y Iliany Mata Ponte, "Breves comentarios sobre la Ley Especial del Distrito Metropolitano de Caracas", *Revista de Derecho Administrativo*, 2000, 245-65.

427 Todos los acuerdos en la G.O. n° 36.875 del 21-01-2000.

428 G.O. n° 5.424 Extraordinario del 03-01-2000.

429 G.O. n° 36.883 del 02-02-2000. Previamente, en G.O. n° 36.881 del 31-01-2000, había publicado el "Decreto mediante el cual se dispone asumir la competencia prevista en el artículo 187 numeral 6, de la Constitución de la República Bolivariana de Venezuela, a los efectos de la aprobación del proyecto de Ley Especial" en cuestión.

e. *Designaciones*. Autorizó al Presidente de la República a nombrar al Presidente del Banco Central de Venezuela, el Presidente del Fondo de Garantía de Depósitos y Protección Bancaria y el Superintendente de Bancos[430]; además de designarse los miembros de la Comisión de Funcionamiento y Reestructuración del Poder Judicial y el Inspector de Tribunales[431], miembros de la CLN[432], y el cronista de la ANC-1999[433].

f. *Laboral*. Decretó el régimen transitorio de remuneraciones de los más altos funcionarios de los estados y de los municipios[434], en adición a "medidas para garantizar la libertad sindical"[435], la suspensión del proceso de discusión de la convención colectiva de Petróleos de Venezuela, S.A.[436] y el cese de funciones de los directores laborales previstos en la Ley Orgánica del Trabajo[437].

g. *Fuerzas Armadas*. Dispuso la reincorporación a la Fuerza Armada Nacional de todo el personal involucrado en los sucesos del 04-02 y 27-11-1992 que así lo solicitara, al igual que el trámite de pensiones de invalidez y de sobrevivencia con el "ánimo de (...) contribuir con la unidad y eficiencia de la Fuerza Armada Nacional"[438].

Como vemos, se trató de un nutrido número de actos cuyo fundamento jurídico se vinculó como era de costumbre con el supuesto poder originario de la ANC-1999, en adición al Estatuto de Funcionamiento de la Asamblea Nacional Constituyente y el Régimen de Transición del Poder Público, cuya conformidad con Derecho ya era discutida según vimos.

Así, al ampliar la ANC-1999 el rol que el pueblo le había confiado, tanto temporal como sustancialmente, nos encontrábamos ante actos que no solo colisionaban con lo que se había aprobado en el referendo consultivo de abril de 1999 –que como hemos visto no brindada de por sí mayor sustento legal a esta institución que se impuso por los hechos y el discurso oficial– sino con la propia CRBV, recientemente aprobada por la población y que entró en vigencia el 30-12-1999.

---

430 Todos los acuerdos en la G.O. n° 36.877 del 25-01-2000.
431 Ambos decretos en la G.O. n° 36.878 del 26-01-2000.
432 G.O. n° 36.903 del 01-03-2000.
433 G.O. n° 36.938 del 26-04-2000.
434 G.O. n° 36.880 del 28-01-2000.
435 G.O. n° 36.904 del 02-03-2000.
436 Ibid.
437 G.O. n° 36.904 del 02-03-2000.
438 G.O. n° 36.878 del 26-01-2000.

Lo aquí narrado nos recuerda lo dicho por DELGADO en cuanto a los riesgos de no estimar las normas constitucionales como inviolables al hallar "razones válidas" para no respetarlas, porque "si ello ocurre con la norma que hemos definido como suprema y fundamental, sería ingenuo pensar que no ocurrirá con el resto del ordenamiento jurídico, (...) conformado por normas de jerarquía inferior"[439].

Es esto justamente lo que ocurrió en cada uno de los momentos que hemos narrado en este Capítulo, primero en relación con la Constitución de 1961 y los métodos de revisión constitucional que ella preveía, y luego con la Constitución de 1999 sometida por la vía de los hechos a un régimen transitorio que le resultaba ajena, pasando a su vez por el desconocimiento de los límites a la ANC-1999 que derivaban de las preguntas del referendo consultivo, las sentencias de la Corte Suprema de Justicia y las verdaderas bases comiciales.

Lejos de ser este el fin del desconocimiento al Estado de Derecho como consecuencia del nacimiento y desarrollo de la ANC-1999, como parte del régimen transitorio que hemos mencionado esta última creó la CLN –coloquialmente llamada congresillo– que haría las veces de la Asamblea Nacional hasta tanto esta última quedara instaurada y que fue objeto de críticas por parte de la doctrina dadas sus connotaciones poco democráticas al violar el principio de la representación popular por elección del pueblo[440].

A ella dedicaremos el último acápite de este Capítulo.

5. LA TRANSFIGURACIÓN EN LA COMISIÓN LEGISLATIVA NACIONAL

Tal como dijimos *supra*, con el Régimen de Transición del Poder Público aprobado por la ANC-1999 el 22-12-1999 y reformado en dos oportunidades bajo el argumento que se había incurrido en errores materiales, se creó la CLN que ejercería el "Poder Legislativo Nacional, hasta tanto se elijan y tomen posesión los diputados integrantes de la Asamblea Nacional prevista en la Constitución aprobada por el pueblo de Venezuela" (art. 5).

La CLN había de instaurarse el 01-02-2000 (art. 7) y funcionaría de forma permanente "hasta la fecha de reunión efectiva de la Asamblea Nacional" (art. 8), tiempo durante el cual había de ejercer las atribuciones previstas en el artículo 6 del Régimen de Transición del Poder Público –cuya semejanzas y diferencias con las competencias de la Asamblea Nacional previstas en el artículo 187 constitucional ya

[439] Delgado, *Chavismo y Derecho*, 21.

[440] *Cfr.* Casal Hernández, *Apuntes para una historia del Derecho constitucional de Venezuela*, 166; Ayala Corao, "Venezuela: De la Constituyente de 1999 a la reforma constitucional de 2007", 345.

abordamos- en adición a las enumeradas en el "Decreto mediante el cual se dispone la ampliación de las competencias de la Comisión Legislativa Nacional", también tratado *supra*.

Como plantea el foro, de forma que mal podría estimarse como democrática, "el Congreso Nacional elegido en 1998 y de mayoría opositora (...) fue disuelto para dar paso a un ilegítimo organismo denominado el Congresillo, cuyos miembros fueron reclutados entre exconstituyentes y miembros de la sociedad civil vinculados al oficialismo"[441] -es decir, que no habían sido elegidos por el pueblo- y "[e]ste cuerpo fue dotado de amplísimos poderes, entre ellos el de diseñar leyes, violentando así las reglas del juego democrático universalmente válidas, las cuales no reconocen facultades de legislar sino en quienes hayan sido electos"[442].

De ahí que Brewer-Carías afirme que los actos de la ANC-1999 vinculados con la CLN:

> ...violaban las bases comiciales establecidas en el referendo del 25 de abril de 1999, pues la decisión de dar por terminado un mandato popular [de los congresistas] resultado de una elección democrática, y nombrar para integrar un órgano legislativo [la CLN], así fuera temporalmente, a un conjunto de personas que no había sido electas popularmente para que legislasen y controlasen sin tener la representación popular, violaba el principio democrático representativo (la garantía democrática), el principio de progresividad del derecho político a la participación y elección, y los tratados internacionales que obligan a la República a asegurar el ejercicio efectivo de la democracia representativa.
> En consecuencia, esta "Comisión Legislativa Nacional", creada por la Asamblea, con "representantes" no electos popularmente, era absolutamente ilegítima, y constituyó una grotesca burla a la nueva Constitución[443].

En breve, expone Hernández G. que:

> Luego de aprobada la nueva Constitución, la Asamblea Nacional Constituyente continuó actuando en violación a ésta, al crear un órgano desconocido para la Constitución, denominado "Comisión Legislativa Nacional". A través de ese mecanismo, la Asamblea Nacional Constituyente extendió su poder más allá de la propia Constitución, designando (...) los nuevos Poderes Públicos[444].

---

[441] Ingrid Jiménez Monsalve, "El debilitamiento del principio de representación proporcional en Venezuela o autoritarismo electoral: Dos caras de la misma moneda", *Revista Politeia* 34, nº 46 (2011): 90.

[442] Nelly Arenas, "Poder reconcentrado: El populismo autoritario de Hugo Chávez", *Revista Politeia* 30, nº 39 (2007): 29.

[443] Brewer-Carías, *La Constitución de 1999: Estado democrático y social de Derecho*, 1147.

[444] Hernández G., "Espíritu y líneas maestras del Estado democrático de Derecho", 67.

Se trataba, entonces, de un órgano que no encontraba sustento ni en la CRBV ni en las preguntas o las bases comiciales que dieron origen a la ANC-1999, pero que logró materializarse gracias al discurso oficial -secundado por la TSJ/SC que no dudó en afirmar que se trataba "del organismo que tiene a su cargo el ejercicio de la función legislativa a nivel nacional aunque de manera transitoria"[445]- de que la ANC era un órgano que tenía plenos poderes para hacer y deshacer el ordenamiento jurídico a conveniencia como parte del período de transición.

Así se comprueba al revisar las G.O. del año 2000 que develan el actuar de la CLN hasta que la Asamblea Nacional dio inició a su primera legislatura el 14-08-2000 y sobre el cual, aunque no es nuestra intención reseñarlo a cabalidad pues rebasaría el objeto de este trabajo, sí efectuaremos algunos comentarios que demuestran los abusos en los que se incurrió durante la ANC-1999 -y con la CLN, heredera de la primera[446], sin que según la TSJ/SC pueda equipararse una con la otra[447] ni considerarse a la CLN un órgano de la ANC-1999[448]-, como antecedente inmediato de la ANC-2017.

En este sentido, partiendo quizá de lo más relevante para el lector, se tiene que la CLN sancionó veintiséis leyes (en su mayoría reformas, pero también novedosas, tanto ordinarias como orgánicas y

---

[445] TSJ/SC n° 640 del 27-06-2000 (*caso: Froilán Barrios*). Reiterado en TSJ/SC n° 806 del 26-07-2000 (*caso: Andrés Méndez*) y n° 982 del 09-08-2000 (*caso: Popiel Azuaje*).

[446] Nótese que en el fallo de TSJ/SC n° 865 del 28-07-2000 (*caso: William Izarra y otros*), la CLN fue denominada la "sucesora" del Congreso de la república como órgano al que correspondía realizar la "actividad legislativa y contralora del Poder Público".

[447] TSJ/SC n° 1563 del 13-12-2000 (*caso: Alfredo Peña*). La Sala expuso que "los actos de la Comisión Legislativa Nacional no se equiparan a los de la Asamblea Nacional Constituyente. A la Comisión Legislativa, la Asamblea Nacional Constituyente le otorgó diversas atribuciones en el artículo 6 del Régimen de Transición del Poder Público (...), pero la Comisión Legislativa Nacional no es equiparable a la Asamblea Nacional Constituyente, electa directamente por el pueblo para crear un régimen constitucional, motivo por el cual dicha Comisión estuvo supeditada en todas sus actuaciones a la Constitución de 1999 y al Régimen de Transición del Poder Público, y no a las Bases Comiciales, por lo que las leyes que dictó, fueron leyes de rango inferior a la Constitución, signadas por las previsiones del artículo 203 de la vigente Constitución". Curioso, por decir lo menos, cuando la misma Sala sostuvo que la CLN no estaba vinculada a la CRBV para designar a los miembros del CNE, según veremos más adelante, y que a esta Comisión "no se le podía aplicar (ni le era exigible) (...) los principios y pautas para la legislación ordinaria contenidos en el Texto Fundamental para la Asamblea Nacional". TSJ/SC n° 341 del 05-05-2016 (*caso: Nicolás Maduro*).

[448] TSJ/SC n° 1211 del 23-06-2004 (*caso: Fanny García y otros*).

aprobatorias[449]), algunas de las cuales permanecen vigentes en la actualidad.

Estas leyes son las siguientes: **(i)** Ley de reforma parcial del decreto con fuerza y rango de que establece el impuesto al débito bancario[450]; **(ii)** Ley de reforma parcial del decreto con rango y fuerza de ley orgánica de régimen presupuestario[451]; **(iii)** Ley de amnistía política general[452]; **(iv)** Ley de Corporación para la Recuperación y Desarrollo del Estado Vargas[453]; **(v)** Ley orgánica de telecomunicaciones[454]; **(vi)** Ley de reforma parcial de la ley de régimen penitenciario[455]; **(vii)** Ley de reforma parcial de la ley que autoriza al Ejecutivo Nacional para realizar operaciones de crédito público destinadas al refinanciamiento de la deuda pública externa e interna y al pago de otras obligaciones vencidas[456]; **(viii)** Ley de conservación y saneamiento de playas[457]; **(ix)** Ley de reactivación de la marina mercante nacional[458]; **(x)** Ley sobre el hurto y robo de vehículos[459] (vigente); **(xi)** Ley de geografía, cartografía y catastro nacional[460] (vigente); **(xii)** Ley de reforma parcial del decreto con fuerza y rango de ley que establece el impuesto al valor agregado[461]; **(xiii)** Ley de reforma parcial de la ley que autoriza al Ejecutivo Nacional para la contratación y ejecución de operaciones de crédito público durante el ejercicio fiscal 2000[462]; **(xiv)** Ley del puerto libre del estado Nueva Esparta[463] (vigente); **(xv)** Ley de transición del Distrito Federal al Distrito Metropolitano de Caracas[464]; **(xvi)** Ley de medicamentos[465] (vigente); **(xvii)** Ley de reforma parcial del decreto con fuerza y rango de ley que establece el impuesto al valor agregado[466]; **(xviii)** Ley para el desarrollo de las zonas rentales

---

449 *Cfr*. José Peña Solís, *Los tipos normativos en la Constitución de 1999 (tesis sobre los principales problemas interpretativos que origina su regulación)* (Caracas: TSJ, 2005).

450 G.O. nº 36.913 del 17-03-2000.

451 G.O. nº 36.916 del 22-03-2000.

452 G.O. nº 36.934 del 17-04-2000.

453 G.O. nº 36.968 del 08-06-2000.

454 G.O. nº 36.970 del 12-06-2000.

455 G.O. nº 36.975 del 19-06-2000.

456 Ibid.

457 G.O. nº 36.976 del 20-06-2000.

458 G.O. nº 36.980 del 26-06-2000.

459 G.O. nº 37.000 del 26-07-2000.

460 G.O. nº 37.002 del 28-07-2000.

461 Ibid.

462 G.O. nº 37.004 del 01-08-2000.

463 G.O. nº 37.006 del 03-08-2000.

464 Ibid.

465 Ibid.

466 Ibid.

de la Fundación Fondo Andrés Bello[467] (vigente); **(xix)** Ley de reforma parcial del código orgánico procesal penal[468]; **(xx)** Ley de reforma parcial de la ley que crea el Fondo Intergubernamental para la Descentralización[469]; **(xxi)** Ley de reforma parcial de la ley de asignaciones económicas especiales para los estados derivados de minas e hidrocarburos[470]; **(xxii)** Ley de reforma parcial de la ley que crea el Instituto Venezolano de Investigaciones Científicas[471] (vigente); **(xxiii)** Ley del Instituto Nacional de Investigaciones Agrícolas[472] (vigente); **(xxiv)** Ley orgánica de la administración financiera del sector público[473]; **(xxv)** Ley de reforma parcial del código penal[474]; y **(xxvi)** Ley aprobatoria del Acuerdo Marco entre la República de Venezuela y el Banco Europeo de Inversiones[475] (vigente).

Como vemos, un conjunto de materias que en ocasiones coincidió con los supuestos específicos previstos en el decreto de ampliación de las competencias de la CLN (por ejemplo, en lo referido a la marina mercante y la amnistía) o el Régimen de Transición del Poder Público (materia de presupuesto nacional, régimen tributario y aprobación de convenios internacionales), si bien un número importante de estas leyes se hizo depender de la atribución general de "[l]egislar en las materias de la competencia nacional y sobre el funcionamiento de las distintas ramas del Poder Nacional" (art. 6 num. 1 del Régimen).

Ello motiva a la pregunta sobre la pertinencia y urgencia de sancionar estas regulaciones si recordamos que se trató de un órgano que –aun abstrayéndonos de su contrariedad a Derecho– había nacido como una institución transitoria hasta tanto se instaurara la Asamblea Nacional, por lo que sus actividades debieron estar más vinculadas con circunstancias que no pudiesen esperar a ser legisla-

---

467 G.O. n° 37.022 del 25-08-2000. Nótese que aun cuando a partir de esta ley las G.O. responden a una fecha posterior al inicio de la primera legislatura de la Asamblea Nacional, todas las leyes fueron sancionadas antes del 14-08-2000.

468 Ibid. Contra esta reforma se intentó un amparo constitucional decidido por la TSJ/SC como improcedente, visto que actos como la ley en cuestión por parte de la CLN "constituye legítimo ejercicio de la competencia asignada" por "las normas constituyentes que le sirvieron de base". TSJ/SC n° 1088 del 27-08-2000 (*caso: Eduardo García*).

469 Ibid.

470 Ibid.

471 Ibid.

472 Ibid.

473 G.O. n° 37.029 del 05-09-2000.

474 G.O. n° 5.494 Extraordinario del 20-10-2000.

475 G.O. n° 37.219 del 14-06-2001.

das por el verdadero representante del pueblo soberano a tenor del artículo 202 de la CRBV[476].

En todo caso, el resto de los actos de la CLN publicados en G.O. pueden clasificarse en las siguientes categorías:

a. *Designaciones y remociones.* Designó a los suplentes del Fiscal General de la República, del Defensor del Pueblo y de los Magistrados del Tribunal Supremo de Justicia, en adición a los miembros principales del CNE –todo ello, abstrayéndose de las pautas que al respecto preveía la CRBV con el aval de la TSJ/SC[477]– y al Director del Servicio Autónomo de Información Legislativa. En tanto, a nivel estatal nombró a los integrantes de las comisiones legislativas de los estados creadas por el Régimen de Transición del Poder Público e intervino la Gobernación del estado Monagas para designar a otro gobernador. Algo similar se vivió a nivel municipal donde destituyó y designó a diversos concejales municipales y alcaldes en desconocimiento de los ya mencionados derechos a la participación política y el sufragio activo y pasivo[478].

b. *Elecciones.* Modificó la fecha de las mega elecciones para el 31-07-2000 –a excepción de los concejos municipales y juntas parroquiales que difirió para el 01-10-2000– visto que la TSJ/SC había suspendido "íntegramente el acto electoral fijado por la Asamblea Nacional Constituyente" por fallo n° 483 del 29-05-2000 (*caso: Elías Santana y otros*), ya que se carecía de "suficiencia y confiabilidad" de instrumentos "para garantizar la pulcritud de dicho proceso", ordenando la Sala

---

476 La norma indica que "[l]a ley es el acto sancionado por la Asamblea Nacional como cuerpo legislador (...)".

477 TSJ/SC n° 656 del 30-06-2000 (*caso: Dilia Parra*). La Sala sostuvo que "en la designación provisoria de los miembros del Consejo Nacional Electoral, la Comisión Legislativa Nacional no tendría que ceñirse a las disposiciones de la Constitución de la República Bolivariana de Venezuela, ya que expresamente la norma comentada [art. 6 num. 11 del Régimen de Transición del Poder Público] explicó que es la designación definitiva de los miembros la que hará la Asamblea Nacional de conformidad con la Constitución" y, por ende, "no es obligante para la Comisión Legislativa Nacional ceñirse al artículo 296 de la vigente Constitución".

478 Nótese que la destitución del Alcalde del Municipio Brión del Estado Miranda dio lugar a una acción de amparo constitucional en contra de la CLN. Este fue declarado con lugar al estimarse que dicha Comisión había vulnerado el derecho a la defensa del ciudadano en cuestión –que aplicaba a "los poderes designados por la Asamblea Nacional Constituyente" en virtud de las bases comiciales aprobadas en el referendo consultivo– ya que había procedido con la destitución sin la notificación previa del accionante ni la precisión de los hechos que llevaron a esta decisión. TSJ/SC n° 880 del 01-08-2000 (*caso: Domingo Palacios*).

que la CLN fijara una nueva fecha cuando se subsanaran tales vicios, previo informe técnico del CNE[479]. Adicionalmente, determinó que los alcaldes electos en este proceso se juramentarían en las cámaras municipales de sus respectivos municipios[480].

c. *Órdenes.* Instruyó a la Cámara Municipal de El Hatillo derogar la Ordenanza del Plan Especial y de Zonificación del Sector Bajo Paují del 23-12-1999, y ofició tanto a la Fiscalía como al Contralor General de la República para que adelantaran investigaciones en contra de la Cámara en cuestión por haber dictado ese instrumento sin la autorización de la ANC-1999[481]. Adicionalmente, dispuso que los legisladores nacionales y estadales solo recibirían una dieta mensual sin que ella diera lugar a prestaciones sociales –a la par que ratificó un decreto del Presidente de la República fijando el salario mínimo nacional[482]– y prohibió las operaciones de construcción y mantenimiento de las instalaciones del Palacio Federal Legislativo y la Corte Suprema de Justicia.

d. *Nombramiento de embajadores.* Autorizó al Presidente de la República para que designara a cuarenta y cinco embajadores ante organizaciones internacionales y Estados[483].

e. *Créditos.* Autorizó seis créditos a los presupuestos de la Gobernación del Distrito Federal y otros cincuenta y uno al Ejecutivo Nacional; en adición a emitir opinión favorable para siete operaciones de crédito público.

f. *Aceptación de condecoraciones.* Autorizó a seis miembros de la Fuerza Armada aceptar y usar condecoraciones conferidas por los ejércitos de Argentina, Colombia y los Estados Unidos de América.

g. *Organización interna.* Dictó su reglamento de funcionamiento[484] y otros tantos referidos a su oficina de asesoría econó-

---

479 G.O. n° 36.978 del 22-06-2000.

480 G.O. n° 37.009 del 08-08-2000.

481 G.O. n° 36.949 del 12-05-2000.

482 G.O. n° 36.988 del 07-07-2000.

483 A saber: Antigua y Barbuda, Arabia Saudita, Argelia, Belice, Bulgaria, Chile, Colombia, Corea, Cuba, Dominica, Ecuador, España, Finlandia, Granada, Grecia, Guyana, Haití, Indonesia, Irak, Irán, Italia, Jamaica, Japón, Kuwait, la Santa Sede, las Naciones Unidas, Líbano, Libia, Malasia, Nicaragua, Países Bajos, Paraguay, Perú, Polonia, República Dominicana, Rusia, San Cristóbal y Nieves, San Vicente, Santa Lucía, Siria, Sudáfrica, Surinam, Trinidad y Tobago, Uruguay y Vietnam; lo que da ciertos indicios de cuál sería la política exterior del país en los años venideros.

484 G.O. n° 36.897 del 22-02-2000.

mico financiera, su estructura organizativa y el procedimiento de selección del personal de la Asamblea Nacional entre los funcionarios, empleados y obreros del extinto Congreso de la República que ahora laboraba en la CLN. Asimismo, constituyó su comisión de licitaciones en dos oportunidades y una "Comisión especial de selección de empresa consultora para la evaluación del personal del extinto Congreso de la República" -también en dos oportunidades- en adición a la designación de diversos directores, coordinadores, subsecretarios y jefes. Finalmente, por la Resolución n° 5-00 declaró "la inamovilidad laboral de los funcionarios, obreros o empleados que se encuentren en condición de damnificados, que laboraban para el Congreso de la República y permanecen en la Comisión Legislativa Nacional"[485].

h. *Exhortos*. Motivado en las atribuciones previstas en el decreto de ampliación de las competencias de la CLN, la misma publicó diversos exhortos referidos a la elaboración de un proyecto para la creación de la Universidad del Orinoco, el equilibrio ecológico y la conservación del Jardín Botánico de Valencia, la reincorporación a sus puestos de trabajo de los dirigentes sindicales y trabajadores inconstitucionalmente despedidos, el tratamiento especial tributario a las asociaciones cooperativas, la creación de la Autoridad Única de Área para el Monumento Histórico Nacional Hacienda Arvelo, la reestructuración y modernización universitaria, y la elaboración del proyecto de ley sobre el Poder Ciudadano, en adición a un exhorto dirigido a la futura Asamblea Nacional para que considerara el Proyecto de Ley de Peajes de la Infraestructura Vial adelantado por la CLN.

En resumen, del 01-02 al 14-08-2000 -esto es, por poco más de seis meses- el Poder Legislativo Nacional en Venezuela no fue ejercido por la Asamblea Nacional como el pueblo había decidido el 15-12-1999 por vía del referendo aprobatorio de la CRBV.

En cambio, la ANC-1999 creó gracias al Régimen de Transición del Poder Público -recuérdese: con posterioridad a la aprobación del nuevo texto constitucional, por lo que su atribución natural ya había cesado- un cuerpo *ad hoc* que haría las veces de órgano legislativo temporal "hasta tanto se elijan y tomen posesión los diputados integrantes de la Asamblea Nacional prevista en la Constitución aprobada por el pueblo de Venezuela" (art. 5).

---

485 G.O. n° 36.925 del 04-04-2000.

Este órgano, llamado por la ANC-1999 como CLN y calificado por la sociedad como Congresillo por su pequeño tamaño, sin que en realidad pudiera asociarse en lo más mínimo con un Congreso Legislativo ya que no estaba integrado por representantes del pueblo elegidos por sufragio universal, sino por veintiún personas cercanas al Gobierno y nombradas por la ANC-1999, sin que el pueblo tuviese ningún tipo de participación en este proceso de selección.

Así, de febrero a agosto del año 2000 veintiún personas carentes de legitimidad tuvieron la competencia para -entre otros- legislar en las materias de la competencia nacional y sobre el funcionamiento de las distintas ramas del Poder Nacional, ejercer funciones de control sobre el Gobierno y la Administración Pública Nacional, y discutir y aprobar el presupuesto nacional y todo proyecto de ley concerniente al régimen tributario y al crédito público.

Atribuciones todas que, reiteramos, correspondían a la Asamblea Nacional y que, como también vimos, no quedaron en simples enunciados porque la CLN legisló en veintiséis oportunidades entre reformas y leyes novedosas y aprobó más de cincuenta créditos adicionales al presupuesto, quedando relegada la función del Parlamento de controlar al Poder Ejecutivo Nacional.

Esto, en adición a la también cuestionable designación de los suplentes del Fiscal General de la República, del Defensor del Pueblo y de los Magistrados del Tribunal Supremo de Justicia, en adición a los miembros principales del CNE, sin seguir en ningún caso los procedimientos ni requisitos constitucionales, profundizándose en definitiva la influencia del Poder Ejecutivo Nacional en el resto del Poder Público.

Si la ANC-1999 era del criterio que tenía que existir un órgano legislativo temporal hasta tanto pudiera constituirse la Asamblea Nacional, ¿por qué no incluyó a la CLN dentro de las disposiciones transitorias de la CRBV, de modo similar a como luego lo prevería la Asamblea Constituyente ecuatoriana de 2008[486]?

Incluso, podemos ir más allá y preguntarnos ¿por qué la ANC-1999 estimó que era necesario incluir en estas disposiciones que "[l]a ley especial sobre el régimen del Distrito Capital, prevista en el ar-

---

486 *Cfr.* Artículo 17 del régimen de transición, según el cual: "Se declara concluido el período de los diputados y diputadas, principales y suplentes, elegidos el 15 de octubre del 2006. La Asamblea Constituyente se reunirá cinco días después de proclamados los resultados del referéndum aprobatorio para conformar la Comisión Legislativa y de Fiscalización procurando mantener la proporcionalidad política que tuvo el plenario de la Asamblea Constituyente. Esta Comisión Legislativa y de Fiscalización cumplirá las funciones de la Asamblea Nacional previstas en la Constitución, hasta que se elijan y posesionen los Asambleístas, conforme lo establecido en este Régimen de Transición".

tículo 18 de esta Constitución, será aprobada por la Asamblea Nacional Constituyente" (disposición transitoria primera), pero nada dijo respecto a que hasta tanto se eligieran y tomaran posesión los diputados integrantes de la Asamblea Nacional prevista en la Constitución aprobada por el pueblo de Venezuela -para hacernos eco de la redacción del Régimen de Transición del Poder Público- la ANC dispondría que tales funciones fuesen asumidas por la CLN que estaría constituida por veintiún personas nombradas a su solo arbitrio?

Adicionalmente, ¿por qué la ANC-1999 incluyó como disposición transitoria séptima que "mientras se apruebe la ley orgánica correspondiente, la elección de los representantes indígenas a la Asamblea Nacional y a los Consejos Legislativos Estadales y Municipales se regirá por los siguientes requisitos de postulación y mecanismos (...)", pero nada dijo respecto a que para la designación de los primeros miembros principales del CNE habían de exigirse requisitos diferentes a los previstos en la CRBV, como valoró la CLN y la TSJ/SC?

Son preguntas para las cuales los diarios de debate de la ANC-1999 no ofrecen respuesta, a pesar que los mismos dan fe de que en más de una ocasión los constituyentes expusieron la necesidad de que estos y otros temas se incluyeran en la disposiciones transitorias, que tenían por finalidad, de acuerdo con el constituyente Peña, "establecer el tránsito de la vieja Constitución a la nueva Constitución, del viejo país al nuevo país"[487].

Así, por ejemplo, el constituyente Lara expresó que "[p]roponemos como disposiciones transitorias que la Asamblea Nacional Constituyente asuma la responsabilidad de emitir un estatuto electoral para los próximos comicios, porque hay un vacío legal de por medio"[488], en tanto el constituyente Quijada recordó que "para la primera reunión de la Asamblea Nacional habrá que establecer una disposición transitoria, porque para esa fecha no estará elegida la nueva Asamblea"[489] y el constituyente Brewer-Carías que "tendrá que preverse una disposición transitoria para la designación de los primeros miembros del Poder Ciudadano, para que luego pueda haber el Comité de Postulaciones"[490].

Más revelador incluso resulta lo dicho por el constituyente García Ponce quien, al participar en el debate de la disposición transitoria primera citada *supra*, sostuvo: "creo que podríamos autorizar a la

---

487 Brewer-Carías, "Diario de Debates de la Asamblea Nacional Constituyente de 1999, Vol. II", 111. La cita corresponde al acta del 18-10-1999.

488 Ibid., 41. La cita corresponde al acta del 18-10-1999.

489 Brewer-Carías, "Diario de Debates de la Asamblea Nacional Constituyente de 1999, Vol. III", 370. La cita corresponde al acta del 04-11-1999.

490 Ibid., 527. La cita corresponde al acta del 06-11-1999.

Comisión Legislativa que va a reemplazar a la Asamblea Constituyente, para que ella sea autorizada a aprobar esta ley"[491].

Otros constituyentes, como ESCARRÁ, fueron más del criterio que "después del referéndum y aprobadas las disposiciones transitorias, esta Asamblea no termina sus funciones; tiene que sentar las bases organizativas del nuevo régimen, aprobadas por el referéndum popular, legitimado en la expresión democrática de dicho referéndum"[492].

Traemos a colación estos extractos del debate constituyente porque los mismos muestran que la CLN no fue un organismo ideado luego del 15-12-1999 cuando fue aprobada por referendo la CRBV, sino que la misma ya se encontraba en el ideario constituyente antes de esta fecha, lo que hace resurgir la pregunta de ¿por qué no se incluyó dentro de las disposiciones transitorias a pesar de que los constituyentes habían alertado sobre la necesidad de incluir algunas regulaciones de este estilo referidas a la conformación de la Asamblea Nacional?

Lamentablemente no es posible responder esta interrogante de un modo certero y hemos de limitarnos a conjeturas que se pasean entre el descuido de la ANC-1999 -lo que de por sí dejaría mucho que desear- o su mala fe, al mantener en la sombra a la CLN y al resto del Régimen de Transición del Poder Público por temor a que este pudiera traerle resultados adversos en la contienda electoral de diciembre de 1999.

En todo caso, lo que sí queda demostrado con el debate constituyente es que la ANC-1999 nunca consideró que su función se limitaba a discutir y redactar un proyecto de Constitución para someterlo al pueblo.

De ahí que de su seno, antes y después de la aprobatoria de dicho proyecto, emanaran diferentes actos como parte -en su criterio- del poder originario que el pueblo le había concedido para "transformar el Estado y crear un nuevo ordenamiento jurídico que permita el funcionamiento efectivo de una Democracia Social y Participativa", como se desprende de la primera pregunta del referendo consultivo de abril de 1999.

Esa mentalidad trascendió a la ANC-2017, como veremos *infra*.

---

491 Brewer-Carías, "Diario de Debates de la Asamblea Nacional Constituyente de 1999, Vol. IV", 58. La cita corresponde al acta del 14-11-1999.

492 Brewer-Carías, "Diario de Debates de la Asamblea Nacional Constituyente de 1999, Vol. II", 896-97. La cita corresponde al acta del 30-10-1999.

CAPÍTULO IV:
LA ASAMBLEA NACIONAL CONSTITUYENTE EN LA CONSTITUCIÓN DE 1999

De las ideas y sucesos expuestos en los capítulos anteriores se aprecia que, como expone RIVERA, "[l]a reforma constitucional y la forma de encarar ese proceso fueron, son y serán siempre los temas más importantes del derecho constitucional, por lo tanto, objeto de polémicas constantes", tal como pudo apreciarse incluso en la génesis de la Constitución de los Estados Unidos de América en 1787 y la Constitución Francesa de 1793, previéndose en esta última que "[u]n pueblo tiene siempre el derecho a revisar, reformar y cambiar su Constitución. Una generación no puede someter a sus leyes a las generaciones futuras"[493].

Esa revisión, reforma y cambio, no obstante, no ocurre con la facilidad que caracteriza al resto del ordenamiento jurídico dado que uno de los principios que también caracteriza a las Constituciones es su rigidez o estabilidad, por lo que los ordenamientos prevén procesos diferenciados y más o menos complejos para lograr la finalidad deseada, sin que por ello se vulnere la seguridad jurídica o la soberanía.

En este orden de ideas, la CRBV incorporó una invención en cuanto a la modificación del texto constitucional ya que no solo alteró el régimen de las enmiendas y las reformas, sino que previó como tercera vía que, visto que "[e]l pueblo de Venezuela es el depositario del poder constituyente originario", el mismo, "[e]n ejercicio de dicho poder, puede convocar una Asamblea Nacional Constituyente con el objeto de transformar al Estado, crear un nuevo ordenamiento jurídico y redactar una nueva Constitución" (art. 347).

En otras palabras, a partir del año 1999 la modificación de la Constitución venezolana ya no competía al Poder Legislativo -como lo venía siendo desde 1811, con más o menos limitaciones y la intervención de otros actores y la aprobación popular según el momento histórico que se viviese, como tuvimos ocasión de comentar en el Capítulo II de esta investigación- sino que el mismo pueblo venezolano podría dotarse de una nueva Constitución sin requerir de la intervención del Parlamento, siempre que para tal fin convocara a una ANC que se encargase de su redacción.

---

493 Rivera, "Reformas constitucionales y justicia constitucional", 127.

Curiosamente, a pesar de la importancia de este tema -hablamos, nada menos, de un nuevo pacto social que sirva de base al Estado para su relación con la sociedad- y la ausencia de precedentes constitucionales más allá de las experiencias *de facto* vividas en los siglos XIX y XX -como también vimos en los Capítulos II y III[494]-, la regulación de la ANC en la CRBV es bastante exigua.

Esta realidad difiere del Derecho comparado latinoamericano -que no resulta ajeno a los cambios constitucionales, si bien no con la frecuencia vista en el Estado venezolano[495]- en donde la mayoría de las Constituciones[496], cuando prevén la figura de la ANC, lo hacen con mayor precisión al estimar -correctamente- que es un tema cuya regulación no puede quedar a la libre interpretación del Poder Judicial o a la legislación del Poder Legislativo -y mucho menos normas de rango sublegal que tenga a bien dictar quien haga las veces de árbitro electoral- por tratarse de Poderes Constituidos.

Así tenemos que la Constitución Política de la República de Costa Rica prevé en su artículo 196 que:

---

494 *Cfr.* Allan R. Brewer-Carías, "Las Asambleas Constituyentes en la historia de Venezuela", *Revista de Derecho Público*, nº 65-66 (1998): 55-57. Destaca que "[u]na vez, constituido el Estado venezolano independiente y autónomo, a partir de 1830, ha habido Asambleas Constituyentes pero no en el sentido estricto de 'constituir' un Estado, sino de reconstituir el sistema político y reformar la Constitución, lo que en toda nuestra historia política siempre ha ocurrido después de una ruptura del hilo constitucional", citándose como ejemplos la Gran Convención Nacional de 1858, la Asamblea Constituyente de 1864, la Asamblea Nacional Constituyente de 1893 y de 1901, el Congreso de Diputados Plenipotenciarios de 1914 y la Asamblea Constituyente de 1947 y 1953. En el mismo sentido: Rivas, "El proceso constituyente y la Constitución de 1881: Un federalismo a la Suiza", 322-23. La autora indica que "Venezuela ha tenido 26 Constituciones a lo largo de su vida independiente, en cuya redacción se hacen patentes sin embargo, las escasas oportunidades en que las mismas hayan sido el resultado del trabajo de una Asamblea especialmente nombrada para tal fin. El recurso a la convocatoria de Asambleas Constituyentes solamente fue utilizado en señalados momentos de nuestra historia, contextos de quiebre institucional, que implicaban un cambio sustancial en la forma de organizar a la República. En el curso del siglo XIX, la mayor parte de nuestras Constituciones surgieron de las deliberaciones de los Congresos, revestidos transitoriamente con el carácter constituyente".

495 *Cfr.* José Miranda González, *Reformas y tendencias constitucionales recientes de la América Latina* (1945-1956) (México D.F.: UNAM, 1957); Rondón de Sansó, *La Asamblea Constituyente en Latinoamérica*. El autor plantea que la mayoría de estos cambios han sido para constitucionalizar los derechos sociales, ampliar el número de materias que encuentran cabida en la Constitución para reforzar su posición en el mundo jurídico, internalizar principios y normas del Derecho internacional, incorporar regulaciones económicas para el sector público y privado, e incluir mayores garantías democráticas.

496 Todas consultadas en Georgetown University, "Political Database of the Americas", s. f., http://pdba.georgetown.edu.

> La reforma general de esta Constitución, sólo podrá hacerse por una Asamblea Constituyente convocada al efecto. La ley que haga esa convocatoria, deberá ser aprobada por votación no menor de los dos tercios del total de los miembros de la Asamblea Legislativa y no requiere sanción del Poder Ejecutivo.

Como vemos, la Constitución se centra en la convocatoria al precisar su forma (ley) y los sujetos que intervienen en el proceso (dos tercios de los diputados de la Asamblea Legislativa, sin participación del Ejecutivo), lo que difiere sustancialmente de la regulación que esa misma Constitución prevé para el caso de la reforma parcial del texto constitucional que cuenta con un desarrollo más significativo[497], pudiendo concluirse en consecuencia que la Asamblea Constituyente se ve como una modalidad que tiende más a su autorregulación.

Esta idea de la autorregulación también está presente en la Constitución Política del Estado Plurinacional de Bolivia, aunque la misma ofrece una mayor reglamentación de entrada. De este modo, el artículo 411 señala que:

> I. La reforma total de la Constitución, o aquella que afecte a sus bases fundamentales, a los derechos, deberes y garantías, o a la primacía y reforma de la Constitución, tendrá lugar a través de una Asamblea Constituyente originaria plenipotenciaria, activada por voluntad popular mediante referendo. La convocatoria del referendo se realizará por iniciativa ciudadana, con la firma de al menos el veinte por ciento del electorado; por mayoría absoluta de los miembros de la Asamblea Legislativa Plurinacional; o por la Presidenta o el Presidente del Estado. La Asamblea Constituyente se autorregulará a todos los efectos, debiendo aprobar el texto constitucional por dos tercios del total de sus miembros presentes. La vigencia de la reforma necesitará referendo constitucional aprobatorio.

Con fundamento en este artículo es posible afirmar que los supuestos de hecho que dan pie a una Constituyente en Bolivia son más amplios que en Costa Rica, ya que este mecanismo no se activará solo en caso de reforma general sino, también, al quererse reformar sus bases, parte dogmática, supremacía y rigidez constitucional.

Asimismo, llama la atención que la Constitución determina que la Asamblea Constituyente tendrá carácter originario -tema que al no ser regulado abre las puertas a interpretaciones contrapuestas como ocurrió con la ANC-1999 según vimos en el Capítulo III de esta investigación- y que para *activarla* se requiere de un referendo popular que puede ser convocado por el electorado, el Poder Legislativo o el Poder Ejecutivo Nacional.

---

[497] *Cfr.* Artículo 195 de la Constitución de Costa Rica. La misma incluye pautas en cuanto a la presentación de la proposición, su admisión, estudio, discusión, aprobación y publicación.

Finalmente, la Constitución señala la mayoría con la que debe aprobarse el proyecto en el seno de la Asamblea Constituyente, y que para que la misma entre en vigencia debe ser aprobada por un segundo referendo popular.

De esta forma, nótese que aun cuando la Constitución boliviana expresa que la Asamblea Constituyente en este país es originaria y autorregulada, la primera impone ciertos límites a la segunda en cuanto a su convocatoria y la posterior aprobación del proyecto constitucional, lo que resulta cónsono con lo comentado en el curso de esta investigación en cuanto a que el soberano, al aprobar la Constitución que regirá sus relaciones políticas, sociales, económicas, etc., puede autolimitarse y establecer –a futuro– restricciones formales y materiales para que los eventuales cambios constitucionales se den en el marco del Estado de Derecho y no como ardides para que se imponga la voluntad de determinados sectores de poder.

Así se aprecia también en la Constitución Política de Colombia, cuyos artículos 376 y 379 son del siguiente tenor:

> Artículo 376. Mediante ley aprobada por mayoría de los miembros de una y otra Cámara, el Congreso podrá disponer que el pueblo en votación popular decida si convoca una Asamblea Constituyente con la competencia, el período y la composición que la misma ley determine.
> Se entenderá que el pueblo convoca la Asamblea, si así lo aprueba, cuando menos, una tercera parte de los integrantes del censo electoral. La Asamblea deberá ser elegida por el voto directo de los ciudadanos, en acto electoral que no podrá coincidir con otro. A partir de la elección quedará en suspenso la facultad ordinaria del Congreso para reformar la Constitución durante el término señalado para que la Asamblea cumpla sus funciones. La Asamblea adoptará su propio reglamento.
> Artículo 379. Los Actos Legislativos, la convocatoria a referendo, la consulta popular o el acto de convocación de la Asamblea Constituyente, sólo podrán ser declarados inconstitucionales cuando se violen los requisitos establecidos en este título (...).

Una vez más vemos que, aunque la Asamblea Constituyente habrá de autorregularse ("adoptará su propio reglamento"), ello no es óbice para que el Poder Constituyente que le antecedió predetermine algunas pautas de su actividad, apreciándose en el caso colombiano que estas versan sobre la convocatoria de la Asamblea Constituyente y la elección de los constituyentes, ambas decisiones que corresponden al pueblo mediante votación popular y que, en el primer caso, requiere una mayoría calificada de al menos un tercio del censo electoral[498].

[498] Téngase presente, como curiosidad, que el porcentaje de electores que convocaron a la ANC-1999 en abril de 1999 fue bastante cercano a este número, ya

Asimismo, de esta Constitución destaca el rol protagonista del Congreso al tener la iniciativa de concluir si se llama al pueblo o no a decidir si desea convocar la Asamblea Constituyente, cuya competencia, período y composición es también determinada por el Poder Legislativo mediante ley; a diferencia de lo vivido en Venezuela durante el proceso constituyente de 1999 donde estos aspectos fueron plasmados en las bases comiciales propuestas por el Presidente de la República y aprobadas por el CNE, como abordamos en el Capítulo precedente, y retomaremos en el siguiente para la ANC-2017.

Un rol menor, pero no por ello insignificante, tiene el Poder Judicial en el proceso constituyente colombiano visto que solo podrá declarar la convocatoria a la Asamblea Constituyente como inconstitucional cuando la misma viola los requisitos explicados *supra*, evitándose de esta forma que este Poder pueda transgredir la soberanía nacional mediante ejercicios interpretativos con lo que se pretenda beneficiar a determinados factores de poder.

Continuando con nuestro repaso por las Constituciones latinoamericanas tenemos que la Constitución de la República del Ecuador prevé a la Asamblea Constituyente en su artículo 444 que reza:

> La asamblea constituyente sólo podrá ser convocada a través de consulta popular. Esta consulta podrá ser solicitada por la Presidenta o Presidente de la República, por las dos terceras partes de la Asamblea Nacional, o por el doce por ciento de las personas inscritas en el registro electoral. La consulta deberá incluir la forma de elección de las representantes y los representantes y las reglas del proceso electoral. La nueva Constitución, para su entrada en vigencia, requerirá ser aprobada mediante referéndum con la mitad más uno de los votos válidos.

Como vemos, otra Constitución que pone el énfasis en que tanto la convocatoria de la Asamblea Constituyente como la elección de sus miembros y la aprobación de la nueva Constitución deben provenir del pueblo, si bien el Poder Ejecutivo y el Poder Legislativo pueden inquirir al electorado sobre si desea que se dé paso al proceso constituyente.

Más desarrollo presenta el tema en la Constitución de la República del Paraguay, cuyos artículos 289 y 291 estipulan que:

> Artículo 289. La reforma de esta Constitución sólo procederá luego de diez años de su promulgación.
> Podrán solicitar la reforma el veinticinco por ciento de los legisladores de cualquiera de las Cámaras del Congreso, el Presidente de la República o treinta mil electores, en petición firmada.

---

que la abstención rondó el 40 % y los votos afirmativos fueron del 90 % para la primera pregunta y el 85 % para la segunda como vimos *supra*, por lo que la convocatoria surgió del 34 % del censo electoral.

> La declaración de la necesidad de la reforma sólo será aprobada por mayoría absoluta de dos tercios de los miembros de cada Cámara del Congreso.
> Una vez decidida la necesidad de la reforma, el Tribunal Superior de Justicia Electoral llamará a elecciones dentro del plazo de ciento ochenta días, en comicios generales que no coincidan con ningún otro.
> El número de miembros de la Convención Nacional Constituyente no podrá exceder del total de los integrantes del Congreso. Sus condiciones de elegibilidad, así como la determinación de sus incompatibilidades, serán fijadas por ley.
> Los convencionales tendrán las mismas inmunidades establecidas para los miembros del Congreso.
> Sancionada la nueva Constitución por la Convención Nacional Constituyente, quedará promulgada de pleno derecho.
> Artículo 291. La Convención Nacional Constituyente es independiente de los poderes constituidos. Se limitará, durante el tiempo que duren sus deliberaciones, a sus labores de reforma, con exclusión de cualquier otra tarea. No se arrogará las atribuciones de los poderes del Estado, no podrá sustituir a quienes se hallen en ejercicio de ellos, ni acortar o ampliar su mandato.

De la simple lectura de los artículos citados se constatan ciertas diferencias con lo que viene siendo la regla latinoamericana, en el sentido que en el caso paraguayo la convocatoria no proviene del pueblo sino de la mayoría calificada del Poder Legislativo, que es quien aprueba la solicitud que al respecto eleven los miembros del Congreso, el Presidente o el electorado para luego pedirle a la autoridad electoral que realice la elección de constituyentes.

Del mismo modo, la Constitución comentada ofrece nuevos límites a la asamblea constituyente –llamada Convención Nacional Constituyente– al, por ejemplo, prever que la misma no podrá activarse sino pasados diez años desde la promulgación de la Constitución vigente –de forma similar a lo visto en la Constitución Política del Estado de Venezuela de 1819 y la Constitución de Cúcuta de 1821– o que dicha Convención no podrá tener más miembros que el Congreso, a quien en todo caso corresponde regular por ley sus condiciones de elegibilidad como aspecto que en Venezuela correspondió al Presidente de la República con las bases comiciales que luego avaló el CNE.

Finalmente, un asunto que resulta de especial interés para el foro venezolano –y que bien podría tenerse en mente cuando se plantee una eventual reforma de la CRBV, dados los hechos vividos en nuestra historia constitucional y a los que ya hemos hecho referencia– es que aunque la Convención Nacional Constituyente paraguaya se estima como "independiente de los poderes constituidos", lo que podría acercarnos a la idea del poder originario vista en otros textos constitucionales, la Constitución prevé que ella "[s]e limitará, durante el tiempo que duren sus deliberaciones, a sus labores de reforma, con exclusión de cualquier otra tarea" y "[n]o se arrogará las atribuciones de los poderes del Estado, no podrá sustituir a quienes se hallen en ejercicio de ellos, ni acortar o ampliar su mandato".

En otras palabras, la asamblea constituyente se convoca para redactar una Constitución y solo para redactar una Constitución, estándole vedado a la misma reorganizar al Poder Público y regular sus funciones, suspender o convocar elecciones, designar a las cabezas de órganos del Estado, sancionar leyes, dictar estados de excepción, y autorizar créditos adicionales al presupuesto nacional o la disposición de bienes públicos, solo por nombrar algunas de las actividades que realizó la ANC-1999 según vimos en el Capítulo III de esta investigación y la ANC-2017, como veremos en el Capítulo V.

Para culminar con este repaso por el Derecho comparado latinoamericano como elemento de valor para abordar luego la exigua regulación de la Asamblea Nacional Constituyente en la CRBV nos queda por apuntar la Constitución de la República Oriental del Uruguay que es, si se quiere, la que ofrece mayores previsiones en cuanto a las asambleas constituyentes.

Así, el literal "C" de su artículo 331 precisa que:

> Los Senadores, los Representantes y el Poder Ejecutivo podrán presentar proyectos de reforma que deberán ser aprobados por mayoría absoluta del total de los componentes de la Asamblea General.
> El proyecto que fuere desechado no podrá reiterarse hasta el siguiente período legislativo, debiendo observar las mismas formalidades.
> Aprobada la iniciativa y promulgada por el Presidente de la Asamblea General, el Poder Ejecutivo convocará, dentro de los noventa días siguientes, a elecciones de una Convención Nacional Constituyente que deliberará y resolverá sobre las iniciativas aprobadas para la reforma, así como sobre las demás que puedan presentarse ante la Convención. El número de convencionales será doble del de Legisladores. Conjuntamente se elegirán suplentes en número doble al de convencionales. Las condiciones de elegibilidad, inmunidades e incompatibilidades, serán las que rijan para los Representantes.
> Su elección por listas departamentales, se regirá por el sistema de la representación proporcional integral y conforme a las leyes vigentes para la elección de Representantes. La Convención se reunirá dentro del plazo de un año, contado desde la fecha en que se haya promulgado la iniciativa de reforma.
> Las resoluciones de la Convención deberán tomarse por mayoría absoluta del número total de convencionales, debiendo terminar sus tareas dentro del año, contado desde la fecha de su instalación.
> El proyecto o proyectos redactados por la Convención serán comunicados al Poder Ejecutivo para su inmediata y profusa publicación.
> El proyecto o proyectos redactados por la Convención deberán ser ratificados por el Cuerpo Electoral, convocado al efecto por el Poder

> Ejecutivo, en la fecha que indicará la Convención Nacional Constituyente.
> Los votantes se expresarán por "Sí" o por "No" y si fueran varios los textos de enmienda, se pronunciarán por separado sobre cada uno de ellos. A tal efecto, la Convención Constituyente agrupará las reformas que por su naturaleza exijan pronunciamiento de conjunto. Un tercio de miembros de la Convención podrá exigir el pronunciamiento por separado de uno o varios textos. La reforma o reformas deberán ser aprobadas por mayoría de sufragios, que no será inferior al treinta y cinco por ciento de los ciudadanos inscriptos en el Registro Cívico Nacional (...).

A lo que el literal "E" agrega que:

> Si la convocatoria del Cuerpo Electoral para la ratificación de las enmiendas, en los casos de los apartados A), B), C) y D) coincidiera con alguna elección de integrantes de órganos del Estado, los ciudadanos deberán expresar su voluntad sobre las reformas constitucionales, en documento separado y con independencia de las listas de elección. Cuando las reformas se refieran a la elección de cargos electivos, al ser sometidas al plebiscito, simultáneamente se votará para esos cargos por el sistema propuesto y por el anterior, teniendo fuerza imperativa la decisión plebiscitaria.

Este régimen coincide con el caso paraguayo en cuanto a que la convocatoria no proviene del pueblo sino del Poder Legislativo, correspondiéndole al primero elegir quiénes serán sus representantes en la Convención Nacional Constituyente llamada a decidir sobre las propuestas de reformas constitucional elevadas por el Poder Legislativo y otras que surjan en el interín.

Al respecto, destaca el hecho que la Constitución uruguaya aumenta considerablemente el número de personas que conforman la Convención Nacional Constituyente en comparación con los legisladores y estipula que para su elección debe respetarse el principio de proporcionalidad que, recordamos, fue vulnerado en el proceso constituyente de 1999 cuando el oficialismo solo obtuvo el 60 % de los votos durante las elecciones de julio de 1999 pero se hizo con el 94 % de los curules, como apuntamos *supra*.

Asimismo, se evalúa como favorable que la Constitución determine cuál debe ser la mayoría para la toma de decisiones dentro de la Convención, su duración, y la aprobación del proyecto por parte del pueblo tomando en cuenta un porcentaje mínimo de participación en el proceso electoral, a fin de que estos temas no queden *a la deriva* y deban ser regulados luego por el Poder Legislativo de forma autónoma o incluidos dentro de la consulta electoral de la convocatoria para su ratificación por parte del pueblo.

Como vemos, las Constituciones latinoamericanas que prevén la figura de las Asambleas Constituyentes o la Convención Nacional

Constituyente como equivalente de la ANC venezolana no presentan una regulación del todo uniforme, aunque sí son cónsonas en la necesidad de imponer ciertas cotas a estos cuerpos, sobre todo en lo que se refiere a su convocatoria y la aprobación del proyecto de Constitución que elaboren, requiriéndose en ocasiones mayorías calificadas para dotar a la decisión del electorado de mayor legitimidad, así como cuáles son las actividades que puede realizar la asamblea constituyente una vez es convocada, previéndose en ocasiones que ella no podrá asumir ni entorpecer las funciones del Poder Constituido pues su competencia se circunscribe a la redacción de un proyecto de Constitución.

Es decir, que la posibilidad de las asambleas constituyentes de autorregularse -como los textos citados lo prevén- no se entiende en términos absolutos cuando estas asambleas son convocadas y constituidas *ex lege* -con inclusión de los casos en que las Constituciones le conceden un carácter originario-, ya que las mismas deben atender a los límites que el pueblo acordó en el pasado como parte, también, de su derecho a autorregularse y limitarse, tal como exponen las tesis del contrato social cuyo estudio rebasa el objeto de estas líneas[499].

Lastimosamente, el Derecho venezolano se apartó de esta corriente latinoamericana[500] y poco reguló a la ANC, a pesar de que las discusiones sobre los peligros de su ambigüedad no le resultaban extrañas por el modo en que la propia ANC-1999 había sido convocada y operaba.

Es quizás este el mismo motivo por el cual este cuerpo estimó que no era necesario incluir en la CRBV mayores disposiciones sobre la ANC. Si la ANC-1999 había actuado al margen de la Constitución de 1961, lo mismo habrían de hacer futuras asambleas de esta naturaleza bajo la vigencia de la Constitución de 1999.

En este sentido, dedicaremos este Capítulo de la investigación a efectuar primero algunas consideraciones generales sobre la reforma y la enmienda como los otros métodos para modificar la Constitución que prevé la CRBV y que permiten establecer algunas semejanzas y diferencias con la ANC, para luego adentrarnos en los artículos constitucionales que regulan esta última y que, reiteramos, no cuentan con la profundidad apreciada en la región, favoreciéndose en conse-

---

499 *Cfr.* Thomas Hobbes, *Leviathan* (New York: Penguin Group, 2017); Locke, *Second Treatise of Government and A Letter Concerning Toleration*; Rousseau, *El contrato social o principios de Derecho político*.

500 Nótese que si bien algunas de las Constituciones citadas son posteriores a la CRBV, otras le precedieron. Este último es el caso de las de Costa Rica, Colombia, Paraguay y Uruguay.

cuencia el rol del intérprete llamado a subsanar las lagunas que se aprecian.

1. LOS MÉTODOS CLÁSICOS DE REVISIÓN CONSTITUCIONAL COMO PUNTO DE PARTIDA

En adición a la ANC, la CRBV prevé en su título IX (De la reforma constitucional) a la enmienda y la reforma constitucional *stricto sensu*, respectivamente en sus capítulos I y II.

A ellos dedicaremos este acápite, a fin de conocer cuáles son sus particularidades para poder con posterioridad anotar sus similitudes y discrepancias con la ANC.

1.1. La reforma constitucional stricto sensu

El artículo 342 de la CRBV determina que ella tiene por objeto la "revisión parcial de esta Constitución y la sustitución de una o varias de sus normas que no modifiquen la estructura y principios fundamentales del texto Constitucional"[501], a lo que la TSJ/SC agregó que tal revisión operaba como un:

> ...acto de adecuación histórica del documento jurídico-político fundamental, la Reforma es la concreción de múltiples factores (jurídicos, políticos, sociales, económicos) en el que participan diversidad de órganos para asegurar la legitimidad institucional y democrática del cambio, y que se verifica en un proceso complejo[502].

De esta forma, se trata de un mecanismo que "produce una alteración de mayor intensidad" que la enmienda -pero menor que la ANC- y "como es natural en atención a sus alcances, supone una tramitación (...) compleja"[503].

¿Qué abarca esa tramitación compleja? La respuesta la ofrece la misma CRBV comenzando con el propio artículo 342 que en su único aparte precisa que la iniciativa de la reforma constitucional *stricto sensu* corresponde a **(i)** la Asamblea Nacional por acuerdo de la mayo-

---

[501] *Cfr.* Ayala Corao, "Venezuela: De la Constituyente de 1999 a la reforma constitucional de 2007", 349. El autor expone que la estructura "está referida fundamentalmente al preámbulo, la consagración de derechos y la regulación del poder; la organización del Estado en la Constitución: la forma de Estado (federal), el sistema político (República); la forma de gobierno (presidencialismo con controles parlamentarios y populares); la democracia y su ejercicio tanto a través del sufragio como directamente", en tanto los principios fundamentales "son los valores, los fines y fundamentos consagrados en la Constitución. En el caso de la Constitución de 1999, esos principios están expresamente contenidos en el título I: 'Principios fundamentales'. No obstante, estos pueden también ser identificados y desarrollados en otras normas de la propia Constitución".

[502] TSJ/SC n° 2147 del 13-11-2007 (*caso: Rafael Briceño*).

[503] TSJ/SC n° 53 del 03-02-2009 (*caso: Federico Black y otros*).

ría de sus integrantes, **(ii)** el Presidente de la República en Consejo de Ministros o **(iii)** al menos el 15 % de los electores inscritos en el Registro Electoral.

Una vez constatada la iniciativa, la solicitud se gestiona ante la Asamblea Nacional siguiéndose para ello el procedimiento previsto en el artículo 343 *ejusdem* conforme con el cual:

> 1. El Proyecto de Reforma Constitucional tendrá una primera discusión en el período de sesiones correspondiente a la presentación del mismo.
> 2. Una segunda discusión por Título o Capítulo, según fuera el caso.
> 3. Una tercera y última discusión artículo por artículo.
> 4. La Asamblea Nacional aprobará el proyecto de reforma constitucional en un plazo no mayor de dos años, contados a partir de la fecha en la cual conoció y aprobó la solicitud de reforma.
> 5. El proyecto de reforma se considerará aprobado con el voto de las dos terceras partes de los o las integrantes de la Asamblea Nacional.

Luego, al aprobar la Asamblea Nacional el proyecto, este "se someterá a referendo dentro de los treinta días siguientes a su sanción", valorándose el proyecto como un conjunto aunque "podrá votarse separadamente hasta una tercera parte de ella" por acuerdo de un tercio de la Asamblea Nacional o a solicitud del Presidente de la República o del 5 % de los electores (art. 344 *ejusdem*)[504].

Celebrado el referendo, "[s]e declarará aprobada la Reforma Constitucional si el número de votos afirmativos es superior al número de votos negativos"[505] y, en caso de ser rechazada, "[l]a iniciativa de

---

504 *Cfr.* TSJ/SC n° 2087 del 06-11-2007 (*caso: Vicente Díaz y otros*). La Sala sostuvo que "la redacción del artículo 344 constitucional resulta confusa" al no quedar claro si la decisión de la votación separada o conjunta corresponde a quien ejerció la iniciativa o cualquiera de los sujetos mencionados, concluyendo que "no existe mayor duda respecto de la potestad que posee la Asamblea Nacional para decidir si la votación de la reforma se somete a referendo en conjunto o separadamente hasta una tercera parte de ella, indistintamente del sujeto u órgano que la haya propuesto. Asimismo, es lógico deducir que tal decisión debe verificarse en la fase de discusión y sanción del proyecto de reforma constitucional. Por lo que, en definitiva, respecto del órgano legislativo debe señalarse que la Asamblea Nacional es el único legitimado, además del proponente, para solicitar la votación parcial del proyecto en cualquier momento antes de la sanción definitiva del mismo. En tanto que, cuando la iniciativa de reforma constitucional nace de los otros legitimados que establece la norma, (...) la solicitud de someter por separado la tercera parte de la reforma debe ser expresada por el proponente en el escrito contentivo de la iniciativa".

505 *Cfr.* TSJ/SC n° 2190 del 22-11-2007 (*caso: Gonzalo Oliveros y otros*). La Sala expuso que "para que sea aprobado el proyecto de reforma constitucional de conformidad con el artículo 345 de la Constitución de la República (...), no se requiere que los votos a favor del mismo sea superior al número de electores que en 1999 aprobó en referendo la Constitución vigente, siendo suficiente

Reforma Constitucional revisada no podrá presentarse de nuevo en un mismo período constitucional a la Asamblea Nacional" (art. 345 *ejusdem*).

Finalmente, corresponderá al Presidente de la República promulgar la reforma "dentro de los diez días siguientes a su aprobación" y, de no hacerlo, "se aplicará lo previsto en esta Constitución" (art. 346 *ejusdem*), en lo que entendemos es un llamado a su artículo 216 conforme con el cual "[c]uando el Presidente (...) de la República no promulgare la ley en los términos señalados, el Presidente (...) y los dos Vicepresidentes (...) de la Asamblea Nacional procederán a su promulgación".

Así, podríamos esquematizar el trámite de la reforma constitucional *stricto sensu* en las siguientes etapas:

a. *Iniciativa.* Corresponde a la Asamblea Nacional, el Presidente de la República en Consejo de Ministros o el 15 % de los electores, y consiste en la presentación de un proyecto de reforma ante la Asamblea Nacional.

b. *Discusión.* Versa sobre la atribución de la Asamblea Nacional para evaluar y aprobar o no el proyecto de reforma que le fue presentado. La Asamblea Nacional puede introducir cambios producto del debate parlamentario siempre que –en nuestro criterio– estos no desnaturalicen el proyecto o se trataría de una nueva iniciativa.

c. *Referendo.* De resultar aprobado el proyecto, la Asamblea Nacional solicita al CNE que realice el referendo para conocer si la población aprueba o no el proyecto, pudiendo votarse por el mismo como un todo o de forma fraccionada.

d. *Promulgación.* De obtenerse una mayoría de votos positivos, el proyecto se tendrá como aprobado y corresponderá al Presidente de la República su promulgación. En caso contrario el proyecto se tendrá por rechazado y no podrá presentarse ante la Asamblea Nacional hasta el próximo período constitucional.

Este es el trámite que el constituyente previó para la reforma constitucional *stricto sensu* y que –como ya adelantamos– la TSJ/SC calificó como un "proceso complejo" que "se configura en etapas sucesivas de una relación inter orgánica (...) que no causan gravamen porque no exteriorizan sus efectos y, por tanto, no son susceptibles

que el número de votos afirmativos sea superior al número de votos negativos".

de control jurisdiccional"[506], si bien luego afirmaría en el mismo fallo que:

> Siendo la iniciativa y la discusión de la propuesta de reforma fases consecutivas que se verifican ante distintos órganos constitucionales; y visto que la primera es presupuesto procedimental de la segunda, es lógico que sea la Asamblea Nacional la que en un primer momento verifique la existencia de los requisitos formales a que alude el artículo 342 de la Carta Magna para que se configure válidamente la iniciativa. El incumplimiento de estos requisitos debe ser declarado por la Asamblea Nacional en un acto de ejecución directa de la Constitución que, por ser jurídico y por exteriorizar sus efectos (no da cabida a la continuación del trámite por incumplir un requisito constitucional), afecta al que detenta la iniciativa de reforma, de modo que es susceptible de ser impugnada ante este Sala.

De este modo, de acuerdo con la TSJ/SC, solo la negativa de la Asamblea Nacional de dar continuidad al proceso constituyente por estimar que no se cumplieron requisitos formales es la que daría lugar a un control jurisdiccional, estimándose los otros actos como de trámite[507] o preparatorios[508], con inclusión del propio proyecto de reforma constitucional respecto al cual la CRBV no preveía un control previo como sí lo hacía -por ejemplo- para los tratados y convenios internacionales que firmara la República.

Esto, sostuvo la Sala, porque "la iniciativa de reforma constitucional (...) no produce en lo inmediato ningún efecto jurídico externo o que supere la relación entre órganos estatales, por mucho que se comparta o se rechace su contenido"[509], como tampoco lo producía

---

[506] TSJ/SC n° 2147 del 13-11-2007 (*caso: Rafael Briceño*). Este fallo cuenta con un voto salvado del Magistrado Pedro Rondón Haaz en el que destaca que con la decisión se viola el principio de universalidad de control de todos los actos del Poder Público, aunado a que el ejercicio de la iniciativa de reforma constitucional por parte del Presidente de la República es un acto dictado en ejecución directa de la Constitución y, por ende, sujeto al control de la TSJ/SC. Reiterado entre otros en TSJ/SC n° 2192 del 22-11-2007 (*caso: Gerardo Guzmán*).

[507] *Cfr*. TSJ/SC n° 2203 del 27-11-2007 (caso: *Hermann Escarrá y otros*). Este fallo cuenta con votos salvados de los Magistrados Pedro Rondón Haaz y Jesús Cabrera Romero, disintiendo de que no pudiese controlarse jurisdiccionalmente cada etapa o fase del proceso constituyente, catalogándolas como independientes porque cada una produce efectos jurídicos propios y se dictan en ejecución directa e inmediata de la Constitución, aunado al principio de economía procesal.

[508] *Cfr*. TSJ/SC n° 2204 del 27-11-2007 (caso: *Adriana Vigilanza y otros*). Este fallo cuenta con votos salvados de los Magistrados Pedro Rondón Haaz y Jesús Cabrera Romero, reiterando la posición exteriorizada en el pie de página anterior.

[509] TSJ/SC n° 2147 del 13-11-2007 (*caso: Rafael Briceño*). Reiterado en TSJ/SC n° 2191 del 22-11-2007 (*caso: Colegios de Abogados*), n° 2192 del 22-11-2007 (*caso: Gerardo Guzmán*), n° 2200 del 27-11-2007 (*caso: Julio Borges y otros*), n° 2201

"el proyecto de reforma constitucional sancionado por la Asamblea Nacional (...) al tratarse de un acto normativo no perfeccionado, [que] no puede producir efectos jurídicos externos"[510] ni el llamado a referendo aprobatorio por parte del CNE[511].

Lo anterior, a pesar de la TSJ/SC también afirmara que la iniciativa de la reforma constitucional era "un acto esencialmente jurídico, dictado en ejecución directa de la Constitución de la República (...) y, por lo tanto, controlable por la jurisdicción constitucional"[512], visto que:

> Ciertamente, la iniciativa del Presidente de la República tanto para la enmienda y reforma constitucional, como para la convocatoria a una Asamblea Nacional Constituyente, a pesar de ser un acto de contenido discrecional, en cuanto a su oportunidad, mérito y conveniencia de cuándo, por qué y cómo ejercer la iniciativa, tiene un alto contenido reglado, no sólo reglado en cuanto a su forma -vgr. Como acto tomado en Consejo de Ministros-, sino en cuanto a su contenido, toda vez que dependiendo del grado de la modificación planteada, el mismo deberá seguir el procedimiento para enmienda, reforma o la convocatoria a una Asamblea Nacional Constituyente.
>
> ...
>
> Así, la violación del Texto Fundamental respecto de la iniciativa -acto impugnado- y procedimiento para modificar la Constitución de la Republica [sic] (...), condiciona la validez de la totalidad de los actos subsecuentes[513].

A pesar de este acertado razonamiento, de forma ilógica, la Sala retomó tan solo unos párrafos más adelante y sin mayor ilación que ella en el pasado había sostenido que el proyecto no era un acto definitivo y, por ende, "no puede ser objetivamente impugnable de una manera inmediata" sino que había que esperar que tuviese lugar el referendo y el proyecto resultara aprobado[514].

---

del 27-11-2007 (*caso: Guillermo Mora*) y n° 2202 del 27-11-2007 (*caso: Alberto Nueves y otros*).

510 TSJ/SC n° 2189 del 22-11-2007 (*caso: Rafael Contreras y otros*). Reiterado en TSJ/SC n° 2191 del 22-11-2007 (*caso: Colegios de Abogados*), n° 2205 del 27-11-2007 (*caso: Gonzalo Oliveros*) y n° 2210 del 29-11-2007 (*caso: Juan Jaimes*). Estos fallos cuentan con votos salvados de los Magistrados Pedro Rondón Haaz y Jesús Cabrera Romero, reiterando la posición exteriorizada en pie de páginas anteriores.

511 TSJ/SC n° 2193 del 22-11-2007 (*caso: Luis Hueck y otros*).

512 TSJ/SC n° 2194 del 22-11-2007 (*caso: Hermann Escarrá y otros*).

513 Ibid.

514 Ibid. Este fallo cuenta con votos salvados de los Magistrados Pedro Rondón Haaz y Jesús Cabrera Romero, recalcando la posición exteriorizada en pie de páginas anteriores. Reiterado en TSJ/SC n° 2200 del 27-11-2007 (*caso: Julio Borges y otros*), n° 2201 del 27-11-2007 (*caso: Guillermo Mora*), n° 2202 del 27-11-2007 (*caso: Alberto Nueves y otros*) y n° 2208 del 28-11-2007 (*caso: Antonio Varela y otra*).

En este punto compartimos el criterio de la doctrina –y de los votos salvados citados *supra*– sobre que todos los actos y actuaciones enlistadas como parte del proceso de reforma constitucional *stricto sensu* (iniciativa, discusión, referendo, promulgación) son realizados en ejecución directa e inmediata de la Constitución, y "cada una de las fases (...) tiene un fin específico, que se ve materializado a través de un acto jurídico" de una autoridad determinada que actúa de forma autónoma, si bien con base en el acto que le precede[515].

De ahí, que cada uno de ellos pueda calificarse como "actos definitivos, es decir, como actos que ponen fin a un asunto, en este caso, a cada una de las fases o etapas procedimentales que podríamos considerarlas como procedimientos autónomos o subprocedimientos del procedimiento 'marco' de Reforma de la Constitución" y que, por ende, pueden ser controlados judicialmente[516], so pena de que el juez constitucional incurra en denegación de justicia y el desconocimiento a la tutela jurisdiccional efectiva, la supremacía constitucional, el debido proceso, entre otros derechos y principios que resultan fundamentales en todo Estado Democrático de Derecho[517].

En todo caso, abstrayéndonos de momento del carácter complejo del proceso de reforma constitucional *stricto sensu* y su control jurisdiccional podemos precisar, a su vez, que su regulación en la CRBV no estuvo exenta de debate.

Así, al consultar los diarios de la ANC-1999 se constata como, por ejemplo, en un principio se preveía que con la reforma no podían modificarse "los títulos referidos a los principios fundamentales, territorio y división política, y a los deberes, derechos y garantías", en vez de la redacción que finalmente se adoptó y que alude a la "estructura y principios fundamentales del texto Constitucional".

Esto, a pesar de la oposición de algunos constituyentes al considerar que "[n]o puede establecerse de esa manera, tan general" porque la reforma "debe señalar cuáles son los temas, los puntos de la constitución que no pueden ser objeto de reforma" o "quedaría la interpretación de cuál es esa estructura general"[518].

---

515 Cosimina G. Pellegrino Pacera, "Los actos estatales expresados en el procedimiento de reforma de la Constitución: Naturaleza jurídica y control judicial", *Revista de Derecho Público*, nº 112 (2007): 343-46.

516 Ibid., 345.

517 *Cfr.* Allan R. Brewer-Carías, "El juez constitucional vs. la supremacía constitucional", *Revista Iberoamericana de Derecho Procesal Constitucional*, nº 9 (2008): 17-59.

518 Brewer-Carías, "Diario de Debates de la Asamblea Nacional Constituyente de 1999, Vol. III", 849 y 854. El cambio de redacción fue propuesto por el Constituyente Quijada y rechazada por el Constituyente García Ponte.

Además, los concejos municipales contaron en algún momento con la iniciativa para dar inicio a la reforma de la Constitución y la discusión del proyecto se daría según el procedimiento de formación de leyes -ambas cuestiones suprimidas[519]- y se discutió cuál debía ser la extensión de la reforma, porque "el intérprete entre reforma y enmienda escoge lo que mejor le parezca (...) y es absolutamente inútil proponer las dos", aunado a que "una reforma es para cambiar algunos artículos, pero no hacer una nueva constitución"[520].

En otras palabras, la reforma constitucional *stricto sensu* nació como un método intermedio para incorporar cambios parciales a la CRBV[521], con una extensión mayor que la enmienda pero que tampoco hacían necesario acudir a la ANC y que, en todo caso, no podía modificar la estructura y principios fundamentales de la Constitución, habiéndose previsto originalmente una redacción menos ambigua que aludía a los títulos I (Principios fundamentales), II (Del espacio geográfico y la división política) y III (De los derechos humanos y garantías, y de los deberes) de la CRBV, si bien la redacción actual se puede prestar a más interpretaciones *pro homine*[522].

Es justamente esta ambigüedad uno de los aspectos sobre los que más escribió la doctrina con ocasión del intento de reforma constitu-

---

519 Ibid., 850 y 854.

520 Ibid., 852 y 854. La cita corresponde al constituyente Quijada.

521 Sobre la reforma parcial de la Constitución véase Rivera, "Reformas constitucionales y justicia constitucional", 130. El autor indica que "[l]a reforma parcial implica modificar la Constitución en todas aquellas partes que no afecten al núcleo esencial del sistema constitucional configurado en su parte axiológica, la parte dogmática y la parte orgánica", a diferencia de la reforma total que ocurre "cuando se introducen modificaciones respecto a los aspectos esenciales de la vida política, social y económica del Estado; esto es, modificar el sistema constitucional cambiando el sistema de valores supremos y principios fundamentales, (...) el tipo de Estado vigente por otro nuevo, (...) el régimen de gobierno (...), cambios importantes en la estructura social, jurídica, económica y política del Estado, o (...) a los derechos fundamentales y garantías constitucionales".

522 *Cfr.* Claudia Nikken, "La soberanía popular y el trámite de la reforma constitucional promovida por iniciativa presidencial el 15 de agosto de 2007", *Revista de Derecho Público*, n° 112 (2007): 52. La autora expresa que "[p]ara definir qué o cuáles son esos principios fundamentales, habría que comenzar por descartar el simplismo de considerar que la limitación se refiere únicamente a las normas contenidas en el Título I de la Constitución, designado precisamente como 'Principios Fundamentales'. El título en cuestión contiene ciertamente principios fundamentales y muy diversos; pero no es el único que los contiene. Así, por ejemplo, es fundamental el principio de la progresividad de los derechos constitucionales, como lo es el principio de la legalidad, ambos contenidos en normas no enumeradas en el Título I (...). Los principios fundamentales serían entonces no sólo los contenidos en el Título I de la Constitución, sino también los vertidos en su articulado para dotar de contenido a esos principios".

cional de 2007 propuesto por el Presidente de la República en enero de ese mismo año, luego de haber resultado vencedor en las elecciones del año 2006, lo que nos retrotrae al *modus operandi* del proceso constituyente de 1999 ya desarrollado en el Capítulo III de este trabajo.

En esta nueva ocasión -cuyo *iter* resumiremos de seguida por estimar que sirve de complemento práctico a los artículos constitucionales y criterios de la TSJ/SC ya citados- el mandatario creó por decreto el "Consejo Presidencial para la Reforma de la Constitución de la República Bolivariana de Venezuela"[523], cuya naturaleza jurídica fue debatida por la doctrina[524].

En esa oportunidad, el mandatario expresó que era "necesario adecuar el marco constitucional a las transformaciones que se han generado derivadas del alcance y dinámica de los cambios estructurales en las relaciones entre los ciudadanos" y que, "con el objeto de ejercer la potestad de iniciativa de reforma, se estima necesario conformar un grupo de trabajo de alto nivel, destinado a preparar el anteproyecto" que había de "adaptar el texto constitucional al nuevo modelo basado, en los cambios profundos que el pueblo reclama y en el nuevo orden económico, político y social para la República" (considerandos y artículo 1 del decreto).

Finalmente, este Consejo informaría sobre sus avances al Presidente de la República "de conformidad con los lineamientos del Jefe de Estado en estricta confidencialidad" (art. 2 *ejusdem*), lo que era contrario a principios y derechos fundamentales de un Estado Demo-

---

[523] G.O. n° 38.606 del 17-01-2007 con reimpresión en n° 38.607 del 18-01-2007. El Consejo estaba conformado, entre otros, por seis diputados, la Presidenta del Tribunal Supremo de Justicia, el Fiscal General de la República, el Defensor del Pueblo y la Procuradora General de la República. Al respecto, nótese que al ser recusada la Presidenta del Tribunal Supremo de Justicia en una causa que versaba sobre la interpretación del artículo 344 de la CRBV con ocasión de la reforma, la TSJ/SC expuso que "la Dra. Luisa Estella Morales Lamuño no es -necesariamente- promovente del 'Proyecto de Reforma Constitucional' que ha presentado el Presidente de la República", por lo que no procedía la recusación. TSJ/SC n° 2033 del 01-11-2007 (*caso: Milagros Valera y otros*).

[524] *Cfr*. Claudia Nikken, "Soberanía popular y reforma constitucional. Breve análisis crítico de la fallida reforma constitucional iniciada por el Presidente de la República el 15 de agosto de 2007, desde el punto de vista de la soberanía popular", *Anuario de Derecho Público*, n° 1 (2007): 97. Expuso que de los artículos de la Ley Orgánica de la Administración Pública invocados como base legal no quedaba claro si este era un Consejo Nacional o una Comisión Presidencial al aludirse a ambos supuestos, aunque, en realidad, no podía ser ninguno de ellos por la función que se le había encomendado.

crático de Derecho como lo son la transparencia, información y participación ciudadana[525].

De esta forma, cuando finalmente se conoció el anteproyecto que el Presidente de la República presentó a la Asamblea Nacional el 15-08-2007[526], quedó demostrado que se trataba de una verdadera transformación del Estado que hacía imperativo acudir a la institución de la ANC, ya que la reforma no versaba sobre "una revisión parcial de esta Constitución y la sustitución de una o varias de sus normas que no modifiquen la estructura y principios fundamentales del texto Constitucional", como plantea el artículo 342 de la CRBV, al plantearse cambios en cuanto a los principios fundamentales de la organización del Estado, el sistema político, la forma del Estado, la organización del Poder Nacional, la Constitución económica y el régimen de la Fuerza Armada[527].

Tal es así, que la doctrina incluso apuntó que estos cambiados no procedían ni siquiera mediante una ANC porque desconocían principio como la soberanía popular y la cláusula democrática del Estado venezolano[528]; en tanto la TSJ/SC sostuvo de forma aislada, en un caso que no versaba sobre esta propuesta de reforma constitucional sino la elección de diputados a la Asamblea Nacional, que:

> ...el fraude a la Constitución se entiende como la utilización del procedimiento de reforma constitucional para proceder a la creación de un nuevo régimen político, de un nuevo ordenamiento constitucional, sin alterar el sistema de legalidad establecido. Una reforma

---

525 *Cfr.* TSJ/SC n° 2206 del 27-11-2007 (*caso: Yon Goigochea y otros*). La Sala restó importancia al hermetismo de este Consejo al asentar que "el procedimiento de reforma constitucional fue un acto abierto donde los diversos actores de la sociedad han participado mediante opiniones públicas, y los actores habiendo solicitado el derecho de palabra de manera formal ante la Asamblea Nacional, pudieron formular las propias en el seno de la misma".

526 Anteriormente había circulado una propuesta extraoficial del Consejo Presidencial, como comenta Allan R. Brewer-Carías, *Hacia la consolidación de un Estado socialista, centralizado, policial y militarista. Comentarios sobre el sentido y alcance de las propuestas de reforma constitucional* 2007 (Caracas: EJV, 2007), 14.

527 *Cfr.* Ibid. Sobre los motivos políticos que pueden haber llevado a la vía de la reforma en vez de la ANC consúltese Edgardo Lander, "El referéndum sobre la reforma constitucional el proceso político en Venezuela entra en una encrucijada crítica", *Revista Venezolana de Economía y Ciencias Sociales* 14, n° 2 (2008): 138. El autor explica que "el proceso de una asamblea constituyente hubiese exigido un debate mucho más amplio, plural y participativo. Esto hubiese requerido mayor esfuerzo político-organizativo, así como negociaciones con la más amplia pluralidad de sectores sociales y políticos del país. Sin duda, un proceso más lento, más complejo, pero ésa era la vía que permitía profundizar la experiencia de la participación democrática y, en caso de aprobarse una nueva Constitución, ésta hubiese contado con más legitimidad".

528 *Cfr.* Nikken, "La soberanía popular y el trámite de la reforma constitucional promovida por iniciativa presidencial el 15 de agosto de 2007", 53.

constitucional sin ningún tipo de límites, constituiría un fraude constitucional[529].

A pesar de lo anterior, la Asamblea Nacional -donde el partido de gobierno contaba con más del 60 % de los escaños y el 40 % restante también le era favorable, dada la no participación de la oposición y una abstención que rondó el 75 % en las elecciones parlamentarias[530]- no compartió este criterio y no solo aprobó la propuesta del Presidente de la República de reformar 33 artículos, sino que agregó otros 36 artículos con la intención de profundizar los cambios que el Ejecutivo había manifestado.

De este modo, el proyecto de reforma sancionado por la Asamblea Nacional el 03-11-2007 -es decir, en poco más de dos meses de que le fuese presentado el proyecto por el Presidente de la República, aunque la CRBV preveía un plazo de hasta dos años para su discusión profunda, de forma razonada y sin atender a las pasiones del momento[531]- contó con 69 artículos, 15 disposiciones transitorias, una disposición derogatoria y una disposición final[532].

---

529 TSJ/SC n° 74 del 25-01-2006 (*caso: Acción Democrática*).

530 *Cfr.* Jorge Kiriakidis Longhi, "Las Leyes pluviosas de los años XI, XII y XIII (Algunas consideraciones en torno a la Ley Habilitante de 17-12-10)", *Revista de Derecho Público*, nº 130 (2012): 14. El autor plantea que "es necesario recordar que la composición de la Asamblea Nacional resultante de las elecciones parlamentarias de 2005 no era el reflejo de la composición de las fuerzas políticas y sociales en Venezuela, sino el resultado de una errada estrategia emprendida por los partidos no alineados al gobierno, que en la víspera de las elecciones parlamentarias del año 2005, llamaron a la abstención, y como resultado de este llamado, se produjo efectivamente una abstención de más del 74% del padrón electoral. Sin embargo, lo que en definitiva ocurrió es que el partido de gobierno (y algunos partidos entonces alineados al gobierno) se hizo de la totalidad de los escaños de la Asamblea".

531 De ahí que el foro estimara que "[e]l referendo sobre el proyecto de reforma constitucional, que debía ser votada en dos bloques -el del Presidente, por un lado, y el de la Asamblea Nacional, por otro- tendría lugar exactamente un mes después de la entrega formal, un plazo a todas luces extremadamente breve para dar a conocer todos los detalles de dos propuestas con tal grado de complejidad". Roberto Viciano Pastor y Rubén Martínez Dalmau, "Necesidad y oportunidad en el proyecto venezolano de reforma constitucional (2007)", *Revista Venezolana de Economía y Ciencias Sociales* 14, nº 2 (2008): 112.

532 *Cfr.* Margarita Escudero León, "La concentración de poderes en el Presidente de la República de acuerdo con la propuesta de Reforma Constitucional sancionada por la Asamblea Nacional el 2 de noviembre de 2007", *Revista de Derecho Público*, nº 112 (2007): 151. Los artículos de la reforma pueden consultarse en Allan R. Brewer-Carías, *La Reforma Constitucional de 2007. Comentarios al proyecto inconstitucionalmente sancionado por la Asamblea Nacional el 2 de noviembre de 2007* (Caracas: EJV, 2007), 175-224. Sobre sus implicaciones y contrariedad al Estado Democrático de Derecho véase José Ignacio Hernández G., *Reflexiones sobre la Constitución y el modelo socioeconómico en Venezuela. A propósito del proceso de reforma constitucional* (Caracas: FUNEDA, 2008); Héctor Turuhpial Cariello, *El texto oculto de la reforma* (Caracas: FUNEDA, 2008).

Este proyecto fue sometido a referendo aprobatorio el 02-12-2007 –luego de que el CNE regulara su *iter* por múltiples resoluciones[533]– dividiéndose los artículos en dos bloques como lo había solicitado el Presidente de la República, aunque anteriormente tal pedido había sido rechazado cuando provenía de la sociedad civil[534].

La reforma fue rechazada por el 51 % de los votos escrutados según dio a conocer el CNE[535] y la CRBV quedó –formalmente– incólume, ya que "los actos jurídicos dictados por la Asamblea Nacional y el Consejo Nacional Electoral vinculados a ese procedimiento constitucional carecen de efectos jurídicos actuales susceptibles de causar lesión alguna a los derechos y garantías"[536].

¿Por qué formalmente? Porque luego de darse a conocer los resultados del referendo el Presidente de la República dictó múltiples decretos con fuerza de ley gracias a la habilitación para legislar que había recibido de la Asamblea Nacional en febrero de 2007 por dieciocho meses, para así implementar por vía legislativa buena parte de las regulaciones que no habían prosperado mediante la reforma constitucional.

Esta situación, fuertemente criticada por el foro[537], dio lugar a varias decisiones de la TSJ/SC avalando el actuar del mandatario nacional, ya que, en su criterio:

---

533 *Cfr*. Resolución n° 071011-2795 del 11-10-2007, sobre las "Normas para la constitución de las agrupaciones de ciudadanos y ciudadanas que participarán en el referendo de la reforma constitucional"; Resolución n° 071024-2826 del 24-10-2007, sobre las "Normas para regular el referendo de la reforma constitucional" (Gaceta Electoral n° 399 del 01-11-2007, reformada según n° 401 del 08-11-2007); y Resolución n° 071102-2862 del 02-11-2007, sobre la fecha del referendo (Gaceta Electoral n° 400 del 02-11-2007).

534 *Cfr*. Brewer-Carías, *La Reforma Constitucional de 2007. Comentarios al proyecto inconstitucionalmente sancionado por la Asamblea Nacional el 2 de noviembre de* 2007, 19. Nótese que ninguno de estos bloques incluyó las disposiciones transitorias, derogatoria y final, lo que podría haber *revivido* la imprevisión experimentada durante la ANC-1999, ya reseñada.

535 *Cfr*. Nikken, "Soberanía popular y reforma constitucional. Breve análisis crítico de la fallida reforma constitucional iniciada por el Presidente de la República el 15 de agosto de 2007, desde el punto de vista de la soberanía popular", 83.

536 TSJ/SC n° 121 del 20-02-2008 (*caso: Rafael Contreras*). Reiterado en múltiples decisiones sobre acciones de amparo constitucional intentadas contra la reforma constitucional y que fueron decididas luego del referendo aprobatorio.

537 *Cfr*. Lolymar Hernández Camargo, "Límites del poder ejecutivo en el ejercicio de la habilitación legislativa: Imposibilidad de establecer el contenido de la reforma constitucional rechazada vía habilitación legislativa", *Revista de Derecho Público*, nº 115 (2008): 51-56; Jorge Kiriakidis Longhi, "Breves reflexiones en torno a los 26 Decretos-Ley de julio-agosto de 2008, y la consulta popular refrendaria de diciembre de 2007", *Revista de Derecho Público*, nº 115 (2008): 57-61; Cosimina G. Pellegrino Pacera, "La reedición de la propuesta constitucional

> ...la naturaleza del referendo para la aprobación de una propuesta de reforma constitucional, no permite concluir (...) que el rechazo del proyecto se constituya en una decisión vinculante de la misma entidad jurídica atribuible a la aprobación del mismo.
> ...las regulaciones propuestas en un proyecto de reforma o enmienda constitucional, no sólo no ostentan un estatus jurídico en lo que respecta a su calificación como normas integrantes del sistema de derecho vigente, sino que además su rechazo en una consulta popular no limita el ejercicio de las competencias atribuidas a los órganos que ejercen el Poder Público en el marco del Estado de Derecho[538].

Del mismo modo, la Sala asentó que:

> ...podría suscitarse que una norma contenida en el proyecto de reforma constitucional, desaprobado en el referendo 2007, sea susceptible de ser promulgada posteriormente mediante ley, siempre que su implementación en el plano de la legalidad esté amparada por la Constitución. De ser así, en todo caso, se estaría en presencia de un rechazo al cambio de rango dentro del ordenamiento jurídico, cuando se negó la elevación de la normas y las materias al rango constitucional, sin que pueda extenderse automáticamente la inconstitucionalidad del precepto legal que haya sido preexistente o susceptible de implementación mediante reforma o su conformación *ex novo* como fuente de derecho, pues todavía depende de ello que se efectúe un juicio analítico de validez y eficacia frente a la Constitución de 1999[539].

Este razonamiento, como veremos de seguida, se copió también para avalar la posibilidad de someter al proceso de enmienda constitucional cambios que habían sido rechazados por el pueblo en el referendo de la reforma, aduciendo la Sala que:

> Lo anterior, revela que (...) es auténticamente la Asamblea Nacional el órgano investido del poder constituyente derivado con miras a producir una revisión más exhaustiva del texto constitucional y, en esa medida, adquiere sentido la prohibición contenida en el artículo 345 de la Constitución de República en cuanto a que "La iniciativa de Reforma Constitucional que no sea aprobada, no podrá presentarse de nuevo en un mismo período constitucional a la Asamblea Nacional", (...).
> Al hilo de estos razonamientos, cabe advertir que tal limitante no puede aplicarse por analogía al caso de la enmienda constitucional, cuyo objeto puntual y, precisamente, por la menor intensidad de los cambios constitucionales que puede producir, no está sujeta a los mismos requerimientos y tampoco a las mismas restricciones impuestas para la reforma constitucional (...).

---

de 2007 en el Decreto N° 6.217, con Rango, Valor y Fuerza de Ley Orgánica de la Administración Pública", *Revista de Derecho Público*, n° 115 (2008): 163–67.

538 TSJ/SC n° 256 del 10-04-2014 (*caso: Eliseo Escara y otra*).

539 TSJ/SC n° 355 del 16-05-2007 (*caso: Myriam Do' Nascimento*).

> Desde otra perspectiva, no puede negarse que el traslado de la prohibición aludida a la figura de la enmienda constitucional, supondría la aplicación extensiva de una barrera al derecho a la libre participación política de los titulares de la iniciativa constituyente, la cual estaría vedada por una obligante interpretación favorable y progresiva de ese derecho fundamental que sirve de base al modelo de "sociedad democrática, participativa y protagónica" que se perfila desde el propio Preámbulo de nuestra Carta Fundamental.
>
> ...
>
> Así las cosas, la circunstancia de que la propuesta de reforma constitucional improbada el 2 de diciembre de 2007, contuviera entre sus múltiples innovaciones la posibilidad de sucesivas reelecciones para el cargo de Presidente de la República, no impone automáticamente la restricción que se ha comentado sobre una iniciativa de enmienda constitucional que toque este mismo aspecto, menos aún si –como es notorio– la enmienda que será sometida a consulta referendaria se distingue de la reforma aludida en cuanto propone, como principio, la posibilidad de reelección continua para todos los cargos de elección popular[540].

En resumen, antes de pasar al tema de la enmienda constitucional, se tiene entonces que la reforma constitucional *stricto sensu* versa sobre una modificación moderada de la CRBV sin alterar su estructura y principios fundamentales –que no se limitan al Título I de dicho texto pues se hallan disgregados a lo largo de su articulado– para ajustarla a las nuevas realidades de la sociedad venezolana.

Esta reforma se da a través de un proceso complejo en el que intervienen múltiples manifestaciones del Poder Constituido (Poder Ejecutivo Nacional, Poder Legislativo Nacional, Poder Electoral) y el soberano, llamado a aprobar o rechazar el proyecto de reforma a través de un referendo que, en la práctica, ha sido regulado por el CNE por actos de rango sublegal que tergiversan los principios de representación y la reserva legal[541].

Cada una de las etapas del proceso complejo de reforma constitucional *stricto sensu* (iniciativa, discusión, referendo y promulgación), aun cuando se encuentra concatenada con otras y a pesar de

---

540 TSJ/SC n° 53 del 03-02-2009 (*caso: Federico Black y otros*).

541 *Cfr.* José Peña Solís, *Manual de Derecho administrativo*, vol. I (Caracas: CIDEP, 2021), 476-88. Véanse a su vez los artículos 202 ("[l]a ley es el acto sancionado por la Asamblea Nacional como cuerpo legislador"), 187 numeral 1 ("[c]orresponde a la Asamblea Nacional: 1. Legislar en las materias de la competencia nacional y sobre el funcionamiento de las distintas ramas del Poder Nacional") y 156 numeral 32 ("[e]s de la competencia del Poder Público Nacional: 32. La legislación en materia de derechos, deberes y garantías constitucionales; (...) la de elecciones; (...) la de organización y funcionamiento de los órganos del Poder Público Nacional y demás órganos e instituciones nacionales del Estado; y la relativa a todas las materias de la competencia nacional") de la CRBV.

los criterios que al respecto sostuvo la TSJ/SC al asumir la competencia electoral[542], está sujeta a revisión jurisdiccional gracias al principio de universalidad de control y economía procesal, aunado a que se trata de actos dictados en ejecución directa e inmediata de la CRBV con un fin propio, y que la contrariedad a Derecho de uno de ellos condicionaría la validez de los actos subsiguientes.

Finalmente, somos del criterio que rechazada una propuesta de reforma constitucional *stricto sensu*, en concordancia con lo previsto en el artículo 345 de la CRBV, las modificaciones que pretendían incluirse con ella en el ordenamiento jurídico venezolano deben estimarse como rechazadas por el pueblo, sin que estas puedan incluirse luego a través normas con fuerza de ley, como se vivió en Venezuela con los decretos presidenciales del año 2008 y posteriormente las leyes del Poder Popular sancionadas por la Asamblea Nacional[543], en fraude a la opinión que el soberano expresó al ser consultado en el referendo de diciembre de 2007.

1.2. La enmienda constitucional

Conocido cómo opera la reforma constitucional *stricto sensu* nos quedaría por referirnos a la enmienda constitucional antes de pasar a la ANC, que constituye nuestro verdadero objeto de estudio.

Así, la CRBV determina que el objeto de la enmienda es "la adición o modificación de uno o varios artículos de la Constitución, sin alterar su estructura fundamental" (art. 340), de lo que se constata su similitud con la reforma constitucional *stricto sensu* –no puede modificar la estructura fundamental del texto constitucional–, pero también sus diferencias, al limitarse a la incorporación o cambio de artículos en concreto, sin poder eliminar alguno de ellos.

Estas semejanzas y diferencias se aprecian también en el *iter* procedimental que caracteriza a la enmienda según el artículo 341 *ejusdem*, que es del siguiente tenor:

> 1. La iniciativa podrá partir del quince por ciento de los ciudadanos y ciudadanas inscritas en el Registro Civil y Electoral; o de un treinta

---

[542] *Cfr.* TSJ/SC n° 2194 del 22-11-2007 (*caso: Hermann Escarrá y otros*). La Sala expuso que al ser los actos vinculados con la reforma constitucional *stricto sensu* dictados en ejecución directa e inmediata de la CRBV, correspondía a dicha Sala conocer las acciones judiciales que se intentaran contra ellos aun cuando el artículo 297 de dicho texto previese que "[l]a jurisdicción contencioso electoral será ejercida por la Sala Electoral del Tribunal Supremo de Justicia y los demás tribunales que determine la ley". Reiterado entre otros n° 2201 del 27-11-2007 (*caso: Guillermo Mora*) y n° 2202 del 27-11-2007 (*caso: Alberto Nueves y otros*).

[543] *Cfr.* Sira Santana, *Poder Popular, descentralización y participación ciudadana.*

por ciento de los integrantes de la Asamblea Nacional o del Presidente o Presidenta de la República en Consejo de Ministros.
2. Cuando la iniciativa parta de la Asamblea Nacional, la enmienda requerirá la aprobación de ésta por la mayoría de sus integrantes y se discutirá, según el procedimiento establecido en esta Constitución para la formación de leyes.
3. El Poder Electoral someterá a referendo las enmiendas a los treinta días siguientes a su recepción formal.
4. Se considerarán aprobadas las enmiendas de acuerdo con lo establecido en esta Constitución y la ley respecto al referendo aprobatorio.
5. Las enmiendas serán numeradas consecutivamente y se publicarán a continuación de la Constitución sin alterar el texto de ésta, pero anotando al pie del artículo o artículos enmendados la referencia de número y fecha de la enmienda que lo modificó.

De este modo, se tiene en primer lugar que la iniciativa coincide con la reforma constitucional *stricto sensu* salvo por la mayoría requerida de la Asamblea Nacional, que pasa del voto de la mayoría de sus integrantes al del 30 % de sus integrantes, facilitándose la materialización del proyecto.

Una diferencia más llamativa constatamos en lo que se refiere a la etapa que denominamos de discusión, ya que al contrario de lo visto en la reforma constitucional *stricto sensu* donde todas las iniciativas eran posteriormente tramitadas ante la Asamblea Nacional, en el caso de la enmienda esta última solo se encarga de discutir y aprobar –con el voto favorable de la mayoría de sus integrantes, a diferencia de la reforma constitucional *stricto sensu* que exige el beneplácito de sus dos terceras partes– los proyectos de enmienda nacidos en la propia Asamblea Nacional[544].

Este trámite se realizará según el procedimiento de formación de leyes (arts. 202 a 218 de la CRBV), a diferencia también de la reforma constitucional *stricto sensu* que cuenta con un procedimiento especial con tres discusiones en vez de dos, según vimos *supra*.

Coinciden tanto la enmienda y la reforma constitucional *stricto sensu* en que los proyectos se someten a referendo, destacándose que la primera hace un llamado a la legislación que se haya dictado sobre el referendo aprobatorio. Al respecto, recordamos que esta materia se ha deslegalizado en Venezuela producto de la disposición transitoria primera de la Ley Orgánica de Procesos Electorales[545] según la cual:

---

[544] Nótese que autores como Peña Solís son del criterio que esta interpretación gramatical de la norma debe ceder a favor de una interpretación sistemática, al ser "la Asamblea Nacional (...) la mejor expresión del poder constituyente derivado". José Peña Solís, "Lecciones de Derecho constitucional venezolano" (Caracas, UCV, 2015), 554, http://hdl.handle.net/10872/18618.

[545] G.O. n° 5.928 Extraordinario del 12-08-2009.

> Hasta tanto la Asamblea Nacional dicte la ley que regule los procesos de referendo, el Poder Electoral a través del Consejo Nacional Electoral como órgano rector y máxima autoridad de acuerdo con lo dispuesto en el Artículo 22 de la Constitución de la República, desarrollará los instrumentos jurídicos especiales que regulen los procesos de referendo cuando las circunstancias así lo exijan. Los procesos de referendo se regirán por lo establecido en la Constitución de la República, la Ley Orgánica del Poder Electoral, la presente Ley y en las demás leyes electorales[546].

Finalmente, corresponde al Presidente de la República promulgar la enmienda dentro de los diez días siguientes a su aprobación -como también se plantea para la reforma constitucional *stricto sensu*-, precisando la CRBV que su publicación en G.O. se realizará sin alterar el texto de la Constitución y luego de esta, al contrario de la reforma constitucional *stricto sensu* que sí plantea una sustitución de artículos.

Estos son los -si se quiere- métodos clásicos de revisión constitucional que prevé la CRBV y cuya *exposición de motivos*[547] planteó que podrían activarse para, por ejemplo, ajustar la Constitución de la República a un tratado o convenio internacional que resultara de especial interés para la Nación y que no admitiera reservas.

En definitiva, la exposición mencionada indicó que:

> Se establece una serie de mecanismos a través de los cuales las posibilidades de modificación del texto constitucional sean factibles y accesibles, para evitar el divorcio entre la norma fundamental del sistema jurídico y la realidad social, política, cultural y económica. La contraposición entre una Constitución formal y una Constitución real genera distorsiones que agravan considerablemente las crisis de gobernabilidad y de legitimidad del sistema político, al no existir opciones para superarlas.
>
> ...

---

546 *Cfr.* Ley Orgánica del Poder Electoral, en G.O. n° 37.573 del 19-11-2002. El artículo 33 de esta ley prevé como competencia del CNE -entre otros- realizar la convocatoria y fijar la fecha de los referendos, destinar los recursos necesarios para realizar campañas institucionales de información sobre los referendos, publicar los resultados de los referendos en la Gaceta Electoral, acreditar a los observadores nacionales o internacionales en los referendos y reglamentar las leyes de referendos.

547 Resulta oportuno recordar que en el pasado la TSJ/SC ha indicado que tal exposición "constituye un documento independiente al Texto Constitucional propiamente dicho y, no siendo parte integrante de la Constitución, no posee carácter normativo", por lo que su contenido puede ser consultado "sólo a título referencial e ilustrativo para el análisis de la norma constitucional", puesto que "constituye simplemente una expresión de la intención subjetiva del Constituyente, y tiene el único fin de complementar al lector de la norma constitucional en la comprensión de la misma". TSJ/SC n° 93 del 06-02-2001 (*caso: Corpoturismo*).

> En este sentido, las posibilidades de modificación de la base jurídica del país deben ser amplias y estar efectivamente en manos de una pluralidad de actores políticos y sociales. Una democracia participativa y protagónica no puede construir una rígida y petrificada normativa constitucional. Al contrario, debe dejar abiertas muchas ventanas para que los procesos participativos se desarrollen a plenitud, evitando el divorcio profundo entre la norma y la realidad.
>
> ...
>
> En lo que respecta al procedimiento de enmienda, se superan las limitaciones establecidas en la Constitución de 1961, que hacían complicada la consecución de resultados efectivos.

Así, aunque todos estos procesos persiguen la misma finalidad de modificar la Constitución para ajustarla a las demandas de la sociedad y evitar que los ajustes ocurran *contra legem*, al punto que algunos autores del foro la catalogan como una "Constitución de transición"[548], en la CRBV se consagró a la enmienda como un cambio de menor envergadura, la reforma constitucional *stricto sensu* como uno de envergadura media y la ANC -que desarrollaremos en breve- como uno de gran envergadura.

Todos, eso sí, caracterizados por la participación ciudadana tanto al inicio del proceso constituyente -valga la cacofonía, en cuanto a la iniciativa- como al final, con el referendo por medio del cual se aprueba o rechaza el cambio propuesto desde la ciudadanía o del Legislativo o Ejecutivo Nacional.

Nótese que esta amplitud hacia el pueblo fue uno de los puntos focales del debate constituyente en esta materia según reseñan los diarios de la ANC-1999, apreciándose que en el caso de la enmienda se asentó que este era el mecanismo que "resulta (...) más expedito"[549] para la " adición de uno o dos artículos por razones obvias, que no requieran una reforma sustancial de la Constitución"[550].

Por ello se optó por suprimir la participación de los concejos municipales y consejos legislativos -que originalmente también detentaban la iniciativa siempre que el acuerdo emanara de al menos dos discusiones- así como que todas las propuestas independientemente de su origen eran discutidas por la Asamblea Nacional y luego se remitía al Poder Legislativo Estadal y Municipal para su ratificación o

---

548 Viciano Pastor y Martínez Dalmau, "Necesidad y oportunidad en el proyecto venezolano de reforma constitucional (2007)", 114.

549 Brewer-Carías, "Diario de Debates de la Asamblea Nacional Constituyente de 1999, Vol. III", 850. La cita corresponde al constituyente Escarrá.

550 Brewer-Carías, "Diario de Debates de la Asamblea Nacional Constituyente de 1999, Vol. IV", 50. La cita corresponde al constituyente García Ponce.

rechazo[551], correspondiéndole este último al pueblo según vimos, sin la participación de los poderes mencionados.

Este mecanismo, como ocurrió con la reforma constitucional *stricto sensu*, también fue implementado en el país en la primera década de este siglo por iniciativa -si bien en este caso tercerizada- del Presidente de la República a fin de mantenerse en el Poder, supuesto que como vimos en el Capítulo II de esta investigación fue el principal motor de nuestros cambios constitucionales.

Así, una vez rechazada la propuesta de la reforma del año 2007[552], a los pocos días, el Segundo Vicepresidente de la Asamblea Nacional que recordamos era en su totalidad adepta al Presidente de la República aseguró que "[l]a reelección presidencial se puede llevar a cabo a través de una enmienda constitucional o de una Asamblea Constituyente" porque "lo que no se puede repetir en un mismo período es la iniciativa (...), la iniciativa la tomó el Presidente de la República, y ahora puede tomarla un 15% de ciudadanos, o la propia AN"[553].

Poco más de un mes después, al presentar su informe de gestión a la Asamblea Nacional, el Presidente de la República planteó la posibilidad de la enmienda constitucional concatenada con un referendo revocatorio, formulándosele al electorado dos preguntas: "Primera: ¿Está usted de acuerdo en que Hugo Chávez siga siendo presidente de Venezuela? Sí o No. Segunda pregunta con carácter vinculante: ¿Está usted de acuerdo en hacer una pequeña enmienda en la Constitución Bolivariana para permitir la reelección inmediata?"[554]

---

551 Brewer-Carías, "Diario de Debates de la Asamblea Nacional Constituyente de 1999, Vol. III", 850. Véase al respecto la intervención del constituyente Quijada, al señalar que "[e]l sistema de enmienda es complejo, muy complejo, porque tiene que pasar no solamente por la aprobación y las discusiones en las cámaras, en el caso en la Asamblea Nacional, sino que además tiene que ir a la Asamblea Legislativa, hoy disfrazada con otro nombre, ahora le añade los cabildos. La Constitución de 1947 se aprobó en cuatro o cinco meses, aproximadamente; la ratificación de las asambleas legislativas duró dos años. Si los partidos políticos que están en la oposición controlan el cincuenta por ciento de las asambleas legislativas, no sería posible hacer ningún tipo de reforma, ningún tipo de enmienda". Por este motivo, el constituyente llegó incluso a proponer que se eliminara la enmienda y quedara únicamente la reforma y la ANC.

552 Las causas y consecuencias de este resultado han sido estudiadas por la doctrina, como se constata en Pedro Nikken, "La sorpresiva congruencia democrática del 2 de Diciembre", *Revista Venezolana de Economía y Ciencias Sociales* 14, nº 2 (2008): 167-84.

553 Aporrea, "Reelección presidencial puede lograrse con una Constituyente o una enmienda, según Roberto Hernández", 07-12-2007, https://www.aporrea.org/actualidad/n105967.html.

554 BBC, "Chávez reanuda debate constitucional", 12-01-2008, http://news.bbc.co.uk/hi/spanish/latin_america/newsid_7185000/7185235.stm.

Comenzó así el proceso de la enmienda constitucional para su reelección indefinida, que dio pie a dos posiciones antagónicas:

Por un lado, la doctrina expuso que al haber sido este uno de los temas de la reforma constitucional *stricto sensu*, el rechazo en diciembre de 2007 de tales propuestas era "cosa juzgada constitucional" y no podían "volver a ser planteadas, por ninguna vía (ni Enmienda, ni Reforma) al Pueblo soberano", so pena de cometer un "fraude constitucional", en desprecio "a la voluntad política suprema y soberana expresada por el Pueblo"[555].

En otras palabras, la negativa de la reforma "suspende cualquier iniciativa (...) para iniciar o aprobar cualquier texto con el objetivo potencial de reforma legal o reglamentaria, así como cualquier reforma constitucional que tenga iguales propósitos relacionados con los contenidos incluidos en la iniciativa de reforma negada"[556], visto que:

> ...la prohibición constitucional de volver a someter a consulta una reforma [*lato sensu*] rechazada, en realidad está dirigida a regular los efectos de la voluntad popular expresada mediante referendo, en el sentido de que no se puede consultar al pueblo de nuevo la misma modificación constitucional que el pueblo ya ha rechazado en un mismo período constitucional[557].

Dicho período, como plantean los autores, atiende "al periodo de quien toma la iniciativa y participa en su elaboración y aprobación. En el caso presente nos referimos a los órganos Presidente de la República y Asamblea Nacional"[558].

Por el otro lado, a la par que la TSJ/SE declinaba su competencia para conocer del caso[559], la TSJ/SC –cuyos magistrados recordamos habían sido designados por la ANC-1999 y la Asamblea Nacional, ambas controladas por el partido de gobierno, y había asumido la jurisdicción electoral en los casos que resultaban de su interés[560]– fue del criterio contrario a la doctrina al sostener que:

---

555 Nelson Socorro y Henrique Iribarren, "Notas sobre la suprainconstitucionalidad de base de una enmienda que permita la reelección indefinida del Presidente de la República", *Anuario de Derecho Público*, nº 3 (2009): 69-70.

556 Nelson Socorro, "Comentarios sobre las consecuencias jurídicas del rechazo por el pueblo soberano a la iniciativa de reforma constitucional del 2 de diciembre 2007", *Revista de Derecho Público*, nº 113 (2008): 62.

557 Allan R. Brewer-Carías, *Crónica constitucional sobre el secuestro de la participación política y las elecciones en Venezuela, que dejaron de ser libres, justas, plurales y transparentes* (1999-2024) (Caracas: EJV, 2024), 390.

558 Socorro, "Comentarios sobre las consecuencias jurídicas del rechazo por el pueblo soberano a la iniciativa de reforma constitucional del 2 de diciembre 2007", 62.

559 TSJ/SE nº 42 del 31-03-2009 (*caso: Francisco Suárez y otros*).

560 Véase un ejemplo de lo aquí afirmado en TSJ/SC nº 48 del 03-02-2009 (*caso: Andrés Martínez*), en el que se intentó una acción de amparo contra la negativa

> Esta Sala estima que sí se puede plantear mediante una Propuesta de Enmienda Constitucional lo que fue el contenido o parte del contenido de una Propuesta de Reforma Constitucional desaprobada.
> En otras palabras, la Sala aprecia que sobre la base de dicho precepto no se declararía la invalidez de una Propuesta de Enmienda Constitucional cuyo contenido sea idéntico en su significado al de una Propuesta de Reforma Constitucional previamente desaprobada por el cuerpo electoral en el marco de un Procedimiento de Reforma Constitucional[561].

Para llegar a tal conclusión, la Sala afirmó en relación con el artículo 345 de la CRBV que:

> ...para que opere la sanción según la cual una nueva Propuesta de Reforma Constitucional similar a una anterior desaprobada se estime inválida, debe darse la circunstancia de que dicha nueva Propuesta hubiese sido presentada ante "la Asamblea Nacional".
> Ello evidencia que el redactor de este enunciado sólo tenía en mente, al momento de elaborar dicha norma, el Procedimiento de Reforma Constitucional y no el de Enmienda Constitucional, pues las únicas Propuestas de Revisión Constitucional que se presentan a la Asamblea Nacional son las de Reforma Constitucional.
> Las de Enmienda, por el contrario, tal y como se desprende del artículo 341 de la Constitución, se presentan directamente al Consejo Nacional Electoral.
> ....
> Bien interpretado, el segundo enunciado del artículo 345 significaría que la iniciativa de Reforma Constitucional que no sea aprobada no podrá presentarse de nuevo mediante el Procedimiento de Reforma Constitucional en un mismo período constitucional a la Asamblea Nacional[562].

---

del CNE de abrir el registro electoral para la inscripción de nuevos votantes en la enmienda constitucional, y la Sala lo declaró inadmisible ya que debía presentarse era un recurso contencioso electoral ante la TSJ/SE. En sentido similar: TSJ/SC n° 50 del 03-02-2009 (*caso: Yanyna Farache y otro*) y n° 51 del 03-02-2009 (*caso: Anaís Vásquez y otros*).

561 TSJ/SC n° 49 del 03-02-2009 (*caso: Amante Croncoli y otro*). Reiterado en TSJ/SC n° 353 del 27-03-2009 (*caso: Marelys D'Arpino*) y n° 279 del 16-03-2011 (*caso: Iván Naveda*).

562 Ibid. Nótese que la TSJ/SC parece haber cambiado parcialmente este criterio –en cuanto a que el Presidente de la República o el electorado podían presentar su proyecto de enmienda directamente ante el CNE– cuando en el año 2016 la oposición, que ahora contaba con la mayoría del Parlamento, dio inicio al trámite para aprobar una enmienda constitucional para reducir el período presidencial a cuatro años. En esa oportunidad, la Sala sostuvo que "[l]as exigencias requeridas para activar la enmienda como mecanismo de modificación constitucional, resultan lógicas por varias razones, a saber: // a) Su discusión y sanción corresponde a la Asamblea Nacional, que es el cuerpo legislador (...). Es decir, que debe seguirse lo previsto en los artículos 205 al 211 de la Constitución de la República (...). // b) La Constitución es un texto normativo (...). Ergo, cualquier texto que pretenda modificar el texto fundamental, también debe ser tratado como una ley, aunque su objeto expreso sea el que, de apro-

De este modo, la Sala avaló que la fallida reforma se reeditara y presentara ahora como una enmienda, contradiciendo el *thelos* de la prohibición que busca dotar al sistema constitucional de cierta estabilidad una vez una reforma *lato sensu* es aprobada o rechazada, para que la parte perdidosa no intente de forma sucesiva que se revierta esta decisión, subsumiendo al país en un clima de inestabilidad socio-política y jurídica.

Esto, porque de acuerdo con la interpretación de la Sala cualquiera que tuviese la iniciativa para enmendar la CRBV –como se recordará, la Asamblea Nacional, el Presidente de la República en Consejo de Ministros o el 15 % de los electores– podría someter su proyecto a referendo tantas veces como quisiera independientemente que fuese rechazado una y otra vez, hasta eventualmente lograr su aprobación por el tedio del electorado de seguir votando de forma negativa, ganándose en definitiva a pesar del alto índice de abstención que –como vimos– no afecta la legitimidad del texto constitucional. Un escenario que escapa a toda lógica, y es sabido que buena parte del Derecho es justamente lógica[563].

Asimismo, la Sala no dudó en afirmar que la iniciativa provenía ahora de la Asamblea Nacional[564] –a pesar de que era público y notorio el interés del Presidente de la República en el tema, como dejó asentado en su informe de gestión del año 2007 según vimos *supra*, en lo que nos recuerda la reforma constitucional durante la época de Guzmán Blanco abordada en el Capítulo II de esta investigación– y que el tema de la reelección indefinida era cónsono con la vía de la enmienda ya que:

---

barse, pase a integrar el ordenamiento constitucional. // c) Finalmente, la propuesta de enmienda no solo debe respetar la estructura de la Constitución, sino también los principios fundamentales del texto constitucional y del ordenamiento jurídico vigentes. Este límite o restricción impuesto al poder constituido por el Constituyente es válido para cualquier modificación parcial (enmienda o reforma), pues sólo la Asamblea Nacional Constituyente puede transformar el Estado y crear un nuevo ordenamiento jurídico-constitucional (...), siempre que no violente los principios contenidos en el artículo 350 del texto fundamental". TSJ/SC n° 274 del 21-04-2016 (*caso: Johnny Jiménez*).

563 *Cfr.* Ulrich Klug, *Lógica jurídica*, trad. J. C. Gardella, 2° ed. (Bogotá: Temis, 2020). Véase en sentido similar Peña Solís, "Lecciones de Derecho constitucional venezolano", 553. El autor indica que "en el entendido que el poder de revisión constitucional es consagrado como una manifestación del principio de supremacía formal del texto constitucional, la cual implica que este tiene una estabilidad jurídica reforzada, (...) luce lógico postular una tesis que propugne la aplicación analógica de la regla prevista en el artículo 345 constitucional, según la cual en la hipótesis de una iniciativa de reforma constitucional que no sea aprobada, no podrá presentarse de nuevo en un mismo período constitucional a la Asamblea Nacional, pudiendo predicarse de esta manera la existencia de ese límite temporal".

564 TSJ/SC n° 52 del 03-02-2009 (*caso: Oscar Arnal*).

> ...supone entonces una mínima alteración de la "Ley de Leyes", incapaz de afectar en medida alguna su estructura fundamental, entendida no sólo desde una perspectiva formal en cuanto texto normativo ordenado por una particular sistemática, sino también desde un punto de vista material, como cuerpo continente de las decisiones políticas fundamentales, con una carga axiológica que la nutre y legitima su realización por parte del Estado y los ciudadanos que hacen vida en él[565].

Al respecto, somos del criterio que de haberse valorado efectivamente las "decisiones políticas fundamentales" y la "carga axiológica" del constitucionalismo venezolano en el caso concreto, difícilmente se hubiese favorecido la posibilidad de abrir cauces para el ejercicio perenne del Poder, dadas las constante batallas por la libertad que ha luchado el pueblo venezolano durante la independencia de la Corona española y décadas de caudillismo[566].

Lo anterior, incluso si con la enmienda ahora se pretendía ampliar el espectro de la reelección para que esta no fuese únicamente del Presidente de la República sino de "todos los cargos de elección popular", lo que consideró la TSJ/SC era suficiente para distinguirla de la reforma constitucional intentada en diciembre de 2007[567].

Así, fue la visión de la TSJ/SC la que se impuso en la práctica, quedando el camino abierto para dar inicio a la enmienda constitucional, el tercer proceso constituyente que vivía Venezuela en diez años.

Como dijimos, el Presidente de la República exteriorizó en enero de 2008, ante la Asamblea Nacional, su interés en que se sometiera a referendo una enmienda constitucional que versara sobre la reelección indefinida, cónsono con nuestra historia constitucional en la que la mayoría de los cambios constitucionales según abordamos *supra* partían del interés del mandatario de turno de mantenerse en el mismo.

Esta idea no fue parte del debate político durante buena parte de ese año, ya que el foco se colocó en las elecciones de alcaldes y gobernadores del 23-11-2008 en las que el oficialismo obtuvo una amplia

---

565 TSJ/SC n° 53 del 03-02-009 (*caso: Federico Black y otros*). Reiterado en TSJ/SC n° 148 del 20-02-2009 (*caso: Elenis Rodríguez y otros*), n° 353 del 27-03-2009 (*caso: Marelys D'Arpino*), n° 669 del 28-05-2009 (*caso: Eduardo García*), n° 958 del 14-07-2009 (*caso: Antonio Varela*) y n° 279 del 16-03-2011 (*caso: Iván Naveda*).

566 *Cfr.* Allan R. Brewer-Carías, *Sobre la militarización de la política en Venezuela. Un mal que nos acecha desde la Independencia. Algunos escritos* (Caracas: EJV, 2023).

567 TSJ/SC n° 53 del 03-02-009 (*caso: Federico Black y otros*).

ventaja[568]. Una semana después de estos comicios que fungieron como un plebiscito de su programa de gobierno, el Presidente de la República declaró:

> Yo les doy mi autorización al PSUV (Partido Socialista Unido de Venezuela), al pueblo venezolano, para que inicien el debate y las acciones para lograr la enmienda constitucional y la reelección del presidente de la República, y estoy seguro de que ahora sí lo vamos a lograr. Vamos a demostrar quién manda en Venezuela[569].

Par de días después, agregó que "[s]i es que lo vamos a hacer, hagámoslo ya", porque la enmienda "puede ser perfectamente preparada en diciembre"[570].

La Asamblea Nacional atendió al llamado del mandatario y dio la primera discusión al proyecto de enmienda el 18-12-2008[571] –aunque para esa fecha ya había terminado su período de sesiones ordinarias de acuerdo con el artículo 219 de la CRBV[572]– y la segunda discusión el 14-01-2009, nueve días después del inicio del nuevo período de sesiones ordinarias, remitiéndose el día siguiente al CNE la pregunta que había de consultarse al electorado. A saber:

> ¿Aprueba usted la ampliación de los derechos políticos de las venezolanas y los venezolanos en los términos contemplados en la enmienda de los artículos 230, 160, 174, 192 y 162 de la Constitución de la República Bolivariana de Venezuela, tramitada por la Asamblea Nacional, al permitirse que la postulación para todos los cargos de elección popular de modo que su elección sea expresión exclusiva del voto del pueblo?

Al respecto, destaca que la Asamblea Nacional, en adición a la reelección indefinida del Presidente de la República (art. 230), previó la misma posibilidad para los diputados de la Asamblea Nacional (art.

---

568 Reuters, "Cronología. Elecciones en Venezuela durante los 14 años de Hugo Chávez", 11-04-2013, https://www.reuters.com/article/world/us/cronologia-elecciones-en-venezuela-durante-los-14-aos-de-hugo-chvez-idUSSIE93A049/.

569 El País, "Hugo Chávez reabre el proceso para su reelección indefinida", 30-11-2008, https://elpais.com/internacional/2008/11/30/actualidad/1227999611_850215.htm.

570 El País, "Chávez pide impulsar 'ya' su reelección indefinida", 01-12-2008, https://elpais.com/internacional/2008/12/02/actualidad/1228172403_850215.htm

571 MINEC, "Aprobación de la enmienda constitucional llega a 15 años", 15-02-2024, http://www.minec.gob.ve/aprobacion-de-la-enmienda-constitucional-llega-a-15-anos/.

572 El artículo prevé: "El primer período de las sesiones ordinarias de la Asamblea Nacional comenzará (...) el cinco de enero de cada año o el día posterior más inmediato posible y durará hasta el quince de agosto. // El segundo período comenzará el quince de septiembre o el día posterior más inmediato posible y terminará el quince de diciembre".

192), gobernadores (art. 160), integrantes de los consejos legislativos estadales (art. 162) y alcaldes (art. 174).

Lo anterior, a propuesta una vez más del Presidente de la República que alegó se trataba de una "extensión del derecho de un pueblo a elegir sin restricciones y postular a quien quiera (...) con el fin de que todos tengan los mismos derechos"[573], aunque las organizaciones no gubernamentales alertaron que lo que en realidad se perseguía era "asegura[r] que todo aquel que disponga de recursos públicos para hacer proselitismo político y movilización electoral, los utilice indiscriminada e ilegalmente, siguiendo el ejemplo del mismo Presidente", a fin de lograr su propia reelección[574].

Al respecto, el foro apuntó que:

> En 2007, uno de los factores que influyó en la deficiente campaña a favor del "Sí" fue que algunos partidos aliados al naciente PSUV y ciertos gobernadores y alcaldes no se habían comprometido con la defensa de la reforma por falta de incentivos: la reelección atañía sólo al presidente. Éste no quiso volver a repetir el error, cuando muchas encuestas le eran desfavorables. Ampliar la reelección facilitaba cohesionar a los suyos, ganar más apoyos entre la población y enfrentarse a algunos sectores que le acusaban de querer perpetuarse en el poder (...). Por otro lado, conviene subrayar la redacción confusa de la pregunta, en unos términos que permitían colegir que votando "Sí" se ampliaban los derechos políticos del elector[575].

Esta pregunta fue tenuemente reformulada por el CNE al fijar la fecha del referendo para el 15-02-2009 -fecha que de hecho había pedido el Presidente de la República para la consulta- sin que la reforma solventara los vicios de dirección de la respuesta. De este modo, la interrogante que se formuló en el referendo fue la siguiente:

> ¿Aprueba usted la enmienda de los artículos 160, 162, 174, 192 y 230 de la Constitución de la República, tramitada por la Asamblea Nacional, que amplía los derechos políticos del pueblo con el fin de permitir que cualquier ciudadano o ciudadana, en ejercicio de un cargo de elección popular, pueda ser sujeto de postulación como candidato o candidata para el mismo cargo por el tiempo establecido constitucionalmente dependiendo su posible elección exclusivamente del voto popular?

---

573 Semana, "Chávez propone eliminar restricciones para reelecciones", 04-01-2009, https://www.semana.com/chavez-propone-eliminar-restricciones-para-reeleccion es/72454/.

574 Súmate, "Monitor electoral. Tu deber te da el poder", enero 2009, https://sumate.org/Monitorespdfs/monitor_electoral_sumate_30_enero_2009.pdf.

575 Manuel Hidalgo, "A la segunda va la vencida: ¿Chávez rumbo a 2021?", *Umbrales*, nº 19 (2009): 233-34.

A su vez, y como ocurrió con la reforma constitucional *stricto sensu* del 2007 dada la omisión legislativa al negarse la Asamblea Nacional a dictar las normas que regulen los referendos en el país, delegando y deslegalizando esta materia al Poder Electoral de forma temporal –y que ya sobrepasa los diez años–, el CNE dictó par de resoluciones adicionales que versaron sobre las normas para la celebración del mencionado referendo, la propaganda electoral y el cronograma de actividades[576].

Contra estos actos de la Asamblea Nacional y el CNE se intentaron múltiples acciones judiciales que corrieron con la misma suerte de la reforma constitucional *stricto sensu* al decidir la TSJ/SC que se trataba de actos que formaban parte de un proceso complejo, que no ponían fin al mismo, y por lo tanto erran irrecurribles[577].

Finalmente, el referendo tuvo lugar en la fecha mencionada en un clima cargado de irregularidades que atentaron contra la integridad electoral de los comicios[578] y los resultados arrojaron que, con una participación que rondó el 60 %, el "Sí" resultaba vencedor con cerca del 55 % de los votos –esto es, un 33 % del electorado, de modo similar a como ocurrió con la aprobación de la Constitución en 1999–, quedando aprobada la primera –y a la fecha única– enmienda de la CRBV, que se publicaría en la G.O. n° 5.908 Extraordinario del 19-02-2009, cuatro días después del referendo.

De este modo, no siendo nuestro objetivo ahondar en este proceso y los motivos por los que la reelección indefinida atenta contra principios fundamentales del Estado venezolano como lo son la alternabilidad y el pluralismo político[579], tal como recientemente expuso la

---

576 Gaceta Electoral n° 474 del 26-01-2009 y n° 475 del 29-01-2009.

577 Nótese que así se sostuvo incluso en causas decididas luego del referendo, como consta en TSJ/SC n° 477 del 29-04-2009 (*caso: Francisco Lara y otros*). Reiterado en TSJ/SC n° 620 del 21-05-2009 (*caso: Oscar Pérez*), n° 621 del 21-05-2009 (*caso: Juan Santana y otros*), n° 669 del 28-05-2009 (*caso: Eduardo García*), n° 796 del 22-07-2010 (*caso: Francisco Suárez y otros*), n° 958 del 14-07-2009 (*caso: Antonio Varela*), n° 982 del 14-07-2009 (*caso: Ybeth González y otro*) y n° 983 del 14-07-2009 (*caso: María Sarriá*).

578 Súmate, "Monitor electoral. Ni justas ni libres", marzo de 2009, https://sumate.org/Monitorespdfs/monitor_electoral_sumate_31_febrero_marzo_2009.pdf. El informe deja constancia del proselitismo político y uso del Tesoro Nacional por parte de los funcionarios públicos del oficialismo, inconsistencias en los resultados anunciados por el CNE, entre otros. Sobre la integridad electoral en general véase Gabriel Sira Santana, "La integridad electoral en Venezuela", en *Libro homenaje al Dr. Pedro Nikken*, vol. II (Caracas: ACIENPOL y EJV, 2021), 807–32.

579 *Cfr.* Allan R. Brewer-Carías, "El juez constitucional vs. La alternabilidad republicana (La reelección continua e indefinida)", *Revista de Derecho Público*, n° 117 (2009): 205–11; Socorro y Iribarren, "Notas sobre la suprainconstitucionalidad de base de una enmienda que permita la reelección indefinida del Presidente de la República".

CorteIDH[580], queda por indicar que llama la atención que -como vimos- en el pasado la TSJ/SC había sostenido que contra los actos "preparatorios" de la reforma constitucional *stricto sensu* y la enmienda no procedía control previo ni acción alguna porque ellos no causaban gravamen, por ello había que esperar que ocurriera el referendo y si este terminaba en la aprobación de la reforma es que se conocería de acciones en su contra.

Tales acciones no prosperaron en el primer caso visto que los resultados del intento de reforma del año 2007 fueron negativos pero, ¿qué pasó en el caso de la enmienda que terminó siendo aprobada?

La respuesta es que la TSJ/SC sentenció que era:

> ...un hecho público notorio comunicacional que el pasado 15 de febrero de 2009, se llevó a cabo el referendo de la enmienda constitucional presentada por la Asamblea Nacional; así, en virtud de la celebración de dicho evento electoral y de sus resultados, cualesquiera de los actos jurídicos dictados por dicho organismo [el CNE] vinculados a ese procedimiento constitucional carecen de efectos jurídicos actuales susceptibles de causar lesión alguna a los derechos y garantías del actor[581].

E incluso más revelador resultó su fallo n° 1107/2009 donde, al conocer el "recurso de nulidad por inconstitucionalidad e ilegalidad contra el Acta de Proclamación de los Resultados (...) del Referéndum Aprobatorio (...) además, contra la Gaceta Oficial (...) sobre la Enmienda Constitucional", la Sala expuso que "las denuncias se centran en el contenido material de la revisión efectuada a la Carta Magna", y:

> ....la Carta Magna no autoriza a esta Sala a ejercer la señalada potestad de control concentrado sobre normas de tan máxima estirpe como las normas constitucionales, no sólo porque ello no se deduce en modo alguno de las atribuciones enumeradas en el trascrito artículo 336, sino porque contrariaría un principio de lógica elemental: siendo la Constitución la norma suprema y fundamento de la competencia de los órganos que ejercen el Poder Público, mal podría uno de tales arrogarse la potestad de "anular" prescripciones de

---

[580] CorteIDH, "Opinión consultiva OC-28/21 del 07-06-2021. La figura de la reelección presidencial indefinida en sistemas presidenciales en el contexto del Sistema Interamericano de Derechos Humanos (Interpretación y alcance de los artículos 1, 23, 24 y 32 de la Convención Americana sobre Derechos Humanos, XX de la Declaración Americana de los Derechos y Deberes del Hombre, 3.d de la Carta de la Organización de los Estados Americanos y de la Carta Democrática Interamericana)", 2021, https://www.corteidh.or.cr/docs/opiniones/seriea_28_esp.pdf.

[581] TSJ/SC n° 207 del 16-03-2009 (*caso: Gilberto Rúa*). Reiterado en TSJ/SC n° 210 del 16-03-2009 (*caso: Laritza Marcano*), n° 265 del 20-03-2009 (*caso: Oscar Arnal*), n° 366 del 02-04-2009 (*caso: Rafael Contreras*) y n° 1012 del 21-07-2009 (*caso: Gilberto Rúa*).

> ese cuerpo normativo que, justamente, constituye la base de su propia competencia.
> Conforme a nuestro nuevo marco constitucional, apuntalado en el principio de soberanía popular que recoge el artículo 5 de la Constitución, como elemento indispensable de la democracia participativa y protagónica que postula el Preámbulo de la Carta Magna, el Pueblo es el último y definitivo partícipe en los procesos de revisión constitucional, cuya aprobación mediante referendo con auténtica e indubitable voluntad constituyente forja y modela normas que se imbrican automáticamente en el entramado constitucional. De allí que no resulte dable ante esta Sala controvertir el contenido de disposiciones constitucionalizadas por voluntad del legítimo soberano.
> Lo anterior, revela entonces la imposibilidad de impugnar a través del contencioso constitucional las normas de la Carta Fundamental enmendadas con ocasión de la propuesta elevada ante el pueblo por la Asamblea Nacional[582].

En breve, según la TSJ/SC, los actos vinculados con la reforma de la Constitución *lato sensu* estaban desprovistos de todo tipo de control jurisdiccional **(i)** antes de que se realizara el referendo aprobatorio porque, hasta entonces, ellos eran meros trámites para conocer la voluntad del electorado; y **(ii)** luego de que se realizara el referendo aprobatorio, porque si la decisión era negativa decaía el objeto de la pretensión y, si la decisión era positiva, la reforma se incorporaba a la CRBV estándole vedado a la Sala pronunciarse sobre su constitucionalidad.

Así, este hilo argumental podría llevar al absurdo de que se propusiera una enmienda o reforma constitucional *stricto sensu* que restituyera la esclavitud en Venezuela –por nombrar un ejemplo de un tema cuya contrariedad con los derechos fundamentales no debería causar discusión alguna– y que la misma tuviese que tramitarse a plenitud, con inclusión de la celebración del referendo aprobatorio cuyo resultado sería incuestionable a pesar, repetimos, de su contrariedad a Derecho y la lógica.

En un Estado donde estamos acostumbrados al hiperactivismo judicial[583] y que llama constantemente a la necesidad de circunscribir

---

[582] TSJ/SC n° 1107 del 04-08-2009 (*caso: Pablo Medina*).

[583] *Cfr.* José Ignacio Hernández G., "La desnaturalización de la Justicia Constitucional en Venezuela", *Revista de Derecho Público*, n° 163-164 (2020): 97-113. Téngase como ejemplo que en el año 2016, al barajar la oposición que recordamos ahora contaba con la mayoría del Parlamento la posibilidad de aprobar una enmienda constitucional para reducir el período presidencial a cuatro años, la TSJ/SC entonces sostuvo que "en cuanto a la vigencia en el tiempo de una enmienda, esta no puede tener efectos retroactivos o ser de aplicación inmediata". TSJ/SC n° 274 del 21-04-2016 (*caso: Johnny Jiménez*). Atrás quedaron los argumentos de la propia Sala sobre la reforma constitucional *lato sensu* como mecanismo para adaptar la CRBV a las exigencias del pueblo, así como el

a la justicia constitucional a su justa medida[584], no puede sino llamar la atención la *timidez* de la TSJ/SC en casos como los aquí citados, evitando pronunciarse sobre el fondo del asunto antes y después de materializarse sus efectos nocivos. Claro que, como ha estudiado la doctrina, con algunos silencios también hay ganadores[585].

Este es, entonces, el modo en como quedó configurado en la CRBV e implementado en la práctica la reforma constitucional *stricto sensu* y la enmienda constitucional como métodos calificados por la doctrina como intermedios entre la ANC y los Poderes Constituidos[586] para implementar cambios -respectivamente- de mediana o leve intensidad en la carta magna, sin que ninguno de ellos pueda alterar los principios fundamentales de la misma.

En ambos casos, a su vez, se somete el resultado final a un referendo en el cual el pueblo -como único titular de la soberanía- decide si acepta o no la reforma *lato sensu* propuesta por la Asamblea Nacional, el Presidente de la República en Consejo de Ministros o una fracción del electorado, garantizándose en definitiva la supremacía de la Constitución y evitándose que esta sea modifica por métodos que le resultan ajenos.

¿Qué ocurre, en cambio, si la modificación del texto constitucional que se desea implementar es más sustanciosa que aquellas que pueden tramitarse mediante los métodos indicados?

La respuesta que ofrece la CRBV es que, en estos casos, debe convocarse a una ANC, tal como estudiaremos a continuación.

2. LOS ARTÍCULOS 347 AL 350 DE LA CONSTITUCIÓN DE LA REPÚBLICA

Las ANC son parte del ideario constitucional venezolano desde que puede hablarse de Venezuela. Así, BREWER-CARÍAS por ejemplo señala que:

> ...en Venezuela, en realidad, hemos tenido sólo dos Asambleas Constituyentes: el Congreso General de 1811 reunido en Caracas con el objeto de constituir el Estado venezolano independiente de la Corona Española con la sanción de la Constitución Federal para los Es-

---

criterio sostenido en TSJ/SC n° 457 del 05-04-2001 (*caso: Francisco Encinas y otros*) sobre que los cambios constitucionales tenían aplicación inmediata.

584 *Cfr.* Gabriel Sira Santana, "Algunas reflexiones sobre la justicia constitucional", *Revista de Derecho Público*, nº 167-168 (2021): 243-48.

585 *Cfr.* Antonio Canova González et al., *El TSJ al servicio de la Revolución. La toma, los números y los criterios del TSJ venezolano* (2004-2013) (Caracas: Editorial Galipán, 2014).

586 *Cfr.* Román José Duque Corredor, Román J., "La enmienda constitucional como poder constituyente especial", *Boletín de la Academia de Ciencias Políticas y Sociales*, nº 141 (2003): 157-59.

> tados de Venezuela (...); y el Congreso Constituyente convocado en Valencia, en 1830 por el General Páez, para constituir el Estado venezolano separado de la Gran Colombia y la sanción de la Constitución del Estado venezolano (...).
> Una vez, constituido el Estado venezolano (...) ha habido Asambleas Constituyentes pero no en el sentido estricto de "constituir" un Estado, sino de reconstituir el sistema político y reformar la Constitución, lo que en toda nuestra historia política siempre ha ocurrido después de una ruptura del hilo constitucional[587].

Como consecuencia de lo afirmado, el autor define a las ANC como "un congreso de representantes convocado con el objeto de constituir un Estado, es decir, establecer la organización política de una sociedad dada, en un territorio determinado"[588].

De modo similar se pronuncia Peña Solís, para quien la ANC "es la expresión emblemática del llamado Poder Constituyente originario, del cual solo es posible hablar, en estricto rigor conceptual e histórico, cuando se produce una 'destrucción' del orden constitucional, o una 'desconstitucionalización revolucionaria'", por lo que su inclusión en la CRBV es -por decir lo menos- curiosa al texto constitucional conferirle "poderes originarios para disolver a los poderes constituidos, que lógicamente no se corresponden con el clásico poder de revisión", pero a la vez clasificándola dentro de este poder "que no puede ser originario, de facto e ilimitado"[589].

Un concepto más amplio ofrece Badell Madrid quien, partiendo de la CRBV, señala que "[l]as asambleas constituyentes son órganos representativos, distintos a los poderes constituidos, que se convocan y eligen con la misión específica de elaborar una Constitución", estando tanto la instauración de estos cuerpos como la eficacia del texto que ellos sancionan sometidos a la decisión del pueblo por referendo popular[590], planteamiento es que se reitera -entre otros autores- en las obras de Álvarez y Combellas[591].

---

587 Brewer-Carías, "Las Asambleas Constituyentes en la historia de Venezuela", 55.

588 Ibid.

589 Peña Solís, "Lecciones de Derecho constitucional venezolano", 561-62 y 546.

590 Rafael Badell Madrid, "Régimen jurídico del proceso constituyente en la Constitución de Venezuela", *Boletín de la Academia de Ciencias Políticas y Sociales*, nº 156 (2017): 269. El autor agrega que "el conjunto de los diputados de la Asamblea representa al conjunto del pueblo, de manera que los representantes están ligados por un mandato preciso recibido de sus electores, puesto que los verdaderos mandantes son éstos y no la Asamblea. El pueblo, al tratarse del único depositario de la soberanía, y por tanto del poder constituyente, es el único con poder para dar instrucciones a sus representantes; es decir, el pueblo no sólo le otorga a la Asamblea el mandato de representarla, sino que le ordena de forma precisa la misión y los límites como debe desempeñarla. Así, los diputados no son libres en cuanto a sus actos y decisiones, y estos últimos

De ahí que KIRIAKIDIS LONGHI sostenga por ejemplo que "para el constitucionalismo (así como para la Constitución venezolana (...)), preexistiendo un Estado Constitucional de Derecho, la llamada a una Asamblea Constituyente se limita a un mecanismo para emprender una modificación del texto de la Constitución, nada más, y nada menos"[592], lo que comparte COMBELLAS al apuntar que:

> Las asambleas constituyentes previamente formalizadas y limitadas en su actuación por la Constitución vigente, podemos calificarlas más bien como poder de reforma, pues no tienen la opción de transformación de las asambleas originarias. Son en este sentido nominalmente constituyentes y normativamente constituidas, pues el alcance de sus poderes está predeterminado en la Constitución o en la ley[593].

Este planteamiento, no obstante, es rebatido por otros autores como RONDÓN DE SANSÓ al afirmar que la ANC es un "organismo colegiado conformado por sujetos elegidos en forma expresa para integrarla, mediante el sufragio universal, directo y secreto, y que tiene por objeto, establecer las bases fundamentales de un Estado" –es decir, en términos de GARCÍA-PELAYO, "a) Quiénes están llamados a ejercer su poder; b) con arreglo a qué principios orgánicos; c) según qué métodos; d) con qué limitaciones"[594]–, por lo que la ANC no es en puridad de conceptos una vía para modificar el texto constitucional, pues "presupone su derogatoria, extinción y sustitución por un nuevo texto", lo que a su vez origina que su ubicación dentro del título IX de la CRBV ("De la reforma constitucional") sea "incongruente"[595].

Son estas normas del capítulo III ("De la Asamblea Nacional Constituyente") del título IX ("De la reforma constitucional") de la CRBV a

---

sólo son legítimos en la medida en que se correspondan con las competencias asignadas por el poder constituyente".

591 Tulio Álvarez, *Constituyente, reforma y autoritarismo del siglo* XXI (Caracas: UCAB, 2007), 40; Combellas, "Introducción teórica al poder constituyente y al poder de revisión de la Constitución", 3. Este último expone que "[s]obre el ejercicio del poder constituyente en las sociedades democráticas del presente (...) caben dos posibilidades: la fórmula exclusivamente representativa, donde la voluntad popular se agota con la elección de los representantes, o la fórmula refrendaria, donde se combina la iniciativa popular de referéndum con la elección de una asamblea representativa y la ratificación popular de la Constitución", siendo este último el caso venezolano.

592 Kiriakidis Longhi, "La Asamblea Nacional Constituyente en la Constitución venezolana de 1999: Un método de reforma constitucional, nada más, nada menos", 28.

593 Combellas, "Introducción teórica al poder constituyente y al poder de revisión de la Constitución", 10.

594 García-Pelayo, *Derecho constitucional comparado*, 101.

595 Hildegard Rondón de Sansó, "Cuatro temas álgidos de la Constitución venezolana de 1999", en *Libro homenaje al Dr. Luis Cova Arria*, vol. II (Caracas: ACIENPOL, 2021), 1046–47.

las que nos referimos de seguida, precisando lo que la Constitución prevé en cuanto al objeto de la ANC, su convocatoria, iniciativa, y relación con el resto del Poder Público.

2.1. El objeto de la Asamblea Nacional Constituyente y su convocatoria

Si bien el tema de la extensión de sus atribuciones y si ella está o no sometida a límites formales y materiales es un tema sobre el que no hay una posición unánime en el foro –como tampoco la hay para el tema del Poder Constituyente en general, siendo la ANC una de sus manifestaciones[596]–, parece haber cierta uniformidad en que esta asamblea es, como señala García Soto y citamos en los inicios de esta investigación, una "instancia política para que se produzca una nueva Constitución"[597].

En otras palabras, se trata de un órgano de representación política *ex lege* que responde a la voluntad del pueblo de dotarse de un nuevo texto constitucional, y que como tal debe atender a las exigencias de este último desde el momento de su convocatoria y elección democrática de sus miembros, hasta la aprobación del proyecto de Constitución que tales representantes le presenten.

No puede ser de otra forma, si tenemos en cuenta que de acuerdo con el artículo 347 de la CRBV, "[e]l pueblo de Venezuela es el depositario del poder constituyente originario. En ejercicio de dicho poder, puede convocar una Asamblea Nacional Constituyente con el objeto de transformar al Estado, crear un nuevo ordenamiento jurídico y redactar una nueva Constitución".

Tres precisiones requiere este artículo, sobre el cual podemos acotar que no hubo un verdadero debate en la ANC-1999[598] al aprobarse sin más la propuesta presentada por el constituyente García Ponce –y que coincide con el artículo 347 de la CRBV– luego de que

---

[596] *Cfr.* Álvarez, *Constituyente, reforma y autoritarismo del siglo* XXI, 27-36; Peña Solís, "Lecciones de Derecho constitucional venezolano", 563. Este último autor plantea que "el ejemplo venezolano [de la ANC-1999] pone en evidencia que un Poder Constituyente surgido al margen de una Constitución vigente, o funcionando paralelamente con esta, tiende a convertirse en los hechos en un poder originario, lo que implica la derogatoria o 'destrucción' (...) de la referida Constitución, sin necesidad de esperar su derogatoria formal, como consecuencia de la promulgación de la nueva Constitución".

[597] García Soto, "Principio de la formación del Derecho por grados", 331.

[598] Nótese que la ANC no es el único caso en que esto ocurrió, siendo algunas particularidades del Derecho de excepción otro ejemplo de valor. *Cfr.* Gabriel Sira Santana, "Una mirada al Derecho de excepción en la Constitución de 1999", en *Principios fundamentales del Derecho Público. Desafíos actuales. Libro conmemorativo de los 20 años de la publicación de la Constitución de 1999* (EJVI, 2020), 384.

se leyera el para entonces artículo 390 del proyecto que estatuía: "[e]l pueblo, como constituyente originario, puede convocar una Asamblea Constituyente con el objeto de crear un nuevo ordenamiento jurídico y redactar una Constitución democrática"[599].

La primera, es que la ANC puede ser convocada únicamente por el pueblo. Al respecto, aunque este es uno de los conceptos "más controvertidos" del Derecho constitucional dado que "en su noción se hallan reunidos significados que pueden ser captados y observados, sea desde el punto de vista estrechamente jurídico, como del político y sociológico"[600], desde otrora se ha vinculado con la idea del soberano[601] y, en un sentido más tangible, con "la colectividad entera que se expresa mediante el voto"[602], por lo puede enlazarse con los derechos políticos desarrollados en el capítulo IV ("De los derechos políticos y del referendo popular") del Título III ("De los derechos humanos y garantías, y de los deberes") de la CRBV, y el capítulo II ("De la nacionalidad y ciudadanía") del mismo título.

Nos referimos, en especial, al artículo 39 –según el cual "[l]os venezolanos (...) que no estén sujetos (...) a inhabilitación política ni a interdicción civil, y en las condiciones de edad previstas en esta Constitución (...) son titulares de derechos y deberes políticos de acuerdo con esta Constitución"– y el encabezado del artículo 62 *ejusdem* que prevé "[t]odos los ciudadanos (...) tienen el derecho de participar libremente en los asuntos públicos, directamente o por medio de sus representantes elegidos".

La segunda precisión, es que de acuerdo con el artículo objeto de comentarios la ANC es una consecuencia del ejercicio del Poder Constituyente Originario. Este poder, quedó asentado en el Capítulo I

---

599 Brewer-Carías, "Diario de Debates de la Asamblea Nacional Constituyente de 1999, Vol. III", 856.

600 Juan De Stefano, "Consideraciones sobre el 'Estado' y el 'pueblo'", *Revista de la Facultad de Derecho de la Universidad Central de Venezuela*, nº 11 (1957): 204. En sentido similar: Humberto Njaim, "El pueblo desenmascarado. Derecho y democracia", *Cuadernos Unimetanos*, nº 11 (2007): 167-79. El autor expone que "el pueblo es un ente orlado de las connotaciones ennoblecedoras de la filosofía democrática pero bastante nebuloso" que, en definitiva, constituye "una entidad social juridificada que sólo se comprende en y desde la Constitución. Lo que ocurre es que la Constitución ha de ser lo suficientemente flexible como para no reducir el pueblo a una sola de sus dimensiones sino acoger el mayor número posible de ellas".

601 *Cfr.* Rousseau, *El contrato social o principios de Derecho político*, 48. Indica el autor que como consecuencia del contrato social, "[l]os asociados toman colectivamente el nombre de pueblo y se llaman en particular ciudadanos, en cuanto partícipes de la autoridad soberana, y súbditos, en cuanto sometidos a las leyes del Estado".

602 Norberto Bobbio, *El futuro de la democracia*, trad. José Fernández Santillán (México D.F.: FCE, 1986), 77.

de esta investigación, es entendido por la doctrina como fundacional, que precede al Derecho, absoluto, ilimitado y, en definitiva, ejercitable por el pueblo en todo momento como parte de su derecho de rebelión[603].

Ahora bien, que la ANC en los términos de la CRBV sea producto del Poder Constituyente Originario no significa, *per se*, que la primera comparta todos los atributos del segundo pues se trata de conceptos diferentes, si bien la línea divisoria entre uno y otro resulta borrosa y se presta a interpretaciones.

En este sentido, somos del criterio que lo que resulta absoluto e ilimitado -ambos adjetivos, claro está, comprendidos en los términos del Derecho internacional público y la dignidad humana- es el derecho del pueblo de rebelarse contra un orden constitucional que es ajeno a su idiosincrasia o vulnera sus derechos fundamentales en los términos que desarrollamos en el Capítulo I de este trabajo, operando la convocatoria a la ANC como un método para lograr el ajuste entre lo que estatuye la norma suprema y el sentir popular.

Al prever la CRBV esta modalidad, se trataría entonces de un cambio constitucional *ex lege* a diferencia de lo vivido en el año 1999 cuando la ANC operó *contra legem*, dada en parte la negativa de la fuerza política dominante de introducir por vía de reforma constitucional *lato sensu* la posibilidad de que el pueblo convocara a una ANC, según vimos en el Capítulo III, rompiéndose el hilo constitucional muy a pesar de que las decisiones de la Corte Suprema de Justicia y luego el Tribunal Supremo de Justicia sostuvieran lo contrario.

En todo caso, reiteramos, el Poder Constituyente Originario -ejercido directamente por el pueblo, que es su titular como ocurre también con la soberanía- es el que cuenta con un poder fundacional, absoluto e ilimitado que no se transfiere ni delega a la ANC, por lo que está última habrá de actuar dentro del marco que le brinda el Estado Democrático de Derecho so pena de que pase de *ex lege* a *contra legem*, como vimos advirtió Peña Solís es común que pase, y su legitimidad se haga depender de factores que escapan a lo jurídico.

Finalmente, la tercera precisión sobre el artículo 347 de la CRBV versa sobre el objetivo o razón de ser de la ANC y que el constituyente de 1999 parece haberle dado un sentido tripartito. A saber: "transformar al Estado, crear un nuevo ordenamiento jurídico y redactar una nueva Constitución".

---

603 Sobre este derecho en particular véase Locke, *Second Treatise of Government and A Letter Concerning Toleration*, locs. 2906-3109.

Esta redacción resulta bastante cercana a lo que fue la primera pregunta del referendo consultivo de 1999[604] y autores como URBINA MENDOZA han sostenido que se trata de una función copulativa en el sentido que "no permite que sólo reformemos la Constitución y dejemos intacto el ordenamiento jurídico infraconstitucional. O se mantengan las viejas estructuras del Estado y se introduzca un nuevo ordenamiento jurídico", por lo que "no es hermenéuticamente aceptable que la ANC proceda a transformar el Estado y no redacte una nueva Constitución. O viceversa"[605].

Una postura similar plantea BLANCO-URIBE, al señalar que la ANC "únicamente tiene mandato para transformar al Estado y crear un nuevo ordenamiento jurídico, mediante la redacción de un proyecto de Constitución, a los fines de someterlo luego a su aprobación (o no) vía referendaria por parte del pueblo", motivo por el cual "carece específicamente de mandato para legislar"[606], lo que es reiterado por PERALTA FUNG al apuntar que:

> El orden de las expresiones transformar al Estado, crear un nuevo ordenamiento jurídico y redactar una nueva constitución, permitirá pensar (...) que la ANC puede desarrollar un sistema jurídico, a través de la promulgación de leyes, antes de redactarse una nueva constitucional, cuando nada podría estar más alejado de la realidad y de un sistema jurídico funcional y lógicamente estructurado. La verdad, en sentido técnico, es que no resulta legítimo ni legal que la ANC promulgue leyes, ni antes ni después de la nueva Constitución, pero, sobre todo, con énfasis, jamás antes que la nueva Constitución, porque su existencia como figura constitucional sólo se justifica para generar una nueva carta magna[607].

Del mismo modo, SANQUÍRICO PITTEVIL expone que aun cuando "a primera vista pareciera establecer que son 3 las facultades de la Asamblea Nacional Constituyente", lo cierto "es que las dos primeras no pueden darse sin que ocurra la tercera". En palabras del mismo autor: "para que pueda existir la transformación del Estado y se cree un nuevo ordenamiento jurídico, debe redactarse una Constitución;

---

604 Como se recordará, se inquirió: "¿Convoca usted una Asamblea Nacional Constituyente con el propósito de transformar el Estado y crear un nuevo ordenamiento jurídico que permita el funcionamiento efectivo de una Democracia Social y Participativa?"

605 Emilio J. Urbina Mendoza, "La jurisprudencia del horror: Las posturas argumentales de la Sala Constitucional ante el tema constituyente (marzo-mayo 2017)", *Revista de Derecho Público*, nº 149-150 (2017): 374.

606 Alberto Blanco-Uribe, "Ley 'constitucional' contra el odio, por la convivencia pacífica y la tolerancia. Hipocresía autoritaria e ideologizada censura", *Revista de Derecho Público*, nº 153-154 (2008): 268.

607 Khairy Peralta Fung, "Régimen especial y transitorio para la gestión operativa y administrativa de la industria petrolera nacional. Decreto n° 3.368 del 12 de abril de 2018", *Revista de Derecho Público*, nº 153-154 (2008): 306.

solo mediante la redacción de una nueva Constitución puede la Asamblea (...) acometer las otras funciones para las que fue convocada"[608], habiendo en consecuencia una relación de causalidad entre lo que prescribe el artículo 347 de la CRBV como las funciones de la ANC.

Así, no se trata en realidad de tres atribuciones que se ejercen en momentos separados sino que, como bien plantea Peña Solís, "se funden en una sola: sancionar la nueva Constitución"[609], por lo que, como concluye Badell Madrid, "[c]ualquier sustitución o modificación del orden existente ha de producirse con la aprobación de la nueva Constitución, y en caso de que dicha aprobatoria no proceda, porque el pueblo la rechace, continuará vigente el ordenamiento constitucional del 1999"[610].

En breve, la ANC tiene una finalidad específica como lo es redactar una nueva Constitución, que puede o no guardar similitudes con la anterior en tanto no vulnere sus cláusulas pétreas y las exigencias que derivan del Derecho internacional público, la dignidad humana y el carácter progresivo de los derechos fundamentales[611].

De ahí que pueda afirmarse que la transformación del Estado y la creación de un nuevo ordenamiento jurídico son consecuencia de la aprobación por parte del pueblo de la nueva Constitución propuesta por la ANC, y no fases o etapas que anteceden a la mencionada aprobación pues, hasta tanto ello no ocurra, el Estado venezolano se encuentra sujeto a la CRBV y el resto del ordenamiento jurídico, sin que la ANC pueda ignorarlo o someterlo a reformas parciales e inconsultas.

Sobre este punto resulta prudente agregar, a su vez, que cuando la CRBV alude a que la ANC puede "crear un nuevo ordenamiento jurídico", ello debe entenderse en el sentido de la fuerza derogatoria del nuevo texto constitucional dada su naturaleza de norma jurídica y suprema[612], que sustrae del ordenamiento vigente aquellos actos con fuerza de ley o reglamentaria que sean contrarios a la nueva confor-

---

608 Fernando Sanquírico Pittevil, "Las facultades (i) limitadas de la asamblea nacional constituyente de acuerdo a la Constitución de la República", en *Estudios sobre la Asamblea Nacional Constituyente y su inconstitucional convocatoria en 2017* (Caracas: ACIENPOL y EJV, 2017), 368.

609 Peña Solís, "Lecciones de Derecho constitucional venezolano", 564.

610 Badell Madrid, "Régimen jurídico del proceso constituyente en la Constitución de Venezuela", 253.

611 Nótese que si el cambio propuesto es más bien superficial y la mayoría del texto de la CRBV no resulta alterado, lo correcto sería acudir a los mecanismos de la enmienda o reforma constitucional *stricto sensu*, como comentamos *supra*.

612 *Cfr*. García de Enterría, "La Constitución como norma jurídica".

mación del bloque de la constitucionalidad[613] (efecto derogatorio de la Constitución), y da las pautas que deben seguir las nuevas normas y actos que dicten las autoridades estatales para que estos no estén viciadas de nulidad (efecto validador de la Constitución).

No obstante, la frase no debe entenderse como que la ANC queda facultada para dictar normas de rango inferior a la Constitución -claro está, salvo las que versen sobre su organización interna y supuestos similares, que no podrán contravenir el ordenamiento vigente- bajo el aforismo de quien puede lo más puede lo menos, pues reiteramos que la razón de ser de la ANC es discutir, aprobar y presentar al pueblo una nueva Constitución para que este último decida si la adopta o no.

La única excepción a este postulado sería que la nueva Constitución -una vez aprobada por el pueblo- previese disposiciones transitorias en contrario, como ocurrió en el año 1999 con la ley especial sobre el régimen del Distrito Capital, a tenor de lo previsto en la disposición transitoria primera de la CRBV que vimos en el Capítulo III de esta investigación.

Reiteramos: la única excepción serían que la actividad *infraconstitucional* de la ANC se previese en la propia nueva Constitución, por lo que casos como lo vivido con el "Decreto mediante el cual se dicta el Régimen de Transición del Poder Público" y todo el actuar de la CLN quedarían proscritos por tratarse de normas que no contaron con la aprobación del pueblo y vulneraron los principios más elementales de un Estado Democrático de Derecho, según tuvimos ya oportunidad de comentar.

2.2. La iniciativa para convocar una Asamblea Nacional Constituyente

Finalizado el abordaje del artículo 347 de la CRBV podemos pasar al 348 *ejusdem*, que es del siguiente tenor:

> Artículo 348. La iniciativa de convocatoria a la Asamblea Nacional Constituyente podrá hacerla el Presidente (...) de la República en Consejo de Ministros; la Asamblea Nacional, mediante acuerdo de la dos terceras partes de sus integrantes; los Concejos Municipales en cabildos, mediante el voto de las dos terceras partes de los mismos; y el quince por ciento de los electores inscritos (...) en el Registro Civil y Electoral.

Este artículo coincide con las reformas constitucionales *lato sensu* en el sentido que luego de determinar el objeto de la modalidad -aspecto que ya tratamos- el constituyente precisó quiénes podrían

---

[613] *Cfr*. Sira Santana, "El bloque de constitucionalidad y su tratamiento por parte de la Sala Constitucional del Tribunal Supremo de Justicia".

dar inicio al proceso de la ANC[614], coincidiendo con las anteriores en que esta puede provenir del Presidente de la República en Consejo de Ministros, la Asamblea Nacional con una mayoría superior al caso de la enmienda y la reforma *stricto sensu*[615], y el 15 % de los electores, agregándose el caso de los concejos municipales, que recordamos se incluyó también al inicio para los otros métodos pero luego fue suprimido.

Sobre esto último, nótese que el Concejo no actúa por su cuenta sino que debe hacerlo "en cabildo", apuntándose en el debate constituyente que esto se refería a que debía actuar "con participación de las comunidades: educativa, empresarial, etcétera, transformándose en un organismo de una gran amplitud popular"[616].

No obstante, a diferencia de los procesos constituyentes ya tratados sobre los cuales en la CRBV podemos encontrar ciertas pautas referidas a qué ocurre luego de constatarse la iniciativa, en el caso de la ANC la Constitución no ofrece mayores respuestas, por no decir ninguna.

Esta omisión no fue al azar. Basta consultar los diarios de debate de la ANC-1999 para constatar que al discutirse lo referido a la ANC en la CRBV, los constituyentes eran del criterio que "no tiene sentido reunir una Asamblea Constitucional restringida, limitada", eliminándose en primer lugar todo el capítulo que se refería a este cuerpo porque el "Poder Originario" se materializaba a través de la Asamblea Constituyente y escapaba de toda consagración normativa[617].

Ahora, ¿qué ocurrió con el capítulo referido a la Asamblea Constituyente? Que el mismo fue constreñido a los dos artículos que hemos

---

614 *Cfr.* Real Academia Española, "Iniciativa", Diccionario de la Lengua Española, 2022, https://dle.rae.es/iniciativa. En su primera y segunda acepción, se entiende por iniciativa "[q]ue da principio a algo" o el "[d]erecho de hacer una propuesta".

615 Recordamos que para la enmienda es el 30 % de los integrantes y la reforma la mayoría simple también de sus integrantes.

616 Brewer-Carías, "Diario de Debates de la Asamblea Nacional Constituyente de 1999, Vol. III", 857. La cita corresponde al constituyente García Ponce en la sesión del 09-11-1999, fecha en la que ocurrieron todos los comentarios que siguen salvo indicación en contrario.

617 Ibid., 853 y 855. La cita corresponde al constituyente García Ponce. Nótese que en el proyecto de Constitución y en la propuesta del para entonces Presidente de la República se preveía tanto a la Asamblea Constitucional como a la Asamblea Constituyente, sin que se trataran como equivalentes. *Cfr.* Hugo Chávez Frías, *Ideas fundamentales para la Constitución Bolivariana de la* V *República. Segunda parte* (Caracas: Imprenta Nacional, 1999), 5.

citado y dos que citaremos más adelante, eliminándose del proyecto que discutía la ANC-1999[618] que:

a. Se consideraría "aprobada la convocatoria a la Asamblea Constituyente si en el referendo llamado al efecto el número de votos afirmativos es superior al número de votos negativos" y "[s]i el resultado del referendo fuese negativo, no podrá presentarse una nueva iniciativa de convocatoria a la Asamblea Constituyente en el mismo período constitucional".

b. "Las bases para elegir la Asamblea Constituyente serán incluidas en el referendo de convocatoria" y en ellas se establecerían como límites "los valores y principios de nuestra historia republicana, así como el cumplimiento de los tratados, acuerdos y compromisos válidamente suscritos por la República que se refieran al respeto por los derechos humanos y las garantías democráticas".

c. "Si la Constitución sometida a referendo fuese rechazada, todos los actos dictados por la Asamblea Constituyente quedarán anulados, salvo aquellos que sean estrictamente indispensables para garantizar la continuidad del Estado de Derecho".

d. "La Constitución que redacte la Asamblea Constituyente será sometida a referendo dentro de treinta (30) días siguientes a su aprobación. La Constitución quedará definitivamente aprobada si el número de votos afirmativos es superior al número de votos negativos".

Estas supresiones respondieron a intervenciones como las del constituyente JAUA al apuntar que "siendo consecuentes con la voluntad originaria que nos trajo y convocó a esta Asamblea Popular, (...) el Poder Originario del pueblo no conoce ni reconoce ninguna norma anterior a él, ni preexistente", "no hay derecho positivo que pueda detenerla, simplemente tiene que adecuarse o sucumbir ante la voluntad, ante el huracán constituyente de los pueblos cuando se deciden a refundar sus repúblicas y sus instituciones", por lo que debían eliminarse los artículos que "codifica[n] la manera como el Poder Constituyente se presenta"[619]; a lo que VISCONTI sumó que la redacción

---

[618] Brewer-Carías, "Diario de Debates de la Asamblea Nacional Constituyente de 1999, Vol. III", 857-59. La propuesta presentada en su momento por el Presidente de la República, que incluía seis artículos sobre la ANC y que se compaginan con las citas del proyecto discutido en la ANC-1999, puede consultarse en García Soto, "La Asamblea Nacional Constituyente de 2017 en su contexto histórico", 101-2.

[619] Brewer-Carías, "Diario de Debates de la Asamblea Nacional Constituyente de 1999, Vol. III", 858.

de estos artículos negaba la voluntad del pueblo porque el constituyente de 1999 no podía "obligarlo a respetar aquellas cosas que nosotros estamos señalando en estos momentos como supuestos valores de esta sociedad, que va a ser una sociedad muy diferente a la que se esté discutiendo en 50 o 100 años en el futuro"[620].

Las propuestas de estos constituyentes fueron aprobadas por la comisión encargada de regular a la ANC en la CRBV y luego por la plenaria sin que el diario de la ANC-1999 recoja mayor debate al respecto[621], subsumiéndose en definitiva a esta asamblea en una indeterminación normativa que había de ser subsanada por el pueblo al convocar su ANC.

Al respecto, somos del criterio que aun cuando lo decidido por la ANC-1999 resulta cónsono con la forma en como esta se originó y operó, en ausencia de un marco normativo que la previese y bajo el discurso de ser un Poder Originario, tales descarríos no debieron trasladarse a la CRBV.

Esto, porque lejos de favorecerse la participación ciudadana, más bien se facilita que esta sea coartada por la fuerza política dominante que pase a fijar cotas, requisitos y demás para que el pueblo pueda dar a conocer su voluntad que, necesariamente, requiere de canales –o procedimientos que fungen como garantías, según mencionáramos *supra*– para no quedar en meras declaraciones de principio.

Se trata de una lección aprendida por el Derecho comparado como pudimos apreciar en las Constituciones latinoamericanas que incorporan disposiciones en cuanto a la proposición, admisión, estudio, discusión, aprobación y publicación de proyectos constitucionales en el marco de las ANC y que, aun cuando le reconocen a este cuerpo la posibilidad de autorregularse o en algunos casos hasta la catalogan de originaria, a renglón seguido especifican por ejemplo que **(i)** la convocatoria únicamente puede devenir del pueblo, aunque otros sujetos tengan la iniciativa para preguntarle al primero si quiere o no que haya constituyente; **(ii)** tal consulta debe incluir la forma de elección de los representantes y las reglas del proceso electoral; **(iii)** el proyecto de Constitución debe aprobarse por referendo; **(iv)** en el desarrollo de sus funciones la ANC no puede entorpecer al Poder Público; y **(v)** el proceso constituyente está sometido a una duración determinada.

De este modo, no compartimos la decisión de la ANC-1999 de que el constituyente de entonces no podía limitar al constituyente del

---

620 Ibid., 860.

621 *Cfr.* Brewer-Carías, "Diario de Debates de la Asamblea Nacional Constituyente de 1999, Vol. IV", 49. La aprobación se dio a conocer en la sesión del 14-11-1999.

futuro pues, como vimos en el Capítulo I de esta investigación, el pueblo es libre de autolimitarse si así lo desea.

De hecho, en ello consiste una de las ideas base del ordenamiento jurídico y que los grandes pensadores resumen en que es libre solo el que obedece a la ley, porque esa ley es, en realidad, un límite autoimpuesto y que no deriva de un tercero, al actuar el representante (el legislador) en nombre y cuenta de uno (el pueblo)[622].

En este orden de ideas, si la ANC es un poder omnímodo que escapa a toda regulación constitucional –como en definitiva se decantó la ANC-1999 por afirmar– entonces ninguna previsión al respecto debió haber contenido la CRBV, al ser el llamado a la ANC una realidad que la sobrecoge.

¿Por qué incluir en la CRBV que el pueblo puede convocar una ANC pero no precisar cómo ha de ocurrir esa convocatoria? ¿Por qué mencionar quiénes tienen la iniciativa de la convocatoria pero no los modos de exteriorizarla, salvo algunas puntualidades que resultan insuficientes? ¿Por qué callar en el resto de los aspectos?

El constituyente de 1999 respondería a estas preguntas diciendo que es porque se dejó en manos del pueblo decidir sobre cada uno de esos aspectos y ello era más democrático[623], pero la realidad dista de ese ideal.

Lo que indica la práctica –y retomaremos en el siguiente Capítulo de esta investigación– es que son los poderes constituidos los que ahora deciden cómo se deben navegar estas lagunas, mediante actos que ni siquiera cuentan con fuerza de ley para acercarlos al Poder Legislativo como máximo representante de la voluntad del pueblo en un Estado Democrático de Derecho.

Así, en otras palabras, la ANC-1999 desistió de la propuesta de brindar un mayor marco normativo a la ANC para que esta operase, desde un inicio, *ex lege* y en garantía del principio de la seguridad jurídica, para decantarse por solo regular parcialmente lo concerniente a la iniciativa y la convocatoria, quedando el resto de los as-

---

[622] *Cfr*. Immanuel Kant, *Teoría y práctica*, trad. Roberto Rodríguez Aramayo, Francisco Pérez López, y Juan Miguel Palacios García, 4° ed. (Madrid: Tecnos, 2006).

[623] *Cfr*. Jesús María Casal Hernández, "Comentarios sobre la convocatoria de una supuesta asamblea nacional constituyente contenida en el Decreto n° 2.830, del 1° de mayo de 2017", en *Estudios sobre la Asamblea Nacional Constituyente y su inconstitucional convocatoria en* 2017 (Caracas: ACIENPOL y EJV, 2017), 261. El autor plantea que "la supresión de esas normas obedeció no a la idea de restar protagonismo a la ciudadanía y de entregar a los poderes constituidos la posibilidad de decidir por ella si se convocaba la ANC, sino más bien al propósito de no colocar barreras al titular del poder constituyente".

pectos para ser precisados por las próximas ANC *praeter legem* o en ausencia de ley, aun cuando varios de ellos requerirían ser determinados incluso antes que se instaure este cuerpo.

Esto, si bien reiteramos que el principio de la progresividad de los derechos fundamentales y su carácter expansivo impide que una eventual ANC suprima aquellos derechos reconocidos en textos anteriores o incorpore disposiciones que pudiesen atentar contra la dignidad humana, inclusive si esta fuese la voluntad de la mayoría del pueblo que ella representa y que exige la transformación del Estado y la redacción de una nueva Constitución, por lo que la ANC sí debe respetar el Derecho positivo al contrario de lo afirmado en el debate constituyente.

No hay dudas de los riesgos de esta indeterminación cuando volteamos nuestra mirada no solo a nuestra historia reciente, sino también de siglos anteriores, que revelan cómo una y otra vez la figura de la ANC ha sido tergiversada por las fuerzas políticas dominantes para, bajo el argumento de que era el pueblo decidiendo soberanamente, promover la continuidad del gobierno o dotar a las revoluciones y quebrantamientos del hilo constitucional de aparentes marcos de legalidad.

Es con motivo de lo anterior que vemos oportuno que, en un eventual proceso constituyente, la ANC sea redimensionada y su consagración constitucional responda a las tendencias observadas en el Derecho comparado, en el entendido que una verdadera ANC originaria surge, como abordamos previamente, *praeter legem* o *contra legem*, por lo que cualquier disposición en la carta magna al respecto no sería más que un desiderátum cuyo cumplimiento responde a la buena fe e intereses políticos de sus promotores, al quedar el ordenamiento jurídico prácticamente desprovisto de coercitividad frente al surgimiento de un nuevo monopolio de la fuerza.

En tanto, la ANC en el sentido visto en el artículo 347 de la CRBV de transformar al Estado mediante la redacción de otra Constitución, como institución que tiene su fundamento en el texto constitucional que pretende derogar y que hasta que el nuevo proyecto no sea aprobado por el pueblo mantiene su vigencia, habría necesariamente de operar *ex lege*, vinculada con los límites formales y materiales que el pueblo se autoimpuso en el pasado, so pena de romper el hilo constitucional y pasar a ser una ANC *contra legem*.

En todo caso, separándonos de esta reflexiones y de regreso a la letra de la CRBV, hay un punto que debemos abordar antes de poder continuar con nuestro repaso del capítulo III del título IX de la Constitución de la República. Este es, la necesaria diferencia entre la iniciativa de convocatoria (art. 348 de la CRBV) y la convocatoria como tal (art. 347 *ejusdem*).

Al respecto, la doctrina es unánime en cuanto a que la "convocatoria necesariamente popular de la Asamblea Nacional Constituyente (mediante referendo) es distinta a la iniciativa para que dicha convocatoria la pueda realizar el pueblo" y "el hecho de poder tener la iniciativa para que se convoque la Asamblea Nacional Constituyente no puede implicar que (...) el Presidente de la República [u otro sujeto] pueda convocar directamente una Constituyente sin el voto popular expresado en un referendo"[624].

Así, la iniciativa y la convocatoria:

> ...son 2 cosas muy distintas. La Iniciativa es el primer paso para que se comience con el proceso de consulta al pueblo (artículos 70 y 71 de la Constitución), respecto a si quiere convocar o no una Asamblea Nacional Constituyente, y en caso de una respuesta mayoritariamente afirmativa, sobre las bases comiciales aplicables para elegir a los miembros de esa Asamblea. Pero esa convocatoria solo puede hacerla de manera exclusiva y excluyente el propio pueblo, manifestando su voluntad en las urnas mediante comicios que, por expreso mandato de la Constitución (artículos 5 y 63), deben ser siempre universales, directos y secretos[625].

De ahí que los sujetos previstos en el ya comentado artículo 348 de la CRBV tengan iniciativa, "más no el poder de convocatoria que por virtud del artículo 347 y de todas las normas constitucionales atañederas los principios mencionados de soberanía y democracia implican reservar de forma exclusiva y excluyente al pueblo de Venezuela"[626], comprendiéndose entonces a la iniciativa como el mero "impulso para que una decisión sea adoptada por el órgano o sujeto competente para ello, no la adopción de la decisión como tal"[627] o la

---

[624] Allan R. Brewer-Carías, "La inconstitucional convocatoria de una asamblea nacional constituyente en 2017 como una muestra más de desprecio a la Constitución", en *Estudios sobre la Asamblea Nacional Constituyente y su inconstitucional convocatoria en* 2017 (Caracas: ACIENPOL y EJV, 2017), 33.

[625] Gustavo Grau Fortoul, "Reembozalando al pitbull. Consideraciones sobre el proceso que culminó con la puesta en vigor de la Constitución de 1999 y el que está en marcha para sustituirla", en *Estudios sobre la Asamblea Nacional Constituyente y su inconstitucional convocatoria en* 2017 (Caracas: ACIENPOL y EJV, 2017), 111.

[626] Badell Madrid, "Régimen jurídico del proceso constituyente en la Constitución de Venezuela", 214.

[627] Casal Hernández, "Comentarios sobre la convocatoria de una supuesta asamblea nacional constituyente contenida en el Decreto n° 2.830, del 1° de mayo de 2017", 260.

"solicitud o petición que hace un órgano para que otro órgano o sujeto lleve a cabo determinada conducta"[628].

En breve, la atribución del Presidente de la República en Consejo de Ministros, los dos tercios de la Asamblea Nacional, los dos tercios de los Concejos Municipales en cabildos y el 15 % de los electores se limita a poder preguntarle al pueblo si desea –o no– que se constituya una ANC, correspondiéndole a este último como titular de la soberanía la decisión de convocar –o no– a tal entidad.

Defender lo contrario, como plantea la doctrina, "conduciría al exabrupto de que un órgano del poder constituido resuelva convocar una ANC aunque el pueblo no la quiera, tal vez porque está conforme con su Constitución o entiende que hay otras prioridades que atender" y "al absurdo de que ese órgano decisor imponga unas bases de elección y funcionamiento de la ANC con las cuales el pueblo no esté de acuerdo"[629].

A modo de símil, podría equipararse la iniciativa de convocatoria de la ANC con la "iniciativa de las leyes" que prevé el artículo 204 de la CRBV y que corresponde a los electores y buena parte de los poderes constituidos[630], con la sanción de tales leyes. Nadie duda que el hecho que el Presidente de la República o tres diputados de la Asamblea Nacional puedan promover que se dicte una determinada ley no equivale a que dicha ley quede aprobada, por lo que a la misma conclusión habría de llegarse en cuanto a la posibilidad de promover una ANC (iniciativa) y su eventual aprobación (convocatoria).

Ahora, ¿cómo decide el pueblo proceder –o no– a esa convocatoria?

A pesar de que el capítulo III del título IX de la CRBV no da respuesta a esta interrogante, el foro coincide en que ello debe ocurrir mediante un referendo de la misma naturaleza de los ya tratados en el

---

[628] José Ignacio Hernández G., "La ilegítima y fraudulenta convocatoria a una 'asamblea nacional constituyente ciudadana'", en *Estudios sobre la Asamblea Nacional Constituyente y su inconstitucional convocatoria en* 2017 (Caracas: ACIENPOL y EJV, 2017), 300.

[629] Jesús María Casal Hernández, "La convocatoria de una supuesta Asamblea Nacional Constituyente y los límites del Poder Constituyente", *Boletín de la Academia de Ciencias Políticas y Sociales*, nº 156 (2017): 313.

[630] A saber: "1. Al Poder Ejecutivo Nacional. 2. A la Comisión Delegada y a las Comisiones Permanentes. 3. A los y las integrantes de la Asamblea Nacional, en número no menor de tres. 4. Al Tribunal Supremo de Justicia, cuando se trate de leyes relativas a la organización y procedimientos judiciales. 5. Al Poder Ciudadano, cuando se trate de leyes relativas a los órganos que lo integran. 6. Al Poder Electoral, cuando se trate de leyes relativas a la materia electoral. (...) 8. Al Consejo Legislativo estadal, cuando se trate de leyes relativas a los Estados".

caso de la reforma constitucional *stricto sensu* y la enmienda[631], a tenor de los "medios de participación y protagonismo del pueblo en ejercicio de su soberanía, en lo político" que prevé el artículo 70 de la CRBV concatenado con el artículo 62 sobre el derecho de todos los ciudadanos de participar libremente en los asuntos públicos y el artículo 71 *ejusdem*, según el cual "[l]as materias de especial trascendencia nacional podrán ser sometidas a referendo (...)"[632].

De no ocurrir este referendo, o pretender igualarse la iniciativa estudiada en este acápite con la convocatoria, estaríamos frente a la usurpación del Poder Constituyente, tal como ocurrió en Venezuela durante el período 2017-2020 y tendremos oportunidad de comentar en el Capítulo V de esta investigación.

2.3. La relación de la Asamblea Nacional Constituyente con el resto del Poder Público

Como vimos *supra*, la regulación de la ANC en la CRBV resulta bastante exigua y luego de la iniciativa y convocatoria no se prevén mayores disposiciones, salvo por lo ya comentado de que este cuerpo tiene por objeto redactar una nueva Constitución que traerá como resultado la transformación del Estado y la creación de un nuevo ordenamiento jurídico.

A lo aquí dicho, hemos de agregar el artículo 349 del texto constitucional que es del siguiente tenor:

> Artículo 349. El Presidente (...) de la República no podrá objetar la nueva Constitución.
> Los poderes constituidos no podrán en forma alguna impedir las decisiones de la Asamblea Nacional Constituyente.
> Una vez promulgada la nueva Constitución, ésta se publicará en la Gaceta Oficial de la República Bolivariana de Venezuela o en la Gaceta de la Asamblea Nacional Constituyente.

Esta norma incluye tres disposiciones que requieren nuestro estudio para completar, si se quiere, el fundamento jurídico de la ANC en la CRBV.

---

631 *Cfr.* Jesús Ortega Weffe, "Temas básicos que Ud. debe conocer con ocasión de la tentativa de usurpación del poder constituyente originario en curso", en *Estudios sobre la Asamblea Nacional Constituyente y su inconstitucional convocatoria en* 2017 (Caracas: ACIENPOL y EJV, 2017), 284-85. El autor plantea que "es necesaria la realización de un referendo para convocar una ANC (...) y la caracterización de la naturaleza de esta consulta popular no puede ser otra que la de referendo constituyente, por: (a) la jerarquía del actor que se pronuncia: el soberano; (b) la majestad de la investidura con la que toma la decisión (...) actuando en función constituyente; y (c) la entidad de la decisión a tomar".

632 *Cfr.* Hernández G., "La ilegítima y fraudulenta convocatoria a una 'asamblea nacional constituyente ciudadana'", 307; Badell Madrid, "Régimen jurídico del proceso constituyente en la Constitución de Venezuela", 220.

Así, en primer lugar tenemos que el constituyente de 1999 estimó que era necesario recalcar que, una vez aprobado por el pueblo el proyecto redactado por la ANC, pues solo después que esto ocurra es que el mismo podría catalogarse como "nueva Constitución", el Presidente de la República quedaba atado al mismo y no podía desconocer su contenido.

Si bien los diarios de debates de la ANC-1999 no recogen los motivos que dieron origen a esta precisión, entendemos que la misma podría responder a nuestra historia constitucional y el interés de los mandatarios de turno de mantenerse en el Poder incluso en contra de la voluntad del pueblo, y por ende de lo que estatuye la norma constitucional.

No obstante lo anterior, consideramos que se trata de una incorporación inútil -o al menos, incompleta- ya que lo cierto del caso es que ningún poder constituido -en el caso venezolano: el Ejecutivo, Legislativo, Judicial, Ciudadano y Electoral- podría "objetar la nueva Constitución", dado su carácter de norma jurídica y base del ordenamiento -valga la cacofonía- jurídico como consecuencia del principio de supremacía constitucional, por lo que todas las personas y los órganos que ejercen el Poder Público quedarían sujetos a la nueva Constitución.

De este modo, no sería solo el Presidente de la República el que no podría objetar la nueva Constitución, lo que algunos autores han asimilado con la imposibilidad de este mandatario de vetar la Constitución, al contrario de lo que puede ocurrir en el procedimiento de formación de las leyes[633].

Lo anterior, aun cuando somos del criterio de que existe la posibilidad que el Poder Judicial, en el ejercicio de sus funciones, declare la nulidad de la nueva Constitución al determinar en el curso de un proceso que responda a todas las garantías judiciales y electorales que se materializaron vicios en alguna de las etapas del proceso constituyente. Por ejemplo, que los resultados del referendo aprobatorio de la nueva Constitución informados por el Poder Electoral no coinciden con las actas de escrutinio y totalización[634], en las que más bien

---

633 Peña Solís, "Lecciones de Derecho constitucional venezolano", 568. *Cfr.* Artículo 214 de la CRBV, según el cual el Presidente de la República "podrá, con acuerdo del Consejo de Ministros, solicitar a la Asamblea Nacional, mediante exposición razonada, que modifique alguna de las disposiciones de la ley o levante la sanción a toda la ley o parte de ella", y cuando "considere que la ley o alguno de sus artículos es inconstitucional solicitarán el pronunciamiento de la Sala Constitucional del Tribunal Supremo de Justicia".

634 *Cfr.* Artículos 138 a 150 de la Ley Orgánica de Procesos Electorales, en G.O. n° 5.928 Extraordinario del 12-08-2009.

consta el rechazo del proyecto redactado por la ANC y por ende la CRBV seguiría vigente.

Mayor debate suscita el primer aparte del artículo 349 constitucional, en cuanto a que "[l]os poderes constituidos no podrán en forma alguna impedir las decisiones de la Asamblea Nacional Constituyente". Así, la pregunta que se asoma es ¿qué se entiende por decisiones de la ANC?

Una interpretación restrictiva, casada con el objeto de la ANC ya estudiado, nos llevaría a afirmar que por tales decisiones deben entenderse los artículos y disposiciones que conforman el proyecto de Constitución aprobado por dicho cuerpo, lo que vendría a complementar el encabezado del artículo objeto de comentarios referido únicamente al Presidente de la República.

No obstante, el debate constituyente se separa de esta interpretación comenzando por las propias "Ideas fundamentales para la Constitución Bolivariana de la V República" que presentó el Presidente de la República a la ANC-1999 y en las que se previó que la "misión" de la ANC no era solo aprobar una Constitución, "sino también establecer libremente su orden de relaciones con los Poderes Constituidos, por lo cual puede decidir tanto el cese de sus funciones como el solicitarles rendición directa de cuentas"[635].

Esto, claramente, influenciado por el modo como se había consagrado y operaba la ANC-1999, en la que los constituyentes propusieron incluir en la nueva Constitución -por ejemplo- que "[l]os Poderes Constituidos quedan sometidos a la jurisdicción de la Asamblea Nacional Constituyente"[636] y más cercano a la redacción que finalmente se aprobó: que "los Poderes Constituidos no podrán objetar en forma alguna las decisiones de la Asamblea Constituyente"[637], porque "[n]o hay ningún poder constituido ni legislativo, ni ejecutivo, ni judicial, ni electoral, ni ciudadano, que pueda interferir en las decisiones de la Asamblea Nacional Constituyente"[638].

Incluso, se llegó a proponer como artículo de la Constitución de 1999 que:

> El ordenamiento jurídico vigente para el momento de la instalación de la Asamblea Constituyente se subordina a los actos jurídicos constituyentes. Igualmente, los poderes constituidos por esta Cons-

---

[635] Chávez Frías, *Ideas fundamentales para la Constitución Bolivariana de la V República. Segunda parte*, 5.

[636] Brewer-Carías, "Diario de Debates de la Asamblea Nacional Constituyente de 1999, Vol. III", 856. La cita corresponde al constituyente QUIJADA.

[637] Ibid., 857. La cita corresponde al constituyente GARCÍA PONCE.

[638] Brewer-Carías, "Diario de Debates de la Asamblea Nacional Constituyente de 1999, Vol. IV", 302. La cita corresponde al constituyente ORTEGA DÍAZ.

titución quedan sometidos a los dictados de la Asamblea, quien podrá decidir su cesación.
Los actos promulgados por la Asamblea Constituyente no están sujetos a control jurisdiccional alguno[639].

En este orden de ideas, si bien luego la ANC-1999 limitó al máximo la regulación de la ANC en la CRBV por los motivos que ya comentamos en este Capítulo, abriendo cauce a múltiples interpretaciones para colmar los vacíos por ella generados, resulta claro que este cuerpo consideraba a la asamblea estudiada como una entidad excluida del ordenamiento jurídico vigente, con libertad para actuar y decidir lo que estimara conveniente y que no se circunscribía a la sola redacción de un proyecto de Constitución.

De ahí que el Poder Constituido no pudiese objetar ni interferir con las actividades y actos de la ANC, llegando a afirmarse que los primeros quedaban sometidos a la "jurisdicción" de esta última, a efectos de rendirle cuentas y ejercer sus funciones en tanto y en cuanto la ANC no las concluyera, sin que ninguna de estas decisiones pudiera ser sometida al control jurisdiccional pues el Poder Judicial, también, quedaba subordinado a la ANC.

Estas ideas del Presidente de la República y la ANC-1999, reiteramos, fueron atenuadas en lo que finalmente se aprobó como el artículo 349 de la CRBV, más por el interés de desregular a la ANC que porque hubiese operado un cambio de criterio.

Por este motivo, la doctrina afirma que el artículo comentado prevé "poderes [que] son sumamente peligrosos" porque, de interpretarse literalmente, "[n]ingún Poder –ni siquiera el Judicial– puede objetar las decisiones de la Asamblea. Su decisiones podrán ser inimpugnables por cualquier afectado, lo que origina un déficit de democracia en su régimen y funcionamiento", haciéndola "inmune (...) de cualquier control"[640].

Esto hace necesario encausar el primer aparte del artículo 349 de la CRBV en el marco de un Estado Democrático de Derecho, independientemente de cuál haya sido la voluntad y deseo de los constituyentes.

Para ello, lejos de lo que podría pensarse, no hacen falta mayores operaciones interpretativas pues si partimos de que el objetivo de la ANC es redactar una Constitución –siendo la transformación del Estado y la creación de un nuevo ordenamiento jurídico consecuencias del nuevo texto constitucional– y negar esta realidad equivaldría a la

---

[639] Brewer-Carías, "Diario de Debates de la Asamblea Nacional Constituyente de 1999, Vol. III", 861. La cita corresponde al Secretario de la ANC-1999.

[640] Carlos García Soto, "Entre los votos y las balas: Las salidas constitucionales a la crisis venezolana", *Revista Derecho y Sociedad*, nº 4 (2003): 337.

desnaturalización de la entidad, lo primero que hemos de precisar es que las decisiones que el Poder Constituido no puede impedir son, justamente, las vinculadas con la redacción de tal Constitución, por lo que cualquier acto o actuación que se separa de esa finalidad sí podría ser –en los términos de la CRBV– impedida.

Así lo recuerda la doctrina al apuntar que "la previsión constitucional del artículo 349 (...) se refiere, claro está, a todos los trabajos y decisiones concernientes a la elaboración y dictado de una nueva Constitución tal y como lo prevé el artículo 347 de la misma"[641], o que ella "se limita a las materias que conforman la misión de la misma que en definitiva es solo 'redactar una nueva Constitución' conforme al diseño que realice sobre la reforma del Estado y el nuevo ordenamiento jurídico"[642].

De este modo, el primer aparte del artículo 349 de la CRBV:

> ...refleja sin duda la intención de los constituyentes de que una futura ANC tuviera el carácter plenipotenciario que había asumido la que ellos integraban. Sin embargo, más allá de esa intención, la Constitución y los principios superiores que la sostienen se oponen a una interpretación del artículo 349 que se traduzca en reconocer a la ANC poderes ilimitados. Me inclino a sostener que el sentido que ha de atribuírsele a este precepto a la luz de tales postulados estriba en que los poderes constituidos no pueden adoptar medidas o dictar actos que impidan a la ANC cumplir su misión constitucional, cuyo eje funcional es la redacción de una nueva Constitución[643].

Dos conclusiones pueden extraerse de los razonamientos de la doctrina aquí citada:

La primera, es que las decisiones de la ANC que no pueden ser *imposibilitadas* o *estorbadas* –sentido que la Real Academia Española da al verbo impedir en su primera acepción[644]– por el Poder Ejecutivo, Legislativo, Judicial, Ciudadano y Electoral, son aquellas vinculadas con la redacción de una nueva Constitución.

Así, por ejemplo, los constituyentes habrían de contar con la misma inmunidad que los diputados de la Asamblea Nacional en el

---

641 Juan Domingo Alfonzo Paradisi, "La Ley Constitucional de Precios acordados emitida por la Asamblea Nacional Constituyente. Su inconstitucionalidad, nueva regulación de precios a través del diálogo y su desconocimiento por las vías de hecho de autoridades administrativas", *Revista de Derecho Público*, nº 153-154 (2018): 72.

642 Allan R. Brewer-Carías, "El juez constitucional y la Asamblea Nacional Constituyente vs. La Fiscal General de la República (junio-agosto 2017)", *Revista de Derecho Público*, nº 151-152 (2017): 418.

643 Casal Hernández, "La convocatoria de una supuesta Asamblea Nacional Constituyente y los límites del Poder Constituyente", 328.

644 Real Academia Española, "Impedir", Diccionario de la Lengua Española, 2022, https://dle.rae.es/impedir.

ejercicio de sus funciones, desde su proclamación hasta la conclusión de su mandato o de la renuncia del mismo. Del mismo modo, no podría el CNE negarse a organizar el referendo aprobatorio de la Constitución redactada por la ANC, o el Fisco Nacional rechazar proporcionar los recurso necesarios para dar a conocer el proyecto al electorado a fin de que este pueda emitir su voto debidamente informado.

La segunda, es que toda actividad o acto de la ANC que se aparte de su objeto de redactar una nueva Constitución y no responda al giro ordinario de su funcionamiento -por este entendemos, por ejemplo, designar a su directiva y establecer su normativa interna- queda desprovisto de la protección que ofrece el primer aparte del artículo 349 de la CRBV.

En consecuencia de lo anterior, nada obsta para que el Poder Judicial declare la nulidad de aquellas actuaciones que desconozcan derechos fundamentales o el reparto de competencias previstas en la CRBV pues, hasta tanto esta última no sea derogada y suplantada por un nuevo texto constitucional, la misma constituye la norma suprema del Estado venezolano y todas las personas y los órganos que ejercen el Poder Público -sin distinción ni adjetivos- están sujetos a ella a tenor del artículo 7 constitucional.

Este control jurisdiccional resultaría extensivo a la propia convocatoria e instauración de la ANC cuando la misma ocurrió en violación al ordenamiento jurídico -por ejemplo, si en el referendo para la convocatoria o posterior elección de representantes no se contó con integridad electoral- si bien estamos conscientes que se trata de un tema que no resulta pacífico en la doctrina[645] y en Estados como el nuestro, con altos índices de autoritarismo judicial y donde la justicia constitucional ha sido coparticipe de la destrucción del Estado de Derecho[646] podría presentar un verdadero riesgo a un cambio consti-

645 *Cfr.* Néstor Pedro Sagüés, "Notas sobre el poder constituyente irregular", *Anuario de Derecho Constitucional Latinoamericano*, nº 15 (2009): 157-58. El autor reseña que "[l]a declaración de invalidez de una norma elaborada por el poder constituyente irregular pocas veces está admitida explícitamente por la misma constitución. En cambio, a menudo está bloqueada por distintas razones", entre las que se encuentra que el tema se declare como una "cuestión no judiciable" o que "un poder constituido, como el judicial o un tribunal constitucional, carece de la estatura jurídica para evaluar la constitucionalidad de lo resuelto por un poder constituyente".

646 *Cfr.* Daniela Urosa Maggi, "Justicia electoral y autoritarismo judicial electoral en Venezuela", *Revista Electrónica de Derecho Administrativo Venezolano*, nº 14 (2018): 317-36; Allan R. Brewer-Carías, *La ruina de la democracia* (Caracas: EJV, 2015).

tucional que devenga del verdadero sentir del electorado y haya cumplido con todas las exigencias de ley[647].

En todo caso, convenir en que las actuaciones de la ANC son inmunes a cualquier tipo de control equivaldría a equipararla con el texto constitucional en una suerte de *Constitución viva*, que toma forma a medida que la ANC decide sobre un asunto de la parte orgánica o dogmática de la Constitución, gozando tal decisión de irrecurribilidad y vigencia inmediata y previa a que el pueblo decida si está de acuerdo o no con las inserciones en el ordenamiento jurídico nacional, pudiendo incluso darse el caso que el pueblo nunca sea consultado si la ANC cesa sus operaciones sin presentar un proyecto de Constitución que amerite la activación del referendo, sea porque no llegó a ponerse de acuerdo, cambiaron las exigencias del país o cualquier otro motivo que responda a la buena o mala fe de esta institución.

Por este motivo, reiteramos que somos del criterio que hasta tanto no exista una nueva Constitución que sea aprobada por el pueblo, el texto anterior (en nuestro caso de estudio, la CRBV) seguiría vigente y la ANC, como el resto del Poder Público y la sociedad venezolana, estaría atada a la misma por imperativo del artículo 7 constitucional.

De ahí que esta asamblea no pueda desconocer a los poderes constituidos ni tomar sus competencias para sí bajo el supuesto amparo del primer aparte del artículo 349 ya citado que, a nuestro entender, proscribe es que el poder constituido **(i)** imposibilite que la ANC redacte un proyecto de Constitución para someterlo a consideración del pueblo, o **(ii)** se abstraiga de la nueva Constitución cuando esta sea aprobada por el pueblo y derive de una ANC que haya sido convocada, instaurada y conducida conforme con Derecho.

Finalmente, el último aparte del artículo 349 de la CRBV versa sobre la publicación en la Gaceta Oficial de la República –o la Gaceta de la ANC– de la Constitución luego de que sea promulgada, lo que estimamos no requiere mayor análisis ya que, en caso que el Presidente de la República se niegue a promulgar la nueva Constitución –supuesto que entraría dentro de las prohibiciones ya estudiadas de impedir que la ANC realice su labor– dicho cuerpo o la Asamblea Na-

---

647 *Cfr*. Rivera, "Reformas constitucionales y justicia constitucional", 133. El autor plantea que el rol de la justicia constitucional frente a los cambios constitucionales versa, principalmente, en la preservación de la separación de poderes, la no intromisión del Poder Constituyente en el quehacer del Poder Constituido, la salvaguarda de los derechos y libertades individuales y el resguardo del principio democrático para proteger a las minorías.

cional, por analogía del artículo 216 de la CRBV[648], podría llevar a cabo tal actuación por su propia cuenta.

Esto, si bien en la ANC-1999 se dieron algunas intervenciones que exponían que ni el Presidente de la República ni la Asamblea Nacional debían ser los llamados a promulgar la Constitución, al ser preexistentes a la voluntad del pueblo exteriorizada en el nuevo texto constitucional[649].

Al respecto, no creemos que la promulgación en cuestión plantee un verdadero problema al contarse con la posibilidad de que sea la ANC quien proceda a la promulgación en caso de negativa de los sujetos anteriores.

No obstante, el planteamiento hace que recobre vigencia la importancia de las disposiciones transitorias de la Constitución en caso que, por ejemplo, con ella se pase de un sistema presidencial al parlamentario o mixto y, en consecuencia, deje de preverse la figura del Presidente de la República e la nueva Constitución[650].

En ese caso, en tal régimen habría de prever que hasta tanto no se encuentre totalmente operativo el nuevo sistema, el Presidente de la República habrá de seguir ejerciendo el cargo –y, por ende, habría de promulgar la nueva Constitución– para evitar vacíos de poder.

2.4. La primacía del Estado Democrático de Derecho

Ya para finalizar con este Capítulo de nuestra investigación nos queda por comentar el artículo 350 de la CRBV, cuya ubicación en el texto constitucional –en el capítulo III ("De la Asamblea Nacional Constituyente") del título IX ("De la reforma constitucional")– resulta por decir lo menos curiosa, si tenemos presente que él no se limita a las actuaciones de la ANC y pudiese haber sido más conveniente incorporarlo en el Título I ("Principios fundamentales") como complemento de la supremacía constitucional.

---

648 El artículo reza: "Cuando el Presidente (...) de la República no promulgare la ley en los términos señalados, el Presidente (...) y los dos Vicepresidentes (...) de la Asamblea Nacional procederán a su promulgación sin perjuicio de la responsabilidad en que aquél o aquella incurra por su omisión".

649 Brewer-Carías, "Diario de Debates de la Asamblea Nacional Constituyente de 1999, Vol. III", 860. La cita corresponde al constituyente Jaua.

650 Nótese que el tema, si bien pudiera pensarse que es un *caso de laboratorio*, ha venido siendo trabajado por la doctrina como una de las vías para salir de la crisis que aqueja al país, como se constata en: Gerardo Fernández, *La búsqueda de un nuevo sistema de gobierno para Venezuela. Del presidencialismo exacerbado, autocrático, inestable e ineficaz a un sistema semipresidencial* (Caracas: ACIENPOL, 2019).

Claro que, como podrá constatar cualquier persona que dé una lectura a la CRBV, la buena técnica legislativa -o constituyente- no es uno de sus fuertes.

Así, el artículo prevé lo siguiente:

> Artículo 350. El pueblo de Venezuela, fiel a su tradición republicana, a su lucha por la independencia, la paz y la libertad, desconocerá cualquier régimen, legislación o autoridad que contraríe los valores, principios y garantías democráticos o menoscabe los derechos humanos.

Se trata de una norma que ha calado en el pensamiento jurídico-político venezolano y en más de una ocasión ha sido invocada en concordancia con el artículo 68 *ejusdem*, según el cual todos los ciudadanos tienen derecho a la manifestación pacífica, para promover la desobediencia civil.

En este sentido, no es nuestra intención abordar el artículo desde tal óptica[651] sino, más bien, de cuál es su significado y valor para una ANC, como cuerpo convocado e instaurado según los designios del pueblo como "depositario del poder constituyente originario" en los términos comentados *supra*.

De este modo, lo primero que debemos apuntar es que de acuerdo con el diario de debates de la ANC, este artículo formaba parte de uno de mayor extensión que contenía algunas de las disposiciones que ya comentamos en el artículo 349, mientras otras fueron eliminadas. Así, el proyecto discutido planteaba que:

> El pueblo de Venezuela, fiel a su tradición republicana, su lucha por la independencia, la paz y la libertad, desconocerá cualquier régimen, legislación o autoridad que contraríe los valores, principios y garantías democráticas o menoscabe los derechos humanos. Una vez aprobada la nueva Constitución en referendo, el Presidente de la República estará obligado a promulgarla dentro de los dos días siguientes a su sanción. Los Poderes Constituidos no podrán objetar en forma alguna las decisiones de la Asamblea Constituyente. A los efectos de la promulgación de la nueva Constitución, cuando el Presidente no la promulgare o los Poderes Constituidos la obstaculizaran, el Presidente o Vicepresidente de la Asamblea Nacional procederán a su promulgación, sin perjuicio de las responsabilidades en que los Poderes Constituidos ocurran en su omisión o actuación. En este caso, el acto de promulgación podrá publicarse en la Gaceta

[651] Al respecto puede consultarse María Lidia Álvarez Chamosa y Paola Alessandra Yrady, "La desobediencia civil como mecanismo de participación ciudadana", *Revista de Derecho Constitucional*, nº 7 (2003): 7-21; Andrés Mezgravis, "¿Qué es la desobediencia civil?", *Revista de Derecho Constitucional*, nº 7 (2003): 189-91.

Oficial de la República de Venezuela o en la Gaceta de la Asamblea Constituyente, según fuera el caso[652].

Este artículo fue seccionado en el debate constituyente de la forma que conocemos[653] trayendo como resultado, como anota la doctrina, que "el Artículo 350 de la Constitución nunca fue ni discutido ni aprobado por la Asamblea Nacional Constituyente" y "en el texto final de la Constitución aparece como artículo lo que había sido aprobado sólo como encabezado de un largo artículo que se refería a la promulgación de la Constitución, que ahora se interpreta como el derecho a la desobediencia civil, que jamás se aprobó"[654].

Separándose de esta visión, en lo que algunos autores denominaron un vaciamiento de contenido de la norma en cuanto a la desobediencia civil[655] pero reconocimiento de los límites materiales de la ANC[656], la TSJ/SC vinculó el artículo 350 de la CRBV con el actuar de esta asamblea, exponiendo al respecto que:

> El desconocimiento al cual alude el artículo 350, implica la no aceptación de cualquier régimen, legislación o autoridad que se derive del ejercicio del poder constituyente originario cuando el resultado de la labor de la Asamblea Constituyente contraríe los valores, principios y garantías democráticos o menoscabe los derechos humanos. Este "desconocer" al cual refiere dicha disposición, puede manifestarse constitucionalmente mediante los diversos mecanismos para la participación ciudadana contenidos en la Carta Fundamental, en particular los de naturaleza política, preceptuados en el artículo 70 (...).
>
> ...
>
> En efecto, esta norma está contenida en el Capítulo III (De la Asamblea Nacional Constituyente) del Título IX (De la Reforma Constitucional), como un límite al Poder Constituyente. Cuando se anunció la decisión de convocar una Asamblea Constituyente bajo la vigencia de la Carta Magna de 1961, se planteó la duda acerca de si ese poder originario era o no ilimitado. Como lo reconoció la antigua Corte Suprema de Justicia (...), en principio, el poder constituyente origi-

---

652 Brewer-Carías, "Diario de Debates de la Asamblea Nacional Constituyente de 1999, Vol. III", 859. La cita corresponde al constituyente García Ponce.

653 *Cfr.* Brewer-Carías, "Diario de Debates de la Asamblea Nacional Constituyente de 1999, Vol. IV", 50.

654 Fortunato González Cruz, "Situación venezolana: Desenlace y recuperación. Una mirada desde Mérida", *Revista Provincia*, nº 37 (2017): 88.

655 *Cfr.* Allan R. Brewer-Carías, "El juez constitucional vs. El derecho a la desobediencia civil, y de cómo dicho derecho fue ejercido contra el juez constitucional desacatando una decisión ilegítima (El caso de los cuadernos de votación de las elecciones primarias de la oposición democrática de febrero de 2012)", *Revista de Derecho Público*, nº 129 (2012): 241-49.

656 *Cfr.* Juan Alberto Berríos Ortigoza, "Estudio sobre las bases comiciales de la convocatoria presidencial a una asamblea nacional constituyente", en *Estudios sobre la Asamblea Nacional Constituyente y su inconstitucional convocatoria en* 2017 (Caracas: ACIENPOL y EJV, 2017), 459.

> nario es incondicionado e ilimitado, en relación a la organización de los poderes del Estado. Sin embargo, en doctrina se han establecido límites generales a dicho poder, como el respeto de los derechos fundamentales del hombre (Sieyés); al principio de la división de los poderes; a la idea de la democracia (Torres del Moral); a las condiciones existenciales del Estado, entre otros.
>
> ...
>
> Pues bien, al incorporar el Constituyente esta modalidad de revisión constitucional en la Constitución de 1999 estableció, en el artículo 350, último del Capítulo III, los límites a este Poder, que sigue en lo fundamental lo contenido en la Base Octava ya aludida. El régimen constitucional resultante, así como la normativa legal o las autoridades públicas que se funden o deriven de dicho régimen, deben respetar la tradición republicana, la independencia, la paz, la libertad, la democracia y los derechos humanos[657].

En otras palabras, la Sala fue del criterio que a la próxima ANC le serían aplicables las mismas limitaciones que –según ella– tuvo la ANC-1999, a pesar de quedar plenamente demostrado que esta última se abstrajo de toda restricción al autocalificarse –con el apoyo del Poder Ejecutivo y el Judicial– de originaria, *soberanísima* y supraconstitucional.

De ahí quizá, como expone el foro, que la Sala se haya retrotraído a las bases comiciales de la ANC-1999 y no a sus diarios de debate, que más bien dejaron constancia del interés de los constituyentes porque la ANC no tuviese ningún tipo de límites[658].

Es así como la ANC, a pesar de ser calificada en la CRBV como una expresión del Poder Constituyente Originario que en el pasado dio lugar a interpretaciones en pro de su carácter omnímodo, hoy queda sujeta a un conjunto de cláusulas que bien podríamos llamar pétreas, autoimpuestas por la sociedad, de naturaleza formal y material, que precisan cómo el pueblo ha de instaurar la ANC –regulación que como vimos, presenta insuficiencias y lagunas considerables– y el propio contenido de la voluntad popular, al preverse que determinados principios han de permanecer inalterados en la nueva Constitución[659].

---

657 TSJ/SC n° 24 del 22-01-2003 (caso: *Elba Paredes y otro*).

658 *Cfr.* Carmen María Márquez, "Interpretación de la Sala Constitucional del Tribunal Supremo de Justicia del artículo 350 de la Constitución de la República Bolivariana de Venezuela", *Revista Provincia*, nº 29 (2013): 72.

659 *Cfr.* Allan R. Brewer-Carías, "Reforma constitucional, Asamblea Nacional Constituyente y control judicial contencioso administrativo. El caso de Honduras (2009) y el antecedente venezolano (1999)", *Revista de la Facultad de Derecho de la Universidad Católica Andrés Bello*, nº 60-61 (2006): 70. El autor coloca como ejemplos los artículos 1, 5, 6 y 19 de la CRBV, en cuanto a que la República "es irrevocablemente libre e independiente", "la soberanía reside intransferiblemente en el pueblo", el gobierno "es y será siempre democrático, partici-

Con base en lo anterior, podría justificarse que los principios y valores fundamentales del Estado Democrático de Derecho contenidos en el título I de la CRBV[660] tampoco podrían ser alterados por la ANC, siendo obligación del pueblo venezolano –y de sus autoridades legítimas, incluimos nosotros– desconocer "cualquier régimen, legislación o autoridad que contraríe los valores, principios y garantías democráticos o menoscabe los derechos humanos" –dentro de lo cual encuadraría la propia ANC y sus decisiones– dada "su tradición republicana" y "su lucha por la independencia, la paz y la libertad" (art. 350 constitucional), aunado a que dicho pueblo, como ya dijimos, es el único titular de la soberanía sin que sea posible su transferencia a otros órganos o entes.

Esta interpretación sería cónsona con los planteamientos de la doctrina para la que el proceso constituyente en general y la ANC en particular debe regirse por el principio de la democracia y la soberanía popular, las bases federales del Estado como principio de organización democrática, el pluralismo político, la libre participación en los asuntos públicos, la progresividad de los derechos, la legalidad y separación de poderes, la responsabilidad del Estado y los acuerdos y tratados internacionales[661].

Con motivo de lo anterior, en definitiva, toda ANC que se aparte del marco jurídico desarrollado en este Capítulo de nuestra investigación podría calificarse como irregular en los términos de la doctrina, al contravenir las normas sustantivas (qué) y adjetivas (quién, cómo) que lo regulan, traspasando el tema de su legitimidad al campo de lo político[662], ya que ciertamente el nuevo texto constitucional no esta-

---

pativo, electivo, descentralizado, alternativo, responsable, pluralista y de mandatos revocables" y los derechos fundamentales tienen carácter progresivo, respectivamente.

660 Entre ellos, como mencionáramos al inicio de esta investigación, la independencia de la República y "la libertad, la soberanía, la inmunidad, la integridad territorial y la autodeterminación nacional" como derechos irrenunciables (art. 1), "la vida, la libertad, la justicia, la igualdad, la solidaridad, la democracia, la responsabilidad social y en general, la preeminencia de los derechos humanos, la ética y el pluralismo político" como valores superiores del Estado (art. 2), "la defensa y el desarrollo de la persona y el respeto a su dignidad, el ejercicio democrático de la voluntad popular, la construcción de una sociedad justa y amante de la paz, la promoción de la prosperidad y bienestar del pueblo y la garantía del cumplimiento de los principios, derechos y deberes consagrados en esta Constitución" como fines esenciales del Estado, y el carácter "democrático, participativo, electivo, descentralizado, alternativo, responsable, pluralista y de mandatos revocables" del gobierno de la República y de las entidades políticas que la componen (art. 6).

661 *Cfr.* Badell Madrid, "Régimen jurídico del proceso constituyente en la Constitución de Venezuela", 275-88.

662 *Cfr.* Sagüés, "Notas sobre el poder constituyente irregular". Léase también a Agapito que, en su introducción a la obra de Car Schmitt, define a "lo político"

ría dotado de legalidad por vicios en su convocatoria, instauración, ejecución, o aprobación del proyecto de Constitución presentado al pueblo.

---

como "los contenidos en torno a los cuales se va a configurar la identidad de un pueblo frente a otro. Se trata de una decisión de carácter público, en el sentido de que no tiene que ver con los sentimientos o intereses individuales o privados (...). La función de lo político, de esa decisión originaria, es pues la de agrupar al pueblo en torno a un determinado contenido fundamental, y defenderlo frente a los que no comparten esa identidad, ya procedan del exterior o del interior". Rafael Agapito, "Introducción", en *El concepto de lo político. Texto de 1932 con un prólogo y tres corolarios* (Madrid: Alianza Editorial, 2009), 26.

CAPÍTULO V: LA ASAMBLEA NACIONAL CONSTITUYENTE DE 2017-2020

En la G.O. n° 6.295 Extraordinario del 01-05-2017 se publicó el Decreto n° 2.830 de la misma fecha por el cual, el Presidente de la República, en Consejo de Ministros, dijo invocar "las atribuciones que me otorga la Constitución de la República (...) en su artículo 348 y (...) los artículos 70, 236 numeral 1 y 347 ejusdem"[663] para de seguida dictar que:

> Artículo 1. En ejercicio de las atribuciones que me otorga la Constitución de la República (...), en su artículo 348 y fundamentado en los artículos 70, 236 numeral 1 y 347 ejusdem, CONVOCO UNA ASAMBLEA NACIONAL CONSTITUYENTE, ciudadana y de profunda participación popular, para que nuestro Pueblo, como depositario del Poder Constituyente Originario, con su voz suprema, pueda decidir el futuro de la Patria, reafirmando los principios de independencia, soberanía, igualdad, paz, democracia participativa y protagónica, multiétnica y pluricultural.
> Artículo 2. Los y las integrantes de la Asamblea Nacional Constituyente Originaria serán elegidos o elegidas en los ámbitos sectoriales y territoriales, bajo la rectoría del Consejo Nacional Electoral, mediante el voto universal, directo y secreto; con el interés supremo de preservar y profundizar los valores constitucionales de libertad, igualdad, justicia e inmunidad de la República y autodeterminación del pueblo.

La motivación de este Decreto estuvo cargada de frases grandilocuentes[664] que, sorteadas, permiten extraer tres conclusiones:

---

663 Los artículos 347 y 348 ya fueron citados en el Capítulo precedente de esta investigación, en tanto que los artículos 70 y 236 numeral 1 prevén respectivamente que "[s]on medios de participación y protagonismo del pueblo en ejercicio de su soberanía, en lo político: la elección de cargos públicos, el referendo, la consulta popular, la revocatoria del mandato, la iniciativa legislativa, constitucional y constituyente, el cabildo abierto y la asamblea de ciudadanos (...) cuyas decisiones serán de carácter vinculante, entre otros (...). // La ley establecerá las condiciones para el efectivo funcionamiento de los medios de participación previstos en este artículo" y "[s]on atribuciones y obligaciones del Presidente (...) de la República: 1. Cumplir y hacer cumplir esta Constitución y la ley".

664 A modo de ejemplo: "con la bendición de Dios Todopoderoso", "inspirado en la grandiosa herencia histórica de nuestros antepasados aborígenes, héroes (...) independentistas, en cuya cúspide está el Padre de la Patria, El Libertador Simón Bolívar", "deber histórico ineludible", "sagrado compromiso moral y amoroso que le guardo al pueblo".

Primero, la ANC-2017 tomaría como inspiración "el proceso popular constituyente" que culminó con la CRBV, a fin de que el pueblo "como Poder Constituyente Originario, exprese su férrea voluntad y máxima garantía de defensa de los sagrados derechos y logros sociales conquistados, y que durante mi mandato he luchado por sostener y profundizar".

Al respecto, llama la atención que el foro apunta que ese proceso, lejos de servir solo para redactar y proponer una nueva Constitución, consistió, como vimos en el Capítulo III de esta investigación, en "una estrategia planificada para la toma del control de todos los poderes públicos, encubierta y mediatizada por la designación y actuación de una Asamblea Nacional Constituyente, con el objeto de darle (...) la apariencia de legitimidad política"[665].

Segundo, la finalidad de la ANC-2017 era "garantizar la preservación de la paz del país ante las circunstancias sociales, políticas y económicas actuales, en las que severas amenazas internas y externas de factores antidemocráticos y de marcada postura antipatria se ciernen sobre su orden constitucional".

En otras palabras, la ANC nacía como un instrumento para derrotar a un adversario (la Asamblea Nacional, la sociedad civil opositora al Ejecutivo Nacional, etc.), en lo que la doctrina denominó "un caso inédito en la historia de las constituciones totalitarias pues estas han sido dictadas después de vencer un enemigo y no como un instrumento para vencerlo"[666].

---

665 Marisol Sarria Pietri, "Asamblea Constituyente de 1999, medio 'idóneo' para subvertir la democracia: Una estrategia bien planificada", en *Libro homenaje a la Academia de Ciencias Políticas y Sociales en el centenario de su fundación* 1915-2015, vol. V (Caracas: ACIENPOL, 2015), 3331. La autora enumera como premisas de esta estrategia: "1. Conseguir la Presidencia de la República por la vía electoral; 2. Crear y controlar -por cualquier medio de apariencia legal- una Asamblea Constituyente a la que se le reconozcan poderes absolutos; 3. La Asamblea Constituyente desarticula los poderes públicos constituidos, primero el que ejerce el control judicial y enseguida el que ejerce el control político y legisla; 4. El Poder Judicial controlado convalida las actuaciones de la Asamblea Constituyente; 5. Se aprueba la nueva Constitución[;] 6. No se dicta Ley de Transición y, en cambio, se 'prorroga' la actuación de la Asamblea Nacional Constituyente como gobierno con poderes ilimitados; 7. Se designan a conveniencia, al Poder Electoral y a quien dirige el Poder Judicial y se le da a éste, exclusividad en la competencia para conocer de conflictos que afecten a la Asamblea Constituyente y sus actuaciones. 8. Se eligen a las autoridades de elección popular por elecciones controladas".

666 Humberto Njaim, "Génesis y perspectivas de cierta asamblea nacional constituyente. Una mirada politológica", en *Estudios sobre la Asamblea Nacional Constituyente y su inconstitucional convocatoria en* 2017 (Caracas: ACIENPOL y EJV, 2017), 223.

Tercero, el Presidente de la República propuso una serie de "objetivos programáticos" -nueve, en total- que podrían resumirse del modo siguiente:

a. *Competencias del Poder Público*. Llamó a ampliar las competencias del Sistema de Justicia[667] para "erradicar la impunidad de los delitos"[668], y del Estado en general para preservar la seguridad ciudadana, la independencia y la soberanía -política, económica y territorial- frente al intervencionismo extranjero, todo lo cual debía darse en el marco de la cooperación entre las distintas ramas del Poder Público.

b. *Protección de la sociedad y del ambiente*. En adición a mejorar lo referente a la "preservación de la vida en el planeta" en la CRBV, el Presidente de la República expuso que dicho texto debía contener "un capítulo (...) para consagrar los derechos de la juventud" que, realidad, no diferían de los derechos de la población en general[669] aun cuando se incluyó un tema que, atendiendo a las decisiones que la TSJ/SC había dictado en la materia y las políticas implementadas por el Ejecutivo[670], bien podía prestarse a interpretaciones favorables a la censura. Esto es, el derecho de los jóvenes referido al "uso libre y consciente de las tecnologías de información".

c. *Políticas públicas rechazadas en la reforma constitucional de 2007*. Propuso la constitucionalización de las misiones[671] y del

---

667 *Cfr*. Último aparte del artículo 253 de la CRBV, que determina que "[e]l sistema de justicia está constituido por el Tribunal Supremo de Justicia, los demás tribunales que determine la ley, el Ministerio Público, la Defensoría Pública, los órganos de investigación penal, los (...) auxiliares y funcionarios (...) de justicia, el sistema penitenciario, los medios alternativos de justicia, los ciudadanos que participan en la administración de justicia conforme a la ley y los abogados autorizados para el ejercicio".

668 En particular, hizo referencia al homicidio, secuestro, extorsión, violación, violencia de género y contra niños, corrupción, contrabando de extracción, especulación, terrorismo, narcotráfico, promoción del odio social, e injerencia extranjera.

669 A tal efecto, se aludió al trabajo digno, acceso a la vivienda, la protección de las madres, entre otros.

670 *Cfr*. Gabriel Sira Santana, "La libertad de expresión en las redes sociales y su restricción por parte del Estado", *Revista de Derecho Público*, nº 165-166 (2021): 346-56; Gabriel Sira Santana, "El interés superior del niño como supuesto límite inmanente de la libertad de expresión", *Revista de Derecho Público*, nº 169-170 (2022): 166-80.

671 Reguladas para ese entonces en el Decreto con Rango, Valor y Fuerza de Ley Orgánica de Misiones, Grandes Misiones y Micro-Misiones, en G.O. nº 6.154 Extraordinario del 19-11-2014. De acuerdo con el numeral 1 de su artículo 4, una misión es una "política pública destinada a materializar de forma masiva, acelerada y progresiva las condiciones para el efectivo ejercicio y disfrute universal de uno o más derechos sociales de personas o grupos de personas, que

Poder Popular[672] como parte del tránsito del Estado democrático y social de Derecho y de Justicia (art. 2 de la CRBV) a un "Estado de la Suprema Felicidad Social", habiéndose propuesto ambas cuestiones en la fallida reforma de 2007[673].

d. *Economía.* De un modo más ambiguo al proyecto de reforma rechazado en el año 2007 que era abiertamente socialista[674], se propuso la necesidad de perfeccionar el "sistema económico nacional hacia la Venezuela Potencia", a fin de concebir un "nuevo modelo de la economía post petrolera, mixta, productiva, diversificada, integradora" para dinamizar la fuerza productiva y la "distribución transparente".

e. *Paz y convivencia.* El proceso constituyente había de fungir como "una gran convocatoria a un diálogo nacional" para hacer frente a la "violencia política" que se vivía en el país, eliminando el "odio social y racial" entre los venezolanos.

De este modo, la motivación del Decreto que *convocó* a la ANC-2017 guardó cierta similitud con las leyes habilitantes sancionadas en las últimas décadas en el país[675], en cuanto a que previó un amplio abanico de materias sin mayores precisiones al respecto, dejando al intérprete la determinación de su contenido según le resultara más ventajoso hacerlo de modo restrictivo o extensivo.

Asimismo, los objetivos programáticos dejan ver que más que la redacción y aprobación de un nuevo pacto social, la ANC en realidad

---

conjuga la agilización de los procesos estatales con la participación directa del pueblo en su gestión, en favor de la erradicación de la pobreza y la conquista popular de los derechos sociales consagrados en la Constitución de la República".

672 De acuerdo con el artículo 2 de la Ley Orgánica del Poder Popular, en G.O. n° 6.011 Extraordinario del 21-12-2010, por este se entiende "el ejercicio pleno de la soberanía por parte del pueblo en lo político, económico, social, cultural, ambiental, internacional, y en todo ámbito del desenvolvimiento y desarrollo de la sociedad, a través de sus diversas y disímiles formas de organización, que edifican el estado comunal". *Cfr.* Sira Santana, *Poder Popular, descentralización y participación ciudadana.*

673 *Cfr.* Brewer-Carías, *La Reforma Constitucional de 2007. Comentarios al proyecto inconstitucionalmente sancionado por la Asamblea Nacional el 2 de noviembre de 2007*, 175-224. En particular, la nueva redacción de los artículos 141 (para las misiones) y 16, 18, 70, 71, 82, 136, 156, 157, 163, 167, 172, 176, 184, 185, 252, 164, 279, 293, 295 y 296 (para el Poder Popular).

674 *Cfr.* Hernández G., *Reflexiones sobre la Constitución y el modelo socioeconómico en Venezuela. A propósito del proceso de reforma constitucional*; Brewer-Carías, *Hacia la consolidación de un Estado socialista, centralizado, policial y militarista. Comentarios sobre el sentido y alcance de las propuestas de reforma constitucional 2007.*

675 A modo de ejemplo, consúltese la publicada en la G.O. n° 6.178 Extraordinario del 15-03-2015.

era un espacio para eliminar la disidencia sociopolítica, con ciertos guiños discursivos sobre la protección de los derechos sociales, culturales y ambientales para facilitar su propaganda y aceptación, tal como ocurrió con los decretos de excepción por emergencia económica desde el año 2016[676].

En todo caso, estos objetivos programáticos –que retomaremos más adelante en este Capítulo– se acompañaron de un párrafo que denota la confusión terminológica –y, por ende, de competencias– que caracterizó a la ANC-2017, ya que el Presidente de la República declaró "[i]nvoco al Poder Constituyente Originario, para que con su profundo espíritu patriótico, conforme una Asamblea Nacional Constituyente que sea tribuna participativa y protagónica de toda de nuestra sociedad, donde se exprese la voz de los más diversos sectores sociales".

En realidad, a tenor de lo previsto en los artículos 347 y 348 de la CRBV suficientemente desarrollados en el Capítulo IV de esta investigación, el mandatario nacional no era competente para invocar al Poder Constituyente Originario para que conforme una ANC, pues su competencia radica es en inquirir al pueblo sobre si desea o no que se convoque una ANC.

Cierto es que la redacción de la motivación del Decreto podría dar a entender que el Presidente de la República no estaba convocando *per se* a la ANC si se entendía el *invocar* como llamar[677] y el *Poder Constituyente Originario* como el pueblo. No obstante, ese ejercicio interpretativo fenece al leer el artículo 1 del Decreto citado *supra* donde, sin lugar a equívocos, el mandatario procedió a convocar en nombre propio a la ANC, tal como retomaremos más adelante, lo que dicho sea de paso calificó falazmente como una "iniciativa constitucional y exclusiva".

En este sentido, dedicaremos este último Capítulo de nuestra investigación a la "Asamblea Nacional Constituyente" –entrecomillada, por no responder desde sus inicios al método previsto en la CRBV– que operó en el país desde agosto de 2017 a diciembre de 2020 y produjo que los tres mecanismos de reforma previstos en el título IX de la Constitución se activaran antes de los veinte años de su entrada en vigencia.

A tal efecto, precisaremos en un primer momento cuál era el escenario jurídico-político de Venezuela durante los meses previos a la

---

676 *Cfr*. Sira Santana, *El estado de excepción a partir de la Constitución de* 1999.

677 Al respecto, la Real Academia Española recoge a este verbo como uno de sus sinónimos. *Cfr*. Real Academia Española, "Invocar", Diccionario de la Lengua Española, 2022, https://dle.rae.es/invocar.

inconstitucional convocatoria de la ANC-2017 -particularmente, en relación con la conformación y actividad de la Asamblea Nacional electa para el período 2016-2021- para luego adentrarnos en el tema de su instauración y gestión que, recordamos, se extendió por tres años y medio y concluyó sin que siquiera se hubiese discutido un proyecto de Constitución, a pesar de haberse invocado como inspiración la ANC-1999 que presentó su proyecto de Constitución en poco más de tres meses, constatándose que las iniciativas de la fallida reforma de 2007 y la enmienda de 2009 también se tramitaron con suma rapidez.

1. EL ATAQUE CONTRA LA ASAMBLEA NACIONAL COMO PRECEDENTE

Como mencionamos en otra ocasión[678], la oposición venezolana logró en diciembre de 2015, por primera vez desde la creación de la Asamblea Nacional en la CRBV, obtener la mayoría parlamentaria absoluta (50 % más uno de los diputados) y la mayoría calificada (tanto por las tres quintas como las dos terceras partes).

A partir de enero de 2016, esto le permitía -entre otros- sancionar leyes ordinarias y orgánicas, decretar amnistías, aprobar los estados de excepción y sus prórrogas, aprobar enmiendas a la Constitución en los términos expuestos en el Capítulo IV de esta investigación, y dar votos de censura a ministros, sin necesidad de mayores acuerdos con el partido de gobierno. Contar con estas mayorías, tampoco le facultaba para ignorar los principios democráticos ni su obligación de respetar a las minorías, como ocurrió en el país durante legislaturas anteriores.

Esta nueva realidad resultó contraria a los intereses de la fuerza política dominante, acostumbrada a gobernar sin restricciones. Por ello, incluso antes de que la nueva legislatura elegida por el pueblo asumiera el período 2016-2021, el Ejecutivo Nacional, junto con los diputados salientes del Parlamento y el Tribunal Supremo de Justicia -particularmente, la TSJ/SC y la TSJ/SE-, iniciaron un proceso para socavar de manera sistemática e inconstitucional las competencias del Poder Legislativo Nacional, tanto en su función legislativa como de control político, basándose en gran medida en una interpretación errónea del principio de colaboración que rige el ejercicio del Poder Público, según el único aparte del artículo 136 de la CRBV[679].

---

678 *Cfr.* Gabriel Sira Santana, "La Asamblea Nacional según el Tribunal Supremo de Justicia, luego de las elecciones parlamentarias del año 2015", *Revista de Derecho Público*, nº 145-146 (2016): 267-84.

679 Indica el aparte que "[c]ada una de las ramas del Poder Público tiene sus funciones propias, pero los órganos a los que incumbe su ejercicio colaborarán entre sí en la realización de los fines del Estado".

Dado que nuestro objetivo no es realizar un análisis exhaustivo de esta materia, nos limitaremos a presentar de manera esquemática los fallos que dictó la TSJ/SC al respecto, para ofrecer una visión general de cómo se materializó el conflicto entre la Asamblea Nacional y el Tribunal Supremo de Justicia que llevó a este último a modificar, como si fuera el Poder Constituyente, el alcance y contenido de la CRBV hasta el punto de provocar las protestas ciudadanas que desembocaron en la ANC-2017.

1.1. La designación de los magistrados del Tribunal Supremo de Justicia

El despojo de competencias a la nueva Asamblea Nacional comenzó incluso antes de que iniciara su primer período de sesiones. El 22-12-2015, en el penúltimo día antes del inicio de las vacaciones judiciales, que se extenderían hasta el 6 de enero (un día después de la instalación de la nueva Asamblea Nacional), la TSJ/SC admitió y resolvió una solicitud de interpretación del artículo 220 de la CRBV[680], presentada por Diosdado Cabello, quien era el presidente de la Asamblea en ese momento[681].

Dicha solicitud se basó en el hecho de que, dado que el 15 de diciembre había concluido el segundo período de sesiones de la Asamblea Nacional conforme con el único aparte del artículo 219 de la CRBV, se buscaba evitar "cualquier tipo de confusiones" respecto a las atribuciones que la Asamblea podía ejercer en las sesiones extraordinarias previstas en el artículo a interpretar, "dada la particularidad del presente caso"[682].

La respuesta de la TSJ/SC fue afirmar que "la Asamblea Nacional no se encuentra impedida Constitucionalmente para convocar sesiones extraordinarias una vez finalizado el segundo periodo decisiones

---

680 El artículo indica que: "[l]a Asamblea Nacional se reunirá en sesiones extraordinarias para tratar las materias expresadas en la convocatoria y las que les fueren conexas. También podrá considerar las que fueren declaradas de urgencia por la mayoría de sus integrantes".

681 TSJ/SC n° 1758 del 22-12-2015 (*caso: Diosdado Cabello*).

682 Nótese que esta no es la primera vez que una Asamblea saliente tomó, en sesión extraordinaria, una decisión de dudosa legalidad: el 17-12-2010, previendo que para el período 2011-2016 el oficialismo no contaría con una mayoría de tres quintos, la Asamblea Nacional dictó en sesión extraordinaria la Ley que autoriza al Presidente de la República para dictar Decretos con Rango, Valor y Fuerza de Ley en las materias que se delegan, en G.O. n° 6.009 Extraordinario del 17-12-2010, que tuvo una duración de 18 meses. Véase sobre los decretos leyes dictados con ocasión de esta habilitante: Antonio Silva Aranguren y Gabriel Sira Santana, "Decretos-Leyes dictados por el Presidente de la República, con base en Ley Habilitante, en el período 2010-2012", *Revista de Derecho Público*, n° 130 (2012): 24-50.

[sic] ordinarias del último año de su respectivo ciclo constitucional", y que:

> ...el alcance de las materias que pudieran ser tratadas (...) está determinado por todas las expresadas en la convocatoria y las que fueren declaradas de urgencia por la mayoría de sus integrantes, así como también las que les fueren conexas, dentro del ámbito de todas las atribuciones que el orden constitucional y jurídico en general le asigna.

Amparada en esta decisión, la Asamblea Nacional saliente convocó dos sesiones extraordinarias el 23 de diciembre (una a las 9 am y otra a la 1 pm), en adición a las dos que se habían celebrado el día 22 del mismo mes a las 4 y 8 pm[683]. Estas sesiones concluyeron con la designación de trece magistrados principales y veintiún suplentes del Tribunal Supremo de Justicia[684], como actividad que correspondía haber desarrollado a la nueva legislatura.

1.2. La desincorporación de los diputados por el estado Amazonas

El 30-12-2015, la TSJ/SE admitió siete recursos contencioso-electorales contra las elecciones parlamentarias del 06-12-2015 en seis circuitos electorales específicos y en todo el estado Amazonas. Esto ocurrió a pesar de que la Sala no había despachado desde el 11 de diciembre y estaba en receso navideño desde el 23 de ese mes, día en el cual se anunció que "[s]e informa al público en general que esta Sala Electoral dará despacho los días lunes 28, martes 29 y miércoles 30 de diciembre de 2015"[685].

En los primeros seis casos[686], los recursos fueron interpuestos el 28-12-2015, tan solo dos días antes de ser admitidos[687]. Estos se presentaron junto con solicitudes de suspensión de efectos, que fueron declaradas improcedentes por la Sala al tratarse de "simples alegatos

---

683 Asamblea Nacional, "Asamblea Nacional convoca sesión extraordinaria", 22-01-2015, http://goo.gl/tBbzUv; Asamblea Nacional, "Asamblea Nacional convoca a sesión extraordinaria para este martes", 21-01-2015, http://goo.gl/eFJviS.

684 El acuerdo respectivo fue publicado en G.O. n° 40.816 del 23-12-2015 y se corrigió mediante acuerdo publicado en la n° 40.818 del 29-12-2015.

685 TSJ/SE, "Nota por secretaría", 23-12-2015, http://www.tsj.gob.ve/es/cuentas.

686 TSJ/SE n° 254 al 259 del 30-12-2015 (*casos: Pedro Cabello; Néstor León; Esteban Pérez; Sumiré Ferrara Molina y otro; Rosa León; y Elvis Hidrobo y otro*), referidos a la circunscripción electoral 1 de Amazonas, 2 de Yaracuy, la región indígena sur y las circunscripciones electorales 2, 3 y 4 de Aragua, respectivamente.

687 Como curiosidad, el 13-04-2016 la TSJ/SE admitió un recurso contencioso electoral interpuesto el 05-08-2015. Es decir, que tardó ocho meses para tal admisión contra menos de dos días en los casos de los diputados a la Asamblea Nacional.

genéricos sin una argumentación fáctico-jurídica consistente", que "no se acompañó de prueba", y que el solicitante "no especificó en qué consistirían esos daños inminentes o cómo esa situación afectaría sus derechos, o dejaría ilusorio o ineficaz un eventual fallo favorable a su pretensión". Asimismo, expuso que:

> ...los alegatos (...) son elementos constitutivos del escrito recursivo, lo que mal podría hacerse un pronunciamiento anticipado a la definitiva, de allí que de acordarse la medida en base a los argumentos expuestos, se le estaría dando a la misma un efecto constitutivo y norestablecedor [sic].

Por su parte, el recurso contra las elecciones en Amazonas fue interpuesto el 29-12-2015, junto con una solicitud de amparo cautelar, además de la suspensión de efectos. Este amparo fue declarado procedente y la Sala ordenó "de forma provisional e inmediata la suspensión de efectos de los actos de totalización, adjudicación y proclamación emanados de los órganos subordinados del Consejo Nacional Electoral respecto de los candidatos electos (...) en el estado Amazonas"[688].

Como lo reseña el foro, la verdadera intención era desproveer a la oposición de la mayoría calificada alcanzada[689].

La *desobediencia* de esta orden por parte de la Asamblea Nacional dio lugar a una nueva decisión de la TSJ/SE, en la que se declaró "PROCEDENTE EL DESACATO" y se ordenó "dejar sin efecto la referida juramentación y en consecuencia proceda con LA DESINCORPORACIÓN inmediata" de los diputados por Amazonas. Además, se declaró que serían "NULOS ABSOLUTAMENTE los actos de la Asamblea Nacional que se hayan dictado o se dictaren, mientras se mantenga la incorporación de los ciudadanos sujetos de la decisión n° 260 del 30 de diciembre de 2015 y del presente fallo"[690].

Como indicamos, no es nuestra intención hacer un análisis de estos fallos. Sin embargo, creemos oportuno efectuar tres precisiones

---

688 TSJ/SE n° 260 del 30-12-2015 (*caso: Nicia Maldonado*).

689 *Cfr.* Miguel Ángel Torrealba Sánchez, "La justicia electoral erigida en obstáculo para la paz en Venezuela: El caso de la suspensión cautelar de la proclamación de los diputados del Estado Amazonas como instrumento para obstaculizar la constitución del parlamento e impedir la representación política", *Revista de Derecho Público*, n° 145-146 (2016): 333-36. Expone que "la sentencia en cuestión no fue dictada con el objeto de proteger la violación o amenaza de violación de los derechos al sufragio de los electores del Estado Amazonas, sino precisamente persiguiendo todo lo contrario", ya que ella "obedece a una estrategia de impedir que la coalición opositora tuviera el número de Diputados necesarios para alcanzar las mayorías calificadas exigidas constitucionalmente, de dos tercios (2/3), para que una opción política pueda realizar una serie de actuaciones de especial relevancia político-constitucional".

690 TSJ/SE n° 1 del 11-01-2016 (*caso: Nicia Maldonado*).

visto que la tesis del desacato constituye uno de los hitos del ataque objeto de comentarios y sería frecuentemente invocada por la ANC-2017. Así:

a. La decisión se basó en el "hecho notorio comunicacional" de una grabación difundida por diferentes medios de comunicación –en su mayoría pertenecientes al Sistema Bolivariano de Comunicación e Información– en la que se oye a una supuesta secretaria de la Gobernación del estado Amazonas discutir sobre la compra de votos.

Sin embargo, se ignoró que esta prueba era ilícita al atentar contra el artículo 48 de la CRBV[691], y que en ningún caso demuestra que ocurrió un fraude. Por tanto, la Sala debió haber llegado a la misma conclusión que en las medidas cautelares negadas en los casos anteriores, ya que la solicitud "no se acompañó de prueba".

b. Al ordenar en el dispositivo del fallo la suspensión de efectos de actos que ya se habían materializado –como la totalización, adjudicación y proclamación[692]– la decisión era inejecutable y contraria a la naturaleza preventiva de la suspensión.

Por este motivo, no era posible que existiese desacato, ya que la decisión no se ajustaba al ordenamiento jurídico vigente, a pesar de que la Sala indicara que la Asamblea Nacional "debe seguir no solo las pautas que la propia Constitución prevé, sino también acatar las disposiciones y decisiones que el resto de los poderes del Estado dicten o sancionen en función de sus propias atribuciones constitucionales y legales".

c. La TSJ/SE afirmó que, de no desincorporarse los diputados por Amazonas, estos estarían incurriendo en usurpación de autoridad y, por ende, declaró que "resultan inexistentes" las decisiones –pasadas, presentes y futuras– que dictara la Asamblea Nacional.

Para llegar a tal decisión, la Sala citó el artículo 138 de la CRBV, según el cual "[t]oda autoridad usurpada es ineficaz y sus actos son nulos".

---

691 La letra del artículo señala que "[s]e garantiza el secreto e inviolabilidad de las comunicaciones privadas en todas sus formas. No podrán ser interferidas sino por orden de un tribunal competente, con el cumplimiento de las disposiciones legales y preservándose el secreto de lo privado que no guarde relación con el correspondiente proceso".

692 Conforme con la Ley Orgánica de Procesos Electorales, estos actos ocurren de forma consecutiva una vez se llevó a cabo el acto de votación.

No podemos sino preguntarnos si, con base en ese argumento, no sería más bien inexistente esta decisión de la TSJ/SE, considerando que según el numeral 20 del artículo 187 de la CRBV, corresponde a la Asamblea Nacional "calificar a sus integrantes".

Finalmente, en relación con estos recursos, podemos señalar que en febrero de 2016 la TSJ/SE declaró inadmisibles las recusaciones presentadas por la oposición en contra de los magistrados Indira Alfonzo Izaguirre y Christian Tyrone Zerpa[693], dado que, según el criterio de la Sala, ambos habían presentado una declaración jurada de renuncia a cualquier militancia política partidista antes de su postulación como miembros del Tribunal Supremo de Justicia, por lo que la recusación no procedía[694].

Todas estas acciones de la TSJ/SE contaron posteriormente con el aval de la TSJ/SC. Así, al conocer de una solicitud de declaratoria de omisión inconstitucional por parte de la Asamblea Nacional, presentada por la Procuraduría General de la República el 12-01-2016, la TSJ/SC señaló que la omisión "que incapacita al Poder Legislativo para ejercer sus atribuciones constitucionales de control político de gestión" cesó cuando la Asamblea Nacional desincorporó a los diputados por Amazonas[695].

Eventualmente, visto que el Poder Judicial y el Poder Ejecutivo seguían bloqueando las decisiones de la Asamblea Nacional, está última reincorporó a los diputados por Amazonas el 28-06-2016. Ello derivó en que la TSJ/SC declarara la nulidad de todas las actuaciones llevadas a cabo por la Asamblea Nacional, dejándolo así asentado en más de cien fallos que sirvieron en buena medida de base y respaldo de las futuras actuaciones de la ANC-2017[696].

1.3. El descontrol político sobre los estados de excepción

Como resultado de la decisión de la TSJ/SC del 14-01-2016 mencionada en el acápite anterior, el 15-01-2016 el Presidente de la República acudió a la Asamblea Nacional para presentar su informe de gestión anual y, adicionalmente, entregar a la Directiva el decreto me-

---

693 TSJ/SE n° AP001 al AP006 del 22-02-2016 (*casos: Pedro Cabello; Néstor León; Esteban Pérez; Sumiré Ferrara Molina y otro; Rosa León; y Elvis Hidrobo y otro, respectivamente*).

694 Nótese que el magistrado Christian Tyrone Zerpa fue diputado por el partido de gobierno hasta el 23-12-2015 (siete días antes del fallo de admisión de los recursos), fecha en la que fue designado magistrado de esta Sala.

695 TSJ/SC n° 3 del 14-01-2016 (*caso: Procuraduría General de la República*).

696 *Cfr.* Acceso a la Justicia, "TSJ vs AN", 2021, https://bit.ly/3sd54G7.

diante el cual declaró la emergencia económica en el territorio nacional[697].

Durante la sesión, el Presidente de la Asamblea Nacional señaló que "hay dos interpretaciones. Hay una (...) restrictiva según la cual hay que hacer una sesión en 48 horas y despachar el asunto en 48 horas, otros dicen que son 8 días, ¿8 días?" preguntó a los diputados del oficialismo, quienes manifestaron su aprobación, para luego concluir: "anuente. Contamos entonces (...) con 8 días para discutir el decreto a fondo (...) que es lo mejor para discutir más"[698].

El 20-01-2016 la TSJ/SC, en ejercicio del control jurídico previsto en el artículo 339 de la CRBV[699], declaró la constitucionalidad del decreto ya que, en su criterio, este era:

> ...proporcional, pertinente, útil y necesario para el ejercicio y desarrollo integral del derecho constitucional a la protección social por parte del Estado, ineludibles para la construcción de una sociedad justa y amante de la paz, y para la promoción de la prosperidad y bienestar del pueblo[700].

---

[697] G.O. n° 6.214 Extraordinario del 14-01-2016. Según su artículo 1, la finalidad de este decreto era "que el Ejecutivo disponga de la atribución para adoptar las medidas oportunas que permitan atender eficazmente la situación excepcional, extraordinaria y coyuntural por la cual atraviesa la economía venezolana y que permita asegurar a la población el disfrute pleno de sus derechos y el libre acceso a bienes y servicios fundamentales e igualmente, mitigar los efectos de la inflación inducida, de la especulación, del valor ficticio de la divisa, el sabotaje a los sistemas de distribución de bienes y servicios, así como también contrarrestar las consecuencias de la guerra de los precios petroleros, que ha logrado germinar al calor de la volátil situación geopolítica internacional actual, generando una grave crisis económica". *Cfr.* Sira Santana, *El estado de excepción a partir de la Constitución de* 1999.

[698] La declaración se encuentra disponible en: La Patilla, "Discurso de Ramos Allup tras la "Memoria y Cuenta" de Maduro (Parte 2)", 15-01-2016, https://www.youtube.com/ watch?v=NJqOgL8K7xc, desde el minuto 12:37.

[699] Indica la norma que "[e]l Decreto que declare el estado de excepción, en el cual se regulará el ejercicio del derecho cuya garantía se restringe, será presentado, dentro de los ocho días siguientes de haberse dictado, a la Asamblea Nacional, o a la Comisión Delegada, para su consideración y aprobación, y a la Sala Constitucional del Tribunal Supremo de Justicia, para que se pronuncie sobre su constitucionalidad (...)".

[700] TSJ/SC n° 4 del 20-01-2016 (*caso: Presidente de la República*). Es oportuno destacar que, al igual que como ocurrió con los decretos del estado de excepción en la frontera, la Sala no hizo un verdadero análisis sobre la constitucionalidad del decreto sino que se limitó a transcribir su contenido y la base legal invocada, así como citar algunas noticias que hacían referencia a la situación económica nacional y que justificaban la medida. *Cfr.* Antonio Silva Aranguren, "El Tribunal Supremo de Justicia y los decretos de estado de excepción de 2015: Ningún control y numerosos excesos", *Revista de Derecho Público*, n° 143-144 (2015): 109-18.

No obstante, dado que el 22-01-2016 la Asamblea Nacional procedió a improbar el decreto[701] en ejercicio del control político previsto en el artículo 339 ya citado -por lo que habrían de cesar sus efectos- representantes de consejos comunales y comunas presentaron el 03-02-2016, ante la TSJ/SC, una solicitud para que esta:

> ...se pronuncie en sentencia interpretativa sobre el alcance, particulares y consecuencias del artículo 339 en concatenación con el artículo 136 de la Constitución de la República (...), además de los artículos 27 y 34 [*rectius*: 33] de la Ley Orgánica sobre los [sic] Estados de Excepción[702].

Esta solicitud llevó a que, una semana después, la TSJ/SC declarara que "[e]l control político de la Asamblea Nacional sobre los decretos que declaran estados de excepción no afecta la legitimidad, validez, vigencia y eficacia jurídica de los mismos"[703]. En consecuencia, a pesar de la decisión de la Asamblea Nacional, el decreto dictado por el Presidente de la República seguiría vigente.

Además, la TSJ/SC determinó que la Asamblea Nacional solo podía revocar la prórroga del decreto -atribución que estaba sometida al control posterior de la Sala por ser un acto en ejecución directa de la CRBV- y que el plazo para decidir era de 48 horas, no ocho días, salvo que se acordara una prórroga. Asimismo, declaró que el artículo 33 de la Ley Orgánica sobre Estados de Excepción[704] era inconstitucional, motivo por el cual ordenó su desaplicación por control difuso y dispuso abrir un expediente para conocer de oficio la nulidad.

Estas decisiones se basaron en tres argumentos bastante precarios de la TSJ/SC, a través de los cuales se pretendió vaciar de contenido los términos "consideración y aprobación" usados por el Constituyente:

a. Ni la Constitución de 1961 ni la CRBV "se refieren de forma expresa a su eventual desaprobación" por parte del Poder Legislativo, debido a que tal aprobación o desaprobación "lo afecta desde la perspectiva del control político y, por ende, lo condiciona políticamente, pero no desde la perspectiva jurídico-constitucional".

---

[701] Asamblea Nacional, "Asamblea desaprobó decreto de emergencia económica solicitado por el Ejecutivo", https://www.asambleanacionalvenezuela.org/actos/detalle/asamblea-desaprobo-decreto-de-emergencia-economica-solicitado-por-el-ejecutivo-24.

[702] TSJ/SC n° 7 del 11-02-2016 (caso: *Hernán Toro y otros*).

[703] Ibid.

[704] G.O. n° 37.261 del 15-08-2001. El artículo prevé que "[l]a Sala Constitucional del Tribunal Supremo de Justicia omitirá todo pronunciamiento, si la Asamblea Nacional o la Comisión Delegada desaprobare el decreto de estado de excepción o denegare su prórroga, declarando extinguida la instancia".

b. Al control de la Asamblea Nacional no causar responsabilidad disciplinaria y el de la TSJ/SC sí, ha de entenderse que "el propio legislador reconoció las limitaciones propias del control político" y, en consecuencia, el control jurídico es el único que "resulta insoslayable por su contenido, naturaleza y alcance".

c. El control político es "relativo" y "está sometido al control constitucional, que además de ser un control jurídico y rígido, es absoluto y vinculante", por lo cual ha de imperar la voluntad de quien ejerza este último.

En nuestra opinión, no hay duda de que el control político es vinculante debido a las implicaciones que los estados de excepción pueden tener sobre los derechos y garantías de los particulares, así como al hecho de que el Presidente de la República, durante su vigencia, asume funciones propias del Poder Legislativo[705].

Sin embargo, con el fallo mencionado, la TSJ/SC no solo convirtió el acuerdo de la Asamblea Nacional en un pronunciamiento sin efecto jurídico alguno, sino que además desaplicó la norma que establecía que esta Sala debía omitir pronunciarse sobre el decreto si la Asamblea Nacional lo había rechazado, al considerar que ese supuesto contravenía la CRBV[706].

---

705 *Cfr.* Daniel Zovatto, *Los estados de excepción y los derechos humanos en América Latina* (Caracas y San José: EJV e IIDH, 1990); Sira Santana, *El estado de excepción a partir de la Constitución de* 1999; Brewer-Carías, *La ruina de la democracia*, 395. Para este último, "[s]i la esencia de la garantía constitucional es la reserva legal para su limitación y reglamentación; restringida la garantía constitucional, ello implica la reducción del monopolio del legislador para regular o limitar los derechos, y la consecuente ampliación de los poderes del Ejecutivo Nacional para regular y limitar, por vía de Decreto, dichas garantías constitucionales".

706 Curiosamente, este artículo (el 33 de la Ley Orgánica sobre Estados de Excepción) recoge lo previsto en la *exposición de motivos* del texto constitucional según la cual "se prevé la intervención de los tres Poderes clásicos en la declaración de los estados de excepción: en virtud de la urgencia que los caracteriza, se faculta al Presidente de la República, en Consejo de Ministros, para dictar el Decreto respectivo, pero se prescribe su remisión a la Asamblea Nacional, la cual, como instancia deliberante y representativa por excelencia de la soberanía popular, puede revocarlo si estima que las circunstancias invocadas no justifican la declaración de un estado de excepción o si considera que las medidas previstas para hacerle frente son excesivas. Si la Asamblea Nacional se encuentra en receso al dictarse el decreto correspondiente, éste debe ser remitido a la Comisión Delegada, la cual ejercerá las facultades respectivas" y que "[a] lo anterior se suma un control judicial automático atribuido a la Sala Constitucional del Tribunal Supremo de Justicia, la cual habrá de pronunciarse sobre la constitucionalidad o no del estado de excepción y de lo establecido en el decreto que lo declaró, a menos que la Asamblea Nacional, o la Comisión Delegada, haya revocado previamente ese decreto".

En cualquier caso, el decreto mantuvo su vigencia, y el 17-03-2016, la TSJ/SC emitió un nuevo fallo en el que declaró la constitucionalidad de su prórroga[707], alegando que persistían las circunstancias que motivaron su declaración original.

En esta ocasión, la TSJ/SC ignoró completamente el acuerdo de la Asamblea Nacional que desaprobó la solicitud de prórroga, y en su lugar citó otro acuerdo publicado por la Asamblea en la G.O., en el cual se declaraba la "crisis humanitaria e inexistencia de seguridad alimentaria de la población venezolana"[708], como justificativo de la constitucionalidad de la medida.

Estas declaraciones de constitucionalidad se repitieron para los quince decretos de excepción siguientes y sus prórrogas[709], a pesar de que todos ellos violaban los principios fundamentales del Derecho de excepción –como la necesidad, proporcionalidad y temporalidad[710]– y con sus disposiciones se pretendía era desproveer a la Asamblea Nacional de sus funciones como consecuencia del cambio de fuerzas políticas[711].

En breve, con estos estados de excepción el Ejecutivo buscaba abstraerse del control político que por disposición de la CRBV correspondía ejercer al Parlamento en materia –entre otros– de contratos de interés nacional, mociones de censura y presupuesto nacional[712].

---

707 TSJ/SC n° 184 del 17-03-2016 (*caso: Presidente de la República*).

708 G.O. n° 40.866 del 10-03-2016.

709 *Cfr*. TSJ/SC n° 411 del 19-05-2016 (*caso: Decreto n° 2.323*) y n° 615 del 19-07-2016 (*prórroga*); n° 810 del 21-09-2016 (*caso: Decreto n° 2.452*) y n° 952 del 21-11-2016 (*prórroga*); n° 4 del 19-01-2017 (*caso: Decreto n° 2.667*) y n° 113 del 20-03-2017 (*prórroga*); n° 364 del 24-05-2017 (*caso: Decreto n° 2.849*) y n° 547 del 25-07-2017 (*prórroga*); n° 727 del 25-09-2017 (*caso: Decreto n° 3.074*) y n° 959 del 22-11-2017 (*prórroga*); n° 39 del 17-01-2018 (*caso: Decreto n° 3.239*) y n° 284 del 20-03-2018 (*prórroga*); n° 381 del 23-05-2018 (*caso: Decreto n° 3.413*) y n° 483 del 25-07-2018 (*prórroga*); n° 638 del 20-09-2018 (*caso: Decreto n° 3.610*) y n° 805 del 22-11-2018 (*prórroga*); n° 5 del 25-01-2019 (*caso: Decreto n° 3.736*) y n° 73 del 28-03-2019 (*prórroga*); n° 128 del 23-05-2019 (*caso: Decreto n° 3.844*) y n° 234 del 18-07-2019 (*prórroga*); n° 325 del 23-09-2019 (*caso: Decreto n° 3.980*) y n° 370 del 22-11-2019 (*prórroga*); n° 2 del 14-01-2020 (*caso: Decreto n° 4.090*) y n° 56 del 19-03-2020 (*prórroga*); n° 60 del 15-05-2020 (*caso: Decreto n° 4.194*) y n° 80 del 13-07-2020 (*prórroga*); n° 132 del 11-09-2020 (*caso: Decreto n° 4.275*) y n° 158 del 10-11-2020 (*prórroga*); y n° 1 del 08-01-2021 (*caso: Decreto n° 4.396*) y n° 18 del 09-03-2021 (*prórroga*).

710 *Cfr*. Sira Santana, *El estado de excepción a partir de la Constitución de* 1999, 87-96.

711 *Cfr*. Gabriel Sira Santana, "El propósito de los estados de excepción en Venezuela (enero 2016 - julio 2018)", en *Libro homenaje al profesor Eugenio Hernández-Bretón*, vol. II (Caracas: ACIENPOL, 2019), 1585-1614.

712 Solo a modo de ejemplo destacamos que el mandatario nacional dictó hasta julio de 2018 –esto es, durante los primeros dos años y medio de la supuesta emergencia económica– 251 "autorizaciones de recursos adicionales" con car-

De ahí que más de dos tercios de los decretos del Ejecutivo basados en el Derecho de excepción tendieron al desconocimiento del Parlamento, y no a lograr la protección de la Constitución ni los derechos de los ciudadanos[713].

Estos decretos constituyeron el segundo hito que se transmutaría en la ANC-2017, siendo el primero la tesis del desacato ya tratada.

1.4. La reducción del control parlamentario y la imposibilidad de revisión de sus propios actos

Como es sabido, la función de la Asamblea Nacional va más allá de discutir y sancionar leyes de acuerdo con el procedimiento previsto en la CRBV.

Así, una de sus atribuciones más relevantes es ejercer el control parlamentario -conocido también como control político- que está enunciado en el numeral 3 del artículo 187 de la CRBV[714] y es desarrollado en los artículos 222 a 224 del texto constitucional[715], en adición al

go a diferentes presupuestos del Poder Público Nacional que representaron el 70 % del total del derecho de excepción decretado desde enero de 2016 y, en total, se tradujeron en más de cuatro mil millones de dólares de los Estados Unidos de América a la tasa de cambio oficial que pasaron del Tesoro Nacional a los órganos y entes que el Presidente de la República determinó, sin que la Asamblea Nacional autorizara tal operación en virtud de lo previsto en el artículo 314 de la CRBV.

713 *Cfr.* Sira Santana, *El estado de excepción a partir de la Constitución de* 1999; Sira Santana, "El propósito de los estados de excepción en Venezuela (enero 2016 - julio 2018)".

714 Según él, "[c]orresponde a la Asamblea Nacional: (...) 3. Ejercer funciones de control sobre el Gobierno y la Administración Pública Nacional, en los términos consagrados en esta Constitución y en la ley. Los elementos comprobatorios obtenidos en el ejercicio de esta función, tendrán valor probatorio, en las condiciones que la ley establezca".

715 Los artículos indicados son del siguiente tenor: "Artículo 222. La Asamblea Nacional podrá ejercer su función de control mediante los siguientes mecanismos: las interpelaciones, las investigaciones, las preguntas, las autorizaciones y las aprobaciones parlamentarias previstas en esta Constitución y en la ley y mediante cualquier otro mecanismo que establezcan las leyes y su Reglamento. En ejercicio del control parlamentario, podrán declarar la responsabilidad política de los funcionarios públicos o funcionarias públicas y solicitar al Poder Ciudadano que intente las acciones a que haya lugar para hacer efectiva tal responsabilidad"; "Artículo 223. La Asamblea o sus Comisiones podrán realizar las investigaciones que juzguen convenientes en las materias de su competencia, de conformidad con el Reglamento. // Todos los funcionarios públicos o funcionarias públicas están obligados u obligadas, bajo las sanciones que establezcan las leyes, a comparecer ante dichas Comisiones y a suministrarles las informaciones y documentos que requieran para el cumplimiento de sus funciones. // Esta obligación comprende también a los y las particulares; a quienes se les respetarán los derechos y garantías que esta Constitución reconoce"; "Artículo 224. El ejercicio de la facultad de investigación no afecta las atribuciones de los demás poderes públicos. Los jueces o juezas estarán obli-

título VII del Reglamento Interior y de Debates de la Asamblea Nacional que regula lo concerniente a las interpelaciones, comparecencias, preguntas y autorizaciones[716].

Esta competencia comenzó a ser ejercida por la nueva Asamblea Nacional poco después de su instalación. Sin embargo, las autoridades nacionales optaron por no comparecer[717] y el 17-02-2016, "ciudadanos interesados en el adecuado funcionamiento de los poderes públicos", presentaron ante la TSJ/SC una solicitud de interpretación constitucional en relación con los artículos 136, 222, 223 y 265 de la CRBV.

La solicitud fue admitida y resuelta por la Sala dos semanas después[718], estableciéndose que el control parlamentario solo podía ejercerse sobre funcionarios del Poder Ejecutivo Nacional, excluyendo al resto del Poder Público, tanto vertical como horizontal, así como a las Fuerzas Armadas.

La Sala determinó, a su vez, que este control debía realizarse con la "debida coordinación" con el Vicepresidente Ejecutivo para no "afectar el adecuado funcionamiento del Ejecutivo Nacional" ni se "termine vulnerando los derechos fundamentales".

Además, estableció una serie de requisitos y normas que no se desprenden de ninguna disposición constitucional, legal ni reglamentaria; y desaplicó por control difuso –a la par que ordenó abrir expedientes para conocer de oficio su nulidad– los artículos 3, 11, 12 y 21 a 26 de la Ley sobre el Régimen para la Comparecencia de Funcionarios y Funcionarias Públicos y los o las particulares ante la Asamblea Nacional o sus Comisiones[719] y el artículo 113 de Reglamento Interior y de Debates de la Asamblea Nacional vigente *ratione temporis*[720].

---

gados u obligadas a evacuar las pruebas para las cuales reciban comisión de la Asamblea Nacional o de sus Comisiones".

716 G.O. n° 6.014 Extraordinario del 23-12-2010, hoy derogado por la versión publicada en G.O. n° 42.068 del 12-02-2021.

717 *Cfr.* Asamblea Nacional, "Comisión de política exterior convoca nuevamente a autoridades del BCV y CENCOEX", 03-02-2016, http://goo.gl/NpA1Yk; Asamblea Nacional, "Márquez: ministro Arreaza viola la Constitución y la ley al negarse a comparecer ante la AN", 03-02-2016, http://goo.gl/gKXRC2.

718 TSJ/SC n° 9 del 01-03-2016 (*caso: Gabriela Flores y otros*).

719 G.O. n° 37.252 del 02-08-2001. Los artículos se refieren a la comparecencia de sujetos ajenos al Poder Ejecutivo Nacional y al régimen sancionatorio en caso de incomparecencia, ya que él "no hace referencia expresa al debido proceso a seguir y la autoridad que impondrá las sanciones", lo que "evidencia inconsistencias que probablemente inciden negativamente en su constitucionalidad".

720 El artículo preveía que la interpelación procede para funcionarios "del Poder Nacional, Estadal o Municipal, o de un particular".

En el mismo orden, la Sala aprovechó la ocasión para retomar un asunto que ya había tratado en diciembre de 2015: la designación de los magistrados del Tribunal Supremo de Justicia.

Así, en respuesta a las iniciativas de la Asamblea Nacional para revisar tales nombramientos, la Sala sostuvo que la intervención de la Asamblea en la designación y remoción de magistrados estaba restringida por lo previsto en los artículos 264 y 265 de la CRBV[721].

Según la Sala, dicha revisión constituiría "un fraude hacia el orden fundamental", ya que "la Asamblea Nacional no está legitimada para revisar, anular, revocar o de cualquier forma dejar sin efecto el proceso interinstitucional de designación de los magistrados (...) del Tribunal Supremo de Justicia".

La TSJ/SC concluyó que, en caso de que el acto estuviese verdaderamente viciado, correspondería a la propia Sala –conformada por los magistrados cuyo nombramiento se pretendía anular– pronunciarse sobre la nulidad del acuerdo de nombramiento, dado que se trataba de un acto dictado en ejecución directa e inmediata de la CRBV.

En relación con esta afirmación, es pertinente mencionar que el 13-01-2016 se presentó ante la TSJ/SC una demanda de nulidad por inconstitucionalidad contra el acuerdo parlamentario que nombró a los magistrados. No obstante, la demanda fue declarada inadmisible por falta de documentos indispensables, ya que el demandante solo presentó "varias expresiones comunicacionales publicadas vía internet" y ello por sí solo no permitía advertir lo alegado[722].

1.5. La declaratoria de inconstitucionalidad de las leyes sancionadas

La primera ley sancionada por la nueva Asamblea Nacional fue la Ley de Reforma Parcial del Decreto con Rango, Valor y Fuerza de Ley de Reforma Parcial de la Ley del Banco Central de Venezuela, el 03-03-2016.

---

[721] El primero en cuanto a que la Asamblea Nacional "hará la selección definitiva" de los magistrados y el segundo a que ellos "podrán ser removidos (...) por la Asamblea Nacional mediante una mayoría calificada de las dos terceras partes de sus integrantes, previa audiencia concedida al interesado (...), en caso de faltas graves ya calificadas por el Poder Ciudadano".

[722] TSJ/SC n° 225 del 29-03-2016 (*caso: Robert Rodríguez*). Llama la atención el argumento de la Sala considerando que ella, para declarar la constitucionalidad de los estados de excepción, se había basado meramente en "expresiones comunicacionales publicadas vía internet". En relación con el nombramiento de los magistrados la Sala también se pronunció en TSJ/SC n° 336 del 02-05-2016 (*caso: Otoniel Pautt*) por medio del cual declaró inadmisible una demanda de protección de intereses colectivos y difusos por contener "conceptos ofensivos o irrespetuosos".

Conforme con el artículo 214 de la CRBV, el Presidente de la República tenía diez días para promulgarla, pudiendo solicitar antes a la Asamblea Nacional que modificara alguna de sus disposiciones o levantara su sanción, además de solicitar a la TSJ/SC que se pronunciara sobre su constitucionalidad.

El mandatario optó por lo último en cada ley sancionada antes de la *convocatoria* de la ANC-2017[723], a excepción de la Ley que Regula el Uso de la Telefonía Celular y la Internet en el Interior de los Establecimientos Penitenciarios[724].

Así, el 17-03-2016, el Presidente de la República solicitó el pronunciamiento de la TSJ/SC sobre la Ley del Banco Central de Venezuela, argumentando tener "dudas razonables" sobre la constitucionalidad de la norma. La Sala determinó que la ley era inconstitucional y que "preserva la vigencia del Decreto con Rango, Valor y Fuerza de Ley de Reforma del Decreto con Rango, Valor y Fuerza de Ley del Banco Central de Venezuela"[725].

Sin extendernos sobre el tema, la Sala consideró que la ley estaba "incursa en el vicio de desviación de poder", ya que:

> ...la modificación planteada supone la participación del Órgano Legislativo Nacional en el proceso de designación del Presidente del Banco Central de Venezuela, a efectos de ejercer control político sobre la misma, a través de la figura de la ratificación, situación que, como ya se señaló, resulta contraria a lo previsto en el cardinal octavo de la Disposición Transitoria Cuarta de la Constitución[726].

Sin embargo, lo cierto es que esta ley simplemente reincorporó en su texto las disposiciones que el Presidente de la República había suprimido en diciembre de 2015[727], en ejercicio de la ley habilitante,

---

723 Nótese que, a pesar de que los medios reportan que la Asamblea Nacional sancionó treinta y un leyes durante el período 2016-2021, hay un número considerable de ellas que son desconocidas al no haber sido promulgadas y publicadas en la G.O. o la Gaceta Legislativa, ni la TSJ/SC conocer de su constitucionalidad. *Cfr.* Telesur, "¿Cuál es el balance del parlamento venezolano en desacato?", 30-12-2020, https://www.telesurtv.net/news/balance-parlamento-venezolano-desacato-20201229-0061.html.

724 G.O. n° 6.240 Extraordinario del 15-07-2016.

725 TSJ/SC n° 259 del 31-03-2016 (*caso: Presidente de la República*).

726 Ibid. La disposición indica es que la Ley del Banco Central de Venezuela habrá de determinar "la forma de elección (...) para la designación de su Presidente (...) y Directores", debiendo establecer "que al Poder Ejecutivo corresponderá, la designación del Presidente (...) del Banco Central de Venezuela y, al menos, de la mitad de sus Directores" y "los términos de participación del poder legislativo nacional en la designación y ratificación de estas autoridades".

727 El decreto con fuerza de ley fue publicado en G.O. n° 6.211 del 30-12-2015, un día antes del cese de los efectos de la Ley que autoriza al Presidente de la República para dictar Decretos con Rango, Valor y Fuerza de Ley en las materias que se delegan para la Garantía Reforzada de los Derechos de Soberanía y Pro-

tras conocerse la nueva conformación de la Asamblea Nacional. Si las normas contenidas en esos artículos eran inconstitucionales, cabe preguntarse por qué la TSJ/SC no las declaró así con anterioridad, y solo lo hizo cuando la mayoría parlamentaria ya no favorecía al partido oficialista.

La respuesta, más allá de las consideraciones políticas que puedan hacerse, es sencilla: no existía tal inconstitucionalidad. La propia CRBV establece que la ley definirá "los términos de participación" de la Asamblea Nacional en la designación y ratificación del Presidente y Directores del Banco Central de Venezuela. Por lo tanto, nada impedía que la Asamblea Nacional incorporara "la figura de la ratificación", como erróneamente sostuvo la Sala.

Pronunciamientos similares al anterior se produjeron en otras quince ocasiones[728] respecto a: la **(i)** Ley de Amnistía y Reconciliación Nacional, **(ii)** Ley de Bono para Alimentos y Medicinas a Pensionados y Jubilados, **(iii)** Ley de Reforma Parcial de la Ley Orgánica del Tribunal Supremo de Justicia, **(iv)** Ley de Otorgamiento de Títulos de Propiedad a Beneficiarios de la Gran Misión Vivienda Venezuela y Otros Programas Habitacionales del Sector Público, **(v)** Ley Especial para Atender la Crisis Nacional de Salud; **(vi)** Ley de Amnistía y Reconciliación Nacional; **(vii)** Ley de Reforma Parcial del Decreto con Rango y Fuerza de Ley Orgánica que Reserva al Estado las Actividades de Exploración y Explotación de Oro, así como las Conexas y Auxiliares a Éstas; **(viii)** Ley Orgánica de Telecomunicaciones; **(ix)** Ley de Reforma Parcial de la Ley Orgánica de la Contraloría General de la República y del Sistema Nacional de Control Fiscal; **(x)** Ley para la Protección de la Remuneración y Defensa del Salario del Docente al Servicio de las Instituciones Educativas Oficiales Dependientes del Ejecutivo Nacional, Estadal y Municipal; **(xi)** Ley de Educación Intercultural Bilingüe Indígena; **(xii)** Ley de Reforma Parcial de la Ley Orgánica de Servicio de Policía y del Cuerpo de Policía Nacional Bolivariana; **(xiii)** Ley Orgánica de Telecomunicaciones; **(xiv)** Ley de Reforma de la Ley Orgánica del Ambiente; y **(xv)** Ley Especial de Seguridad Social de los Funcionarios Policiales de la República Bolivariana de Venezuela.

En estos fallos, aunque se declaró la inconstitucionalidad de las leyes por diversos motivos –con la excepción de la Ley de Bono para Alimentos y Medicinas a Pensionados y Jubilados, en la cual solo se anuló la disposición final única, lo que afectó su entrada en vigencia–

---

tección del Pueblo Venezolano y el Orden Constitucional de la República, en G.O. n° 6.178 del 15-03-2015.

[728] Los fallos pueden consultarse en Gabriel Sira Santana, "Reporte CIDEP: La Sala Constitucional del TSJ vs. La Asamblea Nacional", 2018, 2-3, https://cidep.online/files/reportes/reportecidep-sctsj-01.pdf.

se observa una idea común: la Asamblea Nacional, como Poder Legislativo, estaba subordinada a la voluntad política del Poder Ejecutivo y del Poder Judicial. Así, la TSJ/SC estableció que:

a. La atribución de la Asamblea Nacional para decretar amnistías estaba sujeta no solo a un control jurídico por parte de la Sala -en el sentido de determinar si se dictaba sobre delitos que no sean de lesa humanidad o violaciones graves a los derechos humanos, pues de lo contrario la medida sería inconstitucional según lo previsto en el único aparte del artículo 29 de la CRBV- sino también a una valoración política, que considerara su oportunidad y conveniencia para garantizar que la medida no fuese arbitraria[729].

b. La entrada en vigencia de las leyes sancionadas por la Asamblea Nacional no solo dependía de que estas fueran constitucionales según la TSJ/SC, sino también de que el Poder Ejecutivo determinara su "viabilidad económica", dado que, según el artículo 314 de la CRBV, "[n]o se hará ningún tipo de gasto que no haya sido previsto en la ley de presupuesto"[730].

c. El TSJ tenía "la atribución exclusiva y excluyente (...) para la iniciativa legislativa en materia de organización y procedimientos judiciales" según el numeral 4 del artículo 204 de la CRBV -a pesar de que esta norma prevé una competencia concurrente- y es inconstitucional agregar un "procedimiento no previsto por el Constituyente de 1999"[731].

d. Era imperativo que la Asamblea Nacional documentara los procedimientos de consulta pública que realizara y considerara el impacto económico de sus leyes conforme con las observaciones del Ejecutivo Nacional. Asimismo, las leyes que desarrollaran derechos constitucionales debían asegurar que los derechos de libertad (como la propiedad) no contravinieran los derechos de prestación (como la vivienda), obligando al legislador a limitar los primeros para no "desnaturalizar" la "función social" de los segundos[732].

e. Aunque la CRBV establece que "[l]a declaración del estado de excepción no interrumpe el funcionamiento de los órganos del Poder Público" (único aparte del artículo 339), la Asamblea Nacional no podía legislar sobre las materias cubiertas por dicha declaratoria, ya que ese "ámbito competencial" es

---

[729] TSJ/SC n° 264 del 11-04-2016 (*caso: Presidente de la República*).

[730] TSJ/SC n° 327 del 28-04-2016 (*caso: Presidente de la República*).

[731] TSJ/SC n° 341 del 05-05-2016 (*caso: Presidente de la República*).

[732] TSJ/SC n° 343 del 06-05-2016 (*caso: Presidente de la República*).

una "función reservada" del Presidente de la República. Esta exclusividad "excluye temporalmente la capacidad normativa de otros órganos (...) pues ello pudiera generar contradicciones para la garantía de los derechos fundamentales y el orden constitucional"[733].

f. La Asamblea Nacional no podía establecer mecanismos de control parlamentario diferentes a las rendiciones de cuentas previstas en los artículos 237 y 244 de la CRBV (del Presidente de la República y los ministros, respectivamente), ni legislar en materia de relaciones internacionales[734].

1.6. El desconocimiento de la atribución para autorregularse y la inclusión de nuevos requisitos para la formación de leyes

El 21-04-2016, la TSJ/SC admitió una demanda de nulidad por inconstitucionalidad interpuesta contra la reforma parcial del Reglamento Interior y de Debates de la Asamblea Nacional del año 2010.

Esta demanda, acompañada de una solicitud cautelar, fue presentada el 09-03-2011 por varios diputados opositores. A pesar de que estos solicitaron cerca de veinte veces su admisión, no fue sino hasta que se produjo un cambio en la composición política de la Asamblea Nacional que la Sala consideró necesario proceder a ello y, además, acordar la suspensión de los efectos de los artículos 25, 57, 64 (nums. 5, 6 y 8), 73 y el último aparte del artículo 105 del Reglamento Interior y de Debates de la Asamblea Nacional.

Ahora bien, aun asumiendo que existían razones suficientes para que esta medida cautelar fuese procedente y, por ende, no contraria a Derecho, resulta llamativo que la Sala, al emitir tal declaratoria, se remitiera a "los términos expresados en la motiva del fallo".

Estos *términos* implementaron un conjunto de normas para el funcionamiento de la Asamblea Nacional, incluyendo aspectos que ni siquiera habían sido mencionados por los demandantes.

Así, en contradicción con el procedimiento de formación de leyes establecido en la CRBV, la Sala acordó que "el informe sobre el impacto e incidencia presupuestaria (...) que debe acompañar a todo proyecto de ley, a que se refiere el numeral 3 del artículo 103 del Reglamento Interior y de Debates de la Asamblea Nacional", debe:

> ...consultarse con carácter obligatorio por la Asamblea Nacional –a través de su Directiva– al Ejecutivo Nacional –por vía del Vicepresidente Ejecutivo– a los fines de determinar su viabilidad económica,

---

[733] TSJ/SC n° 460 del 09-06-2016 (*caso: Presidente de la República*).

[734] Ibid.

aun los sancionados para la fecha de publicación del presente fallo, en aras de preservar los principios de eficiencia, solvencia, transparencia, responsabilidad y equilibrio fiscal del régimen fiscal de la República[735].

Adicionalmente, según este fallo, la Asamblea Nacional debía consultar todos sus proyectos legislativos con el llamado Poder Popular durante veinte días -pudiendo este solicitar que se extienda el lapso de consulta[736]-, realizar la convocatoria previa a las sesiones con al menos 48 horas de anticipación, mantener el orden del día incólume ya que no podía ser modificado ni diferido, y permitir que los diputados que la integraban expresaran sus puntos de vista y opiniones sin límites de tiempo atendiendo a "la complejidad o importancia del tema en debate".

En este sentido, la TSJ/SC estableció las reglas que habían de regir los debates de la Asamblea Nacional -en desconocimiento del numeral 19 del artículo 187 de la CRBV según el cual es atribución de esta última "[d]ictar su reglamento y aplicar las sanciones que en él se establezcan"- y la formación de leyes, de cuya regulación constitucional no se arriba a las conclusiones que plasmó la Sala en su decisión.

1.7. La inoperatividad de la enmienda constitucional

En un tema ya abordado en el Capítulo IV de esta investigación, la TSJ/SC resolvió la solicitud de interpretación del artículo 340 de la CRBV, presentada por particulares, en relación con el proyecto de enmienda constitucional examinado por la Asamblea Nacional[737].

La Sala, después de subrayar que el asunto "resulta de especial interés para cualquier miembro del electorado, no sólo como actores fundamentales del proceso comicial, sino, en general, como titulares del derecho al sufragio activo y pasivo" -lo que justificaba la admisibilidad de la solicitud-, también indicó que "la modificación del periodo

---

[735] La Sala llegó a indicar que "es indiscutible que sin la aprobación del órgano público competente en materia de planificación, presupuesto y tesorería nacional, no puede estimarse cumplida la exigencia a que se refiere el numeral 3 del artículo 103 del citado Reglamento" y que, antes de poder promulgar una ley, "el Presidente de la República Bolivariana de Venezuela deberá (...) realizar la efectiva verificación del cumplimiento de la viabilidad a que se refiere el artículo 208 de la Constitución, sin lo cual no podrá dictarse el 'Cúmplase' que establece el artículo 215 eiusdem".

[736] Llama la atención que la demanda admitida solicita la nulidad de este artículo por reducir la participación ciudadana a las fórmulas del Poder Popular, pero la TSJ/SC no solo consideró que ello era correcto, sino que se extralimitó de tal modo que llegó a regular por cuánto tiempo habría de ejercerse tal consulta, siendo ello una competencia exclusiva de la Asamblea Nacional por ser una normativa interna (*interna corporis*).

[737] TSJ/SC n° 274 del 21-04-2016 (*caso: Johnny Leonidas y otro*).

constitucional para los órganos de los Poderes Públicos es perfectamente viable a través del mecanismo de la enmienda". Posteriormente, decidió que:

> ...en cuanto a la vigencia en el tiempo de una enmienda, esta no puede tener efectos retroactivos o ser de aplicación inmediata; admitir tal supuesto constituiría un quebrantamiento incuestionable al ejercicio de la soberanía previsto en el artículo 5 de la Carta Magna, ya que estaría desconociendo la voluntad del pueblo.

De este modo, la Sala se pronunció sobre un proyecto de enmienda, a pesar de que en reiteradas ocasiones -como hemos visto- había sostenido que el control de la constitucionalidad del acto normativo del Poder Constituyente Derivado, cualquiera que sea la naturaleza y consecuencias jurídicas del mismo, era posterior al acto definitivo y no previo[738]. Con esta nueva posición, se limitaba la actividad del Poder Legislativo incluso antes de su materialización.

1.8. La asunción de sus competencias por parte de la Sala Constitucional

Hemos identificado dos de los hitos que condujeron a la convocatoria de la ANC-2017, además de otras acciones inconstitucionales perpetradas por la TSJ/SC en perjuicio de la Asamblea Nacional.

Estos hitos son: **(i)** la tesis del desacato impuesta por la TSJ/SE y la TSJ/SC, que llevó a que todos los actos y actuaciones de la Asamblea Nacional fueran declarados nulos y carentes de efectos jurídicos; y **(ii)** el Derecho de excepción instaurado en el país desde principios de 2016, el cual permitió al Ejecutivo Nacional sustraerse del control político que debía ejercer sobre él la Asamblea Nacional, especialmente en el ámbito financiero.

Sin embargo, hay un tercer y último hito que marcó el clímax del abuso de poder por parte de la TSJ/SC en contra de la Asamblea Nacional, y que fue el verdadero detonante de la ANC-2017. Nos referimos a los fallos n° 155 del 28-03-2017 (*caso: Héctor Rodríguez*) y 156 del 29-03-2017 de la TSJ/SC (*caso: Corporación Venezolana del Petróleo*, S.A.).

La primera de estas decisiones respondió a un recurso de nulidad por inconstitucionalidad presentado por un diputado del oficialismo contra el "Acuerdo sobre la reactivación del proceso de aplicación de la Carta Interamericana de la OEA, como mecanismo de resolución pacífica de conflictos para restituir el orden constitucional en Venezuela", aprobado por la Asamblea Nacional el 21-03-2017.

---

[738] TSJ/SC n° 2189 del 22-11-2007 (*caso*: CONFEPUV). Reiterado en TSJ/SC n° 477 del 29-04-2009 (*caso*: *Francisco Márquez*).

En relación con esto, la TSJ/SC reiteró en su fallo n° 155/2017 su tesis del desacato de la Asamblea Nacional al haber esta última incumplido la orden de desincorporar a los diputados por el estado amazonas como vimos *supra*, y agregó que:

> ...se evidencia que efectivamente existe una clara intención de mantenerse en franco choque con la Constitución, sus principios y valores superiores, (...) al punto de que su incumplimiento ya no sólo responde a una actitud omisiva sino que en acto de manifiesta agresión al pueblo como representante directo de la soberanía nacional, existe una conducta que desconoce gravemente los valores superiores de nuestro ordenamiento jurídico, como son la paz, la independencia, la soberanía y la integridad territorial, los cuales constituyen actos de "Traición a la Patria".

Por este motivo, la Sala adujo que en "resguardo de las disposiciones, principios y garantías constitucionales, está obligada a dar solución a la obstaculización que enfrenta la efectiva aplicación de los mismos; (...) aplicando el remedio judicial que el Constituyente diseñó para hacer frente a una situación de inconstitucionalidad".

¿Cuáles eran esos *remedios*? Según la TSJ/SC, estos consistían en declarar la nulidad del acuerdo –como efectivamente lo hizo– y, adicionalmente, "ordenar se tomen medidas de alcance normativo *erga omnes*, a fin de propender a la estabilidad de la institucionalidad republicana".

Esta última medida no fue –en realidad– diseñada por el constituyente de 1999, lo que llevó a la Sala a incurrir en una falacia, justificando su decisión al afirmar que era la "máxima y última intérprete de la Constitución de la República" y citando múltiples criterios establecidos previamente por ella misma como un supuesto argumento *ad verecundiam*[739].

De esta manera, la Sala sostuvo que el actuar de la Asamblea Nacional podía "atentar de forma especialmente grave contra el sistema de valores, principios y normas previstas en la Constitución de la República" y "la estabilidad de la República, de la Región y de la más elemental noción de justicia universal", por lo que era necesario ordenar "de oficio la apertura de un proceso de control innominado de la constitucionalidad" para garantizar el Estado de Derecho en el país.

Como consecuencia de lo anterior, la TSJ/SC ordenó cautelarmente al Presidente de la República que: **(i)** ejerciera todas las medidas internacionales, civiles, económicas, militares, penales, administrativas, políticas, jurídicas y sociales que considerara pertinentes y

---

[739] Las citas que formuló la Sala se corresponden con los fallos TSJ/SC n° 1415 del 22-11-2000 (*caso: Freddy Rangel*), n° 33 del 25-01-2001 (*caso: Baker Hughes S.R.L.*) y n° 1309 del 19-07-2001 (*caso: Hermann Escarrá*).

necesarias para evitar un estado de conmoción; **(ii)** revisara la legislación penal para determinar si los diputados de la Asamblea Nacional estaban incurriendo en delitos como delincuencia organizada, terrorismo, corrupción, entre otros, no protegidos por la inmunidad parlamentaria; y **(iii)** evaluara la actividad de organizaciones internacionales que pudieran estar atentando contra la soberanía nacional.

En resumen, como señaló la doctrina[740], con este fallo se consolidó una "dictadura judicial" en el país. La Sala vulneró principios básicos del debido proceso al decidir sin permitir la contradicción de las partes y, lo que resultó aún más preocupante, adoptó medidas cautelares –tras la declaración de nulidad y mediante la apertura de un nuevo juicio innominado y de oficio– que podrían considerarse como una usurpación de funciones del Presidente de la República ya que, al dictarle cómo dirigir las relaciones exteriores y prácticamente establecer un nuevo estado de excepción que permitía suspender garantías según la discreción del mandatario, la Sala desconoció tanto la reserva legal como la competencia legislativa que la CRBV atribuye a la Asamblea Nacional.

No conforme con esto, al día siguiente, la TSJ/SC dictó un nuevo fallo (n° 156/2017) para decidir sobre la solicitud de interpretación constitucional presentada por una filial de PDVSA en relación con el numeral 24 del artículo 187 de la CRBV[741] y el artículo 33 de la Ley Orgánica de Hidrocarburos[742].

---

740 *Cfr.* Allan R. Brewer-Carías, "La consolidación de la dictadura judicial: La Sala Constitucional, en un juicio sin proceso usurpó todos los poderes del Estado, decretó inconstitucionalmente un estado de excepción y eliminó la inmunidad parlamentaria (sentencia n° 155 de la Sala Constitucional)", *Revista de Derecho Público*, n° 149-150 (2017): 276-91.

741 El artículo prevé que "[c]orresponde a la Asamblea Nacional: (...) 24. Todas las demás que le señalen esta Constitución y las leyes".

742 G.O. n° 38.493 del 04-08-2006. El artículo indica que "[l]a constitución de empresas mixtas y las condiciones que regirán la realización de las actividades primarias, requerirán la aprobación previa de la Asamblea Nacional, a cuyo efecto el Ejecutivo Nacional, por órgano del Ministerio de Energía y Petróleo, deberá informarla de todas las circunstancias pertinentes a dicha constitución y condiciones, incluidas las ventajas especiales previstas a favor de la República. La Asamblea Nacional podrá modificar las condiciones propuestas o establecer las que considere convenientes. Cualquier modificación posterior de dichas condiciones deberá también ser aprobada por la Asamblea Nacional, previo informe favorable del Ministerio de Energía y Petróleo y de la Comisión Permanente de Energía y Minas. Las empresas mixtas se regirán por la presente Ley y, en cada caso particular, por los términos y condiciones establecidos en el Acuerdo que conforme a la ley dicte la Asamblea Nacional, basado en el Informe que emita la Comisión Permanente de Energía y Minas, mediante el cual apruebe la creación de la respectiva empresa mixta en casos especiales y cuando así convenga al interés nacional. Supletoriamente se aplicarán las normas del Código de Comercio y las demás leyes que les fueran aplicables".

Esta solicitud fue presentada el 28-03-2017 y el fallo fue emitido al día siguiente, resolviéndose la cuestión en pocas horas.

La decisión de la TSJ/SC, que en realidad era incompetente para conocer del asunto ya que correspondía a la Sala Político-Administrativa, se basó nuevamente en su tesis del desacato, según la cual la Asamblea Nacional estaba incapacitada para ejercer sus funciones de control político y legislativo, e implicaba que la Asamblea continuaba incurriendo en el vicio de omisión parlamentaria. Además, se hizo mención al estado de excepción previamente declarado por el Presidente de la República.

Como consecuencia de ello, la Sala resolvió que el Ejecutivo Nacional podía constituir empresas mixtas sin necesidad de acudir a la Asamblea Nacional, ya que el control político sería ejercido ahora por la propia TSJ/SC, usurpando así las funciones del Poder Legislativo. Además, la Sala determinó que el Presidente de la República, "sobre la base del estado de excepción (...) podrá modificar, mediante reforma, la norma objeto de interpretación".

Como si esto fuera poco, la TSJ/SC concluyó su fallo afirmando que "mientras persista la situación de desacato y de invalidez de las actuaciones de la Asamblea Nacional, esta Sala Constitucional garantizará que las competencias parlamentarias sean ejercidas directamente por esta Sala o por el órgano que ella disponga".

En otras palabras, la TSJ/SC se arrogó –y delegó en quien considerara pertinente– todas las atribuciones que la CRBV y el resto del ordenamiento jurídico conferían a la Asamblea Nacional como representante del pueblo soberano, lo que la doctrina calificó como un "golpe de Estado"[743] y la disolución *de facto* del Parlamento[744]. Las Academias Nacionales, por su parte, advirtieron sobre el "grave quebrantamiento de la estabilidad institucional democrática" y señalaron que la TSJ/SC, estaba "contrariando el papel de garante de la legalidad", "distorsiona la Constitución y atenta contra la soberanía popular"[745].

Las reacciones a ambos fallos por parte de la sociedad venezolana y la comunidad internacional no se hicieron esperar[746]. Así, se produ-

---

743 Allan R. Brewer-Carías, "El reparto de despojos: La usurpación definitiva de las funciones de la Asamblea Nacional por la Sala Constitucional del Tribunal Supremo de Justicia al asumir el poder absoluto del Estado (sentencia n° 156 de la Sala Constitucional)", *Revista de Derecho Público*, nº 149-150 (2017): 292-99.

744 Escovar León, "Límites de la interpretación constitucional", 54.

745 Academias Nacionales, "Declaración ante las sentencias 155 y 156 de la Sala Constitucional", *Boletín de la Academia de Ciencias Políticas y Sociales*, nº 156 (2017): 21-25.

746 *Cfr.* Acceso a la Justicia, 30-03-2017, "La disolución de la Asamblea Nacional por la Sala Constitucional", https://accesoalajusticia.org/la-disolucion-de-la-an-por-la-sala-constitucional/; Provea, "Comunicado conjunto | Nueva sen-

jeron manifestaciones a nivel nacional[747] y la Fiscal General de la República –que hasta entonces había sido coparticipe de las políticas del oficialismo– declaró que "[s]e evidencian varias violaciones del orden constitucional y desconocimiento del modelo de Estado consagrado en nuestra Constitución"[748].

El rechazo fue tal que, el 01-04-2017, la TSJ/SC se vio forzada a emitir dos "aclaratorias" –sin fundamento legal[749]– en las que revocó lo señalado sobre la inmunidad parlamentaria, el ejercicio de medidas por parte del Presidente de la República para evitar un estado de conmoción, y el estudio de la legislación penal[750].

La Sala también se retractó de la posibilidad de que el Jefe de Estado pudiera reformar el artículo 33 de la Ley Orgánica de Hidrocarburos y la asunción de las funciones de la Asamblea Nacional por parte de la TSJ/SC[751].

No obstante, en ambas *aclaratorias* reiteró que la Asamblea Nacional seguía en desacato, lo que "le impide el ejercicio de sus atribuciones constitucionales". En consecuencia, no hubo un cambio significativo en cuanto al desconocimiento del Poder Legislativo por parte del Poder Judicial y del Poder Ejecutivo.

Cabe destacar que estas aclaratorias, según se indica en los fallos, se emitieron tras atender la "convocatoria del ciudadano Nicolás Ma-

---

tencia del TSJ consagra un golpe al parlamento venezolano", 31-03-2017, https://provea.org/comunicados/comunicado-conjunto-nueva-sentencia-del-tsj-consagra-un-golpe-al-parlamento-venezolano/; OEA, "Venezuela: Secretario General de la OEA denuncia auto golpe de Estado", 30-03-2017, https://bit.ly/3sfpzlB; OEA, "CIDH condena decisiones del Tribunal Supremo de Justicia y la alteración del orden constitucional y democrático en Venezuela", 31-03-2017, https://www.oas.org/es/cidh/prensa/comunicados/2017/041.asp.

747 *Cfr.* El País, "Protestas contra la sentencia del Tribunal Supremo de Venezuela", 31-03-2017, https://elpais.com/elpais/2017/03/30/album/1490898965_387244.html.

748 BBC, "Fiscal general de Venezuela, Luisa Ortega Díaz, dice que sentencias del Tribunal Supremo sobre la Asamblea Nacional violan el orden constitucional", 31-03-2017, https://www.bbc.com/mundo/noticias-america-latina-39459905.

749 *Cfr.* ACIENPOL, "Declaración sobre la posición de la Fiscal General de la República y las aclaratorias de la Sala Constitucional del Tribunal Supremo De Justicia", *Boletín de la Academia de Ciencias Políticas y Sociales*, nº 156 (2017): 27–32; Allan R. Brewer-Carías, "La nueva farsa del juez constitucional controlado: La inconstitucional y falsa 'corrección' de la usurpación de funciones legislativas por parte de la Sala Constitucional del Tribunal Supremo", *Revista de Derecho Público*, nº 149–150 (2017): 313–25.

750 TSJ/SC nº 157 del 01-04-2017 (*caso: Héctor Rodríguez*), en referencia al fallo nº 155/2017.

751 TSJ/SC nº 158 del 01-04-2017 (*caso: Corporación Venezolana del Petróleo, S.A.*), en referencia al fallo nº 156/2017.

duro Moros, en su condición de Jefe de Estado y Presidente del Consejo de Defensa de la Nación, a una reunión extraordinaria" y la suscripción de un "acuerdo" en el que se "[e]xhortó a este Tribunal Supremo de Justicia aclarar el alcance de las decisiones números 155 y 156 (...) con el propósito de mantener la estabilidad institucional y el equilibrio de poderes".

Este hecho refuerza la confabulación entre el Poder Judicial y el Poder Ejecutivo en contra del Poder Legislativo, que desde inicios de 2016 había representado una fuerza política contraria a la dominante, evidenciando la ausencia de separación de poderes en el país[752].

En cualquier caso, las *aclaratorias* fueron consideradas insuficientes por una sociedad venezolana que ya había visto mermada su participación en los asuntos públicos debido al constante desconocimiento de las decisiones de sus representantes en la Asamblea Nacional.

A esto se sumaba la crisis económica que había intensificado la escasez y los altos precios de alimentos, medicamentos y otros bienes básicos, y la suspensión por parte del CNE en octubre de 2016 de las elecciones de gobernadores y del referendo revocatorio del Presidente de la República, promovido por la oposición[753].

Como resultado de lo anterior, Venezuela vivió una ola de protestas que se extendió por más de ciento treinta días, la más prolongada en la historia reciente del país siendo el precedente más cercano en relevancia las protestas de 2014, que duraron ochenta y cinco días. Durante estas manifestaciones, se registraron más de 150 fallecidos, así como miles de heridos y detenidos[754], lo que llevó a la ACIENPOL

---

[752] *Cfr*. Allan R. Brewer-Carías, "El golpe de Estado judicial continuado, la no creíble defensa de la constitución por parte de quien la despreció desde siempre, y el anuncio de una bizarra 'revisión y corrección' de sentencias por el juez constitucional por órdenes del Poder Ejecutivo (Secuelas de las sentencias n° 155 y 156 de 27 y 29 de marzo de 2017)", *Revista de Derecho Público*, nº 149-150 (2017): 300-312. El autor agrega que, en realidad, el acuerdo no emanó del Consejo de Estado al no estar presentes todos sus miembros, aunado a que dicho Consejo tiene es un rol consultivo en materia de defensa integral de la Nación y no de solución de conflictos entre el Poder Público ni revisión de fallos judiciales.

[753] *Cfr*. Observatorio Electoral Venezolano, "OEV: en el año 2016 se suspendió la democracia en Venezuela, no hubo elecciones", 28,12,2016, https://oevenezolano.org/2016/12/oev-en-el-ano-2016-se-suspendio-la-democracia-en-venezuela-no-hubo-elecciones/.

[754] *Cfr*. Observatorio Venezolano de Conflictividad Social, "6.729 manifestaciones en 4 meses en todo el país", 03-08-2017, https://www.observatoriodeconflictos.org.ve/oc/wp-content/uploads/2017/08/Balance-protestas-4-meses-abril-julio-2017-RESUMEN.pdf.

-entre otras organizaciones- a alertar sobre la criminalización de la protesta y la violación del derecho a la manifestación[755].

Las organizaciones no gubernamentales que se pronunciaron sobre el tema indicaron que "[l]a ruptura del hilo constitucional, aunada a la crítica situación económica, generó un ciclo de protestas (...), por su cantidad y extensión las más importantes realizadas en Venezuela desde el inicio de la gestión bolivariana en 1998". Estas protestas exigían, entre otras demandas, un "calendario electoral, liberación de los presos políticos, respeto a la AN [Asamblea Nacional] y apertura del canal humanitario"[756].

Lamentablemente, continua el informe, la respuesta del gobierno a estas solicitudes fue el abuso de la fuerza para reprimir la disidencia política y la violación sistemática de los derechos humanos de la población.

Además, se decidió "abolir la Carta Magna de 1999 mediante la imposición fraudulenta de una Asamblea Nacional Constituyente", como estrategia para sofocar las protestas y llevar la ausencia de democracia en el país a un nuevo nivel.

En resumen, antes de que la ANC-2017 emergiera en el escenario sociopolítico, Venezuela atravesaba una grave crisis económica, política, social y democrática, promovida por la fuerza política dominante.

Esta fuerza no solo desconoció a los Poderes Constituidos que le resultaban adversos -en especial, la Asamblea Nacional elegida por el pueblo en diciembre de 2015 para impulsar un cambio desde la institucionalidad a través de la función legislativa y de control político- mediante más de sesenta fallos de la TSJ/SC y la TSJ/SE, sino que, tras eliminar la posibilidad de que el Poder Legislativo ejerciera sus competencias conforme al reparto de atribuciones establecido por la CRBV, procedió a reprimir toda manifestación de rechazo por parte de la sociedad con el único fin de perpetuarse en el poder.

Este fue el objetivo al que respondió la ANC-2017, según detallaremos de seguida.

---

[755] *Cfr*. ACIENPOL, "Declaración sobre la politización de la Fuerza Armada Nacional y la amenaza del uso desproporcionado de la fuerza pública", *Boletín de la Academia de Ciencias Políticas y Sociales*, nº 156 (2017): 39-43.

[756] PROVEA, "Situación de los derechos humanos en Venezuela", 2024, 131, https://provea.org/wp-content/uploads/2024/04/Informe-Provea-BN-2023-compressed.pdf.

2. LA INCONSTITUCIONALIDAD DE LA CONVOCATORIA E INSTAURACIÓN DE LA ASAMBLEA NACIONAL CONSTITUYENTE

Para mayo de 2017 la fuerza política dominante tenía el control del Poder Ejecutivo, el Tribunal Supremo de Justicia, el Consejo Nacional Electoral, las Fuerzas Armadas, la Contraloría General de la República y la Defensoría del Pueblo, mientras la Asamblea Nacional y la Fiscalía General de la República le resultaban adversas, así como también un amplio número de integrantes de la sociedad venezolana que clamaban por la vuelta a la institucionalidad, la democracia y la garantía de sus derechos[757].

Ante este escenario, el gobierno nacional tenía dos opciones:

a. Escuchar el pedido popular e iniciar el tránsito hacia un Estado Democrático de Derecho, comenzando por el reconocimiento de la Asamblea Nacional y allanando el camino para que esta pudiera ejercer sus funciones sin más obstáculos que los propios de una sociedad libre y abierta al debate político.

b. Dar el golpe final a la ya agónica democracia y lograr lo que no pudo con los fallos n° 155/2017 y 156/2017 de la TSJ/SC. Es decir, la transferencia absoluta del Poder Legislativo a un órgano controlado por la fuerza política dominante, permitiendo así desdibujar por completo la separación de poderes en el país y superar los límites que desde enero de 2016 el Ejecutivo Nacional había tenido que sortear por diversos medios (la tesis del desacato, el estado de excepción, etc.) para mantenerse en el poder.

Así, inspirado en la ANC-1999 según vimos al inicio de este Capítulo, en la G.O. n° 6.295 Extraordinario del 01-05-2017 se publicó el Decreto n° 2.830 de la misma fecha por el cual, el Presidente de la República, dijo invocar sus atribuciones constitucionales y *convocó* a la ANC-2017 para que el pueblo "pueda decidir el futuro de la Patria" (art. 1), correspondiéndole al CNE organizar el proceso para la elección de los "integrantes de la Asamblea Nacional Constituyente Originaria" por "ámbitos sectoriales y territoriales (...) mediante el voto universal, directo y secreto" (art. 2)[758].

---

757 *Cfr*. Gabriel Sira Santana, "La asamblea nacional constituyente y la subversión del orden constitucional. El caso de Venezuela (2017-2020)", en *Estudios Constitucionales y Parlamentarios. Anuario* 2021-2022 (Caracas: CIDEP, IEPFT y UCAB, 2023), 460.

758 Nótese que durante la segunda quincena del mes de abril, como sucesos más próximos a la "convocatoria" de la ANC, se tiene que el Presidente de la República había ordenado aplicar la operación militar "Plan Zamora" contra las pro-

Lo primero que hemos de destacar sobre este decreto es que, como ya apuntamos, el Presidente de la República ignoró que la facultad que le concedía el artículo 348 de la CRBV era la iniciativa para activar la convocatoria a una ANC, pero no convocarla *per se*, por ser esto último algo que solo podría hacer el pueblo de forma directa –es decir, mediante el sufragio activo– de acuerdo con el artículo 347 de la CRBV en concordancia con los artículos 5 y 70 *ejusdem*, ya citados en esta investigación.

Como expusieron las Academias Nacionales, "le corresponde de manera exclusiva al pueblo venezolano la convocatoria de una Asamblea Nacional Constituyente" y "[e]s solo mediante el voto universal, directo, secreto y libre, a través de un referendo consultivo, que los ciudadanos pueden decidir sobre dicha convocatoria", así como "aprobar las bases comiciales que rijan la organización, funcionamiento y límites de la Constituyente"[759].

Por este motivo, el decreto desde su propio origen estuvo viciado de nulidad por inconstitucionalidad al usurpar la soberanía popular y negar el principio democrático, una vez el Presidente de la República asumió para sí una función que solo podía ser ejercida por el pueblo, como era convocar a la ANC.

De ahí que el foro afirmase que "no existe (...) en Venezuela una Asamblea Constituyente por cuanto no fue convocada por el pueblo, requisito indispensable de acuerdo con el artículo 347 de la Constitución de 1999", siendo "un hecho público, notorio y comunicacional, [que] en ningún momento el pueblo venezolano convocó a una Asamblea Nacional Constituyente. No se convocó a un Referéndum consultivo para que el pueblo decidiera"[760].

En este sentido, dos son los aspectos que deseamos destacar de este decreto y que dan luces sobre su carácter antidemocrático e instrumental:

---

testas y la OEA había ratificado su Consejo Permanente para abordar el caso de Venezuela. *Cfr.* El Ucabista, "10 pistas para entender el Plan Zamora 2000", 2017, https://elucabista.com/wp-content/uploads/2017/05/Para-entender-el-Plan-Zamora-CDH-UCAB-1-791x1024.pdf; OEA, "Consejo Permanente de la OEA acuerda convocar reunión de Consulta de Ministros de Relaciones Exteriores para considerar situación en Venezuela", 26-04-2017, https://www.oas.org/es/centro_noticias/comunicado_prensa.asp?sCodigo=C-035/17.

[759] Academias Nacionales, "Pronunciamiento ante la convocatoria presidencial a una asamblea nacional constituyente", *Boletín de la Academia de Ciencias Políticas y Sociales*, nº 156 (2017): 53.

[760] Javier Elechiguerra Naranjo, "Irretroactividad de la ley penal, derechos humanos y principio de progresividad", en *Libro homenaje al profesor Eugenio Hernández-Bretón*, vol. IV (Caracas: ACIENPOL, 2019), 2741.

Primero, la finalidad de la ANC-2017, más que redactar una nueva Constitución -que, de hecho, nunca se señaló expresamente en el decreto, aunque sí de forma incidental[761]- era hacer frente a las amenazas que en criterio del Presidente de la República atentaban contra el orden constitucional vigente (es decir: la CRBV) dado el clima de inestabilidad política comentado en el acápite anterior, a fin de "erradicar" -verbo usado en el propio Decreto- la disidencia y el pluralismo político por ser *antipatrióticos* y *antidemocráticos*.

Segundo, los objetivos propuestos por el mandatario consistían en materias que o bien podían desarrollarse por la legislación ordinaria de acuerdo con el ordenamiento jurídico vigente -por ejemplo: los derechos de la juventud y la mejora del sistema económico nacional- o correspondían a iniciativas rechazadas en el intento de reforma constitucional del año 2007[762].

En ambos casos, a pesar del halo de indeterminación que caracterizó a los objetivos mencionados, el decreto dejó entrever que la pretensión del Ejecutivo Nacional era aumentar la cuota de poder de las autoridades estatales -de ahí el uso de frases como "ampliando las competencias del Estado" y "ampliación de las competencias del Sistema de Justicia"- y, por consiguiente, reducir aún más las libertades ciudadanas, lo que resulta contrario a un gobierno democrático donde los individuos son el centro del sistema y el Estado tiene es un rol subsidiario en favor de la garantía de los derechos e intereses de tales individuos.

Estas aseveraciones resultan extensivas a las bases comiciales visto que, en la misma G.O. en la que se publicó el decreto comentado *supra*, se incluyó el "Decreto n° 2.831, mediante el cual se crea una Comisión Presidencial que tendrá a su cargo la elaboración de una propuesta para las base comiciales territoriales y sectoriales"[763].

En este decreto, luego de reiterar como fundamento jurídico los artículos 70, 347 y 348 de la CRBV, el mandatario aludió como argumentos de hecho **(i)** que él "realizó la convocatoria a una Asamblea Nacional Constituyente, para que se lleve a cabo la propuesta a con-

---

[761] Téngase como ejemplo de estas últimas las menciones en los objetivos programáticos a "la inclusión de un capítulo constitucional para consagrar los derechos de la juventud" o "[l]a preservación de la vida en el planeta, desarrollando constitucionalmente, con mayor especificidad los derechos soberanos sobre la protección de nuestra biodiversidad".

[762] *Cfr.* Brewer-Carías, *Hacia la consolidación de un Estado socialista, centralizado, policial y militarista. Comentarios sobre el sentido y alcance de las propuestas de reforma constitucional* 2007. El autor detalla cómo la fallida reforma pretendió -entre otros- la inclusión del Poder Popular y el socialismo en general en el texto constitucional.

[763] G.O. n° 6.295 Extraordinario del 01-05-2017.

sulta de las bases populares y esclarecer todas las dudas sobre el poder constituyente originario" y la **(ii)** "defensa del bien más preciado que hemos logrado: la Independencia política y la reafirmación de nuestra identidad, en aras del encuentro con la nueva realidad nacional, para seguir cimentando las bases del Socialismo Bolivariano del Siglo XXI".

Así, la Comisión Presidencial, conformada por catorce personas del partido de gobierno (art. 2), contó con "un plazo perentorio" e indeterminado para presentarle al Presidente de la República un informe con sus recomendaciones (art. 3) y preparar una "propuesta para las bases comiciales territoriales y sectoriales" y para "los principales aspectos que servirán de fundamento a la conformación y funcionamiento de la Asamblea Nacional Constituyente, previa consulta a los más amplios sectores del país, garantizando el principio de participación directa establecido en la Constitución de la República" (art. 1).

Escasas tres semanas después –tiempo en el cual continuaron las protestas, el ministro de defensa anunció la segunda fase del "Plan Zamora"[764] y el Departamento del Tesoro de los Estados Unidos de América impuso sanciones a ocho magistrados del Tribunal Supremo de Justicia[765]– se publicó en la G.O. el "Decreto N° 2.878, mediante el cual se establecen las Bases Comiciales para la Asamblea Nacional Constituyente"[766].

En el decreto, el Presidente de la República –en Consejo de Ministros– invocó los artículos 5, 22, 226 y 236 (nums. 1 y 2) de la CRBV[767] y que él había convocado a una ANC "con la finalidad primordial de garantizar la preservación de la paz del País ante las circunstancias sociales, políticas y económicas actuales, en las que severas amenazas (...) de factores antidemocráticos y de marcada postura antipatria se ciernen sobre su orden constitucional" y el "supremo compromiso y voluntad de lograr la mayor eficacia política y calidad revolucionaria

---

764 Telesur, "Gobierno venezolano activa segunda fase del Plan Zamora en Táchira", 17-05-2017, https://www.telesurtv.net/news/Gobierno-venezolano-activa-segunda-fase-del-Plan-Zamora-en-Tachira-20170517-0035.html.

765 BBC, "Estados Unidos impone sanciones a 8 magistrados del Tribunal Supremo de Venezuela a los que acusa de usurpar las funciones del Parlamento", 18-05-2017, https://www.bbc.com/mundo/noticias-america-latina-39954930.

766 G.O. n° 41.156 del 23-05-2017. El decreto es de la misma fecha.

767 El artículo 5 sobre la soberanía, 22 sobre derechos no consagrados en la CRBV y 236 (num. 1) sobre la atribución de cumplir y hacer cumplir el ordenamiento jurídico ya fueron citados, restando los artículos 226 ("El Presidente (...) de la República es el Jefe (...) del Estado y del Ejecutivo Nacional, en cuya condición dirige la acción del Gobierno") y 236 numeral 2 sobre su atribución de "[d]irigir la acción del Gobierno".

en la construcción del socialismo, la refundación de la Nación venezolana".

Lo anterior, aunado a "su cualidad de convocante", por lo que le correspondía también "proponer las bases comiciales territoriales y sectoriales (...) sobre las cuales se llevará a cabo la convocatoria, conformación y funcionamiento de la Asamblea Nacional Constituyente".

El contenido de estas bases puede resumirse del siguiente modo:

a. *Integrantes de la* ANC-2017. Los miembros principales serían electos por voto universal, directo, secreto y por ámbitos territoriales (364 miembros, tomando como base de cálculo y circunscripciones los municipios del país ignorando la forma de Estado Federal) y en ocho sectores (a saber: trabajadores, campesinos y pescadores, estudiantes, discapacitados, indígenas, pensionados, empresarios, y Poder Popular) para lo cual el CNE debía levantar censos según la información -no auditable- que le proveyeran los órganos y entes del Estado a fin de determinar cuántos miembros responderían a estos sectores, si bien se preveían ocho representantes por los indígenas.

De este modo, se representaba era a secciones del pueblo y no a este como un todo, al mejor estilo del corporativismo y en contravención del principio de la universalidad del voto, aunado a que existen personas que no pertenecían a ninguno de estos sectores y por lo tanto no podían ejercer el derecho al sufragio activo ni pasivo.

b. *Postulaciones.* Los candidatos podían presentarse por iniciativa propia, de grupo de electores o de sectores -es decir, excluyéndose la posibilidad de que los partidos políticos postularan a sus candidatos directamente en contravención del artículo 67 de la CRBV[768]- requiriéndose para ello ser elegible[769], mayor de dieciocho años a la fecha de elección, vene-

---

768 El artículo prevé en su encabezado: "Todos los ciudadanos (...) tienen el derecho de asociarse con fines políticos, mediante métodos democráticos de organización, funcionamiento y dirección (...)".

769 Se excluía a tal efecto: el Presidente de la República, Vicepresidente Ejecutivo, ministros, secretario de la Presidencia de la República, presidentes y directores de institutos autónomos y empresas del Estado, gobernadores y secretarios de gobierno de los estados y autoridades de similar jerarquía del Distrito Capital, diputados de la Asamblea Nacional, legisladores de los consejos legislativos de los estados, alcaldes, concejales, magistrados del Tribunal Supremo de Justicia y demás jueces de la República, Fiscal General de la República y fiscales del Ministerio Público, Defensor del Pueblo y defensores, Contralor General de la República, Procurador General de la República, militares activos, y rectores del Consejo Nacional Electoral.

zolano por nacimiento y sin otra nacionalidad, haber residido cinco años en la entidad correspondiente y estar inscrito en el Registro Electoral.

En este sentido, se constata que quedaron excluidos del sufragio pasivo los venezolanos naturalizados y quienes poseen doble nacionalidad, en violación de sus derechos políticos, su carácter de ciudadanos y el principio de igualdad, todos consagrados en el texto constitucional.

c. *Funcionamiento*. La ANC-2017 sería unicameral y sus miembros gozarían de la inmunidad inherente al ejercicio de sus funciones, instaurándose en las setenta y dos horas siguientes a la proclamación de sus miembros sin preverse por cuánto tiempo podría ejercer sus funciones, lo que daba atisbos de que el verdadero objetivo no era la redacción de una nueva Constitución, sino sustituirse en los poderes constituidos adversos al gobierno por el tiempo que fuese necesario.

Muestra de ello es que su sede sería el Palacio Federal Legislativo (donde operaba la Asamblea Nacional) y hasta que no dictara su reglamento interno se regiría por el de la ANC-1999, lo que fue calificado por la doctrina como una manifestación de reviviscencia del ordenamiento jurídico como figura desterrada del Derecho al atentar contra la seguridad jurídica[770], a lo que se agrega que la ANC-2017 gozaría de las mismas extralimitaciones que la ANC-1999, según tuvimos oportunidad de desarrollar en el Capítulo III de esta investigación al abordar el "Estatuto de Funcionamiento de la Asamblea Nacional Constituyente".

d. *Limitaciones*. La ANC-2017 se calificó de "poder originario" sujeto a los "valores y principios de nuestra historia republicana, así como el cumplimiento de los tratados internacionales, acuerdos y compromisos válidamente suscritos por la República, el carácter progresivo de los derechos fundamentales de los ciudadanos (...) y las garantías democráticas". Al respecto, reiteramos los comentarios formulados en cuanto a la ANC-1999, que compartió este carácter y limitaciones.

---

[770] *Cfr*. José Peña Solís, "Observaciones preliminares sobre la inconstitucionalidad del decreto presidencial n° 2878, de 23-5-2017, contentivo de las bases comiciales de la asamblea nacional constituyente 'convocada' por Nicolás Maduro", en *Estudios sobre la Asamblea Nacional Constituyente y su inconstitucional convocatoria en* 2017 (Caracas: ACIENPOL y EJV, 2017), 444.

Al día siguiente de la fecha de este decreto, el CNE informó que la elección de los miembros de la ANC sería "a finales del mes de julio"[771] y, menos de dos semanas después, el Presidente de la República -en Consejo de Ministros- dictó un decreto complementario del anterior en el que reiteró la motivación ya reseñada y agregó que era:

> ...necesario garantizar la participación del pueblo venezolano tanto en la conformación de la Asamblea Nacional Constituyente, como en la aprobación del texto que resulte de su labor, a través de la declaración inequívoca de quien ha convocado este proceso constituyente de someter a referéndum aprobatorio el proyecto de constitución que se redacte[772].

Por este motivo, en su artículo único, el decreto previó que:

> Se exhorta a la Asamblea Nacional Constituyente, convocada mediante el Decreto N° 2.830, de fecha 01 de mayo de 2017, la cual será constitucional y democráticamente electa en los comicios que regirá el Consejo Nacional Electoral el 30 de julio de 2017, a que, el proyecto de Constitución que se redacte en su seno, sea sometido a referéndum aprobatorio popular, en los términos establecidos en el artículo 70 de la Constitución de la República Bolivariana de Venezuela, para garantizar el ejercicio pleno de la soberanía de las venezolanas y los venezolanos, consolidando así nuestra democracia participativa y protagónica, y en consecuencia, la paz, el desarrollo y la independencia de la patria bolivariana.

Exhorto que, como todo requerimiento o súplica, carece de fuerza coercitiva y se hace depender de la buena fe del que lo recibe, por lo que quedaba al arbitrio de la ANC si sometía o no a referendo la Constitución que redactara.

Estas bases comiciales fueron aprobadas por el CNE mediante Resolución n° 170607-118 del 07-06-2017[773], tan solo tres días después del decreto complementario. En su Resolución, el CNE parafraseó el contenido de los decretos luego de mencionar que el Presidente de la República "realizó la convocatoria a una Asamblea Nacional Constituyente", y que el Consejo había acordado la reforma parcial de las bases.

Estos cambios consistieron en la remoción del sector indígena -que como dijimos ya contaba con ocho representantes, precisándose en la resolución cuáles serían las regiones y número de represen-

---

771 BBC, "Venezuela: el CNE confirma fechas para la Asamblea Constituyente y las elecciones regionales", 24-05-2017, https://www.bbc.com/mundo/noticias-america-latina-40023170.

772 Decreto n° 2.889 del 04-06-2017, en G.O. n° 6.303 Extraordinario de la misma fecha.

773 Véase en el sitio web del CNE, http://www.cne.gob.ve/web/normativa_electoral/elecciones/2017/constituyente/documentos/resolucion170607-118.PDF.

tantes por cada una de ellas- y la determinación d que los constituyentes sectoriales serían 173 -indicándose a su vez la discriminación de cada sector, firmas requeridas para la postulación y tipo de elección[774]-, para un total de 545 representantes sin que, en realidad, se garantizara el principio de la representación proporcional de las minorías o las fuerzas políticas[775] y el principio de "un ciudadano un voto" como manifestación de la igualdad jurídica, ya que el voto de los electores en ciertos municipios tenía más peso que en otros[776].

De seguida, por Resolución n° 170607-119 de la misma fecha, el CNE acordó "[c]onvocar la celebración del proceso comicial para la elección de los y las integrantes a la Asamblea Nacional Constituyente" para el 30-07-2017, y aprobó el cronograma electoral respectivo[777].

De este modo, los Poderes Constituidos -en particular, el Presidente de la República y el CNE- convocaron a una ANC y aprobaron su bases comiciales, relegando al pueblo únicamente a la elección de quiénes integrarían dicha ANC en lo que claramente constituyó una usurpación de la soberanía nacional pues el pueblo nunca se pronunció sobre **(i)** si quería o no una ANC, y, en caso de quererla, **(ii)** si estaba de acuerdo o no con las bases comiciales que se le proponían.

Son justamente los principios de la soberanía y la participación política, bases del Estado Democrático de Derecho, los que permiten a la doctrina afirmar de forma unánime que, aun cuando la regulación de la ANC nada prevé sobre cómo se aprueba la convocatoria y las bases comiciales, "así como la convocatoria a la ANC debe ser objeto

---

[774] Téngase como ejemplo que los estudiantes de instituciones privadas tendrían tres constituyentes, mientras que para las instituciones públicas y las misiones serían once y diez, respectivamente. Asimismo, los trabajadores con más constituyentes serían los de la Administración Pública (diecisiete), mientras que transporte y minería y petróleo serían el límite inferior con dos por cada supuesto. Al respecto, como apunta el foro, llama la atención la "asombrosa rapidez" con la que el CNE pudo, en dos días, obtener y evaluar los registros sectoriales remitidos por los órganos y entes del Estado a fin de determinar cuántos constituyentes tendría cada sector. *Cfr.* Juan Manuel Raffalli, "El veneno escondido en las bases comiciales", en *Estudios sobre la Asamblea Nacional Constituyente y su inconstitucional convocatoria en* 2017 (Caracas: ACIENPOL y EJV, 2017), 409.

[775] *Cfr.* Claudia Nikken, "Algunas reflexiones sobre este asunto de la constituyente", en *Estudios sobre la Asamblea Nacional Constituyente y su inconstitucional convocatoria en* 2017 (Caracas: ACIENPOL y EJV, 2017), 208.

[776] *Cfr.* Carlos Ayala Corao, "La asamblea nacional constituyente de Maduro-2017: Fraude constitucional y usurpación de la soberanía popular (Inconstitucionalidad e inconvencionalidad de la convocatoria y las bases comiciales)", en *Estudios sobre la Asamblea Nacional Constituyente y su inconstitucional convocatoria en* 2017 (Caracas: ACIENPOL y EJV, 2017), 249-52.

[777] Véase en el sitio web del CNE, http://www.cne.gob.ve/web/normativa_electoral/elecciones/2017/constituyente/documentos/resolucion170607-119.PDF.

de un referendo, las bases comiciales también deberían ser objeto de un referendo para que el pueblo decida si las aprueba o no"[778], pues "es el pueblo el que puede decidir si convoca o no una ANC y el que debe aprobar los términos de su integración (elección de sus miembros y número de estos), periodo de funcionamiento, eventuales límites supraconstitucionales, entre otros aspectos"[779].

Por ende, estas bases "configuran un fraude constitucional y una usurpación de la soberanía popular, y así mismo, violan la Constitución y los instrumentos sobre derechos humanos por cuanto transgreden los principios de universalidad e igualdad del sufragio"[780], como consecuencia de la sectorización del voto, la reducción del sufragio activo y pasivo, el no respeto de las minorías, la pluralidad y otros tantos de los vicios ya enunciados en este Capítulo.

De igual modo se pronunció -entre otros autores, así como la ACIENPOL[781] y la Comisión Europea para la Democracia a través del Derecho[782], por nombrar un par de organizaciones- ESCOVAR LEÓN al sostener que "el artículo 5 de la Constitución no deja margen para la duda: 'La soberanía reside intransferiblemente en el pueblo'. Entonces, el poder constituyente originario corresponde al pueblo, quien ejerce su soberanía mediante el sufragio, y no al presidente de turno", de lo que concluye que con la ANC-2017 "se llevó a cabo una constitu-

---

778 García Soto, "La Asamblea Nacional Constituyente de 2017 en su contexto histórico", 75.

779 Casal Hernández, "Comentarios sobre la convocatoria de una supuesta asamblea nacional constituyente contenida en el Decreto n° 2.830, del 1° de mayo de 2017", 266.

780 Ayala Corao, "La asamblea nacional constituyente de Maduro-2017: Fraude constitucional y usurpación de la soberanía popular (Inconstitucionalidad e inconvencionalidad de la convocatoria y las bases comiciales)", 234. En el mismo sentido: Rafael Badell Madrid, "Bases comiciales decretadas por el Presidente de la República mediante Decreto n° 2.878", en *Estudios sobre la Asamblea Nacional Constituyente y su inconstitucional convocatoria en* 2017 (Caracas: ACIENPOL y EJV, 2017), 413-18.

781 *Cfr.* ACIENPOL, "Pronunciamiento sobre la inconstitucionalidad e inconvencionalidad de las bases comiciales decretadas para la elección de la asamblea nacional constituyente", *Boletín de la Academia de Ciencias Políticas y Sociales*, n° 156 (2017): 71-77.

782 *Cfr.* Comisión de Venecia, "Opinión sobre las cuestiones jurídicas planteadas por el decreto n° 2878 del 23 de mayo de 2017 del Presidente de la República sobre la convocatoria de elecciones a una asamblea nacional constituyente", 2017, https://www.venice.coe.int/webforms/documents/default.aspx?pdffile=CDL-AD(2017)024-spa. Entre otros aspectos de interés, la Comisión concluyó que las normas para la elección de una ANC deben provenir de la Asamblea Nacional, la sectorización de los representantes violaba el principio democrático de igualdad del voto y "[l]as deficiencias del procedimiento y de las normas electorales para la elección de la Asamblea Nacional Constituyente de Venezuela son tales que socavan la credibilidad del intento de elaborar una nueva constitución".

yente simulada, sin referéndum y con unas bases comiciales que son, más bien, un oxímoron, una *contradictio in terminis*, ya que carecieron de comicios"[783].

A pesar de lo anterior, la TSJ/SC, al conocer de una solicitud de interpretación de los artículos 347 y 348 de la CRBV, fue del criterio que el referendo consultivo de la convocatoria y las bases comiciales en el proceso constituyente de 1999 obedeció a "la ausencia en la Carta de 1961 de mención alguna de esta modalidad de revisión constitucional (sensu lato)" y "[l]a situación constitucional actual es totalmente diferente", ya que no solo se incluyó a la ANC en la CRBV, sino que "no hay previsión alguna sobre un referéndum acerca de la iniciativa de convocatoria de una Asamblea Nacional Constituyente"[784].

A ello agregó en el mismo fallo, en adición a que la ANC era un "poder constituyente originario y, en principio, ilimitado" que:

> ...ciertamente el artículo 71 eiusdem contempla la posibilidad opcional o facultativa de convocar a referendo consultivo las "materias de especial trascendencia nacional"; sin embargo, existen circunstancias objetivas sobrevenidas que ambientan el proceso de instalación de la Asamblea Nacional Constituyente, como es la aguda situación de la crisis política actualmente enfrentada y que ha provocado el decreto de un estado de excepción no concluido aun, que ha motivado la toma de decisiones genéricas, expeditas y de profundidad constitucional, dentro de la cuales, por iniciativa del Presidente de la República se ha resuelto iniciar la convocatoria a una Asamblea Nacional Constituyente, que pueda en condiciones pacíficas poner de acuerdo al país en un nuevo Contrato Social, sin hacer uso en esta oportunidad, por tales circunstancias, de lo previsto en el citado artículo 71.

Por este motivo, continuó la Sala, "no es necesario ni constitucionalmente obligante, un referéndum consultivo previo para la convocatoria de una Asamblea Nacional Constituyente, porque ello no está expresamente contemplado en ninguna de las disposiciones del Capítulo III del Título IX".

En otras palabras, para la TSJ/SC, la iniciativa y la convocatoria a una ANC eran términos equivalentes y para ninguno de ellos hacía falta consultar al pueblo si, en efecto, quería una Constituyente, ya que esta decisión podía ser tomada por el Presidente de la República como manifestación de la democracia representativa. Más aun, dada

---

[783] Ramón Escovar León, "Del neoconstitucionalismo al contraconstitucionalismo", en *Libro Homenaje al Dr. Pedro Nikken*, vol. II (Caracas: ACIENPOL y EJV, 2021), 669.

[784] TSJ/SC n° 378 del 31-05-2017 (*caso: Leopoldo Pita*). Reiterado en TSJ/SC n° 470 del 27-06-2017 (*caso: Luisa Ortega y otros*).

la crisis que se vivía en el país y que "en esta oportunidad" ameritaba actuar con rapidez e ignorando la letra del artículo 71 de la CRBV.

La simple lectura de este fallo genera más interrogantes que las que la Sala dice responder. ¿Por qué la convocatoria de la ANC-2017 no requiere de un referendo? ¿Es porque el capítulo que la regula en la CRBV no prevé este mecanismo de participación, o es por el estado de excepción como circunstancia extraordinaria que excluye casuísticamente la necesidad del referendo?

Sea cual sea el motivo que defiende la Sala, ambas respuestas son contrarias a una interpretación sistemática de la CRBV –que obviamente no está conformada por un solo capítulo, y debe leerse en su conjunto– y el sentido y alcance del Derecho de excepción, que forma parte integrante del Estado de Derecho y no es una negativa del mismo.

De ahí que las declaratorias de excepción estén sujetas a límites y controles que derivan **(i)** de la voluntad del constituyente y del legislador, y **(ii)** del propio concepto del Estado de Derecho, que tiene dentro de su objeto eliminar la arbitrariedad y los abusos de poder. Inclusive, ante circunstancias extraordinarias[785].

Así, el actuar de la TSJ/SC se trató, sin dudas, de una decisión que no resiste el menor análisis jurídico, calificada por la doctrina como "falaz y absolutamente errónea"[786] y que ampararía afirmaciones como que, al prever el mismo artículo 344 de la CRBV que el 15 % de los electores cuentan con la iniciativa para convocar a una ANC, ellos podrían imponerse sobre la totalidad de la población, forzando al pueblo a elegir constituyentes para un proceso del que nunca quiso ser parte, tal como ocurrió con la ANC-2017.

Es por estos motivos que la doctrina señala que, a pesar de la exigüidad del capítulo III del título IX de la CRBV, aspecto sobre el cual ya nos pronunciamos en esta investigación, al ser la modificación de

---

[785] *Cfr.* García-Pelayo *Derecho constitucional comparado*, 162–63. Plantea que aun cuando "toda normatividad supone una normalidad", pues "no hay norma aplicable a un caos", y "la posibilidad de la vigencia del Derecho está condicionada por una situación social estable, es decir, por una situación en la que se dan los supuestos sobre los que se edificó la normatividad jurídica en cuestión", a fin de evitar que producto de una emergencia se tomen medidas que contraríen el marco jurídico, "[e]l Estado de Derecho lleva en su propia dialéctica la necesidad de un derecho excepcional, es decir, prever la excepción y normativizar la misma excepción", por lo que la excepción "debe encuadrarse en el marco y en los términos de la ley".

[786] Manuel Rojas Pérez, "Constituyente de 2017: Fraude a la Constitución", en *Estudios sobre la Asamblea Nacional Constituyente y su inconstitucional convocatoria en 2017* (Caracas: ACIENPOL y EJV, 2017), 333.

la Constitución de la República una materia de especial trascendencia nacional:

> ...el análisis exegético del bloque constitucional en la interpretación concatenada de los artículos 5, 6, 40, 62, 70 y 71 constitucionales, se impone la participación del pueblo en aprobación tanto de la convocatoria, como en la determinación de las bases comiciales, la elección de los miembros de la Asamblea y finalmente la aprobación o no del nuevo texto constitucional[787].

Esto, porque "el derecho a convocar la asamblea constituyente, como manifestación de la soberanía popular, reside intransferiblemente en el pueblo" y "tal derecho no puede ser transferido al Presidente [ni a ninguno de los sujetos que cuenta con la iniciativa constituyente a tenor del artículo 338 de la CRBV], quien solo ejerce la representación dentro del limitado ámbito de sus atribuciones"[788].

No obstante lo anterior, la TSJ/SC reiteró su criterio cuando fue demandada la nulidad por inconstitucionalidad del decreto sobre las bases comiciales, señalando en esta oportunidad[789] dos argumentos que estimamos de interés destacar:

a. Los "considerandos" del decreto "[n]o forma[n] parte del texto de tal acto. La parte normativa y vinculante del acto en cuestión está en el propio Decreto o en la Resolución", desconociendo en consecuencia la importancia de su motivación.

Este planteamiento resulta curioso, si se tiene presente que para negar la necesidad del referendo para la convocatoria estudiada la TSJ/SC acudió hasta a los diarios de debate de la ANC-1999, como muestra que ese era el deseo del constituyente. En otras palabras: los motivos expresados en un debate eran relevantes, pero no los motivos asentados en el acto.

b. La determinación de las bases comiciales compete a quien convoque la ANC y pasa por el examen de dos Poderes Constituidos –a saber: el Poder Judicial y el Poder Electoral– junto

---

787 Badell Madrid, "Régimen jurídico del proceso constituyente en la Constitución de Venezuela", 230.

788 Hernández G., "La ilegítima y fraudulenta convocatoria a una 'asamblea nacional constituyente ciudadana'", 304.

789 TSJ/SC n° 455 del 12-06-2017 (*caso: Emilio Urbina*). Véanse al respecto los comentarios efectuados por el accionante, una vez proferido el fallo, en Emilio J. Urbina Mendoza, "Observaciones sobre la sentencia n° 455/2017 de la Sala Constitucional del TSJ y la concreción jurisprudencial, atípica e impertinente, de la unidad conceptual Estado/Nación. A propósito de una polémica en el País Vasco", en *Estudios Constitucionales y Parlamentarios. Anuario 2018-2020* (Caracas: CIDEP, IEPFT y UCAB, 2021), 207-35.

con la iniciativa, a fin de determinar si se vulneró el artículo 350 de la CRBV.

Basta un repaso de nuestra historia constitucional vinculada con el abuso y distorsión de la ANC para concluir que pocas cosas contrarían más la "tradición republicana, (...) lucha por la independencia, la paz y la libertad", que una autoridad que usurpe un poder cuyo único titular de forma indivisible, perpetua e imprescriptible es el pueblo; así como que las autoridades llamadas a evitar que ello ocurra sean cómplices de tal violación.

A pesar de lo anterior, el proceso constituyente continuó sin variaciones entre protestas, una consulta popular convocada por la Asamblea Nacional[790] y comunicados de diversas organizaciones abogando por la suspensión de la ANC[791], además de un número importante de acciones judiciales que eventualmente fueron negadas pues, para la fecha en que la TSJ/SC emitió su decisión, era "un hecho público y notorio que en fecha 30 de julio de 2017, fueron realizadas las elecciones (...) para escoger a los constituyentes (...), y el 4 de agosto de este mismo año se instaló formalmente en el Salón Elíptico", aunado a que los fallos ya citados constituían cosa juzgada[792].

En efecto, el 30-07-2017 se realizaron en el país unos comicios para elegir a los integrantes de la ANC-2017, luego de que se declara-

---

790 La consulta consistió en tres preguntas ("1. ¿Rechaza y desconoce la realización de una Constituyente propuesta por Nicolás Maduro sin la aprobación previa del pueblo venezolano? 2. ¿Demanda a la Fuerza Armada Nacional y a todo funcionario público obedecer y defender la Constitución del año 1999 y respaldar las decisiones de la Asamblea Nacional? 3. ¿Aprueba que se proceda a la renovación de los poderes públicos de acuerdo a lo establecido a la Constitución, y a la realización de elecciones libres y transparentes así como la conformación de un gobierno de unión nacional para restituir el orden constitucional?") y arrojó como resultados un 98 % a favor del sí en todos los casos, con una participación que rondó los siete millones de votos. BBC, "'El grito que dio Venezuela': más de 7 millones de personas respaldan la consulta popular organizada por la oposición para desafiar al gobierno de Nicolás Maduro", 16-07-2017, https://www.bbc.com/mundo/noticias-america-latina-40622493.

791 *Cfr*. Academias Nacionales, "Las Academias Nacionales llaman a suspender la convocatoria de una Asamblea Nacional Constituyente", *Boletín de la Academia de Ciencias Políticas y Sociales*, n° 156 (2017): 91-94.

792 A modo de ejemplo: TSJ/SC n° 801 del 27-10-2017 (*caso: Julio Pérez*), n° 870 del 03-11-2017 (*caso: Carolina Marcano y otros*), n° 892 del 09-11-2017 (*caso: Eglee González y otro*), n° 893 del 09-11-2017 (*caso: Yamila Guerrero y otra*), n° 894 del 09-11-2017 (*caso: Yvett Lugo y otros*), n° 961 del 22-11-2017 (*caso: José Badell*), n° 963 del 22-11-2017 (*caso: Otoniel Pautt*), n° 999 del 30-11-2017 (*caso: Emilio Urbina y otra*), n° 1001 del 30-11-2017 (*caso: Jorge Socas y otro*), n° 1002 del 30-11-2017 (*caso: Luisa Ortega y otros*), n° 1051 del 08-12-2017 (*caso: Cecilia García*), n° 1071 del 08-12-2017 (*caso: Manuel Escalona*) y n° 1093 del 08-12-2017 (*caso: José Villamizar y otros*).

sen una serie de "zonas de protección especial temporal para la garantía del libre ejercicio del derecho al voto"[793] y se ordenara implementar medidas tales como el cierre de las fronteras, la suspensión del porte de armas, la prohibición del expendio y distribución de bebidas alcohólicas y la prohibición de reuniones y manifestaciones públicas[794].

Según resultados oficiales, este proceso contó con una participación del 41.53 %, lo que de acuerdo con el discurso oficial habría asegurado el carácter democrático de este cuerpo y subsanado las eventuales dudas que podían existir sobre su convocatoria en los términos que ya hemos comentado[795], si bien la oposición y la comunidad internacional pusieron en duda este resultado ya que, de acuerdo con sus estimaciones, la participación real rondó el 12 %[796].

Independientemente del número real de electores, diferimos de la posición de la fuerza política dominante por dos motivos fundamentales:

Primero, la elección de los constituyentes es una etapa posterior a la convocatoria y el asentamiento de sus bases, requiriéndose que todas ellas deriven de la voluntad del pueblo pues, de lo contrario, como ya hemos dicho, se estaría forzando a la población a que elija candidatos en un proceso que no avaló y del que puede que no quiera ser parte, únicamente con la intención de legitimar el mismo.

Segundo, incluso si hiciéramos abstracción del vicio insalvable narrado en el punto anterior, es sabido que en esa "elección" no se garantizaron las condiciones mínimas de integridad electoral que

---

793 Decreto n° 2.992 en G.O. n° 6.317 Extraordinario del 19-07-2017. El decreto aludió a que "es un hecho notorio y comunicacional el llamado a la violencia y a impedir la celebración del mencionado evento electoral (...) que, a partir de la convocatoria legítima efectuada por el Presidente de la República, se ha materializado en actividades desestabilizadoras que han puesto en riesgo el normal desenvolvimiento de las actividades diarias, especialmente en instalaciones públicas a nivel nacional, pretendiendo generar zozobra y temor en la población con el fin de restringir, por medios violentos físicos y sicológicos, el libre ejercicio del derecho al sufragio establecido en nuestra Carta Magna".

794 Resolución conjunta n° 20168 y n° 141 de los Ministerios del Poder Popular para la Defensa y para Relaciones Interiores, Justicia y Paz, en G.O. n° 41.201 del 27-07-2017. La medida es común a los procesos electorales celebrados en el país desde hace algunos años.

795 *Cfr*. Telesur, "Más de ocho millones de venezolanos votaron por la Asamblea Nacional Constituyente", 30-07-2017, https://www.telesurtv.net/news/resultados-asamblea-nacional-constituyente-CNE-elecciones-20170729-0044.html.

796 *Cfr*. BBC, "Venezuela elige la Asamblea Nacional Constituyente en controvertidas elecciones con el 41,53% de participación popular, según el Consejo Nacional Electoral", 31-07-2017, https://www.bbc.com/mundo/noticias-america-latina-40772815.

exige la cláusula democrática del Estado venezolano[797], por lo que tales resultados -y por ende el respeto de la voluntad del soberano- son discutibles, dado entre otros el ventajismo electoral, la parcialización del órgano comicial en favor del partido de gobierno, la falta de auditorías, el uso del Carnet de la Patria -identificación que hace las veces de control social- en sustitución de la cédula de identidad, la creación irregular de centros de votación, coacción, entre otras denuncias[798].

Con todo y ello, el 04-08-2017 la ANC-2017 quedó instaurada en el Palacio Federal Legislativo y nombró a su Junta Directiva[799], autocalificándose como la "Soberana Asamblea Nacional Constituyente depositaria del Poder Constituyente Originario".

De esa forma se revivieron *fantasmas del pasado* en cuanto al rol que se confirió la ANC-1999 como un poder ajeno y superior al ordenamiento jurídico y a cualquier manifestación del Poder Público, por lo que contaba con la legitimidad para decidir libremente sin más limitaciones que las que ella quisiera reconocer, incluso en contra de los Poderes válidamente constituidos de acuerdo con la CRBV.

Así de hecho quedó asentado en sus "Normas para garantizar el pleno funcionamiento institucional de la Asamblea Nacional Constituyente en armonía con los Poderes Públicos constituidos"[800].

En este documento, que no se caracteriza por su buena redacción a pesar de su brevedad, la ANC-2017 se denominó "la respuesta constitucional (...) que en pleno ejercicio de la soberanía el pueblo venezolano se ha dado para superar las amenazas (...) que han atentado contra su orden constitucional", y precisó que su propósito "constitucional manifiesto y decidido" era "preservar la paz, la independencia y soberanía nacional, la justicia, la convivencia pacífica, el respeto y la realización efectiva de todos los derechos en obsequio del pueblo venezolano mediante la democracia participativa", lo que contrariaba lo afirmado por la TSJ/SC de que la ANC-2017 tenía su origen en la democracia representativa.

De seguida, acercándonos más a su verdadera finalidad, la ANC-2017 expuso que "se ha constatado la subversión y conflicto de alguna de sus ramas [del Poder Público] que ha desencadenado, (...) más allá del cauce tradicional de los conflictos democráticos (...), acciones que

---

797 *Cfr.* Sira Santana, "La integridad electoral en Venezuela".

798 *Cfr.* Observatorio Global de Comunicación y Democracia, "Informe: Elecciones asamblea nacional constituyente 2017", 2017, https://www.observademocracia.org/wp-content/uploads/2017/10/Informe_AsambleaNacionalConstituyente-2017-VE.pdf.

799 *Cfr.* Acuerdo publicado en la G.O. n° 6.320 Extraordinario del 04-08-2017.

800 *Decreto constituyente* en G.O. n° 6.323 Extraordinario del 08-08-2017.

han constituido atentados graves contra el orden constitucional dirigidos [sic] a desestabilizar el Estado", anotando a su vez que la ANC "puede decretar medidas sobre competencias, funcionamiento y organización de los órganos del Poder Público", que estos últimos "deban adoptar" para "mejorar su desempeño (...) y corregir las desviaciones e incumplimientos".

Es con base en esta motivación que, entonces, la ANC-2017 decidió que para "garantizar el cumplimiento de su objeto" podía decretar las medidas mencionadas en el párrafo precedente, "de cumplimiento inmediato" y "dirigidas exclusivamente a alcanzar los altos fines del Estado y los valores de paz, soberanía, y preeminencia de los derechos, sin menoscabo del cumplimiento de las funciones consustanciales a cada rama de Poder Público", además de "limitar o decidir la cesación de las actividades de las autoridades que conforman el Poder Público" (punto tercero del *decreto constituyente*).

De este modo, continuó la ANC-2017, "[t]odos los organismos del Poder Público quedan subordinados a la Asamblea Nacional Constituyente, y están obligados a cumplir y hacer cumplir los actos jurídicos que emanen dicha [sic] Asamblea" (punto quinto *ejusdem*), siendo que la CRBV y el resto del ordenamiento jurídico "mantendrán su vigencia en todo aquello que no colide o sea contradictorio con dichos actos" (punto cuarto *ejusdem*).

Así, una vez más en menos de veinte años y como vimos ocurría en nuestra historia constitucional cada vez que un nuevo caudillo llegaba al Poder y vociferaba sobre la necesidad de adoptar una nueva carta magna, la Constitución de la República perdió por la vía de los hechos su carácter de norma suprema[801], y un cuerpo contrario a lo dispuesto en ella dijo contar con la atribución de trastocarla a conveniencia, sobre todo en lo que respecta a su parte orgánica.

¿Hasta dónde llegaba esta atribución de la ANC-2017? Según el *decreto constituyente* comentado, los únicos límites que tenía este cuerpo eran respetar la progresividad de los derechos, los "logros alcanzados por el pueblo venezolano en materia social", y los principios de legalidad, responsabilidad, eficiencia, eficacia, transparencia, publicidad y participación ciudadana (punto cuarto). Todos ampliamente vulnerados por la ANC-2017, según comentaremos en el próximo acápite de esta investigación.

---

801 *Cfr.* Artículo 333 de la CRBV, conforme con el cual "[e]sta Constitución no perderá su vigencia si dejare de observarse por acto de fuerza o porque fuere derogada por cualquier otro medio distinto al previsto en ella. // En tal eventualidad, todo ciudadano investido (...) o no de autoridad, tendrá el deber de colaborar en el restablecimiento de su efectiva vigencia".

En todo caso, estos fueron los únicos lineamientos de la ANC-2017 que se hicieron públicos ya que, al contrario de lo ocurrido con la ANC-1999, no se publicó en G.O. su Estatuto de Funcionamiento –sobre el cual ya hicimos comentarios en el Capítulo III de este trabajo– desconociéndose en consecuencia cómo operaba el día a día de esta institución y cuáles eran su organización interna y procedimientos, más allá de la supuesta aplicación del estatuto de 1999 de forma subsidiaria hasta que la ANC-2017 dictara uno propio[802] y alguna nota de prensa en la que se indicó que el nuevo estatuto había sido aprobado el 24-08-2017 y se publicaría en una –hasta donde se tiene conocimiento, inexistente[803]– "Gaceta Oficial Constituyente"[804], vulnerándose desde sus inicios el principio de publicidad al que ella misma aludió.

Tal es así, que una revisión de las G.O. que han circulado a la fecha[805] solo agrega, en cuanto a las normas de la ANC-2017 que se es-

---

[802] *Cfr.* Acceso a la Justicia, "Informe sobre la Asamblea Nacional Constituyente. Su utilización como parte de la fachada institucional en Venezuela", 2020, 44, https://accesoalajusticia.org/wp-content/uploads/2020/12/Informe-sobre-la-Asamblea-Nacional-Constituyente.-Su-utilizacion-como-parte-de-la-fachada-institucional-en-Venezuela.pdf. El informe plantea que "la Constituyente no ha puesto en práctica el mencionado estatuto. (...) En efecto, a la fecha de hoy, no se conocen las publicaciones del orden del día de las sesiones: básicamente sesiona cuando es convocada para algún acto particular, especialmente cuando lo ordena el Gobierno de Maduro. Igualmente, no se conoce si cumple o no el quorum para sesionar o aprobar sus decisiones".

[803] Nótese que la misma no se encuentra disponible en línea ni en el catálogo de la Biblioteca Nacional, a diferencia por ejemplo de la G.O. y la Gaceta Electoral que este último sí recoge.

[804] *Cfr.* Alba Ciudad, "Estas son las 21 comisiones que forman parte de la Asamblea Nacional Constituyente", 24-08-2017, https://albaciudad.org/2017/08/estas-son-las-21-comisiones-que-forman-parte-de-la-asamblea-nacional-constituyente/. Según la nota, el estatuto preveía las siguientes comisiones: Constitucional; De participación popular; De economía diversificada y productiva; De soberanía, integración y relaciones internacionales; Pública nacional; De justicia, transparencia y tutela efectiva; Para la convivencia pacífica; De derechos humanos y garantías constitucionales; De comunicación e información; De misiones y grandes misiones sociales; De los derechos y garantías de la juventud; De la mujer y equidad de género; De las personas con discapacidad; De los adultos mayores y pensionados; De educación, ciencia y tecnología; De identidad cultural; Para la protección integral del ambiente y una cultura ecológica para el derecho al ambiente y la calidad de vida; De los derechos para la diversidad humana, étnica, religiosa y de género; Del sistema de defensa y de la Fuerza Armada Nacional Bolivariana (FANB); De los pueblos indígenas; y Para la consolidación de la democracia participativa. Adicionalmente, la ANC-2017 sesionaría dos veces a la semana y se realizaría un referendo para aprobar la nueva Constitución.

[805] Advertimos que al cierre de esta investigación el 10-09-2024, no se tiene acceso a varias G.O., por lo que se desconoce si en las mismas se publicaron documentos emanados de la ANC-2017. Estas G.O. son las n° 6.347 y 6.353 Extraordinario del año 2017 (la primera, supuestamente contentiva de la "Ley de Pre-

tablecía "la vigencia de funcionamiento (...) al menos hasta el día treinta y uno de diciembre del año 2020"[806].

Es decir, pasado un año y nueve meses de su instauración y sin que en aquel momento o uno posterior se hubiese determinado por cuánto tiempo funcionaría este cuerpo, la ANC-2017 decidió que operaría –"al menos"– por un año y siete meses más, sin que se hubiese dado a conocer siquiera un artículo del proyecto de Constitución que les correspondía redactar.

Lo anterior, si bien el *decreto constituyente* que previó esta duración no fue escaso en considerandos relatando que la ANC-2017 había sido *convocada* para "abrir una ruta de estabilidad política, un nuevo desencadenante histórico, que detuviese la ola de violencia fascista contra el pueblo y las instituciones democráticas de nuestra nación, así como el desarrollo de un conjunto de objetivos programáticos" dados por el Presidente de la República, "desempeñando [la ANC-2017] hasta la fecha sus funciones con un al [sic] grado de eficiencia y responsabilidad política propia del Poder Plenipotenciario de la Nación", pero requiriéndose más tiempo dadas "las tareas aún pendientes para cumplir con los objetivos programáticos establecidos en su proceso de activación, convocatoria, elección e instalación".

En breve, los objetivos de la ANC-2017 no eran "transformar al Estado, crear un nuevo ordenamiento jurídico y redactar una nueva Constitución" como lo prevé el artículo 347 de la CRBV, sino dar cumplimiento a las "propuestas" –*rectius*: exigencias– que el Presidente de la República había exteriorizado en el decreto de *convocatoria*, y sobre las que recordamos la TSJ/SC había descartado pronunciarse respecto a su inconstitucionalidad por estimar que los considerandos o la motivación del decreto de *convocatoria* y de las bases comiciales

---

supuesto para el Ejercicio Económico Financiero 2018, aprobada por la Asamblea Nacional Constituyente"); n° 6.355, 6.378, 6.380 y 6.416 Extraordinario del año 2018 (la última, supuestamente contentiva de la "Ley de Presupuesto para el Ejercicio Económico Financiero 2019, aprobada por la Asamblea Nacional Constituyente"); n° 6.426, 6.476, 6.495 y 6.499 Extraordinario del año 2019 (no se tienen indicios del contenido de las dos primeras y la última supuestamente contiene actos que no son de interés para nuestro objeto de estudio. La n° 6.495, en tanto, supuestamente contiene la "Ley de Presupuesto para el Ejercicio Económico Financiero 2020, aprobada por la Asamblea Nacional Constituyente" y la "Ley Especial de Endeudamiento Anual para el Ejercicio Económico Financiero 2020, aprobada por la Asamblea Nacional Constituyente"); y n° 41.916, 41.939, 42.002 y 42.010 Ordinario y n° 6.588, 6.603 y 6.609 Extraordinario del año 2020 (las ordinarias supuestamente contienen actos que no son de interés para nuestro estudio, mientras que de las extraordinarias no se tienen indicios de su contenido). Del 2021 en adelante también faltan G.O. por circular, pero es poco probable que contengan actos de la ANC-2017 por haber esta cesado sus funciones para ese entonces.

806 *Decreto constituyente* en G.O. n° 41.636 del 20-05-2019.

"[n]o forma[n] parte del texto de tal acto" al no tener carácter normativo o vinculante[807].

De este modo, el "Decreto Constituyente mediante el cual se dictan las normas para garantizar el pleno funcionamiento institucional de la Asamblea Nacional Constituyente en armonía con los Poderes Públicos constituidos" y el "Decreto Constituyente mediante el cual se establece la vigencia de funcionamiento de la Asamblea Nacional Constituyente" son los únicos actos publicados en la G.O. circuladas a la fecha que se refirieron al funcionamiento de esta institución.

Los restantes dieciséis *decretos constituyentes*, acuerdos y resoluciones de la ANC-2017 que podríamos calificar como de "aspectos internos" se refirieron es a la designación de su Junta Directiva, Directores y Responsables de Gestión Administrativa[808], además del "Reglamento de Modificaciones Presupuestarias de la Asamblea Nacional Constituyente"[809] que nada agrega al desconocimiento mencionado al no aludir a la estructura ni actividades de la institución.

A pesar de estas circunstancias -y otras como que al menos cuarenta constituyentes dejaron de ejercer tal posición al pasar a otros cargos públicos o fallecer[810], por lo que sesionaba y decidía con un número menor al originalmente previsto en las bases comiciales, al ser todos los miembros principales y no haberse elegido suplentes- la ANC-2017 operó hasta el 18-12-2020.

Esto, luego de que en agosto del mismo año el Presidente de la República informara por los medios radiales y televisivos que la ANC-2017 cesaría sus funciones en el mes de diciembre pero, antes de las elecciones parlamentarias que también se realizarían ese mes, ella

---

807 TSJ/SC n° 455 del 12-06-2017 (*caso: Emilio Urbina*).

808 *Cfr.* Publicaciones en la G.O. n° 41.216 del 17-08-2017, n° 41.265 del 26-10-2017, n° 41.298 del 12-12-2017, n° 41.299 del 13-12-2017, n° 41.308 del 27-12-2017, n° 41.316 del 09-01-2018, n° 41.356 del 22-03-2018, n° 41.372 del 06-04-2018, n° 41.419 del 14-06-2018, n° 41.422 del 19-06-2018, n° 41.445 del 23-07-2018, n° 41.451 del 01-08-2018, n° 41.508 del 23-10-2018, n° 41.552 del 26-12-2018, n° 41.636 del 20-05-2019 y n° 41.795 del 08-01-2020. De todas estas, llama la atención el "Decreto Constituyente mediante el cual se eligen el Primer Vicepresidente y el Segundo Vicepresidente de la Junta Directiva de la Asamblea Nacional Constituyente", en G.O. n° 41.265 del 26-10-2017, ya que a través de él se destituyó a Julián Isaías Rodríguez como Segundo Vicepresidente al dar declaraciones que criticaban el actuar de este cuerpo. *Cfr.* El Correo del Orinoco, "Sacan a Isaías Rodríguez de la directiva de la Asamblea Constituyente", 27-10-2017, https://www.elcorreodelorinoco.com/isaias-rodriguez/.

809 G.O. n° 41.308 del 27-12-2017.

810 *Cfr.* GHM Abogados, "Asamblea nacional constituyente perdió al menos 40 diputados en 6 meses", 22-01-2018, https://www.ghm.com.ve/asamblea-nacional-constituyente-perdio-al-menos-40-diputados-en-6-meses/.

había de emitir "un conjunto de decretos" adicionales para seguir materializando los objetivos fijados por el mandatario[811].

Declaraciones como la reseñada abonan a lo ya dicho de que la ANC-2017 fue un brazo ejecutor de medidas del partido de gobierno para, principalmente, hacer frente a una Asamblea Nacional que le resultaba adversa y no había podido disolver por la vía judicial, tal como lo intentó con los fallos n° 155/2017 y 156/2017 y se vio forzado a mitigar, como explicamos *supra*.

No obstante, el escenario sociopolítico del último cuatrimestre del año 2020 era sustancialmente diferente al primer semestre de 2016.

Circunstancias como la decepción en el interinato[812], la pandemia de la COVID-19[813] y el aumento de la represión habían reducido las protestas en un 58 %[814], por lo que una vez la oposición anunció que no participaría en las elecciones parlamentarias del 06-12-2020 que calificó como fraudulentas por motivos que retomaremos *infra*[815], el mandatario nacional concluyó que la ANC-2017 ya no era necesaria para mantenerse en el poder.

De ahí que, el 15-12-2020, una vez conocidos los resultados de las parlamentarias que daban al partido de gobierno una mayoría de al menos el 70 %[816] –a lo que se suman otros tantos partidos que se presentaron como de oposición, pero que convergen con la fuerza política dominante– el para entonces Presidente de la ANC-2017 y dipu-

---

811 *Cfr.* El País, "La Constituyente del chavismo cesará sus funciones en diciembre de 2020", 18-08-2020, https://elpais.com/internacional/2020-08-18/la-constituyente-del-chavismo-cesara-en-funciones-en-diciembre-de-2020.html.

812 *Cfr.* Humberto Briceño León, "Legitimidad del presidente interino. Constitución internacionalizada. Venezuela", *Revista de Derecho Público*, nº 161-162 (2020): 190–200; José Ignacio Hernández G., "La usurpación de la Presidencia de la República a partir del 10 de enero de 2019: Consecuencias en el Derecho Constitucional y en el Derecho Internacional", *Revista de Derecho Público*, nº 157–158 (2019): 281–92.

813 *Cfr.* Gabriel Sira Santana, "Venezuela y el estado de alarma por el COVID-19", en *Estudios jurídicos sobre la pandemia del* COVID-19 (Caracas: ACIENPOL, 2020), 55–70.

814 *Cfr.* Observatorio Venezolano de Conflictividad Social, "Venezuela 2020", 2021, https://www.observatoriodeconflictos.org.ve/oc/wp-content/uploads/2021/01/INFORMEOVCS-ANUAL2020.pdf.

815 *Cfr.* DW, "Oposición venezolana no participará en legislativas", 02-08-2020, https://www.dw.com/es/oposici%C3%B3n-venezolana-anuncia-que-no-participar%C3%A1-en-legislativas-por-considerarlas-un-fraude/a-54409067.

816 *Cfr.* BBC, "Elecciones en Venezuela 2020: el chavismo gana las elecciones parlamentarias marcadas por el boicot de la oposición y una masiva abstención", 07-12-2020, https://www.bbc.com/mundo/noticias-america-latina-55212032.

tado electo a la Asamblea Nacional informó que la ANC se disolvería dentro de tres días luego de haber cumplido la "tarea encomendada por el Jefe del Estado"[817].

Repetimos, sin haber discutido un proyecto de Constitución.

3. LOS ACTOS PUBLICADOS EN LA GACETA OFICIAL PROCEDENTES DE LA ASAMBLEA NACIONAL CONSTITUYENTE

Durante el período de actividades de la ANC-2017 –esto es, del 04-08-2017 al 18-12-2020– dicha institución publicó 215 actos en las G.O. que han circulado a la fecha.

Como ya anotamos, hay una discrepancia entre las G.O. "publicadas" y las efectivamente puestas en circulación por parte de Servicio Autónomo Imprenta Nacional y Gaceta Oficial, que se traduce en que se desconoce el contenido de diecisiete G.O. del período estudiado, aunado a otras tantas del año 2021 en adelante. Esto imposibilita conocer a ciencia cierta cuántos actos de la ANC-2017 fueron "publicados" en la G.O. y, por lo tanto, podrían estar vigentes.

No obstante, el balance que presentamos de seguida muestra con meridiana claridad cuál fue la actividad de la ANC-2017 que, lejos de cumplir con su objetivo intrínseco de redactar una Constitución, operó como un legislador ordinario en la mayoría de los casos, asumiendo para sí funciones del Poder Legislativo Nacional, en tanto en otras ocasiones sustituyó al Poder Electoral.

Son actos que, no nos cabe dudan, están viciados desde su origen y hacen imperativo evocar el artículo 138 de la CRBV conforme con el cual "[t]oda autoridad [en este caso, la del pueblo como único soberano] usurpada [en el caso, por el Presidente de la República con la *convocatoria* y luego por la ANC-2017 con su instauración y ejercicio de funciones] es ineficaz y sus actos son nulos [la convocatoria y sus secuelas, como lo son los acuerdos, resoluciones, leyes y decretos *constituyentes*]".

No obstante, si bien de acuerdo con el artículo 33 *ejusdem* la CRBV "no perderá su vigencia si dejare de observarse por acto de fuerza o porque fuere derogada por cualquier otro medio distinto al previsto en ella" y "[e]n tal eventualidad, todo ciudadano investido (...) o no de autoridad, tendrá el deber de colaborar en el restablecimiento de su efectiva vigencia", hasta tanto no se proceda a la derogatoria, abrogación o declaratoria de nulidad de estos actos por las vías que

---

817 *Cfr.* Alba ciudad, "Diosdado Cabello presentó balance de gestión de la Asamblea Nacional Constituyente 2017-2020", 15-12-2020, https://albaciudad.org/2020/12/diosdado-cabello-presento-balance-de-gestion-de-la-asamblea-nacional-constituyente-2017-2020/.

prevé el ordenamiento jurídico, pende sobre cada uno de nosotros una *Espada de Damocles* que pone en vilo nuestros derechos fundamentales. Situación que bajo ningún concepto es cónsona con los principios de un Estado Democrático de Derecho, y debe ser subsanada a la brevedad.

En virtud de lo anterior –y como parte, si se quiere, del deber constitucional comentado– de seguida enlistaremos los diferentes actos que la ANC-2017 publicó en las G.O. disponibles para su consulta y que hemos clasificado en ocho grupos –a saber: **(i)** "leyes constituyentes" y "decretos constituyentes" sobre presupuesto; **(ii)** "leyes constitucionales"; **(iii)** "decretos constituyentes" con contenido normativo; **(iv)** convocatorias a participar en el debate constituyente; **(v)** remociones, ratificaciones, designaciones y aprobaciones; **(vi)** autorizaciones de enjuiciamiento e investigaciones penales; **(vii)** convocatoria a elecciones y juramentaciones; y **(viii)** pronunciamientos sobre el acontecer nacional e internacional–, habiéndose ya abordado en el acápite anterior lo relativo a los aspectos internos de la institución.

Al respecto, y a fin de brindar una mejor visión de conjunto al lector, podemos precisar que el 37.7 % de estos actos fueron pronunciamientos sobre el acontecer nacional e internacional, encontrándose en segundo y tercer lugar –respectivamente– las autorizaciones de enjuiciamiento e investigaciones penales (11.6 %) y los "decretos constituyentes" con contenido normativo (10.7 %). Las "leyes constituyentes", por su parte, representaron el 6.5 % de los actos publicados por la ANC-2017.

Los porcentajes restantes corresponden a remociones, ratificaciones, designaciones y aprobaciones (9.8 %), aspectos internos (8.8 %), las "leyes constituyentes" y "decretos constituyentes" sobre presupuesto (7.4 %), convocatoria a elecciones y juramentaciones (4.2 %) y convocatorias a participar en el debate constituyente (3.3 %), develándose así, de antemano, el poco interés que en realidad tuvo lo concerniente a la redacción de una nueva Constitución.

Asimismo, en cuanto a los meses de mayor actividad las G.O. revelan que estos fueron de agosto de 2017 (fecha de su instauración) hasta finales de 2018 (fecha de las *elecciones presidenciales*), luego de lo cual hubo un descenso en el número de publicaciones hasta mediados de 2020 (fecha en que se confirmó que el cuerpo se disolvería en diciembre de ese año), cuando la ANC-2017 volvió a publicar con más frecuencia.

3.1. Las "leyes constituyentes" y "decretos constituyentes" en materia presupuestaria

Tal como expone el foro, "el presupuesto es considerado por la doctrina clásica del derecho financiero como un instrumento de gobierno, de administración y de planificación", que guarda estrecha relación con el cálculo de recursos disponibles y el gasto público que deriva del programa de gobierno, sus objetivos financieros y el quehacer de las diferentes ramas del Poder Público[818].

Este instrumento no deriva en exclusiva del Poder Ejecutivo, sino que requiere la coparticipación de este con el Poder Legislativo a fin de determinar, anticipadamente, cuáles son los ingresos y gastos probables del Estado[819], como parte del control político del poder por el poder (*checks and balances*) para evitar que el primero disponga del patrimonio público a su libre voluntad, pudiendo poner en riesgo la gestión de próximos gobiernos (control del Legislativo sobre el Ejecutivo), y que el segundo acuerde una cifra sin tener verdadero conocimiento de cuáles son los ingresos y egresos del Estado (control del Ejecutivo sobre el Legislativo).

De este modo, la simbiosis de ambas ramas del Poder Público asegura –en la medida de lo posible, pues siempre pueden haber imprevistos– que el Estado contará con recursos suficientes, y solo los suficientes, para cumplir con sus necesidades y dar respuesta a las necesidades de la población.

Así, los autores plantean que "[l]a historia del presupuesto es la historia del Estado Constitucional porque (...) resume los principios básicos de esa forma de Estado (...) en el que el poder del Estado se divide, se limita y se sujeta a Derecho", siendo que la "intervención del Parlamento en el presupuesto, es una de las más claras consecuencias del principio de supremacía de la ley"[820]; aunado a que "[e]l presupuesto es, constitucionalmente, elemento esencial para la realización del gasto público y, a su vez, sólo a través de éste pueden efectuarse las inversiones necesarias para lograr objetivos de desarrollo económico-social", atendiendo para ello a "las políticas nacionales, fijadas

---

818 Antonio María Hernández, "20 Propuestas para fortalecer el federalismo argentino", *Revista de Derecho Público*, nº 141 (2015): 17.

819 *Cfr*. Carlos Giuliani Fonrouge, *Derecho financiero*, La Ley, vol. I (Buenos Aires: 9° ed., 2004), 127-43.

820 Andrea Trocel Yabrudy, "Consideraciones sobre la legalidad de los bonos de la deuda pública nacional ante la ausencia de una ley de presupuesto para el periodo económico 2017", *Revista de la Facultad de Derecho de la Universidad Católica Andrés Bello*, nº 72 (2018): 42.

por el Poder Legislativo, a través de las leyes, y el Poder Ejecutivo, a través de las decisiones de gobierno y de algunos actos sublegales"[821].

Por su parte, la TSJ/SC, siguiendo a González Rivas, expuso en su momento que el presupuesto tiene un triple objeto o naturaleza por cuanto:

> ...a) Es una institución política que afecta a los poderes del Estado y constituye un sistema de control de los ingresos y gastos (...); b) Es una institución económica que implica una planificada previsión de los ingresos y gastos, lo que ha supuesto que por algún sector doctrinal se defina el presupuesto como el plan periódico de gestión y administración del ingreso y gasto público, que es objeto de control político por el legislativo y cuyo cumplimiento obligatorio incumbe al poder ejecutivo (...); y c) Se ha dicho que el presupuesto es una institución jurídica porque encarna una ley muy especial[822].

De ahí que se afirme que "[e]l presupuesto constituye uno de los instrumentos más importantes para controlar la actividad de la Administración" pues, "al discutir y aprobar el proyecto de Ley de Presupuesto, el Parlamento puede realizar un control previo sobre las actividades, políticas y programas que se propone adelantar el Gobierno durante el año siguiente" y "encauzar y orientar la acción del Gobierno hacia determinados objetivos", sin sustituirse en él[823]. En una visión más cercana al Derecho financiero, como expone Palacios Márquez:

> El proyecto de presupuesto permite conocer la visión y estrategia del Ejecutivo Nacional sobre la actividad financiera del ejercicio correspondiente, la determinación y manejo de las macro magnitudes (ahorro, consumo, devaluación, déficit fiscal e inflación), que la condicionen, inciden o limitan. Se procura un control político y un régimen de autorizaciones por parte de la Asamblea Nacional, como órgano legislativo, que permite en nuestro criterio, una confirmación de la legitimación de origen del poder de exigencia del Estado de contribuciones dinerarias para el financiamiento del gasto público, en funciones de la determinación de las necesidades que deben satisfacerse[824].

Es así como la función presupuestaria se constituye en uno de los principales mecanismos de control político con que cuenta el Poder

---

821 Juan Garrido Rovira, "Relaciones entre la planificación del desarrollo económico-social y el presupuesto del Poder Nacional", *Revista de Derecho Público*, nº 9 (1982): 19.

822 TSJ/SC nº 723 del 08-04-2003 (*caso: Liborio Guarulla*).

823 Eloisa Avellaneda, *El control parlamentario sobre el Gobierno y la Administración Pública* (Caracas: UCV, 1999), 33.

824 Leonardo Palacios Márquez, "De la inconstitucionalidad de la sentencia de la Sala Constitucional del Tribunal Supremo de Justicia nº 814 del 11/10/16 que se subroga la aprobación y control presupuestario del ejercicio 2017", *Revista de Derecho Tributario*, 2016, 59.

Legislativo sobre el Poder Ejecutivo, al proscribir que este último pueda determinar el presupuesto nacional de forma libre y discrecional.

A ello se suma que, como parte de la aprobación del proyecto presentado por el Ejecutivo Nacional, la Asamblea Nacional puede –y debe– realizar un "control completo (...) de cómo el Gobierno ha gastado los recursos públicos" a fin de determinar los términos en los que aprueba o rechaza la nueva solicitud[825], fomentándose en definitiva la transparencia y rendición de cuentas como principios que rigen el actuar en general de la Administración a tenor del artículo 141 de la CRBV, y muy particularmente en cuanto a su gestión fiscal, según el encabezado del artículo 311 del mismo texto.

Vista la importancia que tiene el tema que nos ocupa, no es de extrañar que la CRBV se haya referido al mismo en más de una ocasión para aspectos particulares del Estado –por ejemplo, sobre su deber de incluir el fomento de la cultura dentro de su presupuesto (art. 99) y la previsión de los emolumentos de cargos públicos en los presupuestos respectivos (art. 147)– resultando de nuestro interés lo concerniente al presupuesto nacional.

Al respecto, de conformidad con el numeral 6 del artículo 187 *ejusdem*, corresponde a la Asamblea Nacional "[d]iscutir y aprobar el presupuesto nacional y todo proyecto de ley concerniente al régimen tributario y al crédito público".

Esta atribución es desarrollada en la sección primera ("Del régimen presupuestario") del capítulo II ("Del régimen fiscal y monetario") del título VI ("Del sistema socioeconómico") de la CRBV, que prevé que el Presidente de la República debe presentar a la Asamblea Nacional para su sanción legal tanto el marco plurianual del presupuesto como los proyectos de ley de endeudamiento y de presupuesto para cada ejercicio financiero anual (arts. 311, 312 y 313, respectivamente).

En relación con este último, la CRBV prevé diversos escenarios: **(i)** Sí el Presidente de la República no presenta el proyecto de ley de presupuesto, opera la reconducción del aprobado para el último año; **(ii)** Sí el Presidente de la República lo presenta, la Asamblea Nacional puede rechazarlo –en cuyo caso operará la reconducción del aprobado para el último año–, modificarlo –sin poder disminuir los ingresos ni prever gastos que excedan los ingresos estimados–, o aprobarlo sin variaciones.

Finalmente, la CRBV es enfática en cuanto a que "[e]l Estado no reconocerá otras obligaciones que las contraídas por órganos legíti-

825 Jhenny Rivas Alberti, "El control parlamentario sobre el presupuesto público", *Revista Electrónica de Investigación y Asesoría Jurídica*, nº 7 (2017): 14.

mos del Poder Nacional, de acuerdo con la ley" (art. 312, último aparte) y "[n]o se hará ningún tipo de gasto que no haya sido previsto en la ley de presupuesto", sin perjuicio de que la Asamblea Nacional pueda autorizar créditos adicionales previa solicitud del Presidente de la República aprobada por el Consejo de Ministros (art. 314).

Así, las aproximaciones del foro y las normas citadas –aunado a otras como el Decreto con Rango, Valor y Fuerza de Ley Orgánica de la Administración Financiera del Sector Público[826]– permiten constatar con facilidad el rol protagónico que tiene el Poder Legislativo Nacional en materia presupuestaria en nuestro Derecho constitucional.

No obstante, luego de los resultados de las elecciones parlamentarias de 2015 en las que, como ya comentamos, los partidos de oposición se hicieron con todas las mayorías de la Asamblea Nacional, el Presidente de la República inició un ataque sistemático contra esta modalidad de control parlamentario. Primero, con la convergencia de los estados de excepción por emergencia económica con la tesis del desacato de la Asamblea Nacional[827] –lo que contó con el aval de la TSJ/SC[828]– y luego mediante la ANC-2017, que tomó para sí la función presupuestaria al aprobar, bajo la forma de "decretos constituyentes", las leyes de presupuesto, leyes especiales de endeudamiento anual y planes operativos anuales para los ejercicios económicos financieros de 2018[829], 2019[830], 2020[831] y 2021[832].

---

[826] G.O. n° 6.210 Extraordinario del 30-12-2015. Véanse en especial sus artículos 9, 30, 31, 32, 40, 41, 42, 43, 50, 82, 83 y 84.

[827] Nótese que los decretos de excepción preveían la posibilidad de que el mandatario nacional aprobara erogaciones con cargo al Tesoro Nacional y otras fuentes de financiamiento que no estaban previstas en la ley de presupuesto dada la urgencia de las circunstancias excepcionales, así como que dictara las leyes de presupuesto "si por situaciones de hecho o impedimentos jurídicos resultare imposible tramitar el Presupuesto" ante la Asamblea Nacional, llegando a ejercer ambas atribuciones según sostuvimos en Sira Santana, *El estado de excepción a partir de la Constitución de 1999*; Sira Santana, "El propósito de los estados de excepción en Venezuela (enero 2016 - julio 2018)". *Cfr.* Decreto n° 2.482 mediante el cual se dicta el presupuesto para el ejercicio económico financiero 2017 y Decreto n° 2.483 mediante el cual se dicta el endeudamiento para el ejercicio económico financiero 2017, en G.O. n° 6.263 Extraordinario del 14-10-2016 y n° 6.264 Extraordinario del 14-10-2016, respectivamente.

[828] *Cfr.* TSJ/SC n° 814 del 11-10-2016 y n° 1190 del 15-12-2016 (*casos: Presidente de la República*). En el primero de estos fallos la Sala sostuvo que el mandatario nacional debía presentar ante ella los proyectos de ley de presupuesto y endeudamiento a fin de que ella los controlara visto que la Asamblea Nacional era "un órgano que actualmente está al margen de la Constitución en razón del desacato en el que se encuentra frente a decisiones de este alto tribunal y a la Constitución", mientras que en el segundo declaró la constitucionalidad de los decretos con "rango y fuerza de ley" presentados.

[829] G.O. n° 41.293 del 05-12-2017. Las leyes se publicaron en los n° 6.347 (no ha circulado) y n° 6.348 Extraordinario del 15-12-2017. Nótese que la ley de en-

Todos estos *decretos constituyentes* comparten la misma motivación al invocar los artículos 347 a 349 de la CRBV –que nada prevén sobre la función presupuestaria– y las "Normas para garantizar el pleno funcionamiento institucional de la Asamblea Nacional Constituyente en armonía con los Poderes Públicos Constituidos", al preceptuar que "todos los órganos del Poder Público se encuentran subordinados a la Asamblea Nacional Constituyente, como expresión del poder originario y fundacional del Pueblo".

Así, visto que el Poder Ejecutivo Nacional le había presentado los proyectos en cuestión, y que la ANC-2017 estaba "compelida a adoptar todas las decisiones que sean necesarias para asegurar la paz y tranquilidad económica de la República", su aprobación resultaba "imprescindible para garantizar el desarrollo económico y social de la Nación, la gobernabilidad para la administración económica y financiera del Estado, el bienestar del Pueblo y el disfrute de sus derechos fundamentales".

Nada se dijo en estos actos de que, en realidad, se trataba de una función que por disposición expresa de la CRBV correspondía a la Asamblea Nacional, por lo que los mismos operaron en la práctica como una reforma tácita y temporal del texto constitucional, sin que la misma hubiese sido aprobada por el pueblo por vía de referendo, desproveyendo a la decisión adoptada de cualquier tipo de legitimidad.

Una situación similar se vivió con el presupuesto de ingresos y gastos operativos del Banco Central de Venezuela para los ejercicios fiscales de 2018 a 2021, que también fueron aprobados por la ANC-2017 bajo la forma de *decretos constituyentes*[833].

Al respecto, el único aparte del artículo 319 de la CRBV señala que "(...) [e]l presupuesto de gastos de funcionamiento e inversiones del

---

deudamiento fue signada por el Presidente de la República y no la ANC-2017, como ocurrió en los años subsiguientes. A tal efecto, el mandatario publicó un "decreto en el marco del estado de excepción y de emergencia económica" bajo el calificativo de "instrumento normativo con tratamiento de ley especial de endeudamiento".

[830] G.O. n° 41.549 del 19-12-2018. Las leyes se publicaron en los n° 6.416 (no ha circulado) y n° 6.417 Extraordinario del 20-12-2018.

[831] G.O. n° 41.782 del 16-12-2019. Las leyes se publicaron en los n° 6.495 (no ha circulado) y n° 6.496 Extraordinario del 17-12-2019.

[832] G.O. n° 41.996 del 29-10-2020. Las leyes se publicaron en los n° 6.588 (no ha circulado) y n° 6.589 Extraordinario del 30-10-2019. Nótese como en este caso, a sabiendas que la ANC-2017 se disolvería en el mes de diciembre de 2020, optaron por adelantar la aprobación de las "leyes" en cuestión para el mes de octubre del mismo año.

[833] G.O. n° 41.300 del 14-12-2017, n° 41.549 del 19-12-2018, n° 41.782 del 16-12-2019 y n° 41.996 del 29-10-2020.

Banco Central de Venezuela requerirá la discusión y aprobación de la Asamblea Nacional (...)"; a lo que el numeral 9 del artículo del Decreto con Rango, Valor y Fuerza de Ley Orgánica del Banco Central de Venezuela agrega que corresponde a su Directorio remitir "a la Asamblea Nacional, para su aprobación, el presupuesto de ingresos y gastos operativos"[834].

Todas estas disposiciones constitucionales y legales, no obstante, fueron ignoradas por la ANC-2017 que, invocando una vez más los artículos 347 a 349 de la CRBV y las "Normas para garantizar el pleno funcionamiento institucional de la Asamblea Nacional Constituyente en armonía con los Poderes Públicos Constituidos", visto que todos los órganos del Poder Público eran sus subordinados y que el Banco Central de Venezuela le había presentado su presupuesto para que lo considerara, le correspondía a ella aprobarlo al estar –una vez más– "compelida a adoptar todas las decisiones que sean necesarias para asegurar la paz y tranquilidad económica de la República".

Así, la ANC-2017 usurpó los poderes de la Asamblea Nacional al aprobar las leyes de presupuesto, leyes especiales de endeudamiento anual y planes operativos anuales nacionales, en adición al presupuesto de gastos de funcionamiento e inversiones del Banco Central de Venezuela en cuatro oportunidades (ejercicios económicos financieros de 2018, 2019, 2020 y 2021), en lo que operó como una *reforma* inconsulta de los artículos 187 (num. 6), 312, 313 y 319 de la CRBV, en desconocimiento del pueblo como único soberano y sujeto capaz de modificar la Constitución.

Ello, al margen de que la ANC-2017 hubiese emitido un decreto el 18-08-2017 –que, vale acotar, no se publicó en la G.O.– por medio del

---

834 Los términos de esta aprobación son precisados en los artículos 75 y 76 del decreto con fuerza de ley, que son del siguiente tenor: "Artículo 75. El proyecto de presupuesto de ingresos y gastos operativos del Banco Central de Venezuela se remitirá, para su discusión y aprobación, a la Asamblea Nacional durante la primera quincena de octubre del ejercicio inmediatamente anterior al que se refiere el proyecto de presupuesto. // No estará sujeto al examen de la Asamblea Nacional el presupuesto de ingresos y gastos de la política monetaria e inversiones financieras del Banco Central de Venezuela. // Cuando en el presupuesto de gastos operativos se contemplen algunas partidas que excedan del ejercicio presupuestario, se incluirá la información oportuna a su ejecución en el ejercicio del año correspondiente y sucesivo"; "Artículo 76. Durante la discusión del presupuesto del Banco Central de Venezuela, la Asamblea Nacional no podrá modificar directamente las partidas o asignaciones previstas en el proyecto de presupuesto. Si lo estima oportuno, la Asamblea Nacional devolverá el proyecto de presupuesto al Directorio del Banco Central de Venezuela con las recomendaciones sobre su modificación. // En el caso de que la Asamblea Nacional no apruebe el presupuesto del Banco Central de Venezuela con anterioridad al 15 de diciembre del ejercicio correspondiente, se reconducirá el presupuesto del año anterior a dicho ejercicio".

cual, ante la negativa de la Directiva de la Asamblea Nacional de comparecer ante ella para reconocerla, resolvió:

> Asumir las competencias para legislar sobre las materias dirigidas directamente a garantizar la preservación de la paz, la seguridad, la soberanía, el sistema socioeconómico y financiero, los fines del Estado y la preeminencia de los derechos de los venezolanos, así como para dictar actos parlamentarios en forma de ley vinculados con las referidas materias conforme al mandato del artículo 349 de la Constitución de la República (...), y las normas para garantizar el pleno funcionamiento institucional de la Asamblea Nacional Constituyente en concordancia con la declaración de supraconstitucionalidad de las decisiones de la Asamblea Nacional Constituyente en sentencia del Poder Judicial del año 1999[835].

El contenido del artículo 349 de la CRBV y las decisiones de la Corte Suprema de Justicia con ocasión de la ANC-1999 ya fueron objeto de comentarios en esta investigación por lo que remitimos al lector a los Capítulos IV y III, respectivamente.

En todo caso, basta recordar que la finalidad de la ANC –como institución sujeta al principio de supremacía constitucional, salvo que asuma la modalidad *contra legem*– es redactar una nueva Constitución y las decisiones directamente vinculadas con esta última son las que no pueden ser impedidas por el resto del Poder Público, lo que claramente no abarca asumir la función legislativa y presupuestaria en detrimento de la Asamblea Nacional como verdadera vocera del pueblo soberano.

Así lo recuerda la doctrina al señalar, por ejemplo, que "[l]a creación del nuevo orden jurídico indicado en el artículo 347 no puede suponer la posibilidad de dictar leyes, por cuanto, al someterse la ANC al texto constitucional vigente, debe entonces observar el artículo 202 de la CRBV" y "el presupuesto nacional es de estricta reserva legal y debe ser sometido por mandato constitucional a la aprobación del Parlamento, por lo tanto, (...) sus atribuciones constitucionales no pueden ser usurpadas por ningún otro órgano del Poder Público", con inclusión de una ANC[836].

3.2. Las "leyes constitucionales"

Durante los tres años y cinco meses que la ANC-2017 estuvo operativa, ella publicó quince *leyes constitucionales*.

---

[835] Citado en Allan R. Brewer-Carías, "Crónica constitucional de una inconstitucionalidad: Las ejecutorias de la asamblea nacional constituyente (agosto-octubre 2017)", *Revista de Derecho Público*, nº 151-152 (2017): 207.

[836] Alejandro Gallotti, "La aprobación de la Ley de Presupuesto al margen del Parlamento Nacional", *Revista Derecho y Sociedad*, nº 15 (2019): 35-39.

Se trata un tipo normativo con escaso desarrollo por parte de la doctrina pues, como apunta Peña Solís, "solo tienen cabida en los ordenamientos con constituciones flexibles, casi inexistentes en esta época", siendo el caso que en ninguna de nuestras veintiséis Constituciones se introdujo el término y que, en puridad de conceptos, los actos emanados de la ANC-2017 tampoco se corresponden con esta categoría al no ser leyes que revisan el texto constitucional (pues se trataría de una enmienda o reforma) ni pretenden complementarla siguiendo un procedimiento agravado por parte del Parlamento[837].

En criterio del autor, esto obedeció al interés de la ANC-2017 de "derogar o modificar libremente la Constitución de 1999, con la particularidad de que (...) tienen una vocación de vigencia indefinida, pudiendo ser derogadas o modificadas solamente por otras 'leyes constitucionales'", aun cuando lo cierto del caso es que todos los instrumentos jurídicos "deben ser compatibles con el texto constitucional vigente, en virtud de que mientras este no sea derogado resulta inmune o resistente ante cualquier acto jurídico que dicte la Asamblea Nacional Constituyente en funciones", por lo que, en suma, la ANC-2017 "carece totalmente, a la luz del marco conceptual que nos sirve de base para este análisis, de competencia para dictar este tipo de instrumentos normativos"[838].

Esa vocación de permanencia y de modificar el ordenamiento jurídico libremente, abstrayéndose de que el Parlamento como órgano encargado de sancionar las leyes a tenor del artículo 202 de la CRBV era de tendencia opositora, fue promovida por el propio Presidente de la República.

Así, en una alocución luego de *convocar* a la ANC-2017, este dijo que "[l]a Constituyente lo puede hacer todo (...) puede emitir una ley constitucional que está por encima de todas las leyes estableciendo bases de justicia firmes y de obligatorio cumplimiento, por todas las instituciones, la Fiscalía, los tribunales"[839].

---

837 José Peña Solís, "Breve excurso histórico y conceptual sobre las leyes constitucionales, a propósito de las dictadas por la sedicente Asamblea Nacional Constituyente", *Revista Venezolana de Legislación y Jurisprudencia*, nº 10 (2018): 219-47. El autor comenta que "en virtud de las informaciones que se obtienen de los medios de comunicación social, su formación se reduce a una sola discusión, al punto que se ha dado el caso de que un ministro las presenta al pleno de la Asamblea Nacional Constituyente, y este órgano -recuérdese que está integrado por 545 constituyentes- ese mismo día la sanciona".

838 Ibid., 600 y 604.

839 La Razón, "La Constituyente lo puede hacer todo", 28-05-2017, https://larazon.net/2017/05/la-constituyente-lo-puede/.

Esta idea sería reiterada por la ANC-2017, justamente, en una de las *leyes constitucionales* que dictó[840], cuando precisó que estas -también denominadas *leyes constituyentes*- solo podrían ser modificadas por un procedimiento agravado que partiera del 15 % del electorado, el 30 % de la Asamblea Nacional o el Presidente de la República en Consejo de Ministros.

En este sentido, hasta tanto estas normas no sean derogadas o se declare su nulidad -consideramos, con efecto *ex tunc* salvo en aquellos casos que favorezcan a los individuos, para los que habría de acordarse el efecto *ex nunc*- las mismas resultarían vinculantes para la sociedad venezolana, ya que los particulares por su propia cuenta no pueden abstraerse del Derecho.

De ahí que aboguemos por la necesidad de sustraer formalmente del ordenamiento jurídico a las *leyes constituyentes* y *constitucionales*, a fin de depurar el ordenamiento jurídico de estos actos abiertamente inconstitucionales pues, a través de ellos, mal pudo quedar derogada ni reformada parcialmente la CRBV, con especial mención a lo que ella dispone sobre el ejercicio de la función normativa del Estado.

Lo anterior, aunque la CRBV prevé la llamada obediencia debida del funcionario público[841] y como mencionamos al inicio y otrora sostuvo ROSCIO en "El triunfo de la libertad sobre el despotismo" y más recientemente nos recordó HERNÁNDEZ G., los ciudadanos en general deben es una "obediencia racional" a las leyes y a la autoridad, en contraposición a la "obediencia ciega" que, a la larga, conduce al despotismo y los abusos de autoridad[842].

Dicho esto, de seguida pasamos a enlistar las "leyes" publicadas por la ANC-2017 en la G.O. en virtud de la materia con la que guardan mayor relación: organización del Estado, derechos civiles y políticos, derechos económicos y derechos sociales.

Lejos de hacer un análisis sobre su articulado, tema que en esta oportunidad rebasa nuestro objeto de estudio, nos limitaremos a precisar su objeto y algunos aspectos que estimamos de especial interés.

---

840 *Cfr*. "Ley constitucional que regula la vigencia de los actos emanados de la Asamblea Nacional Constituyente".

841 *Cfr*. Gabriel Sira Santana, "La obediencia debida del funcionario público según el Tribunal Supremo de Justicia", *Revista Electrónica de Derecho Administrativo Venezolano*, nº 21 (2020): 91-106.

842 *Cfr*. Hernández G., "El olvido de Roscio y el sesgo autocrático de nuestro Derecho público, en el bicentenario de 'El triunfo de la libertad sobre el despotismo'".

3.2.1. Organización del Estado

En primer lugar encontramos la "Ley constitucional de la Comisión para la Verdad, la Justicia, la Paz y la Tranquilidad Pública"[843] que tiene por objeto, según su artículo 1:

> ...crear la Comisión para la Verdad, la Justicia, la Paz y la Tranquilidad Pública, que contribuya decididamente a la preservación de la verdad, de la justicia, de la paz y la tranquilidad pública, así como al fortalecimiento de la justicia y al entendimiento democrático nacional, mediante el establecimiento de la verdad, la búsqueda y mejoramiento de la justicia, la garantía de los derechos y atención integral de las víctimas de los hechos de violencia por motivos políticos y conexos, ocurridos en la jurisdicción de la República, durante el período comprendido entre los años 1999 y 2017, así como dirigida a generar políticas, medidas y soluciones sustentables para la reducción de todas las formas de violencias e intolerancias, sus factores, dinámicas y condicionantes que han generado tales hechos.

Esta ley constitucional es una de las pocas que incluyó una exposición de motivos -quizá, por ser la primera- y en ella se aludió al artículo 347 de la CRBV y el decreto de *convocatoria* de la ANC-2017, obviándose que ninguno de ellos le facultaba para dictar instrumentos normativos de esta naturaleza pues, como hemos dicho en varias oportunidades, la transformación del ordenamiento jurídico que promueve una ANC está condicionada a la redacción de una Constitución y su posterior aprobación por parte del pueblo, sin que sea posible lograr tal cambio con actos autónomos.

En todo caso, esta Comisión era un "ente de derecho público de rango constitucional, con personalidad jurídica y autonomía funcional, administrativa y presupuestaria" (art. 2) -anotamos que no podía tener tal rango, ya que una *ley constitucional* no equivale a una Constitución- y tenía entre sus funciones investigar hechos de violencia para presentarlos ante la ANC-2017 así como dictar normas para atender a las víctimas (art. 3), inmiscuyéndose en las competencias del Ministerio Público y de la Asamblea Nacional, además de vulnerar el derecho de toda persona "a ser juzgada por sus jueces naturales en las jurisdicciones ordinarias o especiales, con las garantías establecidas en esta Constitución y en la ley", según el numeral 4 del artículo 49 constitucional.

Por último, destaca que todas las personas naturales y jurídicas, además del Poder Público, tenía la obligación de colaborar con la Comisión so pena de incurrir "en los hechos punibles correspondientes conforme a las leyes penales aplicables" (art. 12), sin que pudiese alegarse el carácter reservado de la información (art. 13) en contraven-

[843] G.O. n° 6.323 Extraordinario del 08-08-2017. El reglamento interno de la Comisión se publicó en G.O. n° 6.338 Extraordinario del 03-11-2017.

ción del derecho a la intimidad, y permitiéndosele a la Comisión "solicitar a la justicia que haga comparecer con el auxilio de la fuerza pública a las personas que, siendo llamadas a prestar declaración, no se presenten ante la Comisión" (art. 15).

Por estos motivos, el foro alertó que "su objetivo verdadero es perseguir a la oposición política e incluso la diversidad de pensamiento"[844], y no alcanzar la verdad, la justicia, la paz y la tranquilidad pública como se desprendía de su nombre.

En segundo lugar se tiene la "Ley constituyente que crea el conglomerado Agrosur"[845], cuyo objeto según su artículo 1 es:

> ...crear un conglomerado agrícola denominado AGROSUR, integrado por las empresas del sector agrícola que a tal efecto indique la Ministra o Ministro con competencia en materia de agricultura productiva y tierras, cuya asociación tendrá por finalidad la unidad de orientación, planificación, ejecución y fines, en la producción, industrialización, comercialización y financiamiento de bienes y servicios agrícolas, sobre la base de criterios de cooperación y máxima eficiencia, a través de una organización racional adaptada a las necesidades sectoriales y las particularidades regionales y locales, para garantizar la seguridad y soberanía alimentaria.

Al respecto, interesa destacar que este conglomerado se constituyó como una empresa del Estado a tenor del artículo 8 de la *ley constituyente*[846] y entre sus funciones se halla el "[c]rear, suprimir o modificar órganos de dirección, administración y gestión de las empresas públicas del conglomerado" y establecer normas que debían acatar los mismos órganos, al punto de poder "[o]rdenar la modificación de los estatutos sociales de las empresas públicas del conglomerado, sus manuales de procedimientos, normativa interna y demás instrumentos de gobierno interno vigentes" (art. 5), afectando en consecuencia su autonomía y personalidad jurídica[847].

De ahí, que la *ley constituyente* apuntara en el mismo artículo 5 que su implementación "supone una excepción a las disposiciones del ordenamiento jurídico relativo a la organización y funcionamiento de la Administración Pública, en función el carácter de régimen especial del CONGLOMERADO AGROSUR".

---

844 Laura Louza Scognamiglio, "Notas de prensa de la ONG Acceso a la Justicia sobre la asamblea nacional constituyente en el ejercicio de sus funciones (agosto 2017-marzo 2018)", *Revista de Derecho Público*, n° 153-154 (2018): 160.

845 G.O. n° 41.272 del 06-11-2017. El reglamento interno del conglomerado se publicó en la G.O. n° 42.676 del 21-07-2023.

846 G.O. n° 41.290 del 30-11-2017.

847 *Cfr.* María Amparo Grau, *La inconstitucional actividad empresarial del Estado en Venezuela* (Caracas: ACIENPOL y EJV, 2019).

Finalmente, la norma señala que el conglomerado podría ser suprimido por decreto del Presidente de la República, lo que en la práctica se traduciría en que este último podía derogar la *ley constituyente* (art. 10), demostrando en consecuencia que este tipo normativo no quedaba sujeto al principio del paralelismo de las formas.

En tercer lugar hallamos la "Ley constitucional contra la guerra económica para la racionalidad y uniformidad en la adquisición de bienes, servicios y obras públicas"[848], que tiene por objeto según su artículo 1:

> ...el establecimiento de normas básicas de conducta para la Administración Pública, en todos sus niveles, que promuevan la honestidad, participación, celeridad, eficiencia y transparencia en los procesos de adquisición y contratación de bienes, servicios y obras públicas. Facilita los mecanismos de control de tales procesos, y estimula la participación equilibrada de todos los agentes económicos en la inversión y justa distribución de recursos destinados a las compras públicas.

Esta ley constitucional no dice derogar expresamente el Decreto con Rango, Valor y Fuerza de Ley de Contrataciones Públicas[849] o parte de su articulado, aunque ello puede inferirse de su artículo 2 –según el cual "[l]as disposiciones de esta Ley Constitucional serán aplicadas de forma preferente por la administración pública nacional, estadal y municipal"– y la disposición transitoria segunda al prever que:

> ...[h]asta tanto sea dictada o reformada la legislación especial en materia de contrataciones públicas, o sean dictados los respectivos reglamentos o actos administrativos normativos, los procedimientos de contratación del sector público observarán lo dispuesto en los artículos 6, 8, 9, 10, 11, 12 y 13 de esta Ley Constitucional.

Entre los cambios que incorpora este texto –y que favorecen a una mayor opacidad y descontrol sobre las contrataciones públicas en el país[850]– encontramos que se sustituye a la unidad tributaria y los montos previstos en el decreto con fuerza de ley mencionado por una "Unidad para el Cálculo Aritmético del Umbral Máximo y Mínimo (UCAU), que será utilizada (...) para delimitar rangos de elegibilidad en los procesos de contratación pública, o para el cumplimiento de condiciones o requisitos relacionados con estas" (art. 6), correspondién-

---

[848] G.O. nº 41.318 del 11-01-2018.

[849] G.O. nº 6.154 Extraordinario del 19-11-2014.

[850] *Cfr.* Allan R. Brewer-Carías, "La institucionalización de la cleptocracia en Venezuela: La inconstitucional reforma tácita del régimen de contrataciones públicas, y la inconstitucional eliminación, por decreto, de la licitación para la selección de contratistas en la industria petrolera, y de la nacionalización de las actividades auxiliares o conexas con la industria", *Revista de Derecho Público*, nº 153-154 (2018): 281-97.

dole su determinación a los ministerios de finanzas y de planificación previa aprobación del Consejo de Ministros (art. 7).

Asimismo, se creó el "Registro Único de Contrataciones Públicas" como una versión simplificada del Registro Nacional de Contratistas previsto en el decreto con fuerza de ley, a fin de poder participar en procesos de selección y contratación con el sector público (art. 8).

En cuarto lugar, la "Ley constituyente del Plan de la Patria, Proyecto Nacional Simón Bolívar, Tercer Plan Socialista de Desarrollo Económico y Social de la Nación 2019-2025"[851] indica que su objeto es "establecer los parámetros marco del Plan de la Patria y del Sistema de Planificación Nacional y Popular, como arquitectura de orientación estratégica, planificación popular y sistémica para el desarrollo económico y social de la Nación" (art. 1).

Este plan fue calificado como de orden público e interés general (art. 4) y se fundamentó en la idea del llamado Poder Popular, la democracia participativa y "la Comuna como unidad territorial y pivote fundamental en los métodos de gestión y ejecución del plan, en una nueva territorialidad del Estado" (art. 8), en contravención de la distribución político-territorial que plantea la CRBV y como reimpulso del Estado Comunal rechazado en el intento de reforma constitucional de 2017 e impuesto por vía legislativa[852].

Asimismo, se prevé que el Estado debe desarrollar "la justicia social plena, atendiendo al principio de a cada quien según sus necesidades y de cada quien según sus capacidades" a fin de lograr "la transición plena y gratificante al socialismo" (art. 14)[853], retomándose con ello otro tema que fue rechazado por el pueblo en el año 2007 pero que la fuerza política dominante insertó en el ordenamiento jurídico por vía legislativa.

En quinto lugar nos referiremos a la "Ley constitucional de la Fuerza Armada Nacional Bolivariana"[854] que dice derogar al Decreto con Rango, Valor y Fuerza de Ley Orgánica de la Fuerza Armada Nacional Bolivariana[855] y tiene por objeto, según su artículo 1:

> ...establecer los principios y las disposiciones que rigen la organización, funcionamiento, integración y administración de la Fuerza Armada Nacional Bolivariana, dentro del marco de la corresponsabi-

---

851 G.O. n° 6.442 Extraordinario del 03-04-2019.

852 *Cfr.* Jesús María Casal Hernández, "¿Qué implica el relanzamiento del Estado comunal?", *Revista de Derecho Público*, n° 165-166 (2021): 445-51.

853 Nótese que la ideología socialista es el tema central de este plan, hallándose otras menciones a la misma en los artículos 12, 16, 17, 18, 19, 22, 27, 28, 31, 33 y 34.

854 G.O. n° 6.508 Extraordinario del 30-01-2020.

855 G.O. n° 6.156 Extraordinario del 19-11-2014.

lidad entre el Estado y el Pueblo, como fundamento de la Seguridad de la Nación consecuente con los fines supremos de preservar la Constitución de la República Bolivariana de Venezuela y la República. La Fuerza Armada Nacional Bolivariana es la institución que en forma permanente garantiza la defensa militar del Estado.

Los cambios entre el decreto con fuerza de ley y la ley constitucional son cuantiosos, abarcando prácticamente la totalidad de su articulado en la forma y en menor medida el fondo.

Así, por ejemplo, se incluyó un nuevo artículo 3 sobre el "sector defensa" que "concentra la capacidad militar, industrial, de infraestructura, del conocimiento e investigación, encargado de las actividades relacionadas con la defensa, Seguridad de la Nación y desarrollo integral de ésta, en todos sus ámbitos", lo que podría dar paso a una mayor militarización del país dado que prácticamente cualquier actividad puede vincularse con su desarrollo integral[856], a lo que se suma la posibilidad de que componentes como la Guardia Nacional actúen como órgano de investigación penal y policía administrativa (art. 73) en violación del artículo 332 de la CRBV, conforme con el cual "[l]os órganos de seguridad ciudadana son de carácter civil y respetarán la dignidad y los derechos humanos, sin discriminación alguna".

Del mismo modo, se agregó a las funciones de las Fuerzas Armadas "[p]reservar, conservar y difundir la identidad nacional, así como, su patrimonio histórico, artístico y cultural" (art. 6 num. 24) y del Comando Estratégico Operacional "[p]lanificar, dirigir y controlar operaciones en el ciberespacio, para la Defensa Integral de la Nación" (art. 47 num 23)[857], definió a la disciplina militar como "el estado de acatamiento y obediencia que existe dentro de la institución militar y que se manifiesta como el pronto y voluntario cumplimiento de todas las órdenes impartidas (...)" (art. 9), creó la "zona económica especial militar" como el "espacio geográfico donde se identifican y ubican potencialidades, condiciones generales y especiales para realizar acti-

---

[856] El artículo debe leerse junto al nuevo artículo 5, que prevé que "[l]a Defensa Integral a los fines de esta Ley, es el conjunto de sistemas, métodos, medidas y acciones de defensa, cualesquiera que sean su naturaleza o intensidad, que en forma activa formule, coordine y ejecute el Estado con la participación de las instituciones públicas y privadas, y las personas naturales y jurídicas, nacionales y extranjeras, con el objeto de salvaguardar la independencia, la libertad, la democracia, la soberanía, la integridad territorial y el Desarrollo Integral de la Nación, garantizando la unión cívico militar, así como la satisfacción progresiva de las necesidades individuales y colectivas de las venezolanas y los venezolanos, sobre las bases de un desarrollo sustentable de plena cobertura nacional".

[857] Véase, sobre como el Estado ha tendido progresivamente a limitar la libertad de expresión en los medios digitales en consonancia con esta nueva atribución de las Fuerzas Armadas, Sira Santana, "La libertad de expresión en las redes sociales y su restricción por parte del Estado".

vidades productivas endógenas, sustentables y sostenibles dirigidas por la Fuerza Armada" (art. 25) y aumentaron considerablemente sus competencias en el espacio aéreo y acuático del Estado venezolano (arts. 67 y 70).

En sexto lugar, la "Ley constitucional antibloqueo para el desarrollo nacional y la garantía de los derechos humanos"[858] tiene por objeto, según su artículo 1:

> ...establecer un marco normativo especial y temporal que provea al Poder Público venezolano de herramientas jurídicas para contrarrestar, mitigar y reducir, de manera efectiva, urgente y necesaria, los efectos nocivos generados por la imposición, contra la República Bolivariana de Venezuela y su población, de medidas coercitivas unilaterales y otras medidas restrictivas o punitivas, emanadas o dictadas por otro Estado o grupo de Estados, o por actos u omisiones derivadas de estos, por organizaciones internacionales u otros entes públicos o privados foráneos, que afectan los derechos humanos del pueblo venezolano, implican atentados contra el Derecho Internacional y, en su conjunto, constituyen crímenes de lesa humanidad y la afectación del derecho al desarrollo libre y soberano del pueblo venezolano consagrado en la Constitución de la República Bolivariana de Venezuela.

En este sentido, la *ley constitucional*, cuyas disposiciones son de orden público e interés general (art. 2) y de aplicación preferente dentro del ordenamiento jurídico (disposición transitoria primera), nació como respuesta a las sanciones internacionales impuestas por diversos países a funcionarios y empresas del Estado venezolanos, como retomaremos *infra*.

De ella, lo más relevante es la creación de registros contables paralelos –y de carácter confidencial (art. 37)– para los ingresos que el Estado reciba "con ocasión de la aplicación de las disposiciones de esta Ley Constitucional" (art. 18) y la posibilidad de que el Ejecutivo Nacional, tal como si se tratase de un estado de excepción permanente y por ende inconstitucional, procediera a "inaplicar, para casos específicos, aquellas normas de rango legal o sublegal cuya aplicación resulte imposible o contraproducente" para "para superar los obstáculos o compensar los daños que las medidas coercitivas unilaterales y otras medidas restrictivas o punitivas generan a la actividad administrativa, o cuando ello contribuya a la protección del patrimonio del Estado venezolano" (art.19), todo lo cual gozaría de carácter reservado (art. 42), en vulneración de los principios constitucionales de transparencia y rendición de cuentas que deben caracterizar al ejer-

[858] G.O. n° 6.583 Extraordinario del 12-10-2020.

cicio del Poder Público, aunado al control que el Parlamento ejerce sobre las finanzas públicas y el Derecho de excepción[859].

En séptimo y último lugar, la "Ley constitucional que regula la vigencia de los actos emanados de la Asamblea Nacional Constituyente"[860], a la que ya hemos aludido en un par de ocasiones en esta investigación, tiene por objeto "regular la vigencia de los actos emanados de la Asamblea Nacional Constituyente, luego del vencimiento del plazo establecido para su funcionamiento" (art. 1).

A tal efecto, la norma precisó que los actos normativos emanados de la ANC-2017 "mantendrán su plena vigencia luego del vencimiento del plazo establecido para su funcionamiento y solo podrán ser modificados de conformidad con lo establecido en la presente Ley Constitucional" (art. 2), distinguiéndose entre la reforma de las *leyes constitucionales* y los *decretos constituyentes*.

En el primer caso, la modificación requiere una iniciativa del 15 % del electorado, 30 % de los diputados de la Asamblea Nacional o del Presidente de la República en Consejo de Ministros. Tal iniciativa sería evaluada y aprobada por la TSJ/SC y luego remitida a la Asamblea Nacional para que la discuta según el procedimiento de formación de leyes orgánicas y apruebe con una mayoría de dos tercios de sus integrantes (art. 3).

En el caso de los decretos constituyentes, la modificación solo constaría del paso ya comentado en la Asamblea Nacional, suprimiéndose el requisito de la iniciativa y su valoración por parte de la TSJ/SC (art. 4).

Al respecto, dada la nulidad de origen del cuerpo donde emanaron estos actos, somos del criterio que bastaría a la TSJ/SC declarar la no conformidad con Derecho de la ANC-2017 para que, por vía de consecuencia, todos ellos resulten extirpados del ordenamiento jurídico, pudiendo a su vez procederse a la nulidad al detal de estimarse más conveniente.

---

[859] *Cfr.* Allan R. Brewer-Carías, "El último golpe al Estado de Derecho: Una 'ley constitucional' 'antibloqueo' para rematar y repartir los despojos de economía estatizada, en un marco de secretismo y de inseguridad jurídica", *Revista de Derecho Público*, nº 169-170 (2022): 235-52. El autor plantea que "este marco normativo (...) se ha establecido con el propósito de obtener 'nuevos ingresos' públicos, mediante la definición de una 'nueva' política de desestatización, desnacionalización y privatización".

[860] G.O. nº 6.604 Extraordinario del 18-12-2020.

3.2.2. Derechos civiles y políticos

La "Ley constitucional contra el odio, por la convivencia pacífica y la tolerancia"[861] es uno de los actos de la ANC-2017 que ha dado lugar a mayores pronunciamientos por parte del foro dado el carácter indeterminado de los supuestos de hecho que regula y la desproporcionalidad de sus consecuencias jurídicas.

Así, Louza Scognamiglio señala que esta ley constitucional "no tipifica claramente los elementos de hecho que prohíbe y sanciona, con lo que más bien promueve una limitación (...) a la libertad de expresión y da un cheque en blanco al Gobierno para determinar discrecionalmente qué (...) constituye la conducta prohibida"[862].

Del mismo modo se pronuncia Blanco-Uribe, para quien "esta 'ley' no es más que un arma de represión en contra de quienes disienten del gobierno, a ser aplicada a su discreción, en una muestra palmaria del odio que sus palabras ponen de manifiesto al referirse al otro"[863].

En este sentido, el artículo 1 de la ley constitucional plantea como su objeto:

> ...contribuir a generar las condiciones necesarias para promover y garantizar el reconocimiento de la diversidad, la tolerancia y el respeto recíproco, así como para prevenir y erradicar toda forma de odio, desprecio, hostigamiento, discriminación y violencia, a los fines de asegurar la efectiva vigencia de los derechos humanos, favorecer el desarrollo individual y colectivo de la persona, preservar la paz y la tranquilidad pública y proteger a la Nación.

No obstante, como sostuvimos en otra ocasión, la ANC-2017:

> ...–bajo un discurso de defensa de valores y principios como la preeminencia de los derechos humanos, la paz y la libertad– instauró la posibilidad de que el Estado lleve a cabo "[p]rocesos de prevención y control de las formas de violencia, odio, intolerancias y otras conductas relacionadas" de forma arbitraria (...), a lo que se sumó (...) que cualquier mensaje que se considere odioso o que en criterio de la autoridad promueva la violencia –con inclusión de ataques contra ideologías políticas–, debe ser retirado de inmediato de las redes sociales por parte de la persona jurídica que la administre (...), implementándose en consecuencia una abierta política de censura –sumamente ambigua, para mayor gravedad– que sirve de base para imponer penas privativas de libertad al autor del mensaje (...) y pe-

---

[861] G.O. n° 41.274 del 08-11-2017 con reimpresión en n° 41.276 del 10-11-2017.

[862] Louza Scognamiglio, "Notas de prensa de la ONG Acceso a la Justicia sobre la asamblea nacional constituyente en el ejercicio de sus funciones (agosto 2017-marzo 2018)", 166.

[863] Blanco-Uribe, "Ley 'constitucional' contra el odio, por la convivencia pacífica y la tolerancia. Hipocresía autoritaria e ideologizada censura", 273.

cuniarias y de bloqueo de portales web para el administrador de la plataforma donde este fue compartido (...), lo que resulta totalmente contrario a los principios que hemos dicho han de tenerse presentes para que cualquier restricción a la libertad de expresión sea conteste con los ideales democráticos[864].

De ahí, que la *ley constitucional* en cuestión vulnere derechos tales como la libertad de expresión e información, el libre desenvolvimiento de la personalidad, el derecho a manifestar, la asociación y participación política, entre otros, al por ejemplo prohibirse los partidos políticos que en criterio de quienes ejercen el poder "promuevan el fascismo, la intolerancia o el odio nacional, racial, étnico, religioso, político, social, ideológico, de género, orientación sexual, identidad de género, expresión de género y de cualquier otra naturaleza" (art. 11).

Todo ello, como en su momento alertó la ACIENPOL, "violándose los principios del derecho penal y las garantías constitucionales (...) conforme a los cuales el delito requiere un hecho punible típico, concreto, preciso y determinado, que presupone una conducta humana objetiva", en vez de "una mera intención que deje al juzgador abierta la vía de la arbitrariedad"[865].

3.2.3. Derechos económicos

En primer lugar tenemos la "Ley constitucional de precios acordados"[866], que no dice derogar expresamente el Decreto con Rango, Valor y Fuerza de Ley Orgánica de Precios Justos[867]. De hecho, según su disposición transitoria única, "[e]l incumplimiento de los Precios Acordados será sancionado de conformidad con lo previsto en el Decreto con Rango, Valor y Fuerza de Ley Orgánica de Precios Justos (...)".

Así, el acto que fue catalogado como de orden público e interés general (art. 5) tiene por objeto, según su artículo 1:

> ...establecer los principios y bases fundamentales para el Programa de Precios Acordados, mediante el diálogo y la corresponsabilidad entre los sectores público, privado, comunal, y de las trabajadoras y trabajadores, a través del estímulo a la producción, distribución y comercialización de los bienes y servicios que el Ejecutivo Nacional declare como priorizados, considerando su estructura de costos, para garantizar el acceso oportuno, suficiente y de calidad a los mismos dado su carácter esencial para la vida, la protección del

---

864 Sira Santana, "La libertad de expresión en las redes sociales y su restricción por parte del Estado", 354-55.

865 ACIENPOL, "Pronunciamiento ante la 'Ley constitucional contra el odio, por la convivencia pacífica y la tolerancia' dictada por la asamblea nacional constituyente", 104.

866 G.O. n° 6.342 Extraordinario del 22-11-2017.

867 G.O. n° 6.202 del 08-11-2015 con reimpresión en n° 40.787 del 12-11-2015.

> pueblo y de todos los actores que intervienen en la producción, distribución y comercialización, todo ello en función de la estabilidad de los precios, la paz económica y la defensa integral de la Nación.

A tal efecto, la ley constitucional señaló que este programa versaría sobre la celebración de convenios voluntarios entre el Ejecutivo Nacional y los actores económicos para determinar los precios, calidad, abastecimiento, distribución y suministro de bienes y servicios, tomándose en cuenta el acceso de las personas a estos, el costo de reposición y la ganancia (art. 7), de acuerdo con las pautas que el acto fijaba para efectuar los análisis de costos (art. 9).

Basta mencionar lo expresado por la doctrina en cuanto a que, una vez más, se implementa en Venezuela una política de control e intervención en la que el Estado "pretende regular (...) los precios de (...) bienes y servicios (...), en razón de lo cual no será la demanda ni la oferta la que determinen los precios, sino (...) la autoridad administrativa"[868], en lo que constituye una afrenta a los derechos constitucionales de libertad económica y libre competencia, desarrollados en los artículos 112 y siguientes de la CRBV.

En segundo lugar, la "Ley constitucional sobre la creación de la Unidad Tributaria Sancionatoria"[869] tiene por objeto, según su artículo 1:

> ...crear una unidad tributaria especial que será utilizada exclusivamente para determinar el monto de las multas y sanciones pecuniarias, cuya base de cálculo esté prevista en unidades tributarias, en los respectivos instrumentos normativos que las prevén, la cual se denomina Unidad Tributaria Sancionatoria.

El valor de esta unidad –a la fecha– no ha sido determinada por el Ejecutivo Nacional como lo preveía el artículo 3 de la *ley constitucional*, tomándose en cuenta el Índice de Precios al Consumidor del Área Metropolitana de Caracas (art. 4 *ejusdem*), en parte por el proceso de dolarización de las sanciones tributarias que tuvo lugar luego de que la ANC-2017 dictara el acto comentado[870], a lo que la doctrina agrega que:

> ...la llamada UTS fue todo un fracaso. Nunca llegó a aplicarse. La razón más obvia porque el ajuste debía hacerlo el Ejecutivo Nacional, conforme a la variación del IPC fijado por la autoridad competente,

---

[868] Alfonzo Paradisi, "La Ley Constitucional de Precios acordados emitida por la Asamblea Nacional Constituyente. Su inconstitucionalidad, nueva regulación de precios a través del diálogo y su desconocimiento por las vías de hecho de autoridades administrativas", 58.

[869] G.O. n° 41.305 del 21-12-2017.

[870] *Cfr*. Gabriel Sira Santana, *Generalidades sobre la ley de armonización tributaria de los estados y municipios* (Caracas: EJV y FUNEDA, 2024).

> esto es, por el mismo BCV, oída la opinión de un batiburrillo de autoridades, haciéndola inútil (...).
> En palabras resumidas el ajuste seria el mismo que el del BCV y con ello no debía ni podía ser distinto del previsto para la UT según el COT, salvo la posible arbitrariedad adicional del Ejecutivo Nacional para fijar discrecionalmente un valor de "conveniencia" de la UTS[871].

Esta realidad hace que sanciones previstas en estas unidades, como es el caso de la "Ley constitucional de los consejos productivos de trabajadoras y trabajadores" que veremos luego, sean de imposible ejecución ya que no hay valor de referencia que permita convertir las 60 y 120 Unidades Tributarias Sancionatorias que ella incluye en su artículo 19 a una suma en bolívares para su pago. Igual ocurre con las multas del artículo 38 del "Decreto constituyente para la promoción y protección del parto y el nacimiento humanizado".

En tercer lugar en nuestro repaso por las normas dictadas por la ANC-2017 referidas al ámbito económico hallamos la "Ley constitucional del régimen tributario para el desarrollo soberano del Arco Minero"[872] que tiene por objeto establecer, según su artículo 1:

> ...un Régimen Especial Tributario en materia de Impuesto Sobre la Renta, aplicable a los enriquecimientos netos de fuente territorial obtenidos de la venta de oro al Banco Central de Venezuela o a los sujetos que éste autorice con arreglo a lo previsto en el artículo 31 del Decreto con Rango, Valor y Fuerza de Ley Orgánica que Reserva al Estado las Actividades de Exploración y Explotación del Oro y demás Minerales Estratégicos, extraído en la Zona de Desarrollo Estratégico Nacional "Arco Minero del Orinoco" (...).

Este régimen resulta aplicable a los institutos públicos, empresas mixtas y alianzas estratégicas que exploten esta región del país, delegándose en el Presidente de la República la potestad de determinar las tarifas del impuesto en cuestión, vulnerándose el principio de legalidad tributaria[873].

Al respecto, resulta también oportuno recordar que la "Zona de Desarrollo Estratégico Nacional Arco Minero del Orinoco" fue creada por Decreto n° 2.248 del Presidente de la República en el año 2016[874], calificado por la doctrina como inconstitucional al violentar los derechos a la participación ciudadana, el acceso a la información pública,

---

871 Romero-Muci, "La metamorfosis kafkiana de la unidad tributaria y la dolarización de las sanciones tributarias", 167.

872 G.O. n° 41.310 del 29-12-2017.

873 *Cfr.* Luis Fraga-Pittaluga, "El principio de la legalidad tributaria", *Revista Electrónica de Derecho Administrativo Venezolano*, nº 17-19 (2019): 277-326.

874 G.O. n° 40.855 del 24-02-2016.

el acceso al agua potable y los derechos ambientales y de los pueblos y comunidades indígenas en general[875].

En cuarto lugar se tiene la "Ley constitucional de inversión extranjera productiva"[876] que dice derogar el Decreto con Rango, Valor y Fuerza de Ley de Inversiones Extranjeras[877], y conforme con su artículo 1 tiene por objeto:

> ...establecer los principios, políticas y procedimientos que regulan las inversiones extranjeras productivas de bienes y servicios, en cualquiera de sus categorías, para alcanzar el desarrollo armónico y sustentable de la Nación, promoviendo un aporte productivo y diverso de origen extranjero que contribuya a desarrollar las potencialidades productivas existentes en el país, a los fines de consolidar un marco que promueva, favorezca y otorgue seguridad jurídica a la inversión, garantice la soberanía económica y contribuya al bienestar del Pueblo, de conformidad con la Constitución de la República Bolivariana de Venezuela, las leyes y el Plan de Desarrollo Económico y Social de la Nación.

Como se vio en el caso de la legislación sobre las Fuerzas Armadas, los cambios entre ambos textos son cuantiosos. No obstante, se notan como aspectos de interés que la posibilidad de la República de "participar y hacer uso de otros mecanismos de solución de controversias" ahora queda sometida a que "se hayan agotado los recursos judiciales internos y se haya pactado previamente", si bien tales sistemas se expanden pues ya no son solo a nivel latinoamericano y del Caribe sino también otros modelos de integración (art. 6).

Otras modificaciones fueron que para que los ciudadanos extranjeros realicen inversiones nacionales los mismos deben estar residenciados en el país y se distingue entre la inversión extranjera directa y por cartera (art. 7), se suprimieron las menciones al Centro Nacional de Comercio Exterior por la creación de otro organismo estatal que desarrollaremos más adelante, y precisaron cuáles son las condiciones favorables para las inversiones (arts. 22 y 23).

En quinto y último lugar, la "Ley constitucional que crea el impuesto a los grandes patrimonios"[878] tiene por objeto crear "un impuesto que grava el patrimonio neto de las personas naturales y jurídicas calificadas como sujetos pasivos especiales por la Administra-

---

875 *Cfr*. Víctor Rafael Hernández-Mendible, "La nulidad del decreto del Arco Minero del Orinoco y de los actos jurídicos que los ejecuten", *Revista Tachirense de Derecho*, nº 3 (2017): 9-35; Rafael Badell Madrid, "Derechos y deberes de los pueblos y comunidades indígenas en Venezuela", *Revista de Derecho Público*, nº 169-170 (2022): 115-50.

876 G.O. nº 41.310 del 29-12-2017.

877 G.O. nº 6.152 Extraordinario del 18-11-2014.

878 G.O. nº 41.667 del 03-07-2019 con reimpresión en nº 41.696 del 16-08-2019.

ción Tributaria Nacional, cuyo patrimonio tenga un valor igual o superior a ciento cincuenta millones de unidades tributarias" (art. 1).

Como ya se vio en el caso del Arco Minero, esta ley constitucional violó el principio de legalidad tributaria –en adición a ser de aplicación retroactiva[879]– al tratarse de "normas que carecen de certeza y determinación, lo que deslegaliza inconstitucionalmente elementos esenciales de la regulación de la obligación tributaria, comprometiendo su legitimidad", al no abordar aspectos como la identificación de los sujetos pasivos especiales ni las reglas de valoración de bienes y derechos, a la vez que favorece la doble tributación por su desvinculación con el impuesto sobre la renta[880].

3.2.4. Derechos sociales

Dos son las *leyes constitucionales* que nos interesa mencionar en este acápite, ambas dictadas para desarrollar políticas del Ejecutivo Nacional que nacieron en el marco de los estados de excepción por emergencia económica[881].

En este sentido, en primer lugar se tiene la "Ley constitucional del Comité Local de Abastecimiento y Producción"[882] que tiene prevalencia sobre leyes orgánicas y especiales (disposición final primera) y tiene por objeto, según su artículo 1:

> ...regular la constitución, organización y funcionamiento del Comité Local de Abastecimiento y Producción (CLAP), así como el reconocimiento de la organización de las instancias de agregación y participación y organizaciones de base del Poder Popular, para asegurar la producción, abastecimiento y distribución de los alimentos y productos, a fines de garantizar, la independencia, el bienestar social del Pueblo, la seguridad alimentaria y el desarrollo integral de la Nación.

Estos comités fueron creados por el Decreto Presidencial n° 2.323 de 2016[883], mediante el cual se declaró el segundo estado de excepción y de la emergencia económica, como parte del Sistema de Economía Comunal que la *ley constitucional* define en su artículo 5 como:

---

879 *Cfr*. Serviliano Abache Carvajal, "Sobre la (in)validez normativa y aplicación en el tiempo de la ley «constitucional» que crea el impuesto a los grandes patrimonios en Venezuela", *Revista Instituto Colombiano de Derecho Tributario*, n° 82 (2020): 459.

880 ACIENPOL, "Pronunciamiento en rechazo a la 'Ley Constitucional que crea el impuesto a los grandes patrimonios' dictada por inconstitucional Asamblea Nacional Constituyente", *Boletín de la Academia de Ciencias Políticas y Sociales*, n° 159 (2019): 3-8.

881 *Cfr*. Sira Santana, *El estado de excepción a partir de la Constitución de* 1999.

882 G.O. n° 41.330 del 29-01-2018.

883 G.O. n° 6.227 Extraordinario del 13-05-2016.

> ...de carácter político, social, económico, ético y territorial, conformado a escala local o sectorial para la producción, el abastecimiento y la distribución de alimentos y productos, a fines de garantizar, la independencia, el bienestar social del Pueblo, la seguridad y soberanía alimentaria y el desarrollo y defensa integral de la Nación.

Al respecto, reiteramos lo dicho en otra oportunidad en cuanto a que la creación y articulación de estos comités es inconstitucional ya que dota "a unos individuos, que comparten los ideales del oficialismo, de funciones de supervisión y control, reservadas al Estado, en perjuicio de otros particulares que verían mermado (...) su derecho de libertad económica y libre acceso a bienes y servicios de calidad"[884].

Planteamiento que en virtud de *la ley constitucional* se vería reforzado a esta prever el levantamiento de censos de familias (art. 5 num. 2) y que las organizaciones deben promover los lineamientos del Plan de la Patria como aspecto que ya desarrollamos en este trabajo (art. 8 num. 2), además de fiscalizar el cumplimiento de la "Ley constitucional de precios acordados" (art. 10 num. 6),

En tanto, en segundo lugar se tiene la "Ley constitucional de los Consejos Productivos de Trabajadoras y Trabajadores"[885], cuyo objeto de acuerdo con su artículo 1:

> ...regular la constitución, organización y funcionamiento de los Consejos Productivos de Trabajadoras y Trabajadores, para la participación protagónica de la clase obrera y demás expresiones del Poder Popular en la gestión de la actividad productiva y distribución de bienes y servicios en las entidades de trabajo públicas, privadas, mixtas y comunales, a fin de garantizar el desarrollo productivo de la Nación y su acceso oportuno para el Pueblo, en aras de fomentar una nueva conciencia y cultura de trabajo.

Como dijimos, una versión de estos consejos ya se había creado con ocasión del estado de excepción según se desprende del Decreto Presidencial n° 2.535[886], luego de lo cual el Ministerio del Poder Popular para el Proceso Social de Trabajo determinó que los trabajadores que formaran parte de estos Consejos "no podrán ser despedidos, trasladados, desmejorados en sus condiciones de trabajo, por el lapso de un (01) año, a partir del momento de su designación, sin justa causa previamente calificada por el Inspector (...) del Trabajo"[887].

---

884 Sira Santana, *El estado de excepción a partir de la Constitución de* 1999, 236.

885 G.O. n° 41.336 del 06-02-2018.

886 G.O. n° 41.026 del 08-11-2016.

887 Resolución n° 10.002, en G.O. n° 41.045 del 05-12-2016. Ello se reitera en el artículo 15 de la *ley constitucional*, modificándose su duración a "desde el momento de su elección hasta seis (6) meses después de vencido el término para el cual fueron electos".

Estos Consejos se rigen por los valores y principios del socialismo (art. 3), lo que de por sí constituye una violación a las libertades políticas y el libre desenvolvimiento de la personalidad, al ser su conformación obligatoria en cada puesto de trabajo.

Además, bajo una aparente protección del derecho al trabajo, los consejos en realidad operan como una agresión a las libertades económicas previstas en los artículos 112 de la CRBV, al dotárseles de competencias para "impulsar, evaluar y controlar los procesos de producción, abastecimiento, comercialización y distribución de los bienes y servicios para satisfacer las necesidades del Pueblo", según las entidades de trabajo en donde se constituyan (art. 5), en adición a informar al ministerio con competencia en el ámbito laboral sobre "los lineamientos, planes y proyectos de la entidad productiva en la que fue constituido" (art. 11 num. 3), para lo cual los patronos deben proveer toda la información que les sea requerida (art. 16 num. 6).

3.3. Los "decretos constituyentes" con contenido normativo

En adición a las *leyes constitucionales* ya tratadas, la ANC-2017 publicó en la G.O. veintitrés *decretos constituyentes* que abarcan un amplio número de materias.

No obstante, de preguntársenos por qué en algunos casos se optó por las *leyes constitucionales* y en otro por los *decretos constituyentes*, no podríamos sino hacer conjeturas. Lo anterior, porque al menos según la G.O. -donde recordamos, no se publicó el estatuto de funcionamiento de la ANC-2017- la única diferencia entre ambos es que el proceso para modificar las *leyes constitucionales* es más complejo que para los *decretos constituyentes*.

Hipótesis como que las *leyes constitucionales* contaban con más discusiones que los *decretos constituyentes* tampoco prosperan, visto lo apuntado por la doctrina de que las primeras se aprobaran prácticamente el mismo día que se presentaba el proyecto[888].

Asimismo, tampoco lo hacen aquellos planteamientos de que las *leyes constitucionales* eran solo para temas novedosos y los *decretos constituyentes* para reformas de situaciones ya reguladas, o que las *leyes constitucionales* eran más generales y los *decretos constituyentes* más puntuales, o que la diferencia entre uno y otro dependía de la extensión o de la materia a regular, ya que por ambas vías se normaron tributos, los órganos y entes del Poder Público, derechos sociales y demás.

---

[888] Peña Solís, "Breve excurso histórico y conceptual sobre las leyes constitucionales, a propósito de las dictadas por la sedicente Asamblea Nacional Constituyente".

De esta forma, y a pesar de que la "Ley constitucional que regula la vigencia de los actos emanados de la Asamblea Nacional Constituyente" se publicó en la G.O. con fecha del último día de actividades de este cuerpo, todo parece indicar que el objetivo de la distinción era, desde sus orígenes, brindar a las *leyes constitucionales* mayor estabilidad que a los *decretos constituyentes*, aun cuando estos últimos comparten los vicios de inconstitucionalidad de los primeros y, en consecuencia, su nulidad habría de ser declarada por el Poder Judicial.

Hechas estas precisiones, de seguida pasamos a enlistar los "decretos constituyentes" publicadas por la ANC-2017 en la G.O. en virtud de la materia con la que guardan mayor relación –a saber: organización del Estado, derechos civiles y políticos, derechos económicos y derechos sociales– con la misma finalidad anterior de dar a conocer su objeto y algunos aspectos que estimamos de especial interés.

3.3.1. Organización del Estado

Dentro de los primeros actos de la ANC-2017 se encuentra el "Decreto constituyente sobre la emergencia y reestructuración del Ministerio Público"[889], dada "su inactividad manifiesta conforme a los índices delictivos y de actos conclusivos acusatorios mínimos, según constan en la Memoria y Cuenta de esta Institución durante los últimos diez años" –lo que cubría también los años en los que la Asamblea Nacional era de tendencia oficialista– "colocando a la República en situación de vulnerabilidad en su combate contra la violencia delictiva y la violencia con fines políticos, generando por esta vía la desestabilización del país" (art. 1).

Como consecuencia de lo anterior, la ANC-2017 creó una "comisión de fiel cumplimiento y seguimiento de esta decisión soberana" (art. 2), reiterándose lo comentado en otras ocasiones de la confusión en la que incurrió este cuerpo de autocalificarse como soberano, en sustitución del pueblo, en adición a la titularidad del Poder Público, como retomaremos *infra*.

En segundo lugar se tiene el "Decreto constituyente mediante el cual se suprime y ordena la liquidación de la Alcaldía Metropolitana, el Cabildo Metropolitano y la Contraloría Metropolitana, todas éstas del Área Metropolitana de Caracas y del Distrito del Alto Apure, sus órganos y entes adscritos"[890], conformándose para ello sendas Juntas de Liquidación que serían designadas por la ANC-2017 y ejercerían sus funciones bajo la conducción de la Vicepresidencia de la República (punto segundo).

---

[889] G.O. n° 6.322 Extraordinario del 05-08-2017.

[890] G.O. n° 41.308 del 27-12-2017.

Este decreto constituyente que respondió a motivos políticos de acuerdo con el foro[891], aun cuando la ANC-2017 dijo que ellos se debían a que estos distritos "no han asegurado los fines para los cuales fueron creados, generando un modelo de descentralización que debe ser objeto de una profunda reorganización para acercar la gestión pública al Poder Popular", y "han vulnerado de forma permanente y sistemática la dignidad y los derechos laborales y de seguridad social".

De este modo, los actos dijeron derogar la Ley que crea el Distrito del Alto Apure[892] y la Ley Especial del Régimen Municipal a Dos Niveles del Área Metropolitana de Caracas[893], ignorando -además de que las leyes solo pueden ser derogadas por otras leyes con base en el principio del paralelismo de las formas- que en relación con el Área Metropolitana de Caracas el último aparte del artículo 18 de la CRBV prevé que "[u]na ley especial establecerá la unidad políticoterritorial de la ciudad de Caracas que integre en un sistema de gobierno municipal a dos niveles, los Municipios del Distrito Capital y los correspondientes del Estado Miranda (...)", por lo que se habría desconocido la voluntad del soberano expresada en el año 1999.

Asimismo, en cuanto al Distrito del Alto Apure, el numeral 3 de la disposición transitoria tercera de la CRBV señala que correspondía a la Asamblea Nacional aprobar "[u]na ley especial para establecer las condiciones y características de un Régimen especial para los Municipios José Antonio Páez y Rómulo Gallegos, del Estado Apure", reiterándose en consecuencia la contrariedad a Derecho del actuar de la ANC-2017 al pretender modificar *de facto* la CRBV, sin que tales cambios fuesen aprobados por el pueblo mediante referendo.

En tercer lugar, la ANC-2017 dictó cuatro decretos constituyentes referidos a la Comisión Para la Verdad, la Justicia, la Paz y la Tranquilidad Pública. Tres de estos versaron sobre la prórroga de su funcionamiento hasta el 31-12-2018[894] y luego hasta el 31-12-2019[895] y el 31-12-2020[896], ya que era "necesario continuar el trabajo" desarrollado por la Comisión -a la que ya nos referimos *supra*- "hasta culminar sus objetivos".

---

891 *Cfr*. Louza Scognamiglio, "Notas de prensa de la ONG Acceso a la Justicia sobre la asamblea nacional constituyente en el ejercicio de sus funciones (agosto 2017-marzo 2018)", 169. La autora expone que la ANC-2017 aprobó "la supresión del Área Metropolitana de Caracas y la del Distrito del Alto Apure, la primera administrada por la oposición y el segundo por la disidencia chavista, lo cual constituyó otra medida de hostigamiento contra toda persona o institución que se opusiera a los intereses del Gobierno nacional".

892 G.O. n° 37.326 del 16-11-2001.

893 G.O. n° 39.276 del 01-10-2009.

894 G.O. n° 41.466 del 23-08-2018.

895 G.O. n° 41.559 del 08-01-2019.

896 G.O. n° 6.562 Extraordinario del 14-08-2020.

El otro *decreto constituyente*, en tanto, amplió el período sobre el cual conocía la Comisión "para incluir los hechos de violencia amparados ilegítimamente en razones políticas, ocurridos en Venezuela durante los años 2018 y 2019"[897].

En cuarto lugar tenemos el "Decreto constituyente sobre el Sistema Integral de Criptoactivos"[898] que dice derogar el Decreto Presidencial n° 3.196, mediante el cual se autorizó la creación de la Superintendencia de los Criptoactivos y Actividades Conexas Venezolana[899], y cuyo objeto es "crear y definir el marco regulador aplicable al Sistema Integral de Criptoactivos, como expresión organizativa y funcional de soberanía económica, con el firme propósito de avanzar, de forma armónica en el desarrollo productivo y social de la República" (art. 1).

Este decreto fue calificado por la ANC-2017 como de orden público y sus disposiciones son de aplicación preferente "sobre las contenidas en otras leyes, incluso de su mismo rango" (art. 2), en lo que denota lo ya advertido de que para la ANC-2017 no parecía haber mayor diferencia entre los términos ley y decreto.

En todo caso, por este *decreto constituyente* se reguló a la Superintendencia Nacional de Criptoactivos y Actividades Conexas (SUNACRIP) como un instituto autónomo -obviándose que de acuerdo con el artículo 142 de la CRBV estos "sólo podrán crearse por ley"- siendo su objetivo principal el "regular, promover, coordinar y supervisar de manera articulada con las políticas económicas financieras diseñadas por los órganos del Estado con competencia en la materia, la adopción y uso de los criptoactivos" (art. 10), llevando al efecto múltiples registros en los que los particulares que quisieran desarrollar actividades de este sector debían inscribirse (art. 30), procedimientos de inspección (art. 34) e imposición de sanciones (art. 42), como parte del interés del Estado venezolano de promover el uso del Petro en el país[900] y que se tradujo en nuevas limitaciones a la actividad económica de los particulares.

---

897 G.O. n° 41.667 del 03-07-2019.

898 G.O. n° 41.575 del 30-01-2019.

899 G.O. n° 6.346 Extraordinario del 08-12-2017.

900 *Cr.* Juan Cristóbal Carmona Borjas, "Consideraciones jurídicas sobre el Petro", *Anuario de la Asociación Venezolana de Derecho Administrativo*, n° 1 (2020): 17-40. El autor precisa que "desde el punto de vista jurídico, el PTR puede considerarse un bien mueble, intangible, genérico, de usos múltiple, pero restringidos. Tecnológicamente, es un criptoactivo, pero no una criptomoneda. Económicamente, puede considerarse una fuente de ingresos públicos, prácticamente ilimitados, obtenidos a muy bajo costo y sin controles jurídicos, algo muy parecido a la emisión de dinero inorgánico. Políticamente, el PTR puede entenderse como una herramienta dirigida a reforzar el populismo y el control social, así como un medio dirigido a enfrentar las sanciones impuestas o man-

En quinto lugar, en clara muestra de la disolución *de facto* de la Asamblea Nacional, la ANC-2017 dictó el "Decreto constituyente mediante el cual se aprueba el Protocolo Modificatorio del Convenio entre la República Bolivariana de Venezuela y la Federación de Rusia, sobre Proyectos Estratégicos Conjuntos"[901].

De este modo, la ANC-2017 modificó temporalmente y de forma tácita, inconsulta e ilegítima, el artículo 154 de la CRBV en cuanto a que "[l]os tratados celebrados por la República deben ser aprobados por la Asamblea Nacional antes de su ratificación por el Presidente (...) de la República", reiterándose ello en el numeral 18 del artículo 187 *ejusdem* que prevé como competencia de la Asamblea Nacional "[a]probar por ley los tratados o convenios internacionales que celebre el Ejecutivo Nacional (...)".

En sexto lugar, la ANC-2017 dictó el "Decreto constituyente mediante el cual se crea la Orden Héroes y Heroínas Batalla de los Puentes 23 de Febrero"[902], para honrar a quienes con su "esfuerzo y sacrificio cotidiano sostienen para las presentes y futuras generaciones la soberanía, paz e independencia plena de la libre y democrática República" (punto primero), creándose al efecto una comisión especial que elaboraría el reglamento de tal orden y que, hasta donde tenemos conocimiento, no ha sido publicado en la G.O.

Nótese en todo caso que la *batalla* a la que alude el acto se refiere a los sucesos ocurridos el 23-02-2019 en la frontera colombo-venezolana, cuando efectivos militares del lado venezolano impidieron el acceso de la ayuda humanitaria que había sido gestionada desde la Asamblea Nacional para atender a las personas que requerían de alimentos y medicina en el país[903].

En séptimo y último lugar se tiene el "Decreto constituyente que crea el Centro Internacional de Inversión Productiva"[904], cuyo objeto según su artículo 1 es, justamente:

> ...crear el Centro Internacional de Inversión Productiva, como instituto público con personalidad jurídica y patrimonio propio, distinto e independiente de la República, el cual goza de las prerrogativas y privilegios otorgados por la ley. El Centro Internacional de Inversión Productiva estará adscrito a la Vicepresidencia de la República y tiene autonomía presupuestaria, administrativa y financiera.

---

tenidas, fundamentalmente, por los dos últimos presidentes de los Estados Unidos de Norteamérica".

901 G.O. n° 41.748 del 29-10-2019.

902 G.O. n° 6.507 Extraordinario del 29-01-2020.

903 *Cfr*. BBC, "Crisis en Venezuela: tensa jornada de disturbios y enfrentamientos ante el intento de entrada de ayuda humanitaria", 23-02-2019, https://www.bbc.com/ mundo/noticias-america-latina-47342448.

904 G.O. n° 6.583 Extraordinario del 12-10-2020.

Este Centro tiene entre sus funciones inventariar las sanciones que otros países han impuesto a funcionarios y empresas del Estado venezolano, aprobar proyectos de inversión y dictar regulaciones sectoriales con ocasión de la "Ley Constitucional Antibloqueo para el Desarrollo Nacional y la Garantía de los Derechos Humanos" (art. 2), a la que ya hicimos referencia en este trabajo.

3.3.2. Derechos civiles y políticos

El "Decreto constituyente para la participación en procesos electorales"[905] invocó como era usual los artículos 347 a 349 de la CRBV –que nada preveían sobre la materia– y que todo el Poder Público estaba subordinado a ella, para luego afirmar que "las organizaciones con fines políticos realmente comprometidas con la democracia se encuentran en la obligación de promover la participación de todas las ciudadanas y ciudadanos en los procesos electorales", en contravención de la CRBV y la Ley de Partidos Políticos, Reuniones Públicas y Manifestaciones[906] que no prevén tal deber de postular candidatos por ser ello, más bien, un derecho de los partidos políticos como parte de su actividad, que no se limita al acto de la postulación.

No obstante, como consecuencia de lo apuntado por la ANC-2017, ella estipuló en el punto primero del *decreto constituyente* que:

> Las organizaciones con fines políticos para participar en los procesos electorales nacionales, regionales o municipales deberán haber participado en las elecciones del periodo constitucional de ámbito nacional, regional o municipal inmediatamente anterior, además de cumplir con los demás requisitos previstos en la Ley de Partidos Políticos, Reuniones Públicas y Manifestaciones.

En caso contrario, los partidos habrían de realizar el proceso de renovación contemplado en la Ley de Partidos Políticos, Reuniones Públicas y Manifestaciones (punto segundo *ejusdem*).

Así, con esta decisión de carácter retroactivo, la ANC-2017 atentó contra el derecho constitucional a la participación ciudadana y el sufragio activo y pasivo, con la intención de disminuir el número de partidos políticos y candidatos de los comicios próximos al *decreto constituyente* (elecciones presidenciales, parlamentarias, entre otras) y, por vía de consecuencia, favorecer las posibilidades de que la fuerza política dominante se hiciera con los cargos de elección popular[907].

---

905 G.O. n° 41.308 del 27-12-2017.

906 G.O. n° 6.013 Extraordinario del 23-12-2010.

907 *Cfr*. CEPAZ, "Invalidación de los partidos políticos: Otra arremetida contra la democracia", 22-02-2018, https://cepaz.org/invalidacion-los-partidos-politicos-otra-arremetida-la-democracia/. La nota señala que "[d]e un total de 67 partidos políticos registrados en el Consejo Nacional Electoral para el

3.3.3. Derechos económicos

En primer lugar se tiene el "Decreto constituyente sobre criptoactivos y la criptomoneda soberana"[908], cuyo artículo 1 fija como objeto:

> ...establecer las bases fundamentales que permiten la creación, circulación, uso e intercambio de criptoactivos, por parte de las personas naturales y jurídicas, públicas y privadas, residentes o no en el territorio de la República Bolivariana de Venezuela y en especial el Petro, Criptomoneda venezolana, creada de manera soberana por el Ejecutivo Nacional, con el firme propósito de avanzar, de forma armónica en el desarrollo económico y social de la Nación, a través de su ofrecimiento como criptoactivo alternativo para el mundo, dado su carácter de intercambiabilidad por bienes y servicios.

Este *decreto constituyente* respondió al interés ya comentado del Estado de promover la adopción del Petro como método de pago e inversión en vez del dólar de los Estados Unidos de América y otras divisas, y fungió como una especie de habilitación legislativa al prever que "[e]l Ejecutivo Nacional (...) tiene las más amplias facultades para regular la constitución, emisión, organización, funcionamiento y uso de criptoactivos, así como de crearlos y emitirlos de manera soberana" (art. 3).

Lo anterior, si bien el encabezado del artículo 318 de la CRBV establece que "[l]as competencias monetarias del Poder Nacional serán ejercidas de manera exclusiva y obligatoria por el Banco Central de Venezuela" y "[l]a unidad monetaria de la República (...) es el Bolívar", por lo que al plantearse el Petro como un sustituto en la práctica de este último, y delegarse su legislación en el Ejecutivo, se habría vulnerado una vez más la norma constitucional.

A la misma conclusión se llega de considerar al Petro una operación de crédito público, ya que en este caso ella no contó con el aval de la Asamblea Nacional como lo exige el artículo 312 de la CRBV[909].

En segundo lugar, el "Decreto constituyente mediante el cual se establece la derogatoria del régimen cambiario y sus ilícitos"[910] prevé en su artículo 1 que su objeto es:

---

año 2016, en febrero de 2018 apenas sobreviven 17, de los cuales 12 pertenecen al Gran Polo Patriótico, alianza política que respalda al Gobierno Nacional".

908 G.O. n° 6.370 Extraordinario del 09-04-2018.

909 *Cfr.* Luisa Lepervanche, "Consideraciones jurídicas sobre criptoactivos y Petros", *Revista Venezolana de Derecho Mercantil*, n° 1 (2018): 345-87.

910 G.O. n° 41.452 del 02-08-2018. El Decreto con Rango, Valor y Fuerza de Ley del Régimen Cambiario y sus Ilícitos fue publicado en G.O. n° 6.210 Extraordinario del 30-12-2015. Adicionalmente el decreto constitucional dijo derogar el artículo 138 del Decreto con Rango, Valor y Fuerza de Ley del Banco Central de

...establecer la derogatoria del Régimen Cambiario y sus Ilícitos, de acuerdo con lo establecido en el artículo 2 de este Decreto Constituyente, con el propósito de otorgar a los particulares, tanto personas naturales como jurídicas, nacionales o extranjeras, las más amplias garantías para el desempeño de su mejor participación en el modelo de desarrollo socio-económico productivo del país.

Ello obedeció, según la motivación del *decreto constituyente*, al "interés del Estado para conferir a la sociedad venezolana un nuevo marco normativo en el que los particulares puedan realizar transacciones cambiarias entre privados propias en divisas" –el cual debería provenir de la Asamblea Nacional, por ser la llamada a ejercer la función legislativa según la CRBV– y "brindar las máximas seguridades para la inversión extranjera productiva", como atribución que correspondía al Poder Público pues la participación de la ANC-2017 en estos aspectos quedaba limitada a las pautas que previese en la Constitución que tuviese a bien redactar para someterla al pueblo, estándole vedado modificar el ordenamiento jurídico por reformas parciales e ilegítimas al no ser aprobadas por el soberano[911].

En tercer lugar, el "Decreto constituyente mediante el cual se establece el régimen temporal de pago de anticipo del impuesto al valor agregado e impuesto sobre la renta para los sujetos pasivos calificados como especiales que se dediquen a realizar actividad económica distinta de la explotación de minas, hidrocarburos y de actividades conexas, y no sean perceptores de regalías derivadas de dichas explotaciones"[912] señala como objeto en su artículo 1 un texto que coincide con su título, por lo que su transcripción resulta inoficiosa.

Este régimen "estará vigente hasta su derogatoria total o parcial por el Ejecutivo Nacional" (art. 12) y suspendió "la vigencia del artículo 32 de la Ley del Impuesto al Valor Agregado", en contravención del principio del paralelismo de las formas.

Sobre él, a los efectos de este trabajo bastará con alertar, como lo hace el foro, que al preverse como base de cálculo del anticipo a los ingresos brutos (art. 2), se "desnaturaliza el impuesto a la renta, con-

---

Venezuela en lo que concierne al ilícito de negociación y comercio de divisas en el país.

911 *Cfr*. José Ignacio Hernández G., *Control de cambio y de precio en Venezuela. Auge y colapso institucional (2003-2020) Del modelo socialista a la dolarización de facto* (Caracas: EJVI, 2021), 69-71. El autor señala que "[s]i la Ley del Régimen Cambiario y sus Ilícitos hubiese sido derogada de acuerdo con la Constitución, ello hubiese implicado la extinción de todos los delitos cometidos bajo su vigencia, de conformidad con el principio constitucional conforme al cual la Ley penal más favorable debe aplicarse hacia el pasado. Pero el Decreto también pretende modificar la Constitución, pues señala que la Ley del Régimen Cambiario sí aplicará a los posibles delitos cometidos bajo su vigencia".

912 G.O. n° 6.396 Extraordinario del 21-08-2018.

virtiéndolo en un tributo sobre los ingresos y no sobre la renta, divorciando, en consecuencia, la base imponible del hecho imponible de dicha obligación, vulnerando los principios de progresividad y capacidad contributiva"[913], todo lo cual atenta contra los artículos 316 y 317 de la CRBV.

En cuarto lugar, el "Decreto constituyente mediante el cual se reforma el Decreto con Rango, Valor y Fuerza de Ley de Impuesto a las Grandes Transacciones Financieras"[914] modificó el artículo 13 de este decreto con fuerza de ley, que ahora quedó redactado de la siguiente forma:

> Artículo 13. La alícuota de este impuesto podrá ser modificada por el Ejecutivo Nacional y estará comprendida de un límite mínimo 0% hasta un máximo de 2%.
> Hasta tanto el Ejecutivo Nacional establezca la alícuota de este impuesto, esta se fija en 1%, a partir de la publicación en la Gaceta Oficial de la República Bolivariana de Venezuela[915].

En quinto lugar, el "Decreto constituyente mediante el cual se reforma la Ley que establece el Impuesto al Valor Agregado"[916] **(i)** Suprimió el numeral 4 del artículo 18 de ley sobre la exención del IVA en la venta de "combustibles derivados de hidrocarburos, así como los insumos y aditivos destinados al mejoramiento de la calidad de la gasolina", **(ii)** Modificó el artículo 19 considerando exento del IVA el transporte de mercancía en general en vez de los supuestos en concreto a que se refería la ley de 2014[917]; **(iii)** Las operaciones sobre bienes suntuarios pasaron a calcularse en dólares de los Estados Unidos de América en vez de Unidades Tributarias; y **(iv)** Derogó el numeral 3 del artículo 48 del Decreto con Rango, Valor y Fuerza de Ley Orgánica de Hidrocarburos[918].

---

913 Nathalie Rodríguez París, "Reflexiones sobre el decreto constituyente que establece el régimen temporal de pago de anticipo del impuesto al valor agregado e impuesto sobre la renta para los sujetos pasivos calificados como especiales", 2018, https://lega.law/lega-indepth-4/.

914 G.O. n° 6.396 Extraordinario del 21-08-2018.

915 El artículo anterior era del siguiente tenor: "Artículo 13. La alícuota de este impuesto es cero coma setenta y cinco por ciento (0,75%). El Ejecutivo Nacional, mediante decreto, podrá reducir la alícuota aquí prevista, de conformidad con el código que rige la materia tributaria" (G.O. n° 6.210 Extraordinario del 30-12-2015).

916 G.O. n° 6.396 Extraordinario del 21-08-2018.

917 G.O. n° 6.152 Extraordinario del 18-11-2014.

918 El numeral indicaba que "[s]in perjuicio de lo que en materia impositiva establezcan otras leyes nacionales, las personas que realicen las actividades a que se refiere la presente Ley, deberán pagar los impuestos siguientes: (...) 3. Impuesto de Consumo General. Por cada litro de producto derivado de los hidrocarburos vendido en el mercado interno entre el treinta y cincuenta por ciento

Esta ley fue reformada en una segunda ocasión por otro *decreto constituyente*[919], que en esta ocasión modificó los artículos 16 (num. 4), 18, 27, 62, 68 y 70 e incluyó dos nuevos artículos (el 62 y el 71).

Lo anterior, a fin de incluir reformas de forma –por ejemplo, el cambio de la palabra impedidos por personas con movilidad reducida– y otras de fondo, como fue el aumento de la alícuota del 12 al 16 % y la posibilidad de facturar en monedas diferente al bolívar, precisándose su equivalente en esta última.

En sexto lugar, el "Decreto constituyente mediante el cual se dicta el Código Orgánico Tributario"[920] operó como una reforma parcial de este constatándose cambios en los artículos 3, 34, 54 a 56, 75, 77, 85, 91, 92, 99 a 104, 106 a 108, 115 a 118, 131, 146, 147, 183, 197, 198, 200, 202, 204, 222, 226, 230, 233 a 236, 238 a 240, 242, 305, 346, 347, 351 y 352.

Estas modificaciones respondieron en su mayoría al cambio de criterio en cuanto al sentido y alcance de la Unidad Tributaria, al limitarla a una "unidad de medida para la determinación de los tributos nacionales cuyo control sea competencia de la Administración Tributaria Nacional, no pudiendo ser utilizada por otros órganos y entes del Poder Público (...)" (art. 3), estimulándose en consecuencia la descoordinación tributaria, la creación de múltiples sistemas de indexación y la dolarización de las sanciones, en contravención nuevamente de los artículos 316 y 317 de la CRBV[921].

En séptimo lugar, el "Decreto constituyente de Reforma del Decreto con Rango, Valor y Fuerza de Ley Orgánica de Aduanas"[922] reitera estos vicios al modificar los artículos 1, 3, 4, 117, 118, 159, 161, 162 (num. 3), 164 a 168, 177, 178, 180, 181 y 194, principalmente para implementar el "tipo de cambio oficial de la moneda de mayor valor" como unidad de cálculo en vez de la Unidad Tributaria.

(30% y 50%) del precio pagado por el consumidor final, cuya alícuota entre ambos límites será fijada anualmente en la Ley de Presupuesto (...)".

919 G.O. n° 6.507 Extraordinario del 29-01-2020.

920 G.O. n° 6.507 Extraordinario del 29-01-2020. La versión anterior era la publicada en G.O. n° 6.152 Extraordinario del 18-11-2014.

921 *Cfr.* Luis Fraga-Pittaluga, *La reforma del Código Orgánico Tributario de 2020. Análisis crítico* (Caracas: Luis Fraga-Pittaluga, 2021), 11-12; Romero-Muci, "La metamorfosis kafkiana de la unidad tributaria y la dolarización de las sanciones tributarias"; Sira Santana, *Generalidades sobre la ley de armonización tributaria de los estados y municipios.*

922 G.O. n° 6.507 Extraordinario del 29-01-2020. La versión anterior era la publicada en G.O. n° 6.155 Extraordinario del 19-11-2014.

En octavo y último lugar, el "Decreto constituyente que crea la Cartera Productiva Única Nacional"[923] precisó que tal cartera "estará especialmente conformada para el financiamiento de los sectores agroalimentarios, manufacturero, turístico, salud e hipotecario, a los fines de promover y fortalecer la soberanía económica del país", pudiendo el Ejecutivo incorporar otros sectores (art. 1).

Al respecto, nos hacemos eco de los comentarios expresados por la doctrina que medidas de esta naturaleza, lejos de propender al desarrollo de la economía nacional, más bien la coartan al atentar contra derechos como la propiedad, la libertad económica y la competencia en el sector bancario[924], produciendo en definitiva que un mayor número de personas dependa de los programas sociales del Estado y, con ello, siga aumentando la cantidad y cualidad de estas carteras para poder cubrir parte de los gastos que se generan.

3.3.4. Derechos sociales

En primer lugar, el "Decreto constituyente para la promoción y protección del parto y el nacimiento humanizado"[925] determinó como su objeto, según su artículo 1:

> ...promover, proteger y garantizar el derecho humano de quienes integran las familias, a una gestación, parto y nacimiento humanizado, a los fines de generar las condiciones necesarias para la expresión y desarrollo de las relaciones humanas fundadas en el amor, el afecto, la seguridad, la solidaridad, el respeto recíproco y esfuerzo común, durante la gestación, parto, nacimiento y posparto, con el objeto de contribuir a la suprema felicidad social y a la promoción de la paz para la construcción de una sociedad socialista.

Al respecto, nos limitaremos a destacar una vez más cómo las políticas públicas son vinculadas con una ideología en detrimento del principio del pluralismo político que debe reinar en un Estado Democrático de Derecho.

Asimismo, resalta el ornato de las disposiciones de estos actos con frases grandilocuentes que favorecen su ambigüedad y, en oca-

---

[923] G.O. n° 6.507 Extraordinario del 29-01-2020. El decreto ley dice derogar las carteras crediticias obligatorias previstas en el Decreto con Rango, Valor y Fuerza de Ley de Crédito para el Sector Agrario (G.O. n° 5.890 Extraordinario del 31-07-2008), el Decreto con Rango, Valor y Fuerza de Ley de Crédito para el Sector Manufacturero (G.O. n° 39.904 del 17-04-2012), el Decreto con Rango, Valor y Fuerza de Ley de Inversiones Turísticas y del Crédito para el Sector Turismo (G.O. n° 6.153 Extraordinario del 18-11-2014) y el Decreto n° 2.721 (G.O. n° 41.095 del 14-02-2017).

[924] *Cfr.* José Antonio Muci Borjas, "La regulación del encaje legal bancario y la furtiva expropiación regulatoria de la banca venezolana", *Revista de Derecho Público*, n° 157-158 (2019): 66-95.

[925] G.O. n° 41.376 del 12-04-2018.

siones, dificultan su aplicación práctica al permitir múltiples interpretaciones según el interés de a quien corresponda aplicarla[926].

En segundo lugar, el "Decreto constituyente de reforma de la Ley del Ejercicio de la Medicina"[927] modificó sus artículos 3 y 35 a fin de incluir a los médicos cirujanos militares entre los profesionales legalmente autorizados para el ejercicio de la medicina y para certificar aquellos hechos que comprueben en el ejercicio de su profesión, respectivamente.

Asimismo, se reformó el artículo 4 para agregar que la inscripción en el Colegio Médico debe ser en la jurisdicción donde se ejerce habitualmente la profesión, y que adicionalmente debe cumplirse con el registro ante el Instituto de Previsión Social del Médico, todas materias de naturaleza claramente legislativa y que escapan del sentido y alcance de una ANC en los términos estudiados en esta investigación.

Por último, se suprimió el único aparte del artículo 22 según el cual "[l]a inscripción definitiva del Título en el Ministerio del Poder Popular con competencia en materia de salud, quedará sujeta al cumplimiento del artículo 8 de esta Ley".

En tercer lugar, y de modo similar al caso anterior, el "Decreto constituyente de reforma de la Ley del Ejercicio Profesional de la Enfermería"[928], modificó su artículo 4 y 11 a fin de incluir a los licenciados en enfermería militar entre quienes pueden ejercer la profesión, con inclusión de la docencia e investigación.

3.4. Las convocatorias a participar en el debate constituyente

Hemos señalado en múltiples ocasiones que el verdadero objetivo de la ANC-2017 nunca fue redactar una nueva Constitución para Venezuela. Sin embargo, durante sus primeros tres meses de actividades, ella mantuvo la apariencia de que la redacción constitucional sí formaba parte de su agenda y emitió siete decretos constituyentes en los que invitó al pueblo, tanto en general como por sectores, a participar en el "debate constituyente".

---

926 Téngase como ejemplo el único aparte del artículo 34 conforme con el cual "[l]os consejos comunales y demás organizaciones del Poder Popular vinculadas a la supervisión, promoción y defensa de los derechos de las mujeres, los niños, niñas y adolescentes, y las familias, están legitimados para interponer denuncias y solicitudes ante las autoridades competentes, así como para ejercer las acciones correspondientes en caso de conocer del incumplimiento del presente Decreto Constituyente (...)", sin que se precise cuáles son esas acciones.

927 G.O. n° 41.984 del 13-10-2020. La ley reformada fue publicada en la G.O. n° 39.823 del 19-12-2011.

928 Ibid. La ley reformada fue publicada en la G.O. n° 38.263 del 01-09-2005.

El primero de estos actos, publicado en la G.O., fue el "Decreto constituyente mediante el cual se instaura un gran diálogo Nacional Constituyente para el perfeccionamiento del modelo de economía productiva y diversificada que requiere la República Bolivariana de Venezuela"[929].

En dicho decreto, la ANC-2017 invocó los artículos 347 a 349 de la CRBV, como lo hizo en todos los actos mencionados en este acápite, y convocó a "todas las instancias representativas de los sectores económicos y productivos del país (...) a concurrir ante esta soberana y plenipotenciaria Asamblea Nacional Constituyente a presentar y debatir sus opiniones y propuestas en tomo al modelo económico que nuestra Patria reclama" (punto segundo). Para ello, se elaboraría un cronograma de comparecencias por sector, incluyendo el comercial, industrial, financiero, farmacéutico, agroalimentario, de hidrocarburos, minería, turismo, telecomunicaciones, construcción, entre otros (punto tercero).

Esta convocatoria, según lo expresado en la motivación del decreto, tenía como objetivo promover una economía no dependiente exclusivamente del petróleo y enfrentar la denominada "guerra económica" que atravesaba el país, atribuida a las políticas lideradas por los Estados Unidos de América contra Venezuela con la intención de apoderarse de sus recursos naturales. Por ello, se consideraba necesaria "la más amplia unidad nacional y la participación activa de todos los sectores productivos del país".

En cuanto a los debates sectoriales, la ANC-2017 publicó en G.O. los siguientes actos:

a. *Decreto constituyente mediante el cual se convoca a todas las y los jóvenes venezolanos a participar ampliamente en la construcción activa del "Capítulo de la Juventud" de la nueva propuesta constitucional, como eje transversal de la Asamblea Nacional Constituyente, espacio creado para promover la paz y tranquilidad pública, y el encuentro entre todas las venezolanas y todos los venezolanos*[930].

La convocatoria respondió a la necesidad de "[p]romover entre (...) todos los jóvenes nuevas espiritualidades, valores y principios fundados en el amor, la igualdad, la diversidad, la tolerancia y la inclusión de (...) todos" (punto tercero), así como "la cultura productiva en los espacios académicos, económicos, deportivos, artísticos, recreativos y culturales" (punto cuarto).

[929] G.O. n° 41.226 del 31-08-2017.

[930] G.O. n° 41.230 del 06-09-2017.

Según la motivación del *decreto constituyente*, estas medidas se justificaban por la instrumentalización de los jóvenes en acciones violentas contra el orden constitucional, lo cual exigía que el Estado "prevenga y resuelva cualquier nuevo atentado que pretenda involucrar a nuestra juventud en sacrificio de sus derechos y de la garantía de tranquilidad pública que merecen todos los venezolanos en obsequio de la prosperidad común".

Cabe recordar que uno de los objetivos programáticos propuestos por el Presidente de la República al *convocar* la ANC-2017 era incluir en la nueva Constitución un capítulo dedicado a los derechos de la juventud, lo que evidencia una coherencia entre aquel decreto y las ahora aparentes intenciones de la ANC-2017.

Sin embargo, dado lo ambiguo del *decreto constituyente* respecto al rol del Estado en la protección de la juventud, podría interpretarse, más bien, que la ANC-2017 estaba instrumentalizando –para usar el mismo verbo que ella empleó– a los jóvenes con el fin de promover políticas que consideraba necesarias para el bienestar general, tal como el Ejecutivo Nacional y el Poder Judicial lo habían hecho anteriormente, valiéndose de conceptos jurídicos indeterminados como el interés superior del niño[931].

b. *Decreto constituyente mediante el cual se declara instalada la Constituyente Cultural en todo el territorio nacional para consolidar la identidad cultural venezolana y forjar las nuevas espiritualidades, valores y principios de nuestra sociedad necesarios para asegurar la paz, reivindicar el carácter pluricultural de la Patria, reconocer nuestra diversidad étnica y cultural, proteger los derechos humanos, conservar la vida en el planeta, garantizar la tranquilidad pública, preservar la soberanía y fortalecer la defensa integral de Nación*[932].

El acto, dictado "en ejercicio del Poder Constituyente Originario", mencionó la recepción de ideas emanadas del pueblo para construir colectivamente la "nueva propuesta constitucional" sobre los diversos aspectos que abordaba, y que se

---

[931] *Cfr.* Gabriel Sira Santana, "El interés superior del niño como limitante a la libertad de expresión, a propósito de la sentencia n° 359/2014 de la Sala Constitucional del Tribunal Supremo de Justicia", *Revista Venezolana de Legislación y Jurisprudencia*, nº 5 (2015): 569-99; Gabriel Sira Santana, "El interés superior del niño en las decisiones de la Sala Constitucional del Tribunal Supremo de Justicia (2013-2017)", *Revista Venezolana de Legislación y Jurisprudencia*, nº 10 (2017): 981-1005.

[932] G.O. n° 41.236 del 14-09-2017.

encuentran en aparente contradicción al reivindicar, por un lado, la cultura venezolana y, por el otro, promover nuevos valores y principios.

En cualquier caso, este *decreto constituyente* puede vincularse con el objetivo programático de la *convocatoria* efectuada por el Presidente de la República, que buscaba la "reivindicación del carácter pluricultural de la Patria", a la par que es importante señalar que este decreto, como fue habitual en los actos dictados por la ANC-2017 que reseñamos en este acápite, no fue la excepción al asumir para sí el Poder Constituyente Originario a pesar de que este reside intransferiblemente en el pueblo.

c. *Decreto constituyente mediante el cual se declara instalada la Constituyente para Personas con Discapacidad*[933].

Al igual que con el acto anterior, la ANC-2017 aludió a la recepción de ideas provenientes del pueblo para construir colectivamente la "nueva propuesta constitucional" y "forjar las nuevas espiritualidades, valores y principios de los derechos de este sector".

Esto se fundamentaba en la necesidad de "continuar avanzando en el reconocimiento de sus derechos humanos, para que todas las personas con discapacidad puedan vivir plenamente en inclusión, en igualdad y equiparación de condiciones, sin discriminación alguna y desarrollando sus capacidades de manera integral".

d. *Decreto constituyente mediante el cual se declara instalada la Constituyente sobre la Mujer, Equidad e Igualdad de Género*[934].

Como en los actos anteriores, la ANC-2017 convocó a "las mujeres y hombres a participar de forma protagónica en la construcción colectiva del 'Capítulo de la Mujer, Equidad e Igualdad de Género' de la nueva propuesta constitucional" (punto primero). Además, introdujo "la promoción de un nuevo modelo socio económico productivo y diversificado, que promueva la construcción de nuevas relaciones de producción y el socialismo", "[d]eclarar el día 25 de Octubre de cada año como Día del Socialismo Feminista" y "[c]rear en (...) todo el territorio nacional (...) equipos de mujer, equidad e igualdad de género para garantizar la participación ciudadana en la Asamblea Nacional Constituyente" (puntos cuarto, quinto y sexto, respectivamente).

---

933 G.O. n° 41.246 del 28-09-2017.

934 G.O. n° 41.247 del 29-09-2017.

De este modo, la ANC-2017, al igual que con los jóvenes, instrumentalizó a un grupo históricamente afectado por situaciones de disparidad, con el propósito de promover una ideología específica: el socialismo.

Lo anterior, a pesar de que esta ideología no necesariamente responde a las necesidades propias de dicho grupo, lo que lleva a concluir que, más que buscar una igualdad de género en términos de oportunidades para hombres y mujeres, se perseguía una igualdad de resultados en los términos socioeconómicos que ya habían sido planteados al pueblo y rechazados en la reforma constitucional de 2007, cuyo estudio rebasa nuestro objeto pero ha sido debidamente tratado por el foro[935].

e. *Decreto constituyente mediante el cual se declara instalada la Constituyente Educativa en todo el Territorio Nacional, para consolidar el nuevo modelo educativo venezolano y forjar las nuevas espiritualidades, valores y principios de nuestra sociedad, necesarios para asegurar el desarrollo de las personas, la paz, la convivencia, la democracia, la soberanía e independencia de la nación*[936].

La ANC-2017 convocó a todas las personas vinculadas al sistema educativo, así como a las instituciones de educación y educación superior, a presentar sus propuestas sobre cómo debía regularse este sector en la "nueva propuesta constitucional", con un enfoque en las "nuevas espiritualidades, valores y principios de la educación venezolana" (puntos tercero y segundo).

En la motivación del acto, subrayó que era "necesario continuar garantizando que todos los centros de educación sean un espacio de paz, (...) que ofrezcan medidas especiales de protección y bienestar social a (...) los estudiantes para asegurar el disfrute pleno y efectivo del derecho humano a la educación" y "que el Sistema Educativo contribuya y se articule a la construcción de una economía mixta, diversificada y productiva".

Una vez más, se observa la instrumentalización de un sector de la sociedad –en este caso, estudiantes, docentes, y demás

---

935 *Cfr*. Brewer-Carías, *Hacia la consolidación de un Estado socialista, centralizado, policial y militarista. Comentarios sobre el sentido y alcance de las propuestas de reforma constitucional 2007*; Manuel Rachadell, *Socialismo del siglo XXI. Análisis de la Reforma Constitucional propuesta por el Presidente Chávez en agosto de 2007* (Caracas: EJV y FUNEDA, 2007).

936 G.O. nº 41.252 del 06-10-2017.

actores del ámbito educativo– al proponerse que la educación debe tener como objetivo la construcción y articulación de la economía nacional, la cual, según lo evidenciado en los *decretos constituyentes* dirigidos a otros sectores y en la actuación general de la ANC-2017, responde a un modelo socialista. En breve: los programas de estudio e investigación habrían de orientarse al socialismo en detrimento del libre desenvolvimiento de la personalidad, la libertad de cátedra, entre otros.

Además, aunque la idea de vincular los centros educativos con espacios de paz y protección para los estudiantes es coherente con los fines del Estado, la vaguedad del planteamiento podría abrir la puerta a la implementación de normas y políticas públicas que refuercen la actividad policial del Estado, en perjuicio de las libertades fundamentales.

Esto último es especialmente relevante considerando la criminalización de la disidencia que ha caracterizado a Venezuela en las últimas décadas y el papel del movimiento estudiantil en la política nacional. En este contexto, podrían verse afectadas la libertad de conciencia y de expresión, la privacidad, entre otros derechos fundamentales.

f. *Decreto constituyente mediante el cual se declara instalada la Constituyente sobre Adultas y Adultos Mayores*[937].

El acto convocó a este sector de la población a presentar sus ideas a la ANC-2017, creándose a tal efecto "Comités Constituyentes de Adultas y Adultos Mayores para garantizar su participación ciudadana en la construcción colectiva y democrática de propuestas de este sector social del Pueblo para ampliar el horizonte de la Constitución de la República" (punto tercero), vista la necesidad, según se desprende de la motivación, de "continuar ampliando y consolidando la garantía de los derechos humanos a la salud, alimentación, recreación, cultura, deporte, trato digno y respetuoso de las adultas y adultos mayores", así como "una vida autónoma e independiente".

Los siete decretos constituyentes reseñados en este acápite comparten el fundamento jurídico (arts. 347 a 349 de la CRBV) y la referencia al Poder Constituyente Originario, a veces precedida del adjetivo posesivo "su". Este patrón resalta la transformación de la ANC-2017 en una entidad que, según sus propios actos, era el pueblo, algo que también es común en otros documentos emitidos por este

[937] G.O. n° 41.252 del 06-10-2017.

órgano y publicados en la G.O., y que carece de fundamento normativo y doctrinal.

Más llamativo, en tanto, nos resulta cómo estas instalaciones de constituyentes sectoriales permitieron a la ANC-2017, bajo la apariencia de un ejercicio de democracia participativa, reunir a grupos que suelen ser considerados jurídicamente vulnerables (discapacitados, mujeres y ancianos), así como a sectores históricamente críticos de las políticas de la fuerza dominante (empresarios, jóvenes y estudiantes), teóricamente, para conocer sus propuestas para la nueva Constitución del Estado venezolano y cuáles eran, en sus criterios, las nuevas "espiritualidades, valores y principios" que debían caracterizarlo.

La lectura de los *decretos constituyentes*, contrastada con el verdadero actuar de la ANC-2017, nos muestra que lejos de promoverse tal participación, estos grupos en realidad solo fueron instrumentalizados para dos fines en concreto:

Primero, crear la apariencia de que la ANC-2017 tenía como objetivo redactar un nuevo texto constitucional, conforme con el artículo 347 de la CRBV. Esto servía para contrarrestar las denuncias de que su instauración respondía al deseo de la fuerza política dominante de disolver *de facto* a la Asamblea Nacional.

De ahí que todos estos *decretos constituyentes* hayan sido dictados durante sus primeros meses de actividad, cuando las críticas hacia este órgano eran más intensas, y luego no hubiese pronunciamiento alguno sobre las propuestas recibidas o la falta de ellas.

Segundo, establecer las bases ideológicas de la ANC-2017 y justificar el incremento de la actividad policial estatal, haciendo parecer que ambos respondían a las demandas de los sectores convocados porque estos habían exigido y necesitado políticas económicas intervencionistas o la protección contra agentes sociopolíticos, como las únicas formas de garantizar su efectiva salvaguarda.

Aunque la ANC-2017 nunca redactó un proyecto de Constitución que incorporara estas nociones, dichas ideas se reflejan en diversas *leyes constitucionales* y *decretos constituyentes* emitidos por este cuerpo, como hemos detallado en esta investigación.

3.5. Las remociones, ratificaciones, designaciones y aprobaciones

Una de las primeras actividades que llevo a cabo la ANC-2017 luego de su instauración el 04-08-2017 fue dictar un *decreto constituyente* para remover a la Fiscal General de República[938] que, recordamos, se había desligado de la fuerza política dominante luego de los fallos

[938] G.O. n° 6.322 Extraordinario del 05-08-2017.

n° 155/2017 y 156/2017 de la TSJ/SC, por medio de los cuales dicha Sala tomó para sí las atribuciones de la Asamblea Nacional.

En su lugar, la ANC-2017 designó provisional a la persona que venía ejerciendo el cargo del Defensor del Pueblo, y que resultaba cercano al Ejecutivo Nacional, para que ejecutara el cargo de acuerdo con la CRBV, la ley en la materia y "los actos emanados de la Asamblea Nacional Constituyente"[939], en lo que la doctrina consideró "el fin de la autonomía del Ministerio Público prevista en el artículo 273 de la Constitución"[940].

Para fundamentar estas decisiones, la ANC hizo alusión –como era usual– al "ejercicio de su poder originario para reorganizar el Estado y crear un nuevo ordenamiento jurídico", obviando que ambos supuestos eran correlativos a la redacción de una nueva Constitución, y no podían entenderse de forma aislada.

Adicionalmente, como parte de la sinergia que ya hemos comentado entre los factores de poder, la institución señaló que la TSJ/SP había decidido con lugar una solicitud de antejuicio de mérito en contra de la Fiscal General de República[941].

Dicha solicitud había sido interpuesta por un diputado de la Asamblea Nacional que formaba parte del partido de gobierno, y en ella la Sala había decretado la suspensión de la funcionaria, su inhabilitación política, y ordenó remitir el fallo a la ANC-2017 "a los fines de que determine lo conducente, según lo previsto en el artículo 336 numeral 7 de la Constitución de la República", que nada tenía que ver con el antejuicio en cuestión ya que se refiere es a la atribución de la TSJ/SC de declarar la inconstitucionalidad de las omisiones del legislador.

Más ilustrativo es el artículo constitucional citado por la ANC-2017 en el *decreto constituyente* estudiado. A diferencia de la gran mayoría de los actos publicados por ella en la G.O. que invocaron los artículos 347 a 349 de la CRBV, en esta ocasión ella solo trajo a colación el artículo 279 *ejusdem* "cuando expresa que los (...) integrantes del Poder ciudadano serán removidos (...) con base al pronunciamiento del Tribunal Supremo de Justicia".

No obstante, el último aparte del artículo invocado expresa –para usar el término de la ANC-2017– que los "integrantes del Poder Ciudadano serán removidos por la Asamblea Nacional, previo pronun-

---

939 Ibid.

940 Brewer-Carías, "El juez constitucional y la Asamblea Nacional Constituyente vs. La Fiscal General de la República (junio-agosto 2017)", 419.

941 TSJ/SP n° 65 del 04-08-2017 (caso: *Pedro Carreño*).

ciamiento del Tribunal Supremo de Justicia, de acuerdo con lo establecido en la ley".

En otras palabras, quien tenía la atribución de remover a la Fiscal General de la República "con base al pronunciamiento del Tribunal Supremo de Justicia", era la Asamblea Nacional y no la ANC-2017, a pesar de que esta última hubiese obviado esa realidad al invocar la norma en cuestión.

Esto independientemente de que, como expuso la ANC, la funcionaria hubiese incurrido en:

> ...actuaciones contrarias a la Constitución de la República (...), realizadas con contumacia, discriminación y parcialidad, llevando los márgenes de impunidad del país a históricos nunca antes vistos y que promovieron la violencia delictiva y con fines políticos, alterando gravemente la paz y la tranquilidad de la República.

De este modo, y como hizo en más de una ocasión según reseñamos en esta investigación, la ANC-2017 *reformó* temporalmente el texto constitucional, tomando para sí una competencia que era de la Asamblea Nacional, sin que el pueblo como verdadero y único depositario del Poder Constituyente Originario hubiese aprobado tal cambio por la vía del referendo.

Una suerte diametralmente opuesta corrieron el Presidente de la República, los Rectores del CNE, los Magistrados Principales del Tribunal Supremo de Justicia, el Contralor General de la República y el Defensor del Pueblo, ya que todos ellos fueron ratificados en sus cargos por *decretos constituyentes* emanados de la ANC-2017.

Así, en el caso del Presidente de la República ello ocurrió en agosto de 2017 y enero de 2019[942], indicándose como otrora lo había hecho la ANC-1999 –su fuente de inspiración desde la propia *convocatoria*– que la ANC contaba con un poder originario, todos los órganos del Poder Público estaban subordinados a ella y el mandatario había concurrido ante dicho cuerpo para expresar "su voluntad absoluta de acatar el carácter plenipotenciario de esta Magna Asamblea Nacional Constituyente, en los términos contemplados en el artículo 349 de la Constitución de la República"[943].

Por estos motivos, el cuerpo procedió a su ratificación en el cargo, aunado a que la ANC-2017 estimó en el primero de los decretos constitucionales comentados que "la permanencia del ciudadano (...) en ejercicio de la Presidencia de la República (...) constituye un sopor-

---

[942] G.O. n° 6.325 Extraordinario del 10-08-2017 y n° 41.563 del 14-01-2019.

[943] La redacción responde al *decreto constituyente* de 2017, aunque la idea se repitió en el de 2019 al señalarse que el mandatario "se ha subordinado a la Soberana, Originaria y Plenipotenciaria Asamblea Nacional Constituyente".

te fundamental para la implementación de las medidas que adopte la Asamblea Nacional Constituyente".

De este modo, la ANC-2017 otorgó al artículo 349 de la CRBV un sentido y alcance que no se corresponde con su letra, ya estudiada en esta investigación, pues este en ningún momento plantea que el resto del Poder Público está subordinado a la ANC, ni que esta última tiene competencia para ratificar –o no– a quienes lo ejercen.

A pesar de lo anterior, basta una lectura de los *decretos constituyentes* referidos a los Rectores del CNE[944] y los Magistrados Principales del Tribunal Supremo de Justicia[945], para ver que se reitera la idea de que estos funcionarios concurrieron ante la ANC-2017 y manifestaron su disposición de "reconocer y subordinarse al carácter Originario y Plenipotenciario de esta Magna Asamblea Nacional Constituyente, de conformidad con lo establecido en el artículo 349 de la Constitución de la República", lo que la ANC calificaba como algo positivo y que tales ciudadanos eran necesarios para implementar las decisiones que ella adoptara.

Asimismo, llama la atención que en el caso de los Magistrados la ANC-2017 instruyó al Tribunal Supremo de Justicia a "presentar con urgencia (...) las propuestas de medidas, acciones y normas necesarias para continuar incrementando y profundizando el respeto y garantía del derecho a una justicia gratuita, accesible, imparcial, idónea, transparente, autónoma, independiente, responsable y expedita" y "para el mejor funcionamiento del Poder Judicial en su conjunto", tal como si se tratase del legislador ordinario a fin de sancionar la reforma de la Ley Orgánica del Tribunal Supremo de Justicia.

Finalmente, como ya adelantamos, las mismas ratificaciones ocurrieron para las cabezas del Poder Ciudadano luego de que estos concurrieron ante la ANC[946] –a excepción de por la ya comentada remoción de la Fiscal General de la República– indicándose que dicho Poder estaba subordinado a la ANC-2017 y debía dar cumplimiento a sus decisiones, en el entendido que "resulta necesario continuar adoptando medidas destinadas a seguir mejorando el desempeño de todos los órganos integrantes del Poder Ciudadano".

A tal efecto, la ANC-2017 ordenó la reestructuración y reorganización de los órganos del Poder Ciudadano como respuesta a la "crisis institucional" que había generado la inactividad del Ministerio Público bajo la regencia de la Fiscal General de la República anterior, y creó una comisión que velara por el cumplimiento de lo decidido.

---

944 G.O. n° 6.326 Extraordinario del 11-08-2017 y n° 41.214 del 15-08-2017.

945 G.O. n° 41.214 del 15-08-2017 y n° 41.355 del 07-03-2018.

946 G.O. n° 41.216 del 17-08-2017 y n° 41.529 del 21-11-2018.

Gracias a estas ratificaciones, que en la práctica no hicieron más que confirmar cuáles eran los diferentes factores que convergían con la fuerza política dominante, las cabezas del Poder Ejecutivo Nacional, del Poder Judicial, del Poder Ciudadano y del Poder Electoral pasaron a ser enviados de la ANC-2017 para hacer realidad lo que esta última decidiera, garantizándose el uso del aparato estatal en contra de quienes mediante el discurso oficial se catalogaban como enemigos y traidores a la patria.

Lo anterior, reiteramos, sin que en ningún momento la CRBV prevea que los Poderes Constituidos son subordinados de la ANC, o que sus autoridades requieren del beneplácito de esta última para poder seguir ejerciendo sus funciones

Por este motivo, estimamos que al momento de plantearse un verdadero cambio constitucional en Venezuela este debe ser uno de los puntos que se someta a revisión para dotar de mayor claridad a la norma e impedir todo posible intento de tergiversación. Para ese debate constituyente, los textos constitucionales citados al inicio del Capítulo IV de esta investigación podrían ser un buen punto de partida, sin caer tampoco en la mera reproducción de modelos extranjeros proscrita desde la época de Sieyès.

En todo caso, las violaciones a la CRBV no se limitaron a la remoción de la Fiscal General de la República y la ratificación de los funcionarios mencionados por vía de *decretos constituyentes*.

Adicionalmente, la ANC-2017 procedió a designar por su cuenta a otros tantos, tales como el Contralor General de República luego de aprobar la solicitud de jubilación de quien ejercía el cargo[947], el Vice Fiscal General de la República[948] y el Defensor Público General de la República[949], todos cargos cuyas vacantes debían ser suplidas por quienes la Asamblea Nacional nombrara o autorizara a tenor de los artículos 279 de la CRBV, 25 (num. 3) de la Ley Orgánica del Ministerio Público[950] y 11 de la Ley Orgánica de la Defensa Pública[951], respectivamente, y no por *decretos constituyentes*, acrecentándose así el vaciado de competencias del Poder Legislativo Nacional[952].

947 G.O. n° 41.508 del 23-10-2018.

948 Ibid.

949 G.O. n° 41.559 del 08-01-2019.

950 G.O. n° 38.647 del 19-03-2007.

951 G.O. n° 6.207 Extraordinario del 28-12-2015.

952 Este vaciado se aprecia a su vez en el "Acuerdo Constituyente mediante el cual se aprueba en todas y cada una de sus partes, la estimación de población general al 31-12-2020, realizada por el Instituto Nacional de Estadísticas (INE)", en G.O. n° 41.911 del 30-06-2020, contraviniendo la letra del artículo 11 de la Ley Orgánica de Procesos Electorales –que el acuerdo de hecho cita– en cuanto a que "[s]e considera como población de la República Bolivariana de Vene-

Del mismo modo, el cuerpo estudiado autorizó haciendo uso de estos decretos la designación del Presidente del Banco Central de Venezuela en dos ocasiones[953] y creó el "Comité de Evaluación y Méritos para designar las vacantes del Directorio del Banco Central de Venezuela", para que este último incrementara "la eficiencia y consolidación del Socialismo Bolivariano"[954], lo cual dijo hacerlo en el marco del Decreto con Rango, Valor y Fuerza de Ley del Banco Central de Venezuela[955], aun cuando este preveía era la participación de la Asamblea Nacional, y no de la ANC-2017.

Finalmente, la ANC-2017 dictó par de *decretos constituyentes* y resoluciones en ejecución de una ley constitucional y un *decreto constituyente* publicados por ella previamente, a fin de designar los integrantes y el presidente de la Comisión para la Verdad, la Justicia, la Paz y la Tranquilidad Pública[956], en adición a los integrantes de las Juntas de Liquidación y del Distrito del Alto Apure y del Nivel Metropolitano de Caracas[957].

3.6. Las autorizaciones de enjuiciamiento contra diputados de la Asamblea Nacional

De conformidad con el artículo 200 de la CRBV, los diputados de la Asamblea Nacional "gozarán de inmunidad en el ejercicio de sus funciones desde su proclamación hasta la conclusión de su mandato o de la renuncia del mismo", y los presuntos delitos que cometan serán conocidos "en forma privativa [por] el Tribunal Supremo de Justicia, única autoridad que podrá ordenar, previa autorización de la Asamblea Nacional, su detención y continuar su enjuiciamiento".

Esa autorización era regulada por el artículo 25 del Reglamento Interior y de Debates de la Asamblea Nacional vigente *ratione temporis*, que preveía que:

---

zuela y de sus diversas circunscripciones electorales, las que indique el último censo nacional de población con las variaciones estimadas oficialmente por los organismos competentes, una vez aprobado por la Asamblea Nacional". Este acuerdo, como lo expresó la propia ANC-2017, respondió a la planificación de las elecciones parlamentarias de 2020.

953 G.O. n° 41.265 del 26-10-2017 y n° 41.422 del 19-06-2018.

954 G.O. n° 41.427 del 26-06-2018.

955 G.O. n° 6.211 Extraordinario del 30-12-2015.

956 G.O. n° 41.214 del 15-08-2017 y n° 41.423 del 20-06-2018. Según el artículo 7 de la "Ley Constitucional de la Comisión para la Verdad, la Justicia, la Paz y la Tranquilidad Pública", la Comisión estaba integrada por catorce comisionados designados por la ANC.

957 G.O. n° 41.315 del 08-01-2018. Según el artículo 2 del *decreto constituyente* que suprimió y liquidó a ambos, las juntas estaban conformadas por un presidente y cuatro integrantes con sus suplentes, todos designados por la Junta Directiva de la ANC-2017.

> ...una vez recibida la solicitud de autorización formulada por el Tribunal Supremo de Justicia, la Asamblea Nacional procederá a designar una Comisión Especial que se encargará de estudiar el asunto y de presentar a la plenaria, dentro de los treinta días siguientes a su constitución, un informe pormenorizado, con una proposición sobre la procedencia o no de la autorización solicitada, garantizando al diputado involucrado (...) la aplicación de las reglas del debido proceso, consagradas en el artículo 49 de la Constitución de la República.
>
> La Comisión Especial podrá recabar del Tribunal Supremo de Justicia, así como de cualquier otro órgano del Estado o de los particulares, la información que estime necesaria, y se abstendrá de presentar en el informe opiniones sobre la calificación jurídica del asunto.
>
> En todo caso, la autorización se entenderá denegada si en el plazo de treinta días siguientes a la presentación del informe por la Comisión Especial correspondiente, la plenaria no se hubiere pronunciado sobre el particular. Cuando la gravedad del caso lo amerite, a solicitud de un diputado (...), o de la Junta Directiva, la plenaria podrá decidir sobre la autorización solicitada por el Tribunal Supremo de Justicia en la misma oportunidad en que se recibe dicha solicitud, o en la Sesión más próxima.
>
> Si el diputado (...) a quien se le haya solicitado el levantamiento de su inmunidad, se encuentra presente en la plenaria, se abstendrá de votar en la decisión que sobre el asunto tome la Asamblea Nacional.

Así, se trata de un tema que forma parte de nuestra tradición constitucional como una las condiciones que garantizan la autonomía del Parlamento, principal órgano deliberante y representativo del país[958], que, si bien no ha estado exenta de críticas[959], la doctrina observa entre sus ventajas que "la inmunidad garanti[za] la esfera de libertad personal de los Diputados en contra de eventuales persecuciones políticas movidas por (...) los resortes gubernativos y judiciales encargados de la aplicación de las leyes penales"[960].

De ahí que la inmunidad ampare a los diputados solo durante el tiempo de su mandato al fungir como representantes del pueblo, y se trata de una prerrogativa que no es absoluta, pues puede ser levantada si la mayoría parlamentaria (la mitad más uno de votos posibles) lo decide[961].

---

958 *Cfr*. Ramón Guillermo Aveledo, *Curso de Derecho parlamentario* (Caracas: IEPFT y UCAB, 2018), 161.

959 *Cfr*. Juan Miguel Matheus, "Irresponsabilidad e inmunidad parlamentarias en la Constitución de 1999", *Revista de la Facultad de Derecho de la Universidad Católica Andrés Bello*, nº 62-63 (2008): 65-68.

960 Ibid., 70.

961 Nótese al respecto que, en caso de delito flagrante, según el artículo 200 de la CRBV procede que la autoridad competente ponga al diputado "bajo custodia en su residencia y comunicará inmediatamente el hecho al Tribunal Supremo de Justicia", a fin de que luego se dé inicio al proceso judicial, apuntando los

En este sentido, la inmunidad objeto de comentarios es una manifestación del principio de separación de poderes (aspecto positivo), si bien en la práctica pueda dar paso al desconocimiento de los derechos de las minorías parlamentarias por el solo hecho de serlo, en caso que la mayoría confabule para su remoción aunque no haya motivos suficientes para ello (aspecto negativo).

En otras palabras, como expone Brewer-Carías, "cualquier proceso penal que se inicie contra" un diputado de la Asamblea Nacional "requiere ineludiblemente que se inicie ante el Tribunal Supremo de Justicia, el cual, para ordenar la detención del parlamentario y para continuar su enjuiciamiento, debe obtener previamente autorización de la Asamblea Nacional, órgano que tiene la potestad de negarla"[962]. Lo anterior, porque:

> ...conforme a la Constitución, es potestad exclusiva de la Asamblea Nacional de autorizar el enjuiciamiento de sus propios miembros (...), no pudiendo dicha función ser asumida por ningún otro órgano del Estado. De lo contrario, el mismo incurriría en usurpación de autoridad, siendo los actos que así se dicten nulos e ineficaces[963].

Esa prohibición abarca a una ANC *ex lege*, al ser la CRBV clara sobre cuál es el único órgano que puede proceder al allanamiento, hasta tanto ocurra un cambio constitucional avalado por el pueblo mediante referendo que prevea algo en contrario.

No obstante, la ANC-2017 llegó a otra conclusión para desconocer la inmunidad y autonomía parlamentaria, valiéndose para ello de la tesis del desacato de la Asamblea Nacional estudiada *supra*, en lo que la doctrina calificó como "una burla a la institución de la inmunidad que supone justamente que sea el mismo cuerpo al que pertenece el sujeto expedientado el que autorice su juzgamiento"[964].

Así, a medida que la TSJ/SP anunciaba fallos en los que decidía que existían "suficientes elementos de convicción" para determinar la responsabilidad penal de diputados opositores al Ejecutivo Nacional por haber "incurrido de manera permanente" en delitos por lo general previstos en la Ley Orgánica contra la Delincuencia Organizada y Fi-

---

autores que la autorización de la Asamblea Nacional, "si bien no se requiere para la detención o arresto domiciliario, si se requiere para proceder con el juicio". Jorge Kiriakidis Longhi, "Notas sobre el asedio judicial a la inmunidad parlamentaria en Venezuela", *Revista de Derecho Público*, nº 155-156 (2018): 164.

962 Allan R. Brewer-Carías, "El inconstitucional allanamiento de la inmunidad parlamentaria del diputado Juan Guaidó. Comentarios en torno a un voto disidente a una decisión inexistente del Tribunal Supremo en Sala Plena, supuestamente dictada el 1º de abril de 2019", *Revista de Derecho Público*, nº 157-158 (2019): 389.

963 Ibid., 392.

964 Kiriakidis Longhi, "Notas sobre el asedio judicial a la inmunidad parlamentaria en Venezuela", 166.

nanciamiento al Terrorismo, ella ordenó que se enviaran copias de las actuaciones a la ANC-2017, "a fin de que determine lo conducente, según lo previsto en el artículo 200 de la Constitución de la República"[965].

Poco tiempo después, la ANC-2017 publicaba en la G.O. un *decreto constituyente*, por medio del que autorizaba la continuación del enjuiciamiento "de conformidad con lo establecido en el artículo 200 de la Constitución de la República".

En estos decretos, la ANC invocaba los artículos 347 a 349 de la CRBV y solo los tres primeros (casos de Freddy Guevara, Julio Borges y Juan Requesens) contaron con cierta motivación en la que se aludió a la solicitud del Tribunal Supremo de Justicia, que todos los órganos del Poder Público estaban subordinados a la ANC-2017 de conformidad con las "Normas para garantizar el pleno funcionamiento institucional de la Asamblea Nacional Constituyente en armonía con los Poderes Públicos constituidos", y que "la Comisión para la Verdad, Justicia, Tranquilidad y Paz Pública (...) ha recibido diferentes testimonios de víctimas y personas (...) en los cuales se señala al ciudadano (...) como responsable directo de la planificación, incitación y ejecución de estos hechos punibles", o que el Tribunal Supremo de Justicia había constatado "la existencia de medios de prueba suficientes" para el mismo hecho.

En el resto de los casos, solo se citaron las disposiciones ya indicadas y que le correspondía a la ANC-2017 conocer como "órgano soberano" de la autorización de continuación de enjuiciamiento y el allanamiento de las inmunidades parlamentarias requerido por el Tribunal Supremo de Justicia, en lo que demuestra la sinergia del Poder Público en contra de la Asamblea Nacional y la disidencia política, y las constantes falacias en las que incurrió dicha ANC durante los más de tres años en que estuvo activa.

Así, en total, la ANC-2017 autorizó –sin tener competencia para ello, ya que recordamos su función era redactar una nueva Constitución según el artículo 347 de la CRBV– el enjuiciamiento de los siguientes veinticinco diputados de la Asamblea Nacional, quienes a su vez fungían como algunas de las principales piezas claves de la oposición venezolana: Freddy Guevara, Julio Borges, Juan Requesens, Juan Guaidó, Amerigo de Grazia, Edgar Zambrano, Henry Ramos Allup, José Calzadilla, Luis Florido, Marianela Magallanes, Richard Blanco, Juan Mejía, Sergio Vergara, Carlos Paparoni, Freddy Superlano, Miguel

---

[965] Téngase a modo de ejemplo los fallos TSJ/SP n° 69 del 03-11-2017 (*caso: Freddy Guevara*), n° 48 del 08-08-2018 (*caso: Juan Requesens*), n° 49 del 08-08-2018 (*caso: Julio Borges*), n° 17 del 02-05-2019 (*caso: Edgar Zambrano*) y n° 18 del 07-05-2019 (*caso: Luis Florido y otros*).

Armando, José Guerra, Juan García, Tomás Guanipa, Rafael Guzmán, Juan Guanipa, Luis Stefanelli, Jorge Millán, Carlos Lozano y Hernán Alemán[966].

Con este actuar, la ANC-2017 *reformó de facto* y temporalmente –una vez más, sin que el pueblo lo aprobase por referendo– el contenido del artículo 200 de la CRBV citado al inicio de este acápite, en el sentido de que ya no era la Asamblea Nacional quien debía emitir la autorización para que el Tribunal Supremo de Justicia pudiera ordenar la detención y continuar el enjuiciamiento de los diputados, sino que tal función le correspondía a la ANC, desnaturalizando la propia noción de la inmunidad parlamentaria que parte de la idea de un juzgamiento entre pares como prerrogativa institucional que es.

3.7. La convocatoria a elecciones y juramentaciones

De acuerdo con el numeral 5 del artículo 293 de la CRBV, el Poder Electoral, que es ejercido por el CNE, tiene entre sus funciones la "organización, administración, dirección y vigilancia de todos los actos relativos a la elección de los cargos de representación popular de los poderes públicos".

Esta competencia es desarrollada en la Ley Orgánica de Procesos Electorales, que prevé en el encabezado de su artículo 42 que "[l]a convocatoria a elecciones es el acto público mediante el cual el Consejo Nacional Electoral fija la fecha de elección para los cargos de elección popular, en concordancia con los periodos constitucionales y legalmente establecidos".

No obstante, todo ello fue desconocido por la ANC-2017 que, invocando como de costumbre los artículos 347 a 349 de la CRBV y las "Normas para garantizar el pleno funcionamiento institucional de la Asamblea Nacional Constituyente en armonía con los Poderes Públicos constituidos", en "ejercicio de su poder originario" y visto que "todos los órganos del Poder Público se encuentran subordinados a la Asamblea Nacional Constituyente", procedió a convocar diversos procesos electorales.

Así, en agosto de 2017 convocó para octubre del mismo año las elecciones de gobernadores[967] que estaban pendientes desde diciembre de 2016[968] y habían sido suspendidas después de su convocatoria

---

966 *Cfr. Decretos constituyentes* en G.O. n° 41.272 del 06-11-2017, n° 41.456 del 08-08-2018, n° 41.609 del 03-04-2019, n° 41.627 del 07-05-2019, n° 41.632 del 14-05-2019 con reimpresión en n° 41.637 del 21-05-2019, n° 41.692 del 12-08-2019, n° 41.744 del 23-10-2019 y n° 41.782 del 16-12-2019.

967 G.O. n° 6.327 Extraordinario del 12-08-2017.

968 De acuerdo con el único aparte del artículo 160 de la CRBV, "[e]l Gobernador (...) será elegido o elegida por un período de cuatro años por mayoría de las personas que votan", habiéndose realizado las últimas elecciones en el año

por el CNE[969] "en razón de los hechos de violencia ejecutados por la oposición venezolana, para desestabilizar el orden democrático y afectar el Estado de Derecho", si bien la prensa reportó que ello obedecía a otros motivos[970].

Este proceso se realizó el 15-10-2017 y el partido de gobierno obtuvo dieciocho gobernaciones mientras la oposición se hizo con cinco, en unos comicios que no contaron con integridad electoral de acuerdo con las organizaciones no gubernamentales que se encargaron de su evaluación[971].

De seguida, el 18-10-2017, la ANC-2017 convocó a los gobernadores proclamados ante este cuerpo "para prestar juramento y manifestar su disposición a subordinarse a esta soberana Asamblea Nacional Constituyente, de conformidad con lo establecido en el artículo 349 de la Constitución de la República (...) y los Estatutos de Funcionamiento de la Asamblea Nacional Constituyente"[972]. Estatutos que, como se recordará, nunca fueron publicados en la G.O., en tanto el artículo 349 constitucional nada prevé en relación con lo apuntado por la ANC-2017.

En todo caso, los gobernadores del partido del gobierno acudieron a la ANC-2017 a prestar juramento y, en consecuencia, dicho cuerpo autorizó a los Consejos Legislativos a que juramentaran a sus nuevos gobernadores, en tanto prohibió que hicieran lo propio en el

---

2012. *Cfr.* ACIENPOL, "Pronunciamiento ante el retardo en el deber del Consejo Nacional Electoral de convocar a elecciones de gobernadores y legisladores estadales", *Boletín de la Academia de Ciencias Políticas y Sociales*, nº 155 (2016): 43-47.

969 Originalmente, el Consejo había convocado este proceso para el 10-12-2017. *Cfr.* Alba ciudad, "CNE anuncia elecciones regionales para el 10 de diciembre y de constituyentes para finales de julio", 23-05-2017, https://albaciudad.org/2017/05/cne-anuncia-elecciones-regionales-para-el-10-de-diciembre-constituyente-para-finales-de-julio/.

970 BBC, "El CNE aplaza por seis meses las elecciones regionales en Venezuela", 18-10-2016, https://www.bbc.com/mundo/noticias-america-latina-37699764. La nota señala que "La oposición cree que la baja popularidad del presidente Maduro y del Partido Socialista Unido de Venezuela (PSUV), golpeados por la aguda crisis que vive el país, es la causa del aplazamiento. El oficialismo había adelantado que no consideraban las elecciones regionales una prioridad por la delicada situación económica del país, sacudido por una elevada inflación y escasez de alimentos y productos básicos".

971 *Cfr.* Observatorio Electoral Venezolano, "Informe: Elecciones de gobernadores 2017", 2017, https://oevenezolano.org/wp-content/uploads/2021/04/Informe-Eleccion-de-Gobernadores_compressed.pdf. Entre los motivos, se incluyó la necesidad de revalidar partidos políticos ante el CNE, la prohibición de la tarjeta de la Mesa de la Unidad Democrática en siete estados, inconsistencias en el cronograma, limitaciones a la observación nacional e internacional, ventajismo del Estado, entre otros.

972 G.O. nº 41.259 del 18-10-2017.

caso de los gobernadores proclamados que no habían acudido ante la ANC[973].

Con motivo de lo anterior, el 23-10-2017 acudieron cuatro de los gobernadores opositores a juramentarse ante la ANC-2017[974] y, en vista que el gobernador proclamado del Estado Zulia se negó a cumplir con este *requisito*, la ANC-2017 convocó a nuevas elecciones en esa entidad para el mes de diciembre de 2017 ya que:

> ...ante la negativa injustificada (...) de juramentarse en cumplimiento del ordenamiento jurídico vigente, y en protección de los intereses del pueblo zuliano y del patrimonio de dicho estado, el Consejo Legislativo del Estado Zulia ha declarado la falta absoluta del gobernador electo antes de tomar posesión del cargo (...), por lo que resulta imperativo convocar a un nuevo proceso electoral para (...) gobernador de esta entidad federal[975].

Tal proceso se realizó el 10-12-2017 luego de que el CNE cumpliera la orden de la ANC-2017 y el 13 del mismo mes el nuevo gobernador proclamado –ahora, de carácter oficialista– acudió a la ANC a juramentarse y "subordinarse a esta Magna Asamblea Nacional Constituyente, de conformidad con lo establecido en el artículo 349 de la Constitución de la República (...) y los Estatutos de Funcionamiento de la Asamblea Nacional Constituyente en armonía con los poderes públicos constituidos"[976].

Al respecto, tal como sostuvo la doctrina, aun cuando el juramento cumple el fin de "dejar constancia del momento a partir del cual se asume el cargo, a los fines de delimitar las responsabilidades inherentes a éste", este "no puede transformase en una rígida formalidad que impida injustificadamente el ejercicio de cargos de elección popular" ni "afectar la voluntad del pueblo, impidiendo el ejercicio del candidato electo y proclamado"[977].

Menos aún, cuando se trata de un juramento que carece de base jurídica –como el pretendido ante la ANC-2017– ya que según el artículo 12 de la Ley de Elección y Remoción de Gobernadores[978] tal

---

973 Nótese que en esa misma G.O. n° 41.259 del 18-10-2017, el Ministerio del Poder Popular para Relaciones Interiores, Justicia y Paz publicó las Resoluciones n° 287 a 291 por medio de las cuales intervino los cuerpos de policía de los estados en los que habían ganado los candidatos opositores (Anzoátegui, Nueva Esparta, Táchira, Mérida y Zulia), arguyendo que tal atribución podía ser ejercida cuando habían violaciones de derechos humanos o previa solicitud de las autoridades competentes.

974 G.O. n° 41.262 del 23-10-2017.

975 G.O. n° 41.265 del 26-10-2017.

976 G.O. n° 41.300 del 14-12-2017.

977 José Ignacio Hernández G., "La ilegítima destitución del gobernador electo del estado Zulia", *Revista de Derecho Público*, n° 151-152 (2017): 234.

978 G.O. n° 4.086 Extraordinario del 14-04-1989.

juramento se debe es ante la Asamblea –hoy Consejos– Legislativos, previéndose en el numeral 1 del artículo 164 de la CRBV que corresponde a los estados "[d]ictar su Constitución para organizar los poderes públicos, de conformidad con lo dispuesto en esta Constitución", lo que resulta extensivo a los juramentos de sus autoridades.

Esta situación se repitió a nivel municipal, ya que la ANC-2017 convocó a las elecciones de los alcaldes para diciembre de 2017[979] reiterándose el llamado a los artículos 347 a 349 de la CRBV y que todo el Poder Público estaba subordinado a ella, remitiéndosele el *decreto constituyente* al CNE "para que realice lo conducente".

Las elecciones se llevaron a cabo el 10-12-2017 y, el 13-12-2017, la ANC-2017 dictaminó que "todos y cada una [sic] de (...) los alcaldes proclamados en sus respectivos municipios deben prestar juramento ante el Poder Originario representado en la Soberana Asamblea Nacional Constituyente", delegando tal juramento en comisiones estadales que la ANC constituiría al efecto, dada la extensión del territorio nacional[980].

Solo aquellos alcaldes que cumplieran con este *requisito* podrían tomar posesión de sus cargos, violentándose así el artículo 97 de la Ley Orgánica del Poder Público Municipal[981], según el cual "[e]l alcalde (...) electo (...) tomará posesión del cargo, mediante juramento ante el Concejo Municipal, en la primera sesión de cada año del período municipal o en la primera sesión del mes siguiente a su elección (...)".

En breve, la elección de las máximas autoridades del Poder Ejecutivo a nivel estadal y municipal para el período 2017-2021 respondió a la convocatoria de un cuerpo que era incompetente para tomar esta decisión –la ANC-2017, en vez del CNE que se apegó a lo dicho por la primera– y se hizo depender de la juramentación ante dicha ANC de los candidatos electos, como requisito que carecía de total y absolutamente de fundamento jurídico pues dicho juramento se debía era ante el Consejo Legislativo en el caso de los gobernadores y el Concejo Municipal de tratarse de los alcaldes.

Todo esto, en criterio de la doctrina, con el objetivo de mermar la participación ciudadana y favorecer el control del partido de gobierno sobre buena parte del territorio nacional, pensando en las para entonces venideras elecciones presidenciales[982].

---

979 G.O. n° 41.265 del 26-10-2017.

980 G.O. n° 41.300 del 14-12-2017.

981 G.O. n° 6.015 Extraordinario del 28-10-2010.

982 *Cfr.* José Ignacio Hernández G., "La destrucción de las condiciones de integridad electoral por los actos intolerables de la ilegítima Asamblea Nacional Constituyente", *Revista de Derecho Público*, n° 153-154 (2018): 47.

Es así como, una vez celebrados los procesos reseñados *supra*, la ANC-2017 dictó un nuevo *decreto constituyente*, en esta ocasión referido a "la convocatoria de las elecciones para la Presidencia de la República" para el primer cuatrimestre de 2018, remitiéndose al CNE para que realizara lo conducente[983], en lo que la doctrina calificó como una convocatoria "extemporánea y ventajista por anticipada (...) en violación del periodo constitucionalmente establecido"[984], teniendo en cuenta que el Presidente de la República Electo no asumiría posición del cargo sino hasta enero del año siguiente por imperativo del artículo 231 de la CRBV.

En este acto, que una vez más invocó los artículos 347 a 349 de la CRBV y las "Normas para garantizar el pleno funcionamiento institucional de la Asamblea Nacional Constituyente en armonía con los Poderes Públicos constituidos", la ANC-2017 dijo actuar "en ejercicio de su poder originario" y que ella estaba "facultada para adoptar medidas sobre las competencias, funcionamiento y organización de los órganos del Poder Público". Una vez más, repitiéndose las falacias a las que la ANC ya tenía acostumbrado al foro.

Cerca del vencimiento del lapso fijado por la ANC-2017, y luego de que el CNE fijara la fecha del proceso para el 22-04-2018[985], el cuerpo dictó un nuevo *decreto constituyente* atendiendo al exhorto del Presidente de la República "a considerar la realización de elecciones para la escogencia de los Consejos Legislativos Estadales y Concejos Municipales cuyos períodos se encuentran vencidos"[986].

En virtud de este *decreto constituyente*, tanto las elecciones de los consejos legislativos como de los concejos municipales, así como de la Presidencia de la República, se fijaron para el mes de mayo de 2018, "con la finalidad de garantizar la viabilidad técnica de las elecciones legislativas estadales y municipales que se suman simultáneamente al evento presidencial, a favor de la mayor participación electoral", si bien las de los concejos municipales terminaron aplazándose hasta diciembre del mismo año.

Así, los comicios a la Presidencia de la República y los consejos legislativos se realizaron el 20-05-2018 sin la participación de la coali-

---

983 G.O. n° 6.361 Extraordinario del 23-01-2018.

984 ACIENPOL, "Pronunciamiento ante el 'Decreto Constituyente sobre la convocatoria de las elecciones para la Presidencia de la República Bolivariana de Venezuela' dictado por la Asamblea Nacional Constituyente", *Boletín de la Academia de Ciencias Políticas y Sociales*, n° 157 (2018): 11-15.

985 El País, "Venezuela celebrará elecciones presidenciales el 22 de abril de 2018", 08-02-2018, https://elpais.com/internacional/2018/02/08/america/1518047238_754183.html.

986 G.O. n° 41.351 del 01-03-2018.

ción opositora ante la falta de garantías electorales[987] y, según los resultados oficiales, el Presidente de la República fue reelecto.

No siendo nuestra intención ahondar en cómo se desarrollaron cada uno de estos procesos, así como el rechazo y desconocimiento de los resultados de las elecciones presidenciales que dio pie al interinato, por ser todos temas abordados tanto por la doctrina como organizaciones no gubernamentales dedicas al estudio de la integridad electoral en el país[988], a efectos de esta investigación basta destacar, una vez más, cómo la ANC-2017 se apartó del objeto que le fija la CRBV de redactar una nueva Constitución para, por la vía de los hechos, ejercer un rol protagónico en cuanto a quiénes debían ejercer el Poder Ejecutivo a nivel nacional, estadal y municipal, y en el Poder Legislativo en estos dos últimos niveles, habiendo tomado para sí lo concerniente al Poder Legislativo a nivel nacional.

Así, un cuerpo cuya propia convocatoria estuvo viciada de inconstitucionalidad por las razones que ya hemos comentado en este trabajo, ahora procedía a convocar los comicios por medio de los cuales debían renovarse prácticamente todos los cargos de elección popular a excepción de la Asamblea Nacional, que recordamos había sido disuelto *de facto* por la ANC-2017 al esta última haber decido "[a]sumir las competencias para legislar (...) así como para dictar actos parlamentarios en forma de ley", como vimos *supra*.

3.8. Los pronunciamientos sobre el acontecer nacional e internacional

Desde su creación, la Asamblea Nacional –y hasta mediados del año 2000, la CLN– se ha caracterizado por emitir una serie de pronunciamientos denominados generalmente como "acuerdos". A través de estos, el órgano legislativo fija su posición política como "vocero del pueblo soberano" en una variedad de temas de interés social, gubernamental, económico, jurídico, deportivo y cultural.

---

987 BBC, "La MUD anuncia que no participará en las presidenciales de Venezuela y Maduro dice que quiere 'megaelección' que incluya parlamentarias y locales", 21-02-2018, https://www.bbc.com/mundo/noticias-america-latina-43148830.

988 *Cfr.* Sira Santana, "La integridad electoral en Venezuela"; Hernández G., "La destrucción de las condiciones de integridad electoral por los actos intolerables de la ilegítima Asamblea Nacional Constituyente"; Observatorio Electoral Venezolano, "Informe: Elección Presidencial (Parte I) - 2018", 2019, https://oevenezolano.org/wp-content/uploads/2020/05/Informe-Presidenciales-2018-Parte-I-2018.pdf; Observatorio Electoral Venezolano, "Informe: Elección Presidencial (Parte II) - 2018", 2019, https://oevenezolano.org/wp-content/uploads/2020/05/Informe-Presidenciales-2018-Parte-II-2018.pdf; ibid.

Estos acuerdos, aunque no están previstos en la CRBV, se rigen por el Reglamento Interior y de Debates de la Asamblea Nacional[989]. Con ellos, el Parlamento celebra, repudia o conmemora eventos del acontecer nacional e internacional y ordena su publicación en la G.O. para que sea de conocimiento colectivo.

Esta práctica fue asumida por la ANC-2017, constatándose en la G.O. la publicación de ochenta y dos pronunciamientos emanados de esta institución.

La mayoría de llos, al igual que los de la Asamblea Nacional, carecen de valor jurídico significativo y se limitan a reseñar hechos y expresar una posición sobre ellos, por lo general bastante adjetivada, haciéndosele llegar el acto a las personas directamente involucradas en el mismo en caso de haberlas.

En otras ocasiones, en tanto, los pronunciamientos sirvieron para impartir órdenes o exhortos, difuminando aún más el principio de separación de poderes. Esto se agravó por el hecho de que la ANC-2017 se autocalificó como un órgano superior a los demás poderes públicos, subordinando a estos a sus decisiones y exigiendo su cumplimiento.

En este sentido, como parte final de nuestra investigación, a continuación se enlistan los pronunciamientos aprobados y publicados por la ANC-2017, clasificados por materia para facilitar su consulta.

Cabe señalar que algunos de estos pronunciamientos no adoptaron la forma típica de acuerdo, sino que se denominaron resoluciones o *decretos constituyentes*. Asimismo, en los pocos casos en que los pronunciamientos adoptaron disposiciones de interés, se hace la acotación respectiva.

3.8.1. Aniversarios de la Asamblea Nacional Constituyente

Los acuerdos invocaron como base legal los artículos 347 a 349 de la CRBV y las "Normas para garantizar el pleno funcionamiento institucional de la Asamblea Nacional Constituyente en armonía con los Poderes Públicos Constituidos".

Además, se refirieron a la ANC-2017 como una institución "soberana y plenipotenciaria" creada para "para combatir y derrotar la nueva táctica imperial de la derecha mundial de alterar el orden constitu-

---

[989] *Cfr.* Artículo 111, según el cual: "Los proyectos de acuerdo se discutirán previamente en el seno de la Junta Directiva, la cual podrá consultar la opinión de la Comisión Consultiva, y se presentarán a la plenaria para su aprobación. Si algún diputado o diputada no estuviese de acuerdo, se abrirá el debate y habrá una sola discusión, la cual será sobre la totalidad, a menos que la Asamblea Nacional decida lo contrario. // En caso de urgencia se someterán, sin trámite previo, a la consideración de la plenaria y se resolverá por mayoría".

cional, y destruir el Proyecto Revolucionario y Chavista" (acuerdo de 2018).

De manera similar, la ANC-2017 reafirmó su "firme determinación de (...) dar la mayor suma de felicidad posible, seguridad social y estabilidad política a todos los venezolanos (...), en el marco del nuevo comienzo revolucionario que estamos transitando" (acuerdo de 2018), gracias a la "fortaleza de la unión cívico-militar" (acuerdo de 2020), siendo que la ANC acompañaría -verbo usado en el documento- al pueblo hasta la "consolidación definitiva" de la paz y la estabilidad, trayéndose como ejemplos de su labor las convocatorias de procesos electorales la designación de altos funcionarios (acuerdo de 2019). Ambas, cuestiones realizadas de forma inconstitucional y usurpando las funciones del Poder Público, y que no guardaban relación alguna con el objetivo de redactar una nueva Constitución que prevé la CRBV para este cuerpo.

En este orden de ideas, estos fueron los tres acuerdos publicados en la G.O.:

a. Acuerdo constituyente en conmemoración del primer aniversario de haberse instalado nuestra soberana y plenipotenciaria Asamblea Nacional Constituyente. G.O. n° 41.454 del 06-08-2018.

b. Acuerdo constituyente en ocasión del segundo aniversario de la victoria democrática y electoral del pueblo venezolano en la elección de la Asamblea Nacional Constituyente. G.O. n° 41.683 del 30-07-2019.

c. Acuerdo constituyente en ocasión del tercer aniversario de la instalación por la paz y la estabilidad republicana de la originaria y plenipotenciaria Asamblea Nacional Constituyente. G.O. n° 6.559 Extraordinario del 01-08-2020.

3.8.2. Apoyo al Poder Ejecutivo Nacional

Los actos invocaron como base legal los artículos 347 a 349 de la CRBV -y en la mayoría de los casos, también las "Normas para garantizar el pleno funcionamiento institucional de la Asamblea Nacional Constituyente en armonía con los Poderes Públicos Constituidos"- para manifestar el apoyo de la ANC-2017 como "Poder Constituyente Originario y Plenipotenciario" a las políticas públicas promovidas por el Presidente de República en áreas como las finanzas públicas, repatriación de venezolanos en el extranjero, relaciones internacionales, salud y servicios públicos.

A tal efecto, la ANC-2017 creó una "Comisión para el Desarrollo Normativo de El Petro, integrada por representantes de la Asamblea

Nacional Constituyente y el Ejecutivo Nacional" (acuerdo de marzo de 2018) y otra "Comisión Especial" para acompañar y complementar las acciones del Plan Vuelta a la Patria del Ejecutivo (acuerdo de septiembre de 2018).

Adicionalmente, señaló que se dictaría un *decreto constituyente* para derogar la legislación sobre el régimen cambiario y sus ilícitos a fin de "incentivar y permitir la inversión en moneda extranjera, (...) abriendo espacio al funcionamiento de las casas de cambio y a las operaciones cambiarias entre los distintos actores de la economía nacional" (*decreto constituyente* de agosto de 2018).

Por último, y de mayor interés, la ANC-2017 resolvió en relación con la falla del sistema eléctrico que mantuvo al país sin este servicio por entre cinco y siete días, "[e]xigir a [la] justicia venezolana la determinación de responsabilidades ante este vil ataque a nuestro pueblo, así como hacer justicia llevando ante las autoridades judiciales a los autores materiales e intelectuales de esta acción genocida" (acuerdo de marzo de 2019), de lo que podría desprenderse que este cuerpo asumía para sí las funciones del Ministerio Público en cuanto a la investigación de hechos penales, como ya lo había hecho con las funciones del Parlamento.

Así, se publicaron los catorce pronunciamientos siguientes en la G.O.:

- **a.** Acuerdo mediante el cual se respalda y acompaña el proceso de refinanciamiento de la deuda venezolana emprendido por el Presidente de la República Bolivariana de Venezuela, Nicolás Maduro Moros, bajo los principios de soberanía e independencia, a los fines de fortalecer el desarrollo económico y social de la Nación, así como la paz y tranquilidad pública. G.O. n° 41.284 del 22-11-2017.
- **b.** Acuerdo constituyente en respaldo al lanzamiento de la criptomoneda el Petro. G.O. n° 41.354 del 06-03-2018.
- **c.** Decreto constituyente mediante el cual se respalda el inicio del nuevo cono monetario a partir del día lunes 20-08-2018 y la supresión de cinco ceros en las denominaciones del cono monetario actual, a objeto de brindar mayor fortaleza y estabilidad del Bolívar Soberano, cuyo valor referencial estará anclado al valor del Petro, el cual estará asociado al precio del barril de petróleo venezolano. G.O. n° 41.452 del 02-08-2018.
- **d.** Decreto constituyente de respaldo y acompañamiento al Plan Vuelta a la Patria, y de repudio a los nuevos planes injerencistas contra el pueblo y las instituciones democráticas de la

República Bolivariana de Venezuela. G.O. n° 41.475 del 05-09-2018.

e. Acuerdo constituyente de respaldo al mensaje del Presidente de la República, Nicolás Maduro Moros, en la Asamblea General de Naciones Unidas, por llevar la posición firme, digna, democrática y de paz de la República Bolivariana de Venezuela al mundo. G.O. n° 41.495 del 03-10-2018.

f. Acuerdo constituyente de reconocimiento ante la democrática, soberana, e independiente acción de defensa realizada por la diplomacia bolivariana de paz, de nuestra sagrada integridad nacional para derrotar el golpe de Estado en contra del Gobierno y las instituciones constitucionales de la República Bolivariana de Venezuela. G.O. n° 41.580 del 06-02-2019.

g. Acuerdo constituyente de reconocimiento y felicitación al pueblo venezolano, a la Fuerza Armada Nacional Bolivariana, a los trabajadores y trabajadoras y al Gobierno Bolivariano del Presidente Constitucional de la República Bolivariana de Venezuela, Nicolás Maduro Moros, por la victoria popular ante el golpe eléctrico a través de un ciber ataque terrorista al Sistema Eléctrico Nacional ejecutado por el imperio estadounidense y sus lacayos del oposicionismo venezolano el pasado 07-03-2019. G.O. n° 41.601 del 19-03-2019, reimpreso en n° 41.603 del 21-03-2019.

h. Acuerdo constituyente en respaldo a la diplomacia bolivariana de paz y de salutación por las recientes victorias de la revolución bolivariana en su agenda internacional en pro de la defensa de la integridad nacional y el bienestar del pueblo venezolano. G.O. n° 41.733 del 08-10-2019.

i. Acuerdo Constituyente de salutación ante la nueva victoria de la diplomacia de paz al resultar la República Bolivariana de Venezuela electa como miembro del Consejo de Derechos Humanos de Naciones Unidas. G.O. n° 41.744 del 23-10-2019.

j. Acuerdo constituyente de Salutación ante el exitoso Encuentro Mundial Contra el Imperialismo, realizado en Caracas del 22 al 24-01-2020. G.O. n° 6.507 Extraordinario del 29-01-2020.

k. Pronunciamiento respaldo irrestricto al pueblo venezolano, las trabajadoras y los trabajadores de la Aerolínea Bandera de Venezuela, Conviasa, propiedad de todo el pueblo venezolano, ante otra nueva agresión del fascista, criminal y supremacista gobierno imperialista de Donald Trump. G.O. n° 6.511 Extraordinario del 08-02-2020.

l. Pronunciamiento al pueblo venezolano la Asamblea Nacional Constituyente ante la detección del coronavirus en la República Bolivariana de Venezuela y el decreto de estado de alarma constitucional emitido por el Gobierno Bolivariano que preside Nicolás Maduro Moros, Comandante en Jefe de la FANB, Jefe de Estado y de Gobierno, para proteger al pueblo, prevenir, enfrentar, confrontar y derrotar esta pandemia mundial. G.O. n° 41.840 del 16-03-2020.

m. Acuerdo Constituyente en respaldo a la soberana decisión del Presidente de la República Bolivariana de Venezuela, Nicolás Maduro Moros, de expulsar a la Embajadora de la Unión Europea en nuestro país por la constante y conspirativa injerencia en los asuntos internos de nuestra patria. G.O. n° 41.911 del 30-06-2020.

n. Pronunciamiento de la Asamblea Nacional Constituyente al pueblo venezolano y a los pueblos libres del mundo en ocasión de la medida de indulto presidencial decretado por el ciudadano Presidente Nicolás Maduro Moros a ciudadanos procesados por hechos punibles contra la Constitución Nacional, las leyes, los derechos humanos y los sagrados intereses de nuestro pueblo. G.O. n° 41.955 del 01-09-2020.

3.8.3. Comicios nacionales

Los actos invocaron como base legal los artículos 347 a 349 de la CRBV –y en la mayoría de los casos, también las "Normas para garantizar el pleno funcionamiento institucional de la Asamblea Nacional Constituyente en armonía con los Poderes Públicos Constituidos"– para luego apuntar que todos los órganos del Poder Público estaban subordinados a la ANC-2017.

De ahí, que dicha institución hubiese convocado en el pasado los procesos electorales para elegir al Presidente de la República para el período 2019-2015 y a los gobernadores, alcaldes y concejales municipales.

Entre estos acuerdos destaca el relativo a los veinte años de vigencia de la CRBV, donde la ANC-2017 declaró que la CRBV era "el instrumento más eficaz para el desarrollo pacífico y democrático de las transformaciones políticas", y expuso que ella tenía la "tarea histórica, por mandato del Pueblo venezolano (...), de profundizar los aspectos que procuren la defensa de la vigencia del texto fundamental".

Así, ratificó "desde este Poder Constituyente Originario nuestra firme determinación de ser garantes del respeto y plena vigencia de la Constitución de República Bolivariana de Venezuela, Constitución que el Pueblo venezolano está defendiendo desde el mismo año 1999".

No puede sino llamarnos la atención este acuerdo si tenemos en cuenta que -al menos según el artículo 337 de la CRBV, ya estudiado en esta investigación- el objetivo de una ANC es redactar una nueva Constitución, y no defender la vigencia de la anterior.

Asimismo, lo expresado por la ANC-2017 encuadraría sin más en una falacia, en los términos a los que hicimos referencia en la introducción de nuestro estudio, al contrastar cómo esta institución se desvió de lo previsto en la CRBV al asumir para sí las competencias de los Poderes Constituidos -especialmente de la Asamblea Nacional- convirtiéndose en uno de los principales transgresores del texto constitucional que ahora afirmaba defender.

En todo caso, estos son los cuatro pronunciamientos publicados en la G.O. en relación con la celebración de comicios -viejos y nuevos- en el país:

a. Decreto constituyente mediante el cual se celebra la voluntad democrática del Pueblo venezolano expresada el 20-05-2018 de elegir mediante votación universal, directa y secreta al Presidente de la República Bolivariana de Venezuela, Nicolás Maduro Moros, para el ejercicio del cargo durante el período constitucional 2019-2025, tal y como fue proclamado por el Consejo Nacional Electoral el 22-05-2018. G.O. n° 41.405 del 25-05-2018.

b. Acuerdo constituyente de felicitación al pueblo venezolano y a las instituciones de la República Bolivariana de Venezuela por la jornada electoral democrática, pacífica, libre, soberana e independiente del 09-12-2018. G.O. n° 41.542 del 10-12-2018.

c. Acuerdo constituyente de celebración por el primer aniversario de la victoria heroica del pueblo venezolano y de la revolución bolivariana en las elecciones presidenciales del 20-05-2018. Nicolás Maduro es pueblo insurgente libre y soberano gobernando la patria[990]. G.O. n° 41.636 del 20-05-2019.

d. Acuerdo Constituyente en conmemoración de los veinte años del referéndum aprobatorio donde el pueblo dio su respaldo democrático y libre a la Constitución de la República Bolivariana de Venezuela. G.O. n° 41.782 del 16-12-2019.

---

[990] De acuerdo con el segundo punto de este acuerdo, la ANC-2017 ratificó su "compromiso con la defensa de la paz, la independencia, soberanía e integridad nacional de la República (...), accionando en cualquier terreno político y jurídico para preservar la estabilidad nacional y el respeto a nuestras sagradas instituciones democráticas", en lo que recalca la idea ya comentada de que el objetivo de este cuerpo nunca fue redactar una nueva Constitución para el Estado venezolano.

3.8.4. Sanciones internacionales

Desde al menos el año 2015 varios Estados han impuestos sanciones contra funcionarios y empresas públicas venezolanas, por su presunta implicación en hechos de corrupción, violaciones de derechos humanos y vulneración de la integridad electoral[991].

Estas medidas fueron resumidas cuando el Presidente de los Estados Unidos de América dictó la Orden Ejecutiva n° 13808 del 24-08-2017, que estableció prohibiciones y restricciones económicas para las operaciones relacionadas con el gobierno de Venezuela y PDVSA[992].

Al respecto, la ANC-2017, repitiendo el fundamento jurídico de los casos anteriores, decidió "[a]sumir el llamado del ciudadano NICOLÁS MADURO MOROS (...) de iniciar conjuntamente con los órganos del Estado competentes un juicio histórico por traición a la Patria contra los que estén incursos en la promoción de estas inmorales acciones", "[d]eclarar como traidores a la Patria a los actores políticos nacionales (...) que han promovido la agresión económica e intervención contra la República" y "solicitar a los órganos competentes el inicio inmediato de las investigaciones y procesos respectivos para determinar la responsabilidad y sanciones correspondientes" (acuerdo de agosto de 2017).

De este modo, la ANC-2017 asumió una vez más funciones que no le competían al pretender ser juez y ejecutor de procesos penales contra quienes ella calificaba como traidores, aun cuando ordenara a los "órganos competentes" -que recordamos, eran sus subordinados de acuerdo con la tesis que la ANC venía manejando desde su propia convocatoria- que se encargaran de lo conducente.

Pronunciamientos similares se repitieron cuando los Estados Unidos de América ampliaron el universo de sanciones y otros tantos gobiernos -entre ellos, Canadá y los Estados que conforman la Unión Europea- impusieron las propias, viéndose por ejemplo que con ocasión de la Orden Ejecutiva n° 13835 del 21-05-2018 de los Estados Unidos de América[993], relacionada con la prohibición de transar con el Petro, la ANC-2017 acordó "[o]rdenar la apertura de una investigación dirigida a la determinación de las responsabilidades a que hubiera

---

[991] *Cfr.* Gerson Revanales, "Comentarios sobre la Orden Ejecutiva 13.692 del Presidente de los Estados Unidos de América de fecha 8 de marzo de 2015, sobre sanciones a funcionarios venezolanos: un expediente en defensa de la democracia", *Revista de Derecho Público*, n° 141 (2015): 137-52. La Orden Ejecutiva n° 13692 del 08-03-2015 puede consultarse en https://ofac.treasury.gov/media/5906/download?inline.

[992] En https://ofac.treasury.gov/media/5476/download?inline.

[993] En https://ofac.treasury.gov/media/5511/download?inline.

lugar por la actuación antinacional de factores políticos venezolanos" (acuerdo de abril de 2018).

En tanto, sobre las sanciones impuestas por la Unión Europea, la ANC-2017 reiteró "la responsabilidad de factores de la oposición quienes (...) estimulan nacional e internacionalmente la asfixia de nuestro país impidiendo la adquisición de bienes y servicios prioritarios, como alimentos y medicinas" (acuerdo de junio de 2018), asentando las bases para su persecución y juzgamiento.

Ello sería ratificado, una vez más, producto de la Orden Ejecutiva n° 13884 del 05-08-2019 de los Estados Unidos de América[994], que en criterio de la ANC-2017 le imponía a dicho cuerpo "tomar las decisiones necesarias para preservar el interés de la República (...) y la defensa del sagrado bienestar, paz, libertad y democracia de todos los venezolanos" y, por consiguiente, "realizar (...) las acciones conducentes para hacer efectiva justicia (...) contra aquellos quienes (...) defienden los intereses extranjeros al estimular, contribuir, cohonestar y aplaudir estas sistemáticas agresiones que amenazan sensiblemente la estabilidad y desarrollo armonioso de nuestra patria" (acuerdo de agosto de 2019).

En este sentido, estos fueron los ocho acuerdos publicados en la G.O.:

a. Decreto constituyente contra el bloqueo financiero del Gobierno de los Estados Unidos de América contra el pueblo venezolano. G.O. n° 41.224 del 29-08-2017.

b. Decreto constituyente de rechazo a las nuevas sanciones injerencistas, unilaterales e ilícitas adoptadas por los gobiernos de Canadá y Estados Unidos de América en contra de la República Bolivariana de Venezuela. G.O. n° 41.246 del 28-09-2017.

c. Acuerdo mediante el cual se rechaza de manera categórica las nuevas sanciones injerencistas, coercitivas y unilaterales adoptadas por la Unión Europea en contra de la República Bolivariana de Venezuela, con la finalidad de intervenir sobre asuntos internos que son de la competencia exclusiva del Pueblo e instituciones el Estado venezolano, en abierta contravención a los valores y principios fundamentales del Derecho internacional, entre ellos, la igualdad soberana de los Estados. G.O. n° 41.284 del 22-11-2017.

d. Acuerdo constituyente para repudiar la extensión de la Orden Ejecutiva del Gobierno de los Estados Unidos de Norte-

---

[994] En https://ofac.treasury.gov/media/26786/download?inline.

américa que califica a la República Bolivariana de Venezuela como una "Amenaza inusual y extraordinaria". G.O. n° 41.355 del 07-03-2018.

e. Acuerdo constituyente para repudiar las sanciones de los Estados Unidos de América contra la Criptomoneda el Petro. G.O. n° 41.375 del 11-04-2018.

f. Acuerdo constituyente en rechazo a las injerencistas, coercitivas y unilaterales sanciones impuestas por la Unión Europea a funcionarios del gobierno democrático y constitucionalmente electo de la República Bolivariana de Venezuela. G.O. n° 41.427 del 26-06-2018.

g. Acuerdo constituyente en rechazo a los nuevos ataques y bloqueos del gobierno de los Estados Unidos de América y de la prórroga de las mismas por parte de algunos gobiernos que integran la Unión Europea, contra el pueblo venezolano. G.O. n° 41.518 del 06-11-2018.

h. Acuerdo constituyente de repudio a la nueva Orden Ejecutiva del Gobierno de Donald Trump en contra de los derechos fundamentales y la paz del valiente pueblo democrático de la República Bolivariana de Venezuela. G.O. n° 41.692 del 12-08-2019.

3.8.5. Relaciones internacionales

Invocando una vez más los artículos 347 a 349 de la CRBV –y en la mayoría de los casos, también las "Normas para garantizar el pleno funcionamiento institucional de la Asamblea Nacional Constituyente en armonía con los Poderes Públicos Constituidos"–, la ANC-2017 mostró su apoyo a los gobiernos que históricamente han sido aliados del Ejecutivo Nacional y su rechazo contra sus detractores, reiterando en todo momento el apoyo –verbo usado en los actos– de la ANC al Presidente de la República, "para derrotar y vencer las campañas contra su persona, la República y la Patria" (acuerdo sobre Maduro), dejándose en evidencia el rol más político que jurídico de la ANC-2017, así como su verdadera finalidad.

Estos acuerdos, a su vez, sirvieron para promover la represión en el país al por ejemplo solicitar la ANC-2017 "a los órganos competentes el inicio inmediato de las investigaciones y procesos respectivos para determinar la responsabilidad y las sanciones correspondientes, contra los actores políticos nacionales que han promovido la agresión militar, económica y política contra la Patria venezolana" (acuerdo sobre las declaraciones de Trump), mientras en otra ocasión se dijo que se crearía una Comisión Especial que elaboraría y publicaría un informe sobre el "sistemático proceso de agresiones, con los [sic] cuales se ha pretendido alterar la paz regional y la estabilidad de nuestra República" (acuerdo sobre Almagro), sin que se haya tenido acceso a tal documento.

Más grave aún, en tanto, fue el acuerdo sobre el Grupo de Lima, ya que en él la ANC-2017 acordó:

> TERCERO. Exigir de manera categórica a los Poderes Públicos competentes el tratamiento de traidores a la patria, y el establecimiento de las sanciones correspondientes, para quienes expresen su apoyo a la inmoral e ilegal declaración del autodenominado GRUPO DE LIMA y gobiernos que lo conforman, dadas las consideraciones esgrimidas en los términos del presente Decreto Constituyente, por ser lesivo a la Soberanía Nacional.
>
> CUARTO. Si la Asamblea Nacional no actuase en defensa de la Soberanía e Independencia de la República Bolivariana de Venezuela, rechazando en todos sus términos la inmoral, injerencista y violatoria posición del autodenominado GRUPO DE LIMA y gobiernos que lo conforman; la Asamblea Nacional Constituyente, como Poder Originario, Soberano y Plenipotenciario de la Nación ejercerá en consecuencia y con apego estricto a la Constitución Nacional, las acciones necesarias para corregir de manera oportuna y ejemplarizante esta terrible conducta.
>
> ...
>
> NOVENO. Ordenar desde esta soberanísima Asamblea Nacional Constituyente, a los poderes judiciales de nuestra Patria, que se abra una investigación inmediata por traición a la Patria a todos aquellos y aquellas que se plieguen a la Declaración del mal llamado Grupo de Lima.

Como vemos, actos que podrían pasar desapercibidos al leer el sumario de la G.O. por pensarse que su contenido carece de relevancia jurídica y responden a meras proclamas políticas, pero que contienen verdaderas afirmaciones de cuidado y que, posteriormente, sirvieron de base para que se iniciaran procesos penales en contra de los diputados de la Asamblea Nacional cuya inmunidad fue allanada como vimos *supra* y la población en general por estimarse que habían apoyado –así fuese de forma tácita– la posición del Grupo de Lima, al mejor estilo de la *Policía del Pensamiento* de la famosa obra de George Orwell, 1984.

Del mismo modo, llama la atención que la ANC-2017 –que en más de una ocasión se autocalificó como originaria, plenipotenciaria o soberana– expresó que ella debía garantizar que el Presidente de la República iniciara un nuevo período en enero de 2019, ya que le correspondía dar cumplimiento a lo dispuesto en el artículo 231 de la CRBV y las leyes (acuerdo sobre los *planes intervencionistas*), aunque en otras tantas situaciones desestimó al ordenamiento jurídico calificándose de poder supranacional.

Finalmente, al rechazar el informe del Ex Alto Comisionado de Derechos Humanos, la ANC-2017 hizo una serie exhortos al Ejecutivo Nacional para que exigiera se respetaran las normas del Derecho internacional público y las instancias internacionales decidieran de forma imparcial, ya que, en criterio de la ANC no había crisis humanitaria en el país y "Venezuela cuenta con los recursos naturales y financieros para superar la actual situación económica y social, por lo cual no necesita ayuda ni intervención humanitaria" -afirmación esta que difiere de lo apuntado por las organizaciones no gubernamentales que han estudiado el tema[995]- y lo que se pretendía con estas declaraciones era "imponer un pensamiento único que borre creencias, valores, principios".

Esto último resulta llamativo, dado lo afirmado en más de una ocasión por la ANC-2017 de que ella tenía dentro de uno de sus objetivos implantar al socialismo en Venezuela, imponiendo en consecuencia un "pensamiento único" que "borre creencias, valores, principios" liberales y de cualquier otra ideología política.

Así, se publicaron los siguientes veintiún pronunciamientos vinculados con las relaciones internacionales del Estado venezolano:

a. Resolución mediante la cual se rechaza enfáticamente la írrita e ilegal declaración de los cancilleres de Argentina, canciller *de facto* de Brasil, Paraguay y Uruguay, mediante la cual pretenden suspender a la República Bolivariana de Venezuela en todos los derechos y obligaciones inherentes a su condición de Estado Parte del MERCOSUR. G.O. n° 6.322 Extraordinario del 05-08-2017.

b. Acuerdo mediante el cual se rechaza los actos ilegítimos y violentos contra el pueblo venezolano y sus instituciones, dirigidos por centros imperiales destinados a vulnerar nuestra soberanía y menoscabar las conquistas sociales alcanzadas para beneficio de las mayorías nacionales, con el fin de intervenir nuestra patria. G.O. n° 6.323 Extraordinario del 08-08-2017.

c. Acuerdo mediante el cual se rechaza la vil campaña contra el ciudadano Nicolás Maduro Moros, Presidente Constitucional de la República Bolivariana de Venezuela, Jefe de Estado y de Gobierno, Comandante en Jefe de la Fuerza Armada Nacional Bolivariana y como dirigente político, y nos solidarizamos con el pueblo de Venezuela, su familia, sus amigos y sus mi-

---

[995] *Cfr.* Human Rights Watch, "Venezuela. Eventos de 2020", 2021, https://www.hrw.org/es/world-report/2021/country-chapters/venezuela#:~:text=Venezuela%20atraviesa%20una%20grav%C3%ADsima%20emergencia,la%20propagaci%C3%B3n%20del%20Covid%2D19.

llones de compañeros y compañeras de Militancia Revolucionaria en Venezuela y el Mundo. G.O. n° 6.323 Extraordinario del 08-08-2017.

d. Acuerdo mediante el cual se rechaza de manera categórica la infeliz, ofensiva y temeraria amenaza militar del señor Donald Trump, Presidente de los Estados Unidos de América contra la República Bolivariana de Venezuela. G.O. n° 6.327 Extraordinario del 12-08-2017.

e. Acuerdo constituyente de rechazo al criminal bloqueo económico del Gobierno de los Estados Unidos de América contra la República de Cuba. G.O. n° 41.270 del 02-11-2017.

f. Acuerdo constituyente en solidaridad y apoyo al pueblo de Brasil y al ex Presidente Luiz Inácio Lula Da Silva. G.O. n° 41.376 del 12-04-2018.

g. Acuerdo en ocasión del secuestro judicial al Expresidente de la República Federativa de Brasil, Luiz Inácio Lula Da Silva. G.O. n° 41.437 del 11-07-2018.

h. Acuerdo constituyente de rechazo a las recientes agresiones del gobierno de los Estados Unidos de América contra el pueblo y las instituciones democráticas de la República Bolivariana de Venezuela. G.O. n° 41.485 del 19-09-2018.

i. Acuerdo constituyente de repudio a las declaraciones de Luis Almagro por constituirse en amenaza contra la paz y la estabilidad de la República Bolivariana de Venezuela, de América Latina y del Caribe. G.O. n° 41.485 del 19-09-2018.

j. Acuerdo constituyente en rechazo al informe final del Ex Alto Comisionado de Derechos Humanos, Zeid Ra´Ad Al Hussein, presentado ante el Consejo de Derechos Humanos de las Naciones Unidas. G.O. n° 41.495 del 03-10-2018.

k. Acuerdo constituyente mediante el cual se declara Hijo Ilustre de la República Bolivariana de Venezuela al hermano de luchas bolivarianas y latinoamericanas Evo Morales Ayma, Presidente del Estado Plurinacional de Bolivia. G.O. n° 41.495 del 03-10-2018.

l. Acuerdo constituyente de rechazo al criminal bloqueo económico, comercial y financiero del gobierno de los Estados Unidos a la República de Cuba. G.O. n° 41.514 del 31-10-2018.

m. Acuerdo constituyente en rechazo a las acciones injerencistas del Parlamento Europeo en contra de la paz, la democracia, nuestro pueblo y las instituciones de la República Bolivariana de Venezuela. G.O. n° 41.514 del 31-10-2018.

n. Acuerdo constituyente de rechazo a los nuevos planes intervencionistas del gobierno de los Estados Unidos de América en contra del pueblo y el sistema democrático de la República Bolivariana de Venezuela. G.O. n° 41.549 del 19-12-2018.

o. Decreto constituyente en rechazo al injerencista, inmoral e ilegal llamado a alterar el orden constitucional de la República Bolivariana de Venezuela por parte de un grupo de gobiernos que integran el autodenominado Grupo de Lima y gobiernos que lo conforman. G.O. n° 41.559 del 08-01-2019, reimpreso en n° 41.560 del 09-01-2019.

p. Acuerdo constituyente en solidaridad con las justas luchas del pueblo hermano de Ecuador y en rechazo al paquete económico neoliberal de Lennin Moreno. G.O. n° 41.739 del 16-10-2019.

q. Acuerdo constituyente en salutación al pueblo argentino por la victoria de Alberto Fernández y Cristina Fernández de Kirchner en la elección presidencial del 27-10-2019 y la derrota del neoliberalismo criminal. G.O. n° 41.748 del 29-10-2019.

r. Acuerdo constituyente en repudio al golpe de Estado fascista contra el pueblo y el Presidente Constitucional del Estado Plurinacional de Bolivia, hermano Evo Morales Ayma. G.O. n° 6.489 Extraordinario del 11-11-2019.

s. Pronunciamiento de la Asamblea Nacional Constituyente que rechaza las nuevas agresiones del imperialismo estadounidense en contra del Presidente Constitucional de la República Bolivariana de Venezuela, Nicolás Maduro Moros, el pueblo y las instituciones democráticas de la Patria. G.O. n° 41.970 del 22-09-2020.

t. Pronunciamiento de la Asamblea Nacional Constituyente al Pueblo Venezolano y a los pueblos libres del mundo en ocasión del panfletario informe presentado por una falsa e inmoral "Misión Internacional" en materia de derechos humanos que atenta contra la verdad, la integridad y la dignidad de la República Bolivariana de Venezuela. G.O. n° 41.970 del 22-09-2020.

u. Acuerdo constituyente de felicitación al pueblo del Estado Plurinacional de Bolivia que en unidad, conciencia y de la mano de nuestro Jefe Indio del Sur Evo Morales, derrotó la dictadura fascista, a los golpistas y el imperialismo, obteniendo una aplastante victoria donde resultaron electos como Presidente Luis Arce y Vicepresidente David Choquehuanca, en las elecciones generales del domingo 18-10-2020. G.O. n° 41.989 del 20-10-2020.

3.8.6. Efemérides y otros aniversarios

Una vez más con base en los artículos 347 a 349 de la CRBV y, en la mayoría de los casos, las "Normas para garantizar el pleno funcionamiento institucional de la Asamblea Nacional Constituyente en armonía con los Poderes Públicos Constituidos", la ANC-2017 destacó, entre otros, que la "Ley constitucional de la Comisión para la Verdad, la Justicia, la Paz y la Tranquilidad Pública" y la "Ley constitucional contra el odio, por la convivencia pacífica y la tolerancia" fueron promovidas por el Presidente de la República (acuerdo sobre el día internacional de la paz), como si de una iniciativa legislativa ante la Asamblea Nacional se tratara.

De igual modo, resulta de interés lo dicho por la ANC-2017 que ella tenía un "compromiso de lucha irrenunciable por la construcción del socialismo bolivariano" (acuerdo sobre el Ché Guevara), en consonancia con lo previsto en las bases comiciales que comentamos *supra*; y que:

> La obra de Bolívar y de Chávez continúa inconclusa; corresponde (...) al Pueblo, culminarla. (...) Hugo Chávez, nos puso fecha: el 2030, cuando se cumplan 200 años de la muerte de El Libertador Simón Bolívar, debemos darle como regalo, la consagración definitiva de la independencia.

Esta frase, extraída del acuerdo sobre el aniversario de la Batalla de Carabobo, deja entrever que a pesar de que la ANC-2017 fue disuelta a finales del año 2020 sin que se presentara al pueblo una nueva Constitución, ello no se traduce en que la fuerza política dominante haya desistido de sus intenciones de contar con un ordenamiento jurídico que se adapte mejor a su modelo político, tal como se pudo conocer con el fallido intento de reforma constitucional del año 2007 y la legislación y la enmienda constitucional que le siguieron, temas ya abordado en esta investigación.

En otras palabras, no sería de extrañar que antes del año 2030, para cumplir con el mandado efectuado por el Presidente de la República anterior, el ordenamiento jurídico venezolano sea sometido a serias reformas a nivel legislativo y constitucional para adaptarlo a lo que, en criterio de esta fuerza, se requiere para la "consagración definitiva de la independencia" y que pasa por el rechazo de derechos como la propiedad, la libertad de expresión y de empresa, los derechos políticos y otros tantos que nuestra historia reciente atestigua y cuyo estudio excede el objeto de esta investigación.

Por último, en el marco del "Día Nacional de las Adultas y los Adultos Mayores", la ANC-2017 dijo que se habían creado a nivel estadal, municipal y *comunal* "Comités constituyentes (...) como tribuna de encuentro, intercambio, debate de la coyuntura política - económica nacional e internacional, y aportes para la ampliación del texto constitucional de 1999" y el "sector de las Adultas y los Adultos Mayores" de la ANC había presentado al Presidente de la República "el proyecto de la Misión Chamba Mayor".

Ninguno de tales aportes se materializó, pero lo dicho podría servir de indicio de la ya mencionada instrumentalización de los sectores más vulnerables de la sociedad por parte de la ANC-2017[996], a fin de cimentar su importancia y necesidad en el ideario colectivo, encubriendo su verdadero objetivo de ser solo una herramienta para desconocer a la Asamblea Nacional y los derechos fundamentales.

Así, estos son los dieciocho pronunciamientos publicados en la G.O.:

a. Acuerdo constituyente mediante el cual se conmemora el Día Internacional de la Paz en la República Bolivariana de Venezuela. G.O. n° 41.246 del 28-09-2017.

b. Acuerdo constituyente en conmemoración del bicentenario de la creación del Semanario "Correo del Orinoco"[997]. G.O. n° 41.427 del 26-06-2018, reimpreso en n° 41.428 del 27-06-2018.

c. Decreto constituyente mediante el cual se decide celebrar el 27 de abril como Día de Júbilo Nacional y de la Patria Bolivariana ante nuestra decisión soberana de retiramos de la Organización de Estados Americanos (OEA). G.O. n° 41.627 del 07-05-2019.

d. Acuerdo constituyente en el marco del Día Nacional de las Adultas y los Adultos Mayores. G.O. n° 41.667 del 03-07-2019.

e. Acuerdo constituyente en conmemoración de los 208° años de la Declaración de la Independencia de Venezuela y Día de

---

[996] En el mismo sentido, el acuerdo con motivo del Día Internacional de las Personas de Edad exhortó "a nivel nacional al sector transporte, al respeto, buen trato y fiel cumplimiento de la normativa legal vigente que beneficia a las adultas y adultos mayores" y "todas las instituciones del Estado a la creación de espacios de atención dirigidos al sector adulto mayor, así como profundizar iniciativas y esfuerzos en los diversos niveles de gobierno, para promover el envejecimiento digno, activo, feliz y saludable".

[997] Este acuerdo incluyó dentro de su base legal el artículo 7 de la "Ley constitucional de la Comisión para la Verdad, la Justicia, la Paz y la Tranquilidad Pública", referido a quiénes formaban parte de tal Comisión, lo que no guardaba ninguna relación con el acto en cuestión.

Nuestra Gloriosa Fuerza Armada Nacional Bolivariana. G.O. n° 41.670 del 09-07-2019.

f. Acuerdo constituyente en ocasión de conmemorarse el 74 aniversario de la independencia de la República Socialista de Vietnam. G.O. n° 41.733 del 08-10-2019.

g. Acuerdo constituyente en ocasión de la conmemoración de los 71 años de la fundación de la República Democrática Popular de Corea. G.O. n° 41.733 del 08-10-2019.

h. Acuerdo constituyente en conmemoración de los 70 años de la fundación de la República Popular China. G.O. n° 41.733 del 08-10-2019.

i. Acuerdo constituyente por el Día del Guerrillero Heroico en ocasión de conmemorarse los 52 años de la herida en combate y posterior asesinato en Bolivia del comandante revolucionario Ernesto Ché Guevara. G.O. n° 41.733 del 08-10-2019.

j. Acuerdo constituyente de los adultos y las adultas mayores en el marco del Día Internacional de las Personas de Edad. G.O. n° 41.733 del 08-10-2019.

k. Acuerdo constituyente en conmemoración de los 231 años del natalicio del General en Jefe Rafael Urdaneta. G.O. n° 41.744 del 23-10-2019.

l. Acuerdo constituyente de salutación en ocasión de cumplirse catorce años de la declaración de la República Bolivariana de Venezuela como territorio libre de analfabetismo. G.O. n° 41.748 del 29-10-2019.

m. Acuerdo constituyente en ocasión de conmemorarse los 54 años del asesinato del líder sindical, obrero y miembro del Buró Político del Partido Comunista de Venezuela, Alberto Lovera. G.O. n° 41.748 del 29-10-2019.

n. Acuerdo constituyente con ocasión de conmemorarse el 15 de enero el Día del Maestro y la Maestra en la República Bolivariana de Venezuela. G.O. n° 41.800 del 15-01-2020.

o. Pronunciamiento al pueblo venezolano y a nuestra Fuerza Armada Nacional Bolivariana, en unión cívico-militar con ocasión de celebrarse el vigésimo primer año de la Revolución Bolivariana al asumir el Comandante de todos los tiempos, Hugo Chávez, la Presidencia de la República Bolivariana de Venezuela. G.O. n° 6.509 Extraordinario del 02-02-2020.

p. Pronunciamiento de la Asamblea Nacional Constituyente de la República Bolivariana de Venezuela en ocasión de conmemorarse 31 años de la rebelión popular del heroico pueblo venezolano en contra del neoliberalismo el 27-02-1989. G.O. n° 41.829 del 28-02-2020.

q. Acuerdo constituyente en conmemoración de los 199° años de la Gloriosa Batalla de Carabobo del 24-06-1821, fecha en la cual el Ejército Libertador al mando de Simón Bolívar derrotó al infame Imperio Español, dándole la libertad y la independencia a Venezuela. G.O. n° 6.549 Extraordinario del 24-06-2020.

r. Acuerdo Constituyente en ocasión de la conmemoración de los 209 años de la Firma del Acta de Nuestra Independencia Nacional. G.O. n° 6.552 Extraordinario del 04-07-2020.

3.8.7. Reconocimientos

Los actos invocaron como base legal los artículos 347 a 349 de la CRBV y, en la mayoría de los casos, las "Normas para garantizar el pleno funcionamiento institucional de la Asamblea Nacional Constituyente en armonía con los Poderes Públicos Constituidos".

En ellos, únicamente destaca que la ANC-2017 dijo haber asumido "el compromiso de blindar la carta de derechos fundamentales de los venezolanos (...), actuando además en defensa de nuestro sagrado derecho a ser libres y construir nuestro propio destino" (acuerdo sobre Alí Primera), a pesar de que sus actuaciones distaran diametralmente de tal afirmación, como se desprende de las *leyes constitucionales* y *decretos constituyentes* ya tratados en esta investigación.

En este sentido, se publicaron en la G.O. los tres acuerdos siguientes:

a. Acuerdo constituyente en memoria de nuestros jóvenes combatientes, chavistas y antiimperialistas, ejemplo de lucha revolucionaria, Robert Serra y María Herrera. G.O. n° 41.495 del 03-10-2018.

b. Acuerdo constituyente en honor a Alí Rafael Primera Rossell en ocasión de los 77 años del nacimiento del Cantor del Pueblo Venezolano. G.O. n° 41.518 del 06-11-2018.

c. Acuerdo constituyente en conmemoración de la gesta histórica de la juventud militar bolivariana del 04-02-1992. G.O. n° 41.580 del 06-02-2019.

3.8.8. Condolencias

Los actos invocaron como base legal los artículos 347 a 349 de la CRBV y las "Normas para garantizar el pleno funcionamiento institucional de la Asamblea Nacional Constituyente en armonía con los Poderes Públicos Constituidos".

En ellos, destaca que la ANC-2017 se identificó indistintamente como "depositaria del Poder Constituyente Originario" y "Poder originario y soberano", ignorando que tal cualidad corresponde únicamente al pueblo a tenor del artículo 347 de la CRBV y, al igual que la soberanía prevista en el artículo 5 *ejusdem*, se trata de un poder que no resulta delegable o disponible o renunciable, ni siquiera en aquellos casos en los que la ANC se constituye de acuerdo con Derecho.

Por medio de estos actos, la ANC-2017 expresó su pesar por el fallecimiento de algunas personas, a la par que, por ejemplo en el caso de Machin Ferrer, expuso que honraría su memoria "mediante la creación de espacios de atención integral para el buen vivir" de las mujeres, adultos mayores y sectores populares e instó a "la creación de Cátedras de Estudios Libres sobre las luchas Insurgentes de las Adultas y Adultos Mayores".

Finalmente, llama la atención que en el acuerdo sobre Mijoba Juárez la ANC-2017 dijo afirmar su "decisión de consolidar la defensa de los logros de nuestros pensionados (...) a través del Texto Constitucional".

No obstante, como dijimos en varias oportunidades y quedó demostrado por la prolífera actividad de la ANC en ámbitos totalmente ajenos a lo que debe ser su finalidad según la CRBV, este cuerpo nunca tuvo entre sus objetivos redactar un texto constitucional en el cual "consolidar la defensa de los logros de nuestros pensionados" ni ninguna otra de las áreas que se ofrecieron al pueblo por la vía del discurso político, ya que ella nació con el propósito de hacer las veces de una Asamblea Nacional paralela, al margen de la CRBV, mientras las fuerzas políticas de esta última resultaran adversas al partido de gobierno.

En definitiva, estos fueron los once acuerdos publicados en la G.O. que se corresponden con el último grupo de nuestra investigación:

a. Acuerdo constituyente para expresar su pesar ante el sensible fallecimiento de la constituyente Dionicia de Jesús Mijoba Juárez, del Sector Pensionados por la Región Andina. G.O. n° 41.234 del 12-09-2017.

b. Acuerdo Constituyente en rechazo a la violencia de la derecha fascista, los poderes imperiales y repudio ante el vil asesinato del Constituyente Tomás Daniel Lucena Briceño. G.O. n° 41.318 del 11-01-2018.

c. Acuerdo constituyente sobre el reconocimiento al Maestro José Antonio Abreu fundador del Sistema Nacional de Orquestas y Coros Juveniles e Infantiles de Venezuela. G.O. n° 6.370 Extraordinario del 09-04-2018.

d. Acuerdo constituyente en reconocimiento a la trayectoria personal, política, social, moral y espiritual de Haydeé Josefina Machín Ferrer. G.O. n° 41.508 del 23-10-2018.

e. Acuerdo constituyente en honor al joven bolivariano y revolucionario Xoan Noya, ejemplo de integridad, disciplina, capacidad y firmeza socialista entregada en amor a su patria Venezuela. G.O. n° 41.508 del 23-10-2018.

f. Acuerdo constituyente en honor al compatriota revolucionario Alí Rodríguez Araque, hombre leal, guerrero de mil batallas y ejemplo de lucha incansable para las presentes y futuras generaciones en pro de la causa libertaria del pueblo venezolano y el compromiso indeclinable por construir un mundo mejor. G.O. n° 41.528 del 20-11-2018.

g. Acuerdo constituyente para expresar nuestro pesar por el sensible fallecimiento del constituyente Eduardo Rodríguez, por el municipio Silva del estado Falcón. G.O. n° 41.549 del 19-12-2018.

h. Acuerdo constituyente en honor a la patriota Yahirys Karminia Rivas Freites, luchadora social y constituyente por el sector de trabajadores y trabajadoras. G.O. n° 41.782 del 16-12-2019.

i. Acuerdo constituyente ante el sensible fallecimiento del historiador patriota de la hermana República de Cuba, Eusebio Leal Spengler. G.O. n° 6.559 Extraordinario del 01-08-2020.

j. Acuerdo constituyente ante el fallecimiento del camarada, luchador incansable y compatriota leal al proyecto bolivariano Darío Vivas Velazco. G.O. n° 6.562 Extraordinario del 14-08-2020.

k. Acuerdo constituyente en honor al socialista, bolivariano, revolucionario, político, abogado, y periodista José Vicente Rangel, camarada de intachable trayectoria política e inquebrantable accionar ante cada batalla librada al lado de las causas del pueblo de Venezuela y de América Latina en su lucha de más de 500 años por un futuro justo, libre, soberano e independiente. G.O. n° 6.604 Extraordinario del 18-12-2020.

CONCLUSIONES

1. La ANC-2017 fue un proceso constituyente que no se ajustó a la letra de la CRBV ni redactó un proyecto de Constitución que se sometiera a referendo para que el pueblo lo aprobara o rechazara, por lo que puede calificarse como una falacia de carácter inconstitucional y antidemocrático.

2. A pesar de no haber redactado dicho proyecto, la ANC-2017 operó durante tres años y cinco meses, llegando a publicar 215 actos en la G.O., los cuales han sido considerados por la doctrina como vías de hecho normativas. Estos actos permanecen vigentes tras la disolución de la ANC en diciembre de 2020, lo que implica que los venezolanos estamos regidos por *leyes constitucionales* y *decretos constituyentes* que forman parte del ordenamiento jurídico, pese a haber emanado de una institución que fue instaurada y funcionó en contravención de la CRBV. En consecuencia, es necesario que las autoridades competentes desechen estos actos dentro de sus respectivas esferas.

3. El estudio de la ANC-2017 es esencial para ofrecer una visión integral de toda la actividad desarrollada por este cuerpo, especialmente debido a la frecuencia con la que este tipo de instancias se repite en la historia constitucional de Venezuela y Latinoamérica. En muchas de estas ocasiones se ha tergiversado el verdadero propósito y alcance de una ANC, con su legitimidad dependiendo en definitiva de quién ejerce el monopolio de la fuerza, lo que sin dudas lleva consigo consecuencias negativas para principios fundamentales del Estado Democrático de Derecho tales como la participación ciudadana, la protección de las minorías y el hecho de que la soberanía reside en el pueblo.

4. Los orígenes de la figura de la ANC se remontan a la obra de SIEYÈS. En particular, su panfleto "¿Qué es el Tercer Estado?", que precedió a la Revolución Francesa y promovió el paso del voto por estamentos al voto por cabezas, en favor de la igualdad y la participación ciudadana efectiva. En este contexto, el abate ya había desarrollado ideas clave sobre la importancia de la Constitución como norma suprema surgida del pueblo pero dictada por sus representantes, que garantiza los derechos individuales y delimita las competencias de las autoridades, cuyo poder debía estar condicionado por las leyes. Todo ello, en respeto del Derecho natural como límite de la función creadora del Derecho.

5. Basándose en estos planteamientos, Sieyès argumentó que la Constitución no es obra del Poder Constituido –es decir, de la distribución del Poder Público dentro de la Constitución–, sino del Poder Constituyente. Esto nos lleva a la necesidad de estudiar sus ideas sobre las formas, límites y procedimientos para convocar a este Poder, ajustándolas a las exigencias del Derecho constitucional e internacional público contemporáneo.

6. En cuanto a las formas, el abate sostuvo que la nación no estaba sometida a la Constitución por ser esta producto de la primera y, por lo tanto, ella podía reformarla a su voluntad. Esto, porque someter al pueblo a trabas del Derecho positivo equivalía a perder su libertad frente a la tiranía y el despotismo. Disentimos de esta visión, ya que la existencia de procedimientos claros para canalizar la voluntad colectiva puede actuar como una salvaguarda frente a la indeterminación de conceptos como el bien común, el interés general y la voluntad ya mencionada.

7. Esta realidad permite vincular dos clasificaciones del Poder Constituyente. A saber: **(i)** originario y derivado; **(ii)** *ex lege*, *praeter legem* y *contra legem*. Así, el Poder Constituyente Originario se presenta como un poder absoluto e ilimitado que detenta la sociedad frente al Estado y que, en puridad de conceptos, se presenta solo cuando se funda un Estado (*praeter legem*) o se rompe el hilo constitucional (*contra legem*) como parte del derecho de rebelión del pueblo contra ordenamientos jurídicos opresivos o la llegada al Poder de mandatarios ajenos a los ideales democráticos. El Poder Constituyente Derivado, en tanto, es aquel que se ejerce conforme con los mecanismos de revisión constitucional establecidos en la propia Constitución (*ex lege*), lo que se traduce en la autoimposición de límites adjetivos y en ocasiones sustantivos que, de ser violados, darán paso a un cambio constitucional *contra legem* cuya legitimidad dependerá de factores ajenos a lo jurídico.

8. Independientemente del tipo de Poder Constituyente del que se trate, somos del criterio que, a diferencia de lo expuesto por Sieyès, los representantes del pueblo sí deben estar sujetos a precauciones importantes para impedir que abusen del poder que el pueblo les ha confiado. A tal efecto, principios como la irreversibilidad y progresividad de los derechos humanos, los atributos de la democracia y la separación de poderes adquieren especial relevancia, incluso frente a los deseos de la mayoría, ya que esta por el simple hecho de serlo no otorga legitimidad para dictar normas que vulneren los derechos de las minorías.

9. Estos límites al constituyente, algunas veces, se incluyen como cláusulas pétreas dentro del texto constitucional que se pretende derogar o modificar, al representar las bases o principios fundamentales del Estado y de su régimen sociopolítico. Al respecto, el foro discute sobre su relatividad ya que, aun cuando se presentan como intangibles o inmodificables y vinculadas con el carácter de norma suprema de la Constitución –que sigue vigente hasta tanto no sea sustituida–, su reforma puede surgir de rebeliones que consideren ilegítimo que generaciones pasadas impongan sus ideales a las del presente o del futuro. En todo caso, visto que la mayoría de estas cláusulas suelen estar relacionadas con el respeto a la dignidad humana y los derechos fundamentales, su contenido estaría garantizado por los principios comentados *supra*.

10. Por último, en cuanto al pensamiento de SIEYÈS, hallamos que él planteó que las asambleas constituyentes pueden ser convocadas incluso por el Poder Ejecutivo, para superar los obstáculos de intereses corporativos. Esto, en nuestro criterio, resulta lesivo al principio de que la soberanía reside en el pueblo y, por ende, debe ser este quien, como único titular del Poder Constituyente, cuente con la facultad de convocar o no a una ANC, precisando a su vez sus condiciones de modo, tiempo, lugar, etc. Esto no impide que el Poder Constituido pueda preguntarle al pueblo si desea activar el proceso constituyente aquí estudiado para posteriormente proceder a la elección de los representantes. No obstante, omitir este primer paso (convocatoria popular) sería equivalente a forzar al pueblo a participar en un proceso constituyente que no ha decidido iniciar, legitimando así los intereses de las autoridades en ejercicio.

11. En nuestra historia constitucional, la inclusión de la ANC en la CRBV representó un cambio significativo en comparación con los veinticinco textos previos, que desde 1811 habían otorgado al Parlamento un protagonismo –aunque no exclusividad– en la reforma constitucional *lato sensu*. Sin embargo, en la práctica, este protagonismo fue ignorado por el constante afán de los gobernantes por perpetuarse en el poder e imponer cambios constitucionales *contra legem*.

12. Un ejemplo de lo anterior es el período del Estado independiente y autónomo (1811-1864). En 1811, se celebró un verdadero Congreso Constituyente, acorde con la idea del Poder Originario *praeter legem* surgido del proceso de independencia de la Corona Española. Este Congreso redactó la Constitución Federal para los Estados de Venezuela, que establecía que su reforma podía ser promovida por el Poder Legislativo Nacional o Regional, y debía contar con la aprobación del pueblo. No obstante, estas disposiciones no se materializaron debido a la caída de la Primera República con la Capitulación de San Mateo, momento en que el poder pasó a depender de la fuerza militar en lugar de las leyes, hasta que el Congreso de Angostura adoptó la Constitución Política del Estado de Venezuela de 1819.

13. Así inició una historia constitucional caracterizada por la inclusión de métodos para reformar la Constitución que, en la práctica, casi nunca se llevaron a cabo. De seguida, la Constitución de 1819 estipuló que solo podía ser modificada cada diez años. Sin embargo, en 1821 fue sustituida por la Constitución de Cúcuta, debido a la unión de Venezuela con Nueva Granada. Esta nueva Constitución estableció que cualquier propuesta de reforma debía ser confirmada por el Congreso una vez renovada la mitad de sus miembros, y que parte del texto no podría ser modificado hasta pasados diez años desde su promulgación. Estas disposiciones fueron ignoradas como consecuencia de la dictadura bolivariana, el movimiento de La Cosiata, la Convención de Ocaña y la disolución de la Gran Colombia, lo que derivó en el Congreso Constituyente de 1830 y en la Constitución del Estado de Venezuela. Aunque esta última continuó con la tendencia de procedimientos agravados para la reforma constitucional, dicha normativa fue vulnerada en 1857, cuando el presidente José Tadeo Monagas buscó ser reelecto manipulando el texto constitucional con la ayuda del Congreso. La oposición reaccionó y en 1858 se convocó a una Gran Convención Nacional para restaurar el orden constitucional tras la salida de Monagas, lo que dio lugar a la Constitución de los Estados Unidos de Venezuela en un nuevo cambio constitucional *contra legem*.

14. El segundo período de nuestra historia constitucional corresponde al Estado federal (1864-1901), y surgió como respuesta al fracaso de la Constitución de 1858 en satisfacer las demandas de la sociedad. En este período, al igual que en los anteriores, los procesos constitucionales se llevaron a cabo *contra legem*, recurriéndose en varias ocasiones a la noción de la ANC. Un claro ejemplo es la Asamblea Constituyente de 1863, que no solo promulgó la Constitución de 1864, sino que llegó incluso a dispensar exámenes universitarios.

15. Diez años después, el Congreso de los Estados Unidos de Venezuela promulgó la Constitución de 1874, siendo la primera en nuestra historia que, al menos formalmente, fue dictada conforme con lo dispuesto por su predecesora. Sin embargo, la iniciativa no surgió del Poder Legislativo estadal como lo exigía la carta marga, sino de la voluntad del presidente Guzmán Blanco. Esto se repetiría con las Constituciones de 1881 y 1891, durante las cuales tuvieron lugar la Revolución Reivindicadora y el Congreso de Plenipotenciarios de los Estados Unidos de Venezuela, convocado por Guzmán Blanco, que funcionó como una ANC similar a la convocada -valga la cacofonía- por Linares Alcántara y que el movimiento guzmancista rechazó. Finalmente, en 1893, Venezuela adoptó una nueva Constitución a raíz de la ANC surgida de la Revolución Legalista, que incluía disposiciones para hacer más compleja la revisión constitucional. No obstante, estas fueron desestimadas con la llegada de la Revolución Liberal Restauradora en 1899, marcando el inicio de un nuevo ciclo constitucional.

16. El período reseñado revela que, a pesar de que las Constituciones incluían cláusulas para garantizar su rigidez, estas fueron fácilmente desnaturalizadas mediante el uso de la fuerza y la convocatoria a la ANC. Como resultado de estos constantes cambios, los textos constitucionales fueron perdiendo legitimidad en la percepción colectiva, dado el desfase entre los objetivos jurídicos y políticos de los procesos constituyentes y las verdaderas necesidades de la sociedad, lo que obstaculizó la creación de un pacto social genuino y promovió el desprecio hacia la norma jurídica como males que todavía enfrenta la población venezolana.

17. El Estado autocrático centralizado (1901-1947) comenzó con la llegada de Cipriano Castro al poder y su ratificación de la vigencia de la Constitución de 1893, en todo aquello que no se opusiera a los fines de su revolución. Menos de un año después, Castro convocó una nueva ANC, contraviniendo el proceso de revisión constitucional establecido en la Constitución que él mismo había ratificado. Esta asamblea no solo redactó una nueva Constitución, sino que también dictó leyes y las medidas que consideró convenientes para el nuevo gobierno. Como era común en nuestra historia, la Constitución de 1901 tuvo una vida corta, siendo reemplazada en 1904 por otro texto, esta vez surgido del Congreso Nacional, que asumió el Poder Constituyente sin seguir las pautas de la Constitución vigente motivado por la intención de Castro de perpetuarse en el poder con una reforma constitucional expedita.

18. Con la salida de Castro y la llegada de Juan Vicente Gómez, la Constitución de 1904 fue sustituida por la de 1909, cuya redacción siguió formalmente el proceso establecido en su predecesora, aunque la iniciativa provino del Ejecutivo Nacional en lugar de los estados y municipios, como había sido el caso con Guzmán Blanco. Esta Constitución sería reformada ocho veces durante la dictadura de Gómez, en contra del principio de rigidez constitucional. Un hecho notable de este período ocurrió en 1914, cuando se instauró el Congreso de Diputados Plenipotenciarios de los Estados Soberanos, que actuó como una ANC de Gómez, y dictó el

Estatuto Constitucional Provisorio y la Constitución de ese año bajo el pretexto de un vacío normativo ocurrido por la falta de renovación del Poder Público tras la suspensión de garantías decretada por Gómez. Las reformas de 1922, 1925, 1928, 1929 y 1931 siguieron el procedimiento de enmienda previsto en la Constitución de 1909, repitiéndose lo ya visto de iniciativas presidenciales tercerizadas. Tras la muerte de Gómez, el Congreso de los Estados Unidos de Venezuela promulgó nuevas Constituciones en 1936 y 1945, ambas adoptadas con cierto consenso popular y respetando los procedimientos constituyentes previstos en sus predecesoras, dejando de lado la figura de la ANC.

19. El último período que sirve de antecedente a esta investigación es el del Estado democrático centralizado (1947-1999), durante el cual se promulgaron tres Constituciones. La primera fue la de 1947, surgida de una nueva convocatoria del Poder Constituyente Originario tras el golpe de Estado de 1945, con el objetivo de que la ANC institucionalizara los ideales de la Revolución de Octubre, tanto en el ámbito constitucional como legislativo. Poco tiempo después, tras otro golpe de Estado, esta Constitución fue reemplazada por la de 1945 en un caso de reviviscencia normativa. En 1951 se convocó otra ANC, que actuó como plebiscito contra Marcos Pérez Jiménez. Al desconocer este último los resultados de las elecciones de constituyentes, dicha asamblea se instauró carente de legitimidad, al igual que la Constitución de 1953 que surgió de ella.

20. La Constitución de 1953 se caracterizó por su flexibilidad, al incluir disposiciones transitorias que permitían su modificación o desaplicación según lo deseara el Ejecutivo Nacional, sirviendo como una fachada para sus objetivos antidemocráticos. Tras la caída de la dictadura, en 1961 el Congreso de la República promulgó una nueva Constitución, que es el antecedente inmediato de la vigente. Este proceso se llevó a cabo de acuerdo con lo establecido en la Constitución de 1953, que exigía la participación del Poder Legislativo Nacional y Estadal, y en el nuevo texto se incluyó a la enmienda y la reforma como únicos métodos de revisión constitucional.

21. La crisis política, económica y social de las últimas décadas del siglo XX fue aprovechada por uno de los candidatos a la Presidencia de la República, Hugo Chávez Frías, para promover la convocatoria de una ANC como parte de su campaña electoral. Sin embargo, la Constitución de 1961 no contemplaba esta posibilidad. Se presentaron dos posiciones en el debate: **(i)** quienes sostenían que la ANC no necesitaba de previsión constitucional, ya que era una manifestación directa de la soberanía del pueblo y podía ser convocada mediante referendo (posición del entonces Presidente Electo); y **(ii)** quienes argumentaban que antes de convocar una ANC era necesario llevar a cabo un proceso de reforma constitucional, de acuerdo con los procedimientos establecidos en la Constitución de 1961, para incluir la ANC dentro de las modalidades de revisión constitucional -además de su convocatoria, composición, funciones, entre otros- y evitar así un nuevo rompimiento del hilo constitucional, como había ocurrido frecuentemente en nuestra historia (posición de los partidos de oposición y la doctrina).

22. Esta controversia llevó, en enero de 1999, a dos sentencias de la Corte Suprema de Justicia conocidas como Referendo Consultivo I y II. Estas sentencias surgieron del deseo conocido del Presidente Electo de convocar un referendo consultivo, lo que planteaba un aparente conflicto entre los principios de supremacía constitucional y soberanía del pueblo. La CSJ/SPA distinguió entre el Poder Constituyente y el Poder de Revisión -o Poder Constituyente Originario y Derivado, según la terminología empleada en esta investigación, aunque la Sala calificó al segundo como un Poder Constituido- y argumentó que, dado que la soberanía reside en el pueblo, este podía ejercerla directamente cuando la ley no preveía el uso de representantes, ignorando que la Constitución de 1961 establecía que la revisión constitucional debía realizarse a través de los representantes del Poder Legislativo Nacional y Estadal. A pesar de ello, la Sala concluyó que el referendo consultivo era procedente para todas las materias no expresamente prohibidas por la ley, y como la convocatoria a una ANC no estaba prohibida, el referendo era válido como parte del derecho a la participación ciudadana.

23. Es importante destacar que estas sentencias no afirmaron que el resultado del referendo implicara automáticamente la convocatoria de la ANC. Dado que el referendo era consultivo y no decisorio, en caso de que se aceptara la propuesta, las autoridades debían tomar las medidas necesarias para darle efectividad a través de los mecanismos legales establecidos, lo que se necesariamente llevaba a una reforma de la Constitución de 1961 para incluir la ANC. No obstante, el Presidente Electo y sus seguidores interpretaron el fallo como una confirmación de su teoría y, aprovechando la ambigüedad de la Sala, el día de su toma de posesión el ahora Presidente publicó un decreto llamando al referendo para que el pueblo convocara la ANC.

24. Este decreto, cargado de un lenguaje populista con alusiones al soberano y al Poder Originario como entidades sin límites, planteó dos preguntas para el referendo. La primera, sobre la convocatoria, hacía referencia a la transformación del Estado y la creación de un nuevo ordenamiento jurídico. La segunda, sobre las bases comiciales, permitía al Presidente de la República determinar autónomamente dichas bases. Ambas preguntas se formularon en términos decisivos en lugar de consultivos, como establecía la legislación vigente. El Poder Judicial se abstuvo de pronunciarse al respecto, considerando que se trataba de una simple solicitud al CNE y que debía recurrirse era el acto que este dictara. Así, el CNE adoptó las bases con cambios menores y, al reinterponerse la acción, la CSJ/SPA-Acc. decidió que la ANC no podía alterar los principios fundamentales del Estado Democrático de Derecho, que la Constitución de 1961 seguiría vigente hasta la aprobación de una nueva, y que las bases comiciales debían ser publicadas antes del referendo.

25. Cuando llegó la fecha del referendo –después de que el Presidente de la República publicara las bases y la CSJ/SPA-Acc. anulara parcialmente la octava, en cuanto a la calificación de la ANC como un Poder Originario–, el pueblo respaldó la propuesta presidencial en un proceso donde participó solo el 40 % del electorado. A pesar del alto índice de abstención, se consideró que la ANC había sido convocada. Luego, el Poder Judicial determinó que las bases comiciales eran inimpugnables y se procedió con la elección de representantes de acuerdo con la normativa dictada por el CNE, resultando el partido de gobierno con alrededor del 94 % de los curules a pesar de haber obtenido solo el 60 % de los votos, en un claro ejemplo de sobrerrepresentación y muestra del carácter antidemocrático de la ANC-1999.

26. Una vez instaurada, la ANC-1999 no se limitó a redactar una nueva Constitución para su aprobación popular. Desde su primera sesión, se autocalificó como un poder soberano y originario, sometiendo a todo el Poder Público a su autoridad. La ANC ratificó al Presidente de la República en su cargo, suspendió las elecciones municipales, reorganizó el Poder Legislativo y el Poder Judicial, y estableció medidas como la suspensión de las sesiones del Congreso, la delegación de algunas de sus funciones a una comisión y la creación de otra comisión encargada de evaluar y destituir a los Magistrados de la Corte Suprema de Justicia, así como de cubrir sus vacantes. De este modo, la parte orgánica de la Constitución de 1961 fue derogada –tanto por la vía de los hechos como por el Estatuto de Funcionamiento de la ANC, que incluyó fórmulas típicas de regímenes *de facto* en nuestra historia constitucional– y la ANC-1999 pasó a ser una *Constitución viva*, con decisiones de vigencia inmediata, en una especie de reformas parciales y sucesivas del texto constitucional sin necesidad de refrendación popular.

27. Aunque este proceder de la ANC-1999 fue inconstitucional, contó con el respaldo de la Corte Suprema de Justicia que calificó sus actuaciones como el ejercicio de un poder transitorio, supremo, extraordinario y supraconstitucional, entre otros términos similares. En respuesta a las críticas nacionales e internacionales sobre el proceso constituyente, la ANC afirmó que el Estado de Derecho debía ceder ante una nueva "idea" del mismo, que desconocía principios fundamentales como la legalidad, la eficacia de los derechos fundamentales, la separación de poderes, el control jurisdiccional y la responsabilidad del Estado, sustituyéndolos por conceptos más indeterminados como la justicia y la paz, bajo el pretexto de la autodeterminación y la participación ciudadana –que en realidad no era tal– como mecanismos de legitimación.

28. La CRBV fue aprobada por referendo en diciembre de 1999 con el apoyo de solo el 32 % de los electores inscritos dado el alto índice de abstención, y fue proclamada y publicada en la G.O. poco después. Luego del referendo, la ANC-1999 continuó actuando como "Poder Originario" y dictó numerosos actos en materia presupuestaria así como el Régimen de Transición del Poder Público, transgrediendo al texto de la novísima Constitución incluso antes de su publicación. Este régimen funcionó como una Constitución paralela, exenta de control jurisdiccional, que permitió al partido de gobierno disolver al Congreso y las Asambleas Legislativas de los estados, designar a los magistrados del Tribunal Supremo de Justicia y a los titulares del Poder Ciudadano y los miembros del CNE, dictar el Estatuto Electoral del Poder Público, entre otros actos abiertamente inconstitucionales.

29. Como parte de este régimen transitorio y debido a la disolución del Congreso, la ANC-1999 creó la CLN, que asumió las funciones de la Asamblea Nacional hasta su instauración formal a mediados del año 2000. Esto significó que el Congreso electo en 1998, de mayoría opositora, fue reemplazado por un órgano cuyos miembros fueron designados por la ANC, careciendo de poder de representación. Sin embargo, el Tribunal Supremo de Justicia, nombrado por la ANC-1999, validó la existencia de la CLN como el órgano encargado de ejercer temporalmente la función legislativa y de control político a nivel nacional.

30. Con la anuencia del Poder Judicial, la CLN sancionó veintiséis leyes –algunas de las cuales aún están vigentes, como la Ley de medicamentos–, designó miembros del Poder Judicial y del Poder Ciudadano sin seguir los procedimientos ni requisitos establecidos en la nueva CRBV, destituyó a alcaldes, fijó las fechas de elecciones, y autorizó el nombramiento de embajadores y créditos al presupuesto del Ejecutivo Nacional y la Gobernación del Distrito Federal. Todo esto lo realizó como un cuerpo *ad hoc* creado por la ANC-1999 tras la aprobación del nuevo texto constitucional, violando la voluntad del pueblo expresada en el referendo y los principios fundamentales de un Estado Democrático de Derecho.

31. La CRBV introdujo una novedad importante en comparación con las veinticinco Constituciones anteriores al reconocer al pueblo, como depositario del Poder Constituyente Originario, el derecho de convocar una ANC para transformar el Estado, crear un nuevo ordenamiento jurídico y redactar una nueva Constitución. A pesar de la importancia de este tema y la falta de precedentes constitucionales más allá de las experiencias *de facto* reseñadas en esta investigación, la regulación de la ANC en la CRBV es bastante limitada. En contraste, el Derecho comparado latinoamericano, cuando prevé a la ANC, lo hace con mayor precisión a fin de evitar interpretaciones arbitrarias por parte del Poder Constituido. Así, en países como Costa Rica, Bolivia, Colombia, Ecuador, Paraguay y Uruguay se especifican aspectos como la necesidad de que la convocatoria sea aprobada por el pueblo mediante referendo, la mayoría requerida para tomar decisiones dentro de la ANC, su duración, la prohibición de asumir competencias del Poder Constituido o nombrar a sus autoridades, y la aprobación del proyecto por parte del pueblo con un porcentaje mínimo de participación en el proceso electoral. Estos aspectos podrían servir de inspiración para una eventual reforma de la CRBV, sin perjuicio de que la ANC se autorregule en otros aspectos que le conciernen.

32. La ANC se diferencia de la reforma constitucional *stricto sensu* en que esta última plantea una revisión parcial de la CRBV, sin alterar su estructura y principios fundamentales -que están diseminados a lo largo del texto, no limitándose al título I de la CRBV-, para adecuarla a la realidad histórica. Este proceso, regulado en la propia Constitución, incluye las fases de iniciativa (presentación del proyecto ante la Asamblea Nacional), discusión (en tres oportunidades para que la Asamblea lo apruebe, rechace o modifique sin desnaturalizarlo), referendo (para su aprobación o rechazo por parte del pueblo, impidiendo que el proyecto se presente nuevamente hasta el próximo período constitucional) y promulgación (correspondiente al Presidente de la República o a la Asamblea Nacional en caso de negativa del primero). La TSJ/SC califica estas etapas como sucesivas y que no causan gravamen, considerando que solo la negativa de la Asamblea Nacional a continuar el proceso sería controlable jurisdiccionalmente. Sin embargo, este criterio ignora que cada etapa es en realidad un acto dictado en ejecución directa de la CRBV, con contenido reglado y un fin propio, y por ende sujeto al principio de universalidad de control.

33. Esta modalidad de revisión constitucional fue intentada en el país en el año 2007 por iniciativa del Presidente de la República. A tal efecto, el mandatario creó un consejo presidencial que operó de manera confidencial, contraviniendo principios fundamentales de un Estado Democrático de Derecho como la transparencia, la información y la participación ciudadana. El proyecto presentado a la Asamblea Nacional incluyó cambios significativos en cuanto a los principios fundamentales de la organización del Estado, el sistema político, la forma del Estado, la organización del Poder Nacional, la Constitución económica y el régimen de las Fuerzas Armadas, al punto que la doctrina consideró que se trataba de una verdadera transformación del Estado que no podía ser tramitada por la reforma constitucional *stricto sensu*. Estas críticas fueron rechazadas por la Asamblea Nacional, de carácter oficialista, que incluso agregó otros artículos al proyecto del Presidente de la República. Finalmente, el pueblo rechazó el proyecto en referendo, aunque posteriormente los Poderes Ejecutivo y Legislativo incluyeron parte del articulado como actos con fuerza de ley, con el respaldo de la TSJ/SC.

34. En cuanto a la enmienda constitucional, esta se refiere a una adición o modificación puntual de la CRBV que no puede alterar su estructura fundamental. Comparte la misma iniciativa y promulgación que la reforma constitucional *stricto sensu*, pero, a diferencia de esta última, la discusión en la Asamblea Nacional solo es requerida si la iniciativa proviene de esta. En caso de que la iniciativa sea del Presidente de la República en Consejo de Ministros o del 15 % de los electores, se procede directamente a su aprobación o rechazo por referendo debido a su carácter expedito, aunque no hay una visión unánime en la doctrina sobre este punto.

35. Esta modalidad de revisión constitucional también se aplicó en el país durante la primera década de vigencia de la CRBV, mediante iniciativa del Presidente de la República tercerizada por medio de la Asamblea Nacional al versar sobre un tema incluido en la reforma rechazada anteriormente: la reelección indefinida del Presidente de la República, extendida posteriormente a otros cargos de elección popular para hacerla más atractiva dentro del partido de gobierno. La oposición y la doctrina consideraron que el asunto era cosa juzgada constitucional y que el planteamiento era improcedente incluso con el cambio de modalidad o de iniciativa. No obstante, la TSJ/SC, la Asamblea Nacional y el Poder Electoral adoptaron una posición contraria y continuaron el trámite, contradiciendo el propósito de la prohibición que busca dotar al sistema constitucional de estabilidad una vez que una reforma *lato sensu* es aprobada o rechazada, evitando intentos sucesivos de revertir dicha decisión y prevenir la inestabilidad sociopolítica y jurídica. La enmienda fue finalmente aprobada en referendo, a pesar de diversos actos que afectaron la integridad del mismo. Finalmente, la TSJ/SC consideró que, al ser aprobada, la enmienda se incorporaba a la CRBV excluyendo la posibilidad de pronunciarse sobre su constitucionalidad. En resumen, tanto el intento de reforma de 2007 como la enmienda de 2009 muestran que la reforma de la Constitución *lato sensu* está desprovista de todo tipo de control jurisdiccional **(i)** antes del referendo aprobatorio, ya que hasta entonces los actos son meramente preparatorios para conocer la voluntad del electorado, y **(ii)** después del referendo aprobatorio, ya que si la decisión es negativa, decae el objeto de la pretensión, y si es positiva, la reforma se incorpora a la CRBV, quedando proscrito al Poder Judicial pronunciarse sobre su constitucionalidad.

36. En Venezuela, el artículo 347 de la CRBV establece que la ANC es un órgano de representación política creado *ex lege* para cumplir la voluntad del pueblo de dotarse de un nuevo texto constitucional. La ANC debe atender a las exigencias del pueblo desde su convocatoria, pasando por la elección democrática de sus miembros y hasta la aprobación del proyecto de Constitución que estos representantes presenten. Por ende, la ANC solo puede ser convocada por el pueblo -entendido como el soberano, los ciudadanos o personas dotadas de derechos políticos- sin que exista una fusión entre el pueblo y la ANC. En otras palabras, la ANC no se convierte en titular del Poder Constituyente, que reside siempre en el pueblo y es indisponible e indelegable, por lo que la ANC tampoco tiene un poder absoluto e ilimitado para reorganizar el Estado a su conveniencia, sino que debe cumplir con su mandato de redactar una Constitución atendiendo a las pautas y principios que ella profesa. Así, la transformación del Estado y la creación de un nuevo ordenamiento jurídico son consecuencias de su función de redactar un proyecto de Constitución, y no tareas abstractas que la habilitan para ejercer funciones legislativas, de control u otra naturaleza. En breve, la ANC debe operar dentro del marco del Estado Democrático de Derecho, so pena de pasar de *ex lege* a *contra legem*, y que su legitimidad dependa de factores no jurídicos.

37. El artículo 348 de la CRBV especifica quiénes tienen la iniciativa para convocar una ANC: el Presidente de la República en Consejo de Ministros, la Asamblea Nacional con una mayoría de dos terceras partes de sus miembros, el 15 % de los electores y los concejos municipales en cabildo. Sin embargo, la convocatoria como tal corresponde exclusivamente al pueblo mediante referendo, sin que ambos términos (iniciativa y convocatoria) puedan tratarse como sinónimos.

38. A diferencia de lo visto en Latinoamérica, el resto de este proceso constituyente se dejó prácticamente a la deriva, ya que la ANC-1999 consideró que era más democrático permitir que el pueblo decidiera cómo debía ser la próxima ANC al convocarla. No obstante, lo loable de esta posición se ve comprometido al revisar cómo se han implementado las ANC en nuestra historia constitucional y que indeterminaciones como las que presenta la CRBV, lejos de fomentar la participación ciudadana, son utilizadas por la fuerza política dominante para fijar requisitos que coartan la voluntad popular, que siempre requiere de canales adecuados para evitar quedarse en meras declaraciones de principio.

39. El artículo 349 de la CRBV establece otras disposiciones clave sobre la ANC. Primero, prohíbe al Presidente de la República desconocer la nueva Constitución aprobada por el pueblo, por lo que el primero debe promulgarla sin contar con potestades como el veto legislativo en el ámbito constitucional. Esta imposibilidad de objetar la nueva Constitución se extiende al resto del Poder Público con la excepción del Poder Judicial ya que, consideramos, este último podría declarar la nulidad de la nueva Constitución al constatar vicios en alguna de las etapas del proceso constituyente, siempre y cuando se respete el debido proceso y las garantías judiciales y electorales, aunque este punto no es pacífico en el foro. Además, el artículo aclara que el Poder Constituido no puede impedir las decisiones de la ANC, lo que implica que el proyecto de Constitución aprobado por la ANC, así como el proceso de su redacción, debe ser respetado. Por este motivo, vemos correcto que los constituyentes gocen por ejemplo de la misma inmunidad que los diputados de la Asamblea Nacional en el ejercicio de sus funciones. En virtud de lo anterior, cualquier actividad o acto de la ANC que se desvíe de su objetivo de redactar una nueva Constitución, y que no se ajuste al giro ordinario de su funcionamiento, quedaría desprovisto de la protección del artículo 349 de la CRBV, permitiendo al Poder Judicial conocer de su nulidad en virtud del principio de supremacía constitucional.

40. El artículo 350 es el último de la CRBV que se refiere a la ANC. Aunque ha sido interpretado en el ideario colectivo como el fundamento jurídico del derecho a la desobediencia civil, desde la perspectiva de los procesos constituyentes somete a la ANC a un conjunto de cláusulas que pueden considerarse pétreas y autoimpuestas por la sociedad. Estas cláusulas, de naturaleza formal y material, establecen cómo debe instaurarse la ANC y el contenido de la voluntad popular, al por ejemplo señalar que principios y valores como la libertad e independencia, los ideales democráticos y el respeto a los derechos fundamentales deben permanecer inalterados en la nueva Constitución. De no ser así, el proceso y su resultado podrían ser calificados como irregulares e ilegítimos, sujetos a acciones declarativas de nulidad.

41. En mayo de 2017, el Presidente de la República publicó un decreto en la G.O. mediante el cual convocó a una ANC, inspirada en la ANC-1999. Esta convocatoria se realizó como una estrategia para controlar las ramas del Poder Público que le eran adversas, en respuesta a la ola de protestas que se vivían en el país debido al asedio al Parlamento por parte de la fuerza política dominante. El decreto estableció una serie de objetivos programáticos en materia de competencias del Poder Público, protección a la sociedad, políticas públicas, economía y convivencia que la ANC debía abordar en su proyecto de Constitución. El propósito de esta asamblea era eliminar la disidencia sociopolítica, aunque se incluyeran elementos discursivos sobre la protección de los derechos sociales, culturales y ambientales para facilitar su propaganda y aceptación. Se trató, así, de un acto inconstitucional, a lo que se suma que la competencia del Presidente de la República se limitaba a promover la convocatoria (iniciativa), correspondiéndole al pueblo decidir mediante referendo si procedía o no a convocar la ANC.

42. La ANC-2017 fue una estrategia política de la fuerza dominante para disolver *de facto* la Asamblea Nacional, que desde 2016 le resultaba adversa al haber obtenido la oposición las mayorías absolutas y calificadas en las elecciones parlamentarias de diciembre de 2015. La ANC se unió así a otras acciones contra el Parlamento y sus funciones, incluyendo la designación de magistrados del Tribunal Supremo de Justicia por parte de la legislatura saliente, favorable al Presidente; la desincorporación de los diputados por el estado Amazonas, que originó la tesis del desacato formulada por la TSJ/SE y la TSJ/SC; la imposibilidad de que la Asamblea Nacional derogara los estados de excepción decretados por el Presidente; la reducción del control parlamentario sobre el Ejecutivo; la declaratoria de inconstitucionalidad de casi todas las leyes sancionadas por la Asamblea Nacional; la imposición de nuevos requisitos para la formación de leyes; la inoperatividad de la enmienda constitucional; y la asunción de competencias por parte de la TSJ/SC mediante los fallos n° 155/2017 y 156/2017. Estos eventos fueron los factores clave que llevaron a las protestas iniciadas en marzo de 2017 y que continuaron tras la convocatoria de la ANC.

43. A raíz de las críticas nacionales e internacionales que calificaron a los fallos TSJ/SC nº 155/2017 y 156/2017 como un golpe de Estado, la fuerza política dominante recurrió a la ANC para lograr la transferencia absoluta del Poder Legislativo a un órgano controlado por el Ejecutivo Nacional. Esto permitió desdibujar completamente la separación de poderes en el país y superar los límites que el Ejecutivo Nacional había enfrentado desde enero de 2016 mediante las estrategias mencionadas. El decreto que convocó la ANC estaba viciado de nulidad por inconstitucionalidad al usurpar la soberanía popular y negar el principio democrático, ya que el Presidente de la República asumió una función que solo podía ser ejercida por el pueblo, pero tal planteamiento fue rechazado por el Poder Judicial.

44. Esta inconstitucionalidad también afectó al decreto que creó una comisión presidencial para elaborar la propuesta de bases comiciales territoriales y sectoriales, con el objetivo de profundizar el "Socialismo Bolivariano del Siglo XXI" similar a lo intentado con la fallida reforma constitucional de 2007, seguido de otro decreto con las bases comiciales de la ANC-2017, que abordaron aspectos como los integrantes de la ANC, las postulaciones, el funcionamiento de este cuerpo y sus limitaciones. Entre las disposiciones de estas bases destacaban que **(i)** la ANC no tenía un plazo para redactar la nueva Constitución; **(ii)** se regiría inicialmente por los estatutos de la ANC-1999, lo que le otorgaba amplias extralimitaciones al catalogarse como un poder originario y supremo; y **(iii)** se exhortaba a que sometiera el proyecto redactado a referendo para la aprobación del pueblo, aunque esto no se consideraba una obligación. Estas bases fueron aceptadas con cambios menores por el CNE, que luego convocó elecciones para los integrantes de la ANC, dando continuidad a un proceso constituyente iniciado en fraude a la CRBV y que contó en todo momento con el aval de la TSJ/SC.

45. Como resultado de la sinergia entre el Poder Ejecutivo Nacional, el Poder Judicial y el Poder Electoral, se ignoró la atribución soberana de decidir si convocar o no una ANC y se pasó directamente a la elección de los representantes. Esto obligó al electorado a participar en un proceso que no había iniciado, lo que sin duda afectó la legitimidad del mismo. Aunado a ello, el proceso electoral careció de integridad, pero la ANC se instauró sin mayores problemas en agosto de 2017 y, como su predecesora e inspiración, se autocalificó como "soberana" y "depositaria del Poder

Constituyente Originario". Se revivieron así fantasmas del pasado al presentarse la ANC como un poder superior al ordenamiento jurídico y a cualquier manifestación del Poder Público, otorgándosele legitimidad para decidir a sus anchas, incluso en contra de los Poderes válidamente constituidos según la CRBV que mantendría su vigencia en todo lo que no contraviniera las decisiones de la ANC-2017.

46. Esta contrariedad a Derecho se asentó en el "Decreto Constituyente mediante el cual se dictan las normas para garantizar el pleno funcionamiento institucional de la Asamblea Nacional Constituyente en armonía con los Poderes Públicos constituidos", que sirvió de fundamento jurídico para la mayoría de los actos de la ANC-2017, junto con la invocación de los artículos 347 a 349 de la CRBV. Cabe destacar que el estatuto de funcionamiento de la ANC-2017 nunca fue publicado en la G.O., por lo que se desconoce cómo operó internamente durante los tres años y cinco meses que estuvo activa. Finalmente, en diciembre de 2020, el Presidente de la República comunicó su decisión de disolver a la ANC, dado que para esa fecha el partido de gobierno había recuperado las mayorías parlamentarias y ya no era necesario contar con una Asamblea Nacional paralela.

47. A pesar de que la ANC-2017 nunca discutió ni redactó un proyecto de Constitución durante su período de actividades –esto es, del 04-08-2017 al 18-12-2020–, ella publicó 215 actos en la G.O. En estos actos, la ANC operó como un legislador ordinario, asumiendo funciones normativas y de control del Poder Legislativo Nacional, y en ocasiones sustituyó al Poder Electoral. Todo esto contravino la CRBV, lo que hace imperativo recordar el artículo 138 *ejusdem* sobre la ineficacia de las autoridades usurpadas y la nulidad de sus actos.

48. Los actos de la ANC-2017 pueden clasificarse en las siguientes categorías: leyes constituyentes y decretos constituyentes sobre presupuesto (7.4 % del total); leyes constitucionales (6.5 %); decretos constituyentes con contenido normativo (10.7 %); convocatorias a participar en el debate constituyente (3.3 %); remociones, ratificaciones, designaciones y aprobaciones (9.8 %); autorizaciones de enjuiciamiento e investigaciones penales (11.6 %); convocatoria a elecciones y juramentaciones (4.2 %); pronunciamientos respecto al acontecer nacional e internacional (37.7 %); y aspectos internos (8.8 %).

49. En relación con las funciones de control y normativas, la ANC-2017 violó las disposiciones constitucionales en materia de planificación presupuestaria y el rol del Parlamento como parte del sistema de pesos y contrapesos para evitar que el Ejecutivo Nacional disponga del patrimonio público a su voluntad (arts. 311 a 314, 319 de la CRBV). Así, la ANC aprobó leyes de presupuesto, leyes especiales de endeudamiento anual y planes operativos anuales para los ejercicios económicos de 2018, 2019, 2020 y 2021, así como el presupuesto del Banco Central de Venezuela para los mismos ejercicios fiscales. Además, las quince leyes constitucionales y veintitrés decretos constituyentes publicados por la ANC como tipos normativos inexistentes en nuestro ordenamiento jurídico regularon la organización del Estado y los derechos civiles, políticos, sociales y económicos de los particulares, violando tanto la parte orgánica como dogmática de la CRBV. Finalmente, los actos restantes de la ANC-2017 consistieron principalmente en la instrumentación de grupos vulnerables de la sociedad y la radicalización de sus sectores más críticos, con el fin de incrementar la actividad policial estatal contra la disidencia, justificando esta acción en la necesidad de proteger a la sociedad venezolana y garantizar derechos como la participación ciudadana.

50. En definitiva, el actuar de la ANC-2017 –especialmente en cuanto a la asunción de todas las competencias del Parlamento, la autorización de enjuiciamientos contra los diputados de la Asamblea Nacional violando la inmunidad parlamentaria, y la convocatoria a comicios de diversos cargos de elección popular exigiendo que se juramentaran ante ella– demuestra, como se expuso en la introducción de esta investigación, que esta institución no fue más que una falacia. Se trató, así, no de un proceso constituyente nacido del soberano para dotarse de una nueva Constitución que respondiera a sus exigencias sociopolíticas, sino del Ejecutivo Nacional para abstraerse de la CRBV y desconocer la voluntad del pueblo, único y verdadero titular del Poder Constituyente Originario.

BIBLIOGRAFÍA

Abache Carvajal, Serviliano. "Sobre la (in)validez normativa y aplicación en el tiempo de la ley «constitucional» que crea el impuesto a los grandes patrimonios en Venezuela". *Revista Instituto Colombiano de Derecho Tributario*, nº 82 (2020): 449–69.

Academias Nacionales. "Declaración ante las sentencias 155 y 156 de la Sala Constitucional". *Boletín de la Academia de Ciencias Políticas y Sociales*, nº 156 (2017): 21–25.

——. "Las Academias Nacionales llaman a suspender la convocatoria de una Asamblea Nacional Constituyente". *Boletín de la Academia de Ciencias Políticas y Sociales*, nº 156 (2017): 91–94.

——. "Pronunciamiento ante la convocatoria presidencial a una asamblea nacional constituyente". *Boletín de la Academia de Ciencias Políticas y Sociales*, nº 156 (2017): 51–56.

Acceso a la Justicia. "Informe sobre la Asamblea Nacional Constituyente. Su utilización como parte de la fachada institucional en Venezuela", 2020. https://accesoalajusticia.org/wp-content/uploads/2020/12/Informe-sobre-la-Asamblea-Nacional-Constituyente.-Su-utilizacion-como-parte-de-la-facha-institucional-en-Venezuela.pdf.

ACIENPOL. "Declaración sobre la politización de la Fuerza Armada Nacional y la amenaza del uso desproporcionado de la fuerza pública". *Boletín de la Academia de Ciencias Políticas y Sociales*, nº 156 (2017): 39–43.

——. "Declaración sobre la posición de la Fiscal General de la República y las aclaratorias de la Sala Constitucional del Tribunal Supremo De Justicia". *Boletín de la Academia de Ciencias Políticas y Sociales*, nº 156 (2017): 27–32.

——. "Pronunciamiento ante el 'Decreto Constituyente sobre la convocatoria de las elecciones para la Presidencia de la República Bolivariana de Venezuela' dictado por la Asamblea Nacional Constituyente". *Boletín de la Academia de Ciencias Políticas y Sociales*, nº 157 (2018): 11–15.

——. "Pronunciamiento ante el retardo en el deber del Consejo Nacional Electoral de convocar a elecciones de gobernadores y legisladores estadales". *Boletín de la Academia de Ciencias Políticas y Sociales*, nº 155 (2016): 43–47.

——. "Pronunciamiento ante la 'Ley constitucional contra el odio, por la convivencia pacífica y la tolerancia' dictada por la asamblea nacional constituyente". *Boletín de la Academia de Ciencias Políticas y Sociales*, nº 156 (2017): 101–5.

——. "Pronunciamiento en rechazo a la 'Ley Constitucional que crea el impuesto a los grandes patrimonios' dictada por inconstitucional Asamblea Nacional Constituyente". *Boletín de la Academia de Ciencias Políticas y Sociales*, nº 159 (2019): 3–8.

——. "Pronunciamiento sobre la inconstitucionalidad e inconvencionalidad de las bases comiciales decretadas para la elección de la asamblea nacional constituyente". *Boletín de la Academia de Ciencias Políticas y Sociales*, nº 156 (2017): 71–77.

——, ed. *Recopilación de leyes y decretos de Venezuela*. Vol. I. Caracas: ACIENPOL, 1982.

Agapito, Rafael. "Introducción". En *El concepto de lo político. Texto de 1932 con un prólogo y tres corolarios*. Madrid: Alianza Editorial, 2009.

Aguiar, Asdrúbal. *Génesis del pensamiento constitucional de Venezuela*. Cádiz: EJV y RAHA, 2018.

Alcibiades, Julia. "Enmiendas a la Constitución de 1961". En *Procesos constituyentes y reformas constitucionales en la historia de Venezuela: 1811-1999*, II:733-64. Caracas: UCV, 2005.

Alfonzo Paradisi, Juan Domingo. "La Ley Constitucional de Precios acordados emitida por la Asamblea Nacional Constituyente. Su inconstitucionalidad, nueva regulación de precios a través del diálogo y su desconocimiento por las vías de hecho de autoridades administrativas". *Revista de Derecho Público*, nº 153-154 (2018): 57-84.

Álvarez Chamosa, María Lidia, y Paola Alessandra Yrady. "La desobediencia civil como mecanismo de participación ciudadana". *Revista de Derecho Constitucional*, nº 7 (2003): 7-21.

Álvarez, Tulio. *Constituyente, reforma y autoritarismo del siglo* XXI. Caracas: UCAB, 2007.

——. *La Constituyente. Todo lo que usted necesita saber*. Caracas: El Nacional, 1998.

Antela Garrido, Ricardo. "La transición constitucional (O cómo la Asamblea Nacional Constituyente se transformó en un poder suprapopular)". *Revista de Derecho Constitucional*, nº 2 (2000): 19-45.

Arenas, Nelly. "Poder reconcentrado: El populismo autoritario de Hugo Chávez". *Revista Politeia* 30, nº 39 (2007): 23-63.

Atienza, Manuel. *Las razones del Derecho. Teorías de la argumentación jurídica*. 4° ed., Kindle. Lima: Palestra Editores, 2016.

Aveledo, Ramón Guillermo. *Curso de Derecho parlamentario*. Caracas: IEPFT y UCAB, 2018.

——. "Sobre los riesgos de reformar la Constitución por un medio no establecido en ella (Visión del proceso constituyente venezolano de 1999)". En *La muerte de una Constitución. El proceso constituyente de 1999 desencadenado por dos sentencias de la Corte Suprema*, 293-330. Caracas: EJV, 2022.

Avellaneda, Eloisa. *El control parlamentario sobre el Gobierno y la Administración Pública*. Caracas: UCV, 1999.

Ayala Corao, Carlos. "Inconstitucionalidad de la denuncia de la Convención Americana sobre Derechos Humanos por Venezuela". *Revista Estudios Constitucionales* 10, nº 2 (2012): 643-82.

——. "La asamblea nacional constituyente de Maduro-2017: Fraude constitucional y usurpación de la soberanía popular (Inconstitucionalidad e inconvencionalidad de la convocatoria y las bases comiciales)". En *Estudios sobre la Asamblea Nacional Constituyente y su inconstitucional convocatoria en* 2017, 229-56. Caracas: ACIENPOL y EJV, 2017.

——. "Venezuela: De la Constituyente de 1999 a la reforma constitucional de 2007". En *Procesos constituyentes contemporáneos en América Latina. Tendencias y perspectivas*, 333-405. México D.F.: UNAM, 2009.

Ayala Corao, Carlos, y Rafael Chavero Gazdik. *La Asamblea Constituyente de Venezuela (2017-2019): El Leviatán de la democracia*. Caracas: ACIENPOL y EJV, 2019.

Ayala, Javier Marcelo. "La problemática del poder constituyente y la reforma constitucional". *Revista de la Facultad de Ciencias Jurídicas y Políticas de la Universidad Central de Venezuela*, nº 134 (2009): 57–89.

Badell Madrid, Rafael. *Asalto al Parlamento*. Caracas: ACIENPOL, 2021.

——. "Bases comiciales decretadas por el Presidente de la República mediante Decreto nº 2.878". En *Estudios sobre la Asamblea Nacional Constituyente y su inconstitucional convocatoria en* 2017, 413–18. Caracas: ACIENPOL y EJV, 2017.

——. "Derechos y deberes de los pueblos y comunidades indígenas en Venezuela". *Revista de Derecho Público*, nº 169–170 (2022): 115–50.

——. "El principio de separación de poderes". En *Principios fundamentales del Derecho público. Desafíos actuales: Libro conmemorativo de los 20 años de la publicación de la Constitución de* 1999, 183–207. Caracas: EJVI, 2020.

——. "Régimen jurídico del proceso constituyente en la Constitución de Venezuela". *Boletín de la Academia de Ciencias Políticas y Sociales*, nº 156 (2017): 205–91.

Berríos Ortigoza, Juan Alberto. "Estudio sobre las bases comiciales de la convocatoria presidencial a una asamblea nacional constituyente". En *Estudios sobre la Asamblea Nacional Constituyente y su inconstitucional convocatoria en* 2017, 447–63. Caracas: ACIENPOL y EJV, 2017.

Blanco-Uribe, Alberto. "Ley 'constitucional' contra el odio, por la convivencia pacífica y la tolerancia. Hipocresía autoritaria e ideologizada censura". *Revista de Derecho Público*, nº 153–154 (2008): 266–76.

Bobbio, Norberto. *El futuro de la democracia*. Traducido por José Fernández Santillán. México D.F.: FCE, 1986.

——. *Estado, gobierno y sociedad. Por una teoría general de la política*. Traducido por José Fernández Santillán. 4° reimpresión. México D.F.: FCE, 1996.

Brewer-Carías, Allan R. *Angostura*, 1819. *La reconstitución y la desaparición del Estado de Venezuela con motivo del bicentenario del Congreso y de la Constitución de Angostura* (1819-2019). Caracas: ACIENPOL y EJV, 2019.

——. *Asamblea Constituyente y Proceso Constituyente* 1999. Colección Tratado de Derecho Constitucional, VI. Caracas: EJV, 2013.

——. *Constituciones iberoamericanas. Venezuela*. México D.F.: UNAM, 2017.

——. "Crónica constitucional de una inconstitucionalidad: Las ejecutorias de la asamblea nacional constituyente (agosto-octubre 2017)". *Revista de Derecho Público*, nº 151–152 (2017): 165–224.

——. *Crónica constitucional sobre el secuestro de la participación política y las elecciones en Venezuela, que dejaron de ser libres, justas, plurales y transparentes* (1999-2024). Caracas: EJV, 2024.

——, ed. "Diario de Debates de la Asamblea Nacional Constituyente de 1999, Vol. I", 2000. https://allanbrewercarias.com/wp-content/uploads/2019/06/ANC.-Actas.-Vol-I.-agosto.-sept.-1999.pdf.

——, ed. "Diario de Debates de la Asamblea Nacional Constituyente de 1999, Vol. II", 2000. https://allanbrewercarias.com/wp-content/uploads/2019/06/ANC.-Actas-Vol-II.-sept.-octubre-1999.pdf.

——, ed. "Diario de Debates de la Asamblea Nacional Constituyente de 1999, Vol. III", 2000. https://allanbrewercarias.com/wp-content/uploads/2019/06/ANC.-Actas.-Vol-III.-Oct.-Nov-1999.pdf.

——, ed. "Diario de Debates de la Asamblea Nacional Constituyente de 1999, Vol. IV", 2000. https://allanbrewercarias.com/wp-content/uploads/2019/06/ANC.-Actas-Vol-IV.-Nov.-Dic-1999-enero-2000.pdf.

——. "El equilibrio del Estado constitucional: Entre soberanía popular y supremacía constitucional. A propósito de las sentencias de la Corte Suprema de Justicia en Sala Político Administrativa de 19 de enero de 1999". En *La muerte de una Constitución. El proceso constituyente de 1999 desencadenado por dos sentencias de la Corte Suprema*, 115–71. Caracas: EJV, 2022.

——. "El golpe de Estado judicial continuado, la no creíble defensa de la constitución por parte de quien la despreció desde siempre, y el anuncio de una bizarra 'revisión y corrección' de sentencias por el juez constitucional por órdenes del Poder Ejecutivo (Secuelas de las sentencias n° 155 y 156 de 27 y 29 de marzo de 2017)". *Revista de Derecho Público*, nº 149–150 (2017): 300–312.

——. "El inconstitucional allanamiento de la inmunidad parlamentaria del diputado Juan Guaidó. Comentarios en torno a un voto disidente a una decisión inexistente del Tribunal Supremo en Sala Plena, supuestamente dictada el 1º de abril de 2019". *Revista de Derecho Público*, nº 157–158 (2019): 376–94.

——. "El juez constitucional vs. El derecho a la desobediencia civil, y de cómo dicho derecho fue ejercido contra el juez constitucional desacatando una decisión ilegítima (El caso de los cuadernos de votación de las elecciones primarias de la oposición democrática de febrero de 2012)". *Revista de Derecho Público*, nº 129 (2012): 241–49.

——. "El juez constitucional vs. La alternabilidad republicana (La reelección continua e indefinida)". *Revista de Derecho Público*, nº 117 (2009): 205–11.

——. "El juez constitucional vs. la supremacía constitucional". *Revista Iberoamericana de Derecho Procesal Constitucional*, nº 9 (2008): 17–59.

——. "El juez constitucional y la Asamblea Nacional Constituyente vs. La Fiscal General de la República (junio-agosto 2017)". *Revista de Derecho Público*, nº 151–152 (2017): 407–23.

——. "El reparto de despojos: La usurpación definitiva de las funciones de la Asamblea Nacional por la Sala Constitucional del Tribunal Supremo de Justicia al asumir el poder absoluto del Estado (sentencia n° 156 de la Sala Constitucional)". *Revista de Derecho Público*, nº 149–150 (2017): 292–99.

——. "El último golpe al Estado de Derecho: Una 'ley constitucional' 'antibloqueo' para rematar y repartir los despojos de economía estatizada, en un marco de secretismo y de inseguridad jurídica". *Revista de Derecho Público*, nº 169–170 (2022): 235–52.

——. *Golpe de Estado y proceso constituyente en Venezuela*. Guayaquil: Goberna y Derecho, 2007.

——. *Hacia la consolidación de un Estado socialista, centralizado, policial y militarista. Comentarios sobre el sentido y alcance de las propuestas de reforma constitucional* 2007. Caracas: EJV, 2007.

——. *Historia constitucional de Venezuela*. Colección Tratado de Derecho Constitucional, I. Caracas: EJV, 2013.

——. "La configuración judicial del proceso constituyente de 1999: O de cómo el guardián de la Constitución abrió el camino para su violación y para su propia extinción". En *La muerte de una Constitución. El proceso constituyente de 1999 desencadenado por dos sentencias de la Corte Suprema*, 173–269. Caracas: EJV, 2022.

——. "La consolidación de la dictadura judicial: La Sala Constitucional, en un juicio sin proceso usurpó todos los poderes del Estado, decretó inconstitucionalmente un estado de excepción y eliminó la inmunidad parlamentaria (sentencia n° 155 de la Sala Constitucional)". *Revista de Derecho Público*, nº 149-150 (2017): 276-91.

——. *La Constitución de 1999: Estado democrático y social de Derecho*. Colección Tratado de Derecho Constitucional, VII. Caracas: EJV, 2014.

——. "La inconstitucional convocatoria de una asamblea nacional constituyente en 2017 como una muestra más de desprecio a la Constitución". En *Estudios sobre la Asamblea Nacional Constituyente y su inconstitucional convocatoria en 2017*, 27-40. Caracas: ACIENPOL y EJV, 2017.

——. "La institucionalización de la cleptocracia en Venezuela: La inconstitucional reforma tácita del régimen de contrataciones públicas, y la inconstitucional eliminación, por decreto, de la licitación para la selección de contratistas en la industria petrolera, y de la nacionalización de las actividades auxiliares o conexas con la industria". *Revista de Derecho Público*, nº 153-154 (2018): 281-97.

——, ed. *La muerte de una Constitución. El proceso constituyente de 1999 desencadenado por dos sentencias de la Corte Suprema*. Caracas: EJV, 2022.

——. "La nueva farsa del juez constitucional controlado: La inconstitucional y falsa 'corrección' de la usurpación de funciones legislativas por parte de la Sala Constitucional del Tribunal Supremo". *Revista de Derecho Público*, nº 149-150 (2017): 313-25.

——. *La Reforma Constitucional de 2007. Comentarios al proyecto inconstitucionalmente sancionado por la Asamblea Nacional el 2 de noviembre de 2007*. Caracas: EJV, 2007.

——. *La ruina de la democracia*. Caracas: EJV, 2015.

——. "Las Asambleas Constituyentes en la historia de Venezuela". *Revista de Derecho Público*, nº 65-66 (1998): 55-57.

——. *Las Constituciones de Venezuela*. San Cristóbal - Madrid: CEC, IEAL y UCAT, 1985.

——. *Poder constituyente originario y Asamblea Nacional Constituyente*. Caracas: EJV, 1999.

——. "Recuerdos de sobre mi participación en la 'polémica constituyente', y las lecciones del 'populismo constitucional' que caracterizó al proceso constituyente venezolano de 1999". En *La muerte de una Constitución. El proceso constituyente de 1999 desencadenado por dos sentencias de la Corte Suprema*, 45-114. Caracas: EJV, 2022.

——. "Reforma constitucional, Asamblea Nacional Constituyente y control judicial contencioso administrativo. El caso de Honduras (2009) y el antecedente venezolano (1999)". *Revista de la Facultad de Derecho de la Universidad Católica Andrés Bello*, nº 60-61 (2006): 63-111.

——. "Sobre la ausencia de carrera judicial en Venezuela: Los jueces temporales y provisorios, y la irregular jurisdicción disciplinaria judicial". *Revista de Derecho Funcionarial*, nº 12-19 (2016): 8-26.

——. *Sobre la militarización de la política en Venezuela. Un mal que nos acecha desde la Independencia. Algunos escritos*. Caracas: EJV, 2023.

Brewer-Carías, Allan R., y Carlos García Soto, eds. *Estudios sobre la Asamblea Nacional Constituyente y su inconstitucional convocatoria en 2017*. Caracas: ACIENPOL y EJV, 2017.

Briceño León, Humberto. “Legitimidad del presidente interino. Constitución internacionalizada. Venezuela”. *Revista de Derecho Público*, nº 161-162 (2020): 190-200.

Canova González, Antonio, Giuseppe Graterol Stefanelli, Luis Alfonso Herrera Orellana, y Carlos Leáñez Aristimuño. *El TSJ al servicio de la Revolución. La toma, los números y los criterios del TSJ venezolano* (2004-2013). Caracas: Editorial Galipán, 2014.

Carmona Borjas, Juan Cristóbal. “Consideraciones jurídicas sobre el Petro”. *Anuario de la Asociación Venezolana de Derecho Administrativo*, nº 1 (2020): 17-40.

Carpizo, Jorge. “Algunas reflexiones sobre el poder constituyente”. En *Estudios en homenaje al doctor Héctor Fix-Zamudio en sus treinta años como investigador de las ciencias jurídicas*, I:141-52. México D.F.: UNAM, 1988.

Carrillo Artiles, Carlos Luis. “La composición del Poder Público en la Constitución de la República Bolivariana de Venezuela”. En *Libro homenaje a Enrique Tejera Paris. Temas sobre la Constitución de* 1999, 53-74. Caracas: Centro de Investigaciones Jurídicas, 2001.

——. “Las singularidades del proceso constituyente en Venezuela. Análisis histórico jurídico”. En *La muerte de una Constitución. El proceso constituyente de* 1999 *desencadenado por dos sentencias de la Corte Suprema*, 363-409. Caracas: EJV, 2022.

Casal Hernández, Jesús María. *Apuntes para una historia del Derecho constitucional de Venezuela*. Caracas: CIDEP y EJV, 2019.

——. “Comentarios sobre la convocatoria de una supuesta asamblea nacional constituyente contenida en el Decreto nº 2.830, del 1º de mayo de 2017”. En *Estudios sobre la Asamblea Nacional Constituyente y su inconstitucional convocatoria en* 2017, 259-66. Caracas: ACIENPOL y EJV, 2017.

——. “¿De la Constitución nominal a la Constitución fachada? Reflexiones a partir de la evolución constitucional venezolana”. *Anuario de Derecho Constitucional Latinoamericano*, nº 17 (2011): 361-82.

——. “El constitucionalismo venezolano y la Constitución de 1999”. *Revista de Derecho de la Universidad Católica Andrés Bello*, nº 56 (2001): 137-79.

——. “La convocatoria de una supuesta Asamblea Nacional Constituyente y los límites del Poder Constituyente”. *Boletín de la Academia de Ciencias Políticas y Sociales*, nº 156 (2017): 305-30.

——. *Los derechos fundamentales y sus restricciones. Constitucionalismo comparado y jurisprudencia interamericana*. Bogotá: Editorial Temis y KAS, 2020.

——. “Proceso constituyente, Constitución y justicia constitucional”. En *La muerte de una Constitución. El proceso constituyente de* 1999 *desencadenado por dos sentencias de la Corte Suprema*, 489-519. Caracas: EJV, 2022.

——. “¿Qué implica el relanzamiento del Estado comunal?” *Revista de Derecho Público*, nº 165-166 (2021): 445-51.

Chacín González, Rómulo. “Las excepciones a las exclusiones probatorias en el proceso penal venezolano”. *Revista de la Facultad de Derecho de la Universidad Católica Andrés Bello*, nº 72 (2018): 204-62.

Chavero Gazdik, Rafael. “Modificaciones no formales de la Constitución”. *Revista de Derecho Constitucional*, nº 2 (2000): 243-52.

Chávez Frías, Hugo. *Discursos fundamentales. Ideología y acción política*. Vol. I. Caracas: FBNA, 2003.

——. *Ideas fundamentales para la Constitución Bolivariana de la V República. Segunda parte*. Caracas: Imprenta Nacional, 1999.

Chevallier, Jean-Jacques. *Los grandes textos políticos. Desde Maquiavelo a nuestros días*. Traducido por Antonio Rodríguez Huéscar. 3° ed. Madrid: Aguilar, 1957.

Combellas, Ricardo. "El proceso constituyente y la Constitución de 1999". En *Procesos constituyentes y reformas constitucionales en la historia de Venezuela: 1811-1999*, II:765–807. Caracas: UCV, 2005.

——. "Introducción teórica al poder constituyente y al poder de revisión de la Constitución". En *Procesos constituyentes y reformas constitucionales en la historia de Venezuela: 1811-1999*, I:1–12. Caracas: UCV, 2005.

——. "La reforma constitucional en Venezuela: Retrospectiva de una experiencia frustrada". En *Venezuela. Crisis política y reforma constitucional*, 9–29. Caracas: UCV, 1993.

——. "La reforma general de la Constitución y sus aspectos más resaltantes". *Revista de la Facultad de Ciencias Jurídicas y Políticas de la Universidad Central de Venezuela*, n° 84 (1992): 261–68.

——. "Palabras del Presidente de la AVDC, en el acto de apertura del IV Congreso de Derecho Constitucional, Caracas 15-11-95". En *El nuevo Derecho constitucional latinoamericano*, Vol. 1. Caracas: KAS, 1996.

——, ed. *Venezuela. Crisis política y reforma constitucional*. Caracas: UCV, 1993.

Comisión de Venecia. "Opinión sobre las cuestiones jurídicas planteadas por el decreto n° 2878 del 23 de mayo de 2017 del Presidente de la República sobre la convocatoria de elecciones a una asamblea nacional constituyente", 2017. https://www.venice.coe.int/webforms/documents/default.aspx?pdffile=CDL-AD(2017)024-spa.

CorteIDH. "Opinión consultiva OC-28/21 del 07-06-2021. La figura de la reelección presidencial indefinida en sistemas presidenciales en el contexto del Sistema Interamericano de Derechos Humanos (Interpretación y alcance de los artículos 1, 23, 24 y 32 de la Convención Americana sobre Derechos Humanos, XX de la Declaración Americana de los Derechos y Deberes del Hombre, 3.d de la Carta de la Organización de los Estados Americanos y de la Carta Democrática Interamericana)", 2021. https://www.corteidh.or.cr/docs/opiniones/seriea_28_esp.pdf.

De Stefano, Juan. "Consideraciones sobre el 'Estado' y el 'pueblo'". *Revista de la Facultad de Derecho de la Universidad Central de Venezuela*, n° 11 (1957).

Delgado, Francisco. *Chavismo y Derecho*. Caracas: Editorial Galipán, 2017.

——. "La Constitución de 1857: 'Por esta vez'". En *Procesos constituyentes y reformas constitucionales en la historia de Venezuela: 1811-1999*, I:155–77. Caracas: UCV, 2005.

——. *La idea de Derecho en la Constitución de 1999*. Caracas: UCV, 2008.

——. *La reconstrucción del Derecho venezolano*. Caracas: Editorial Galipán, 2012.

——. "Procesos constituyentes y reformas constitucionales durante el régimen gomecista". En *Procesos constituyentes y reformas constitucionales en la historia de Venezuela: 1811-1999*, II:493–538. Caracas: UCV, 2005.

Díez-Picazo, Luis María. "Límites internacionales al poder constituyente". *Revista Española de Derecho Constitucional*, n° 76 (2006): 9–32.

Duque Corredor, Román J., Román José. "La enmienda constitucional como poder constituyente especial". *Boletín de la Academia de Ciencias Políticas y Sociales*, nº 141 (2003): 157–59.

Elechiguerra Naranjo, Javier. "Irretroactividad de la ley penal, derechos humanos y principio de progresividad". En *Libro homenaje al profesor Eugenio Hernández-Bretón*, IV:2731–47. Caracas: ACIENPOL, 2019.

Escovar León, Elisa. "Asamblea Nacional Constituyente de 1953". En *Procesos constituyentes y reformas constitucionales en la historia de Venezuela: 1811-1999*, II:623–82. Caracas: UCV, 2005.

Escovar León, Ramón. "Del neoconstitucionalismo al contraconstitucionalismo". En *Libro Homenaje al Dr. Pedro Nikken*, II:661–75. Caracas: ACIENPOL y EJV, 2021.

——. "Límites de la interpretación constitucional". *Revista de Derecho Público*, nº 157–158 (2019): 46–65.

Escovar Salom, Ramón. *Evolución política de Venezuela*. Caracas: Monte Ávila Editores, 1972.

Escudero León, Margarita. "La concentración de poderes en el Presidente de la República de acuerdo con la propuesta de Reforma Constitucional sancionada por la Asamblea Nacional el 2 de noviembre de 2007". *Revista de Derecho Público*, nº 112 (2007): 151–55.

Espina Molina, María Verónica. "El principio de progresividad de los derechos humanos". *Revista de Derecho Público*, nº 112 (2007): 261–66.

Estados Unidos de Venezuela, ed. *Recopilación de leyes y decretos de Venezuela*. Vol. VIII. Caracas: Opinión Nacional, 1884.

——, ed. *Recopilación de leyes y decretos de Venezuela*. 2° ed. Vol. IV. Caracas: Opinión Nacional, 1890.

——, ed. *Recopilación de leyes y decretos de Venezuela*. Vol. XVI. Caracas: Imprenta Bolívar, 1896.

——, ed. *Recopilación de leyes y decretos de Venezuela*. Vol. XXI. Caracas: Imprenta Bolívar, 1901.

——, ed. *Recopilación de leyes y decretos de Venezuela*. Vol. XXII. Caracas: Imprenta Bolívar, 1903.

——, ed. *Recopilación de leyes y decretos de Venezuela*. Vol. XXIII. Caracas: Imprenta Nacional, 1903.

——, ed. *Recopilación de leyes y decretos de Venezuela*. Vol. XXIV. Caracas: Imprenta Nacional, 1904.

——, ed. *Recopilación de leyes y decretos de Venezuela*. Vol. XXVII.2. Caracas: Imprenta Nacional, 1905.

Fayt, Carlos. *Derecho político*. Vol. I. Buenos Aires: Editorial Depalma, 1985.

Fernández, Gerardo. *La búsqueda de un nuevo sistema de gobierno para Venezuela. Del presidencialismo exacerbado, autocrático, inestable e ineficaz a un sistema semipresidencial*. Caracas: ACIENPOL, 2019.

Fernández Parra, Lizett, y Iliany Mata Ponte. "Breves comentarios sobre la Ley Especial del Distrito Metropolitano de Caracas". *Revista de Derecho Administrativo*, 2000, 245–65.

Fernández Villegas, Gerardo. "Las Constituciones de la independencia venezolana (1811-1830)". En *Libro homenaje al Dr. Pedro Nikken*, II:727–38. Caracas: ACIENPOL y EJV, 2021.

Fernández y Castrejón, ed. *Maquiavelo comentado por Napoleón I (Bonaparte)*. México D.F.: Tipografía Popular, 1905.

Fraga-Pittaluga, Luis. "El principio de la legalidad tributaria". *Revista Electrónica de Derecho Administrativo Venezolano*, nº 17-19 (2019): 277-326.

—. *La reforma del Código Orgánico Tributario de 2020. Análisis crítico*. Caracas: Luis Fraga-Pittaluga, 2021.

Gallotti, Alejandro. "La aprobación de la Ley de Presupuesto al margen del Parlamento Nacional". *Revista Derecho y Sociedad*, nº 15 (2019): 8-40.

García de Enterría, Eduardo. "La Constitución como norma jurídica". *Anuario de Derecho Civil* 32, nº 2-3 (1979): 291-341.

García Soto, Carlos. "Entre los votos y las balas: Las salidas constitucionales a la crisis venezolana". *Revista Derecho y Sociedad*, nº 4 (2003): 281-340.

—. "La Asamblea Nacional Constituyente de 2017 en su contexto histórico". En *Estudios sobre la Asamblea Nacional Constituyente y su inconstitucional convocatoria en 2017*, 75-102. Caracas: ACIENPOL y EJV, 2017.

—. "Principio de la formación del Derecho por grados". En *Principios fundamentales del Derecho público. Desafíos actuales. Libro conmemorativo de los 20 años de la publicación de la Constitución de 1999*, 327-43. Caracas: EJV, 2020.

García-Pelayo, Manuel. *Derecho constitucional comparado*. Caracas: Fundación Manuel García-Pelayo, 2005.

Garrido Rovira, Juan. "La legitimación de Venezuela (el Congreso Constituyente de 1811)". En *Procesos constituyentes y reformas constitucionales en la historia de Venezuela: 1811-1999*, I:13-74. Caracas: UCV, 2005.

—. "Relaciones entre la planificación del desarrollo económico-social y el presupuesto del Poder Nacional". *Revista de Derecho Público*, nº 9 (1982): 19-27.

Genatios, Carlos, y Marianela Lafuente. "Lluvias torrenciales en Vargas, Venezuela, en diciembre de 1999: Protección ambiental y recuperación urbana". *Boletín Técnico* 41, nº 2-3 (2003): 49-62.

Georgetown University. "Political Database of the Americas", s. f. http://pdba.georgetown.edu.

—. "Venezuela: Resultados de las elecciones legislativas de 1998", 2006. https://pdba.georgetown.edu/Elecdata/Venezuela/legvote98.html.

Germán Roscio, Juan. *El triunfo de la libertad sobre el despotismo*. Caracas: Biblioteca Ayacucho, 1996.

Gil Fortoul, José. *Historia constitucional de Venezuela*. 2° ed. Vol. I. Caracas: Parra León Hermanos y Editorial Sur América, 1930.

—. *Historia constitucional de Venezuela*. 2° ed. Vol. II. Caracas: Parra León Hermanos y Editorial Sur América, 1930.

—. *Historia constitucional de Venezuela*. 4° ed. Vol. III. Caracas: Ministerio de Educación, 1954.

Giuliani Fonrouge, Carlos. *Derecho financiero*. La Ley. Vol. I. Buenos Aires: 9° ed., 2004.

González Camacho, Herviz Geralda. "El proceso constituyente del Congreso Admirable, Bogotá 1830". En *Procesos constituyentes y reformas constitucionales en la historia de Venezuela: 1811-1999*, I:107-29. Caracas: UCV, 2005.

González Cruz, Fortunato. "Constitución histórica y poder constituyente". *Revista de Derecho Público*, nº 112 (2007): 33-36.

—. "Situación venezolana: Desenlace y recuperación. Una mirada desde Mérida". *Revista Provincia*, nº 37 (2017): 75-104.

González Encinar, José Juan, Jorge Miranda, Bolívar Lamounier, y Dieter Nohlen. "El proceso constituyente. Deducciones de cuatro casos recientes: España, Portugal, Brasil y Chile". *Revista de Estudios Políticos*, nº 76 (1992): 7-27.

González Pérez, Jesús. *La dignidad de la persona*. 3° ed. Madrid: Civitas, 2017.

Grau Fortoul, Gustavo. "Reembozalando al pitbull. Consideraciones sobre el proceso que culminó con la puesta en vigor de la Constitución de 1999 y el que está en marcha para sustituirla". En *Estudios sobre la Asamblea Nacional Constituyente y su inconstitucional convocatoria en* 2017, 103-13. Caracas: ACIENPOL y EJV, 2017.

Grau, María Amparo. *La inconstitucional actividad empresarial del Estado en Venezuela*. Caracas: ACIENPOL y EJV, 2019.

Guerrero, Carolina. "Los constituyentes de la Unión Colombiana: Una creación limitada y menguada". En *Procesos constituyentes y reformas constitucionales en la historia de Venezuela:* 1811-1999, I:75-106. Caracas: UCV, 2005.

Hamblin, Charles. *Falacias*. Traducido por Hubert Marraud. Kindle. Lima: Palestra Editores, 2016.

Hamilton, Alexander, James Madison, y John Jay. *The Federalist Papers*. New York: Signet Classics, 2003.

Haro García, José Vicente. "Sobre los límites materiales de la enmienda y la reforma constitucional". *Revista de Derecho Constitucional*, nº 8 (2003): 35-65.

Hayek, Friedrich. *Camino de servidumbre. Textos y documentos. Edición definitiva*. Traducido por José Vergara Doncel. Madrid: Unión Editorial, 2008.

Hernández, Antonio María. "20 Propuestas para fortalecer el federalismo argentino". *Revista de Derecho Público*, nº 141 (2015): 7-37.

Hernández Camargo, Lolymar. "El poder constituyente como principio legitimador de la Constitución". En *El Derecho público a comienzos del siglo XXI. Estudios en homenaje al profesor Allan R. Brewer-Carías*, I:111-32. Madrid: Civitas y UCV, 2003.

——. "¿Hacia un nuevo concepto de poder constituyente?: La Constitución venezolana de 1999". En *La muerte de una Constitución. El proceso constituyente de 1999 desencadenado por dos sentencias de la Corte Suprema*, 421-55. Caracas: EJV, 2022.

——. "Límites del poder ejecutivo en el ejercicio de la habilitación legislativa: Imposibilidad de establecer el contenido de la reforma constitucional rechazada vía habilitación legislativa". *Revista de Derecho Público*, nº 115 (2008): 51-56.

Hernández G., José Ignacio. *Control de cambio y de precio en Venezuela. Auge y colapso institucional (2003-2020) Del modelo socialista a la dolarización de facto*. Caracas: EJVI, 2021.

——. "El olvido de Roscio y el sesgo autocrático de nuestro Derecho público, en el bicentenario de 'El triunfo de la libertad sobre el despotismo'". *Revista de Derecho Público*, nº 151-152 (2017): 9-24.

——. "Espíritu y líneas maestras del Estado democrático de Derecho". *Revista de Derecho Público*, nº 161-162 (2020): 59-75.

——. "La desnaturalización de la Justicia Constitucional en Venezuela". *Revista de Derecho Público*, nº 163-164 (2020): 97-113.

——. "La destrucción de las condiciones de integridad electoral por los actos intolerables de la ilegítima Asamblea Nacional Constituyente". *Revista de Derecho Público*, nº 153-154 (2018): 41-56.

——. "La ilegítima destitución del gobernador electo del estado Zulia". *Revista de Derecho Público*, nº 151-152 (2017): 233-37.

——. "La ilegítima y fraudulenta convocatoria a una 'asamblea nacional constituyente ciudadana'". En *Estudios sobre la Asamblea Nacional Constituyente y su inconstitucional convocatoria en 2017*, 297-313. Caracas: ACIENPOL y EJV, 2017.

——. "La usurpación de la Presidencia de la República a partir del 10 de enero de 2019: Consecuencias en el Derecho Constitucional y en el Derecho Internacional". *Revista de Derecho Público*, nº 157-158 (2019): 281-92.

——. *Reflexiones sobre la Constitución y el modelo socioeconómico en Venezuela. A propósito del proceso de reforma constitucional*. Caracas: FUNEDA, 2008.

Hernández Valle, Rubén. "El poder constituyente derivado y los límites jurídicos del poder de reforma constitucional". *Revista Española de Derecho Constitucional*, nº 37 (1991): 143-55.

Hernández-Mendible, Víctor Rafael. "La contribución del Poder Judicial a la desaparición de la constitución, la democracia y el Estado de Derecho". En *La muerte de una Constitución. El proceso constituyente de 1999 desencadenado por dos sentencias de la Corte Suprema*, 331-62. Caracas: EJV, 2022.

——. "La nulidad del decreto del Arco Minero del Orinoco y de los actos jurídicos que los ejecuten". *Revista Tachirense de Derecho*, nº 3 (2017): 9-35.

Hidalgo, Manuel. "A la segunda va la vencida: ¿Chávez rumbo a 2021?" *Umbrales*, nº 19 (2009): 229-41.

Hobbes, Thomas. *Leviathan*. New York: Penguin Group, 2017.

Iribarren, Henrique. "El principio de la legalidad de los actos del poder público y el proceso constituyente de 1999 en Venezuela". *Boletín de la Academia de Ciencias Políticas y Sociales*, nº 144 (2006): 89-104.

Jiménez Monsalve, Ingrid. "Asamblea Nacional Constituyente 1946-1947. Logros y fracasos de un programa democrático". En *Procesos constituyentes y reformas constitucionales en la historia de Venezuela: 1811-1999*, II:587-621. Caracas: UCV, 2005.

——. "El debilitamiento del principio de representación proporcional en Venezuela o autoritarismo electoral: Dos caras de la misma moneda". *Revista Politeia* 34, nº 46 (2011): 83-110.

Jorge Prats, Eduardo. "A manera de prólogo. Ulises, las sirenas y los muertos constituyentes". En *La muerte de una Constitución. El proceso constituyente de 1999 desencadenado por dos sentencias de la Corte Suprema*, 21-26. Caracas: EJV, 2022.

Kant, Immanuel. *Teoría y práctica*. Traducido por Roberto Rodríguez Aramayo, Francisco Pérez López, y Juan Miguel Palacios García. 4° ed. Madrid: Tecnos, 2006.

Kiriakidis Longhi, Jorge. "Breves reflexiones en torno a los 26 Decretos-Ley de julio-agosto de 2008, y la consulta popular refrendaria de diciembre de 2007". *Revista de Derecho Público*, nº 115 (2008): 57-61.

——. "La Asamblea Nacional Constituyente en la Constitución venezolana de 1999: Un método de reforma constitucional, nada más, nada menos". *Revista de Derecho Público*, nº 151-152 (2017): 25-55.

——. "Las Leyes pluviosas de los años XI, XII y XIII (Algunas consideraciones en torno a la Ley Habilitante de 17-12-10)". *Revista de Derecho Público*, nº 130 (2012): 11-21.

——. "Notas sobre el asedio judicial a la inmunidad parlamentaria en Venezuela". *Revista de Derecho Público*, nº 155-156 (2018): 145-68.

Klug, Ulrich. *Lógica jurídica*. Traducido por J. C. Gardella. 2° ed. Bogotá: Temis, 2020.

La Roche, Humberto. *Ensayos de Derecho constitucional*. Caracas: TSJ, 2002.

Lander, Edgardo. "El referéndum sobre la reforma constitucional el proceso político en Venezuela entra en una encrucijada crítica". *Revista Venezolana de Economía y Ciencias Sociales* 14, nº 2 (2008): 133-66.

Lepervanche, Luisa. "Consideraciones jurídicas sobre criptoactivos y Petros". *Revista Venezolana de Derecho Mercantil*, nº 1 (2018): 345-87.

Llorente, Rubio. "La Constitución como fuente de Derecho", 155-76. México D.F.: Porrúa y UNAM, 2000.

Locke, John. *Second Treatise of Government and* A *Letter Concerning Toleration*. Kindle. Oxford: Oxford University, 2016.

Loewenstein, Karl. *Teoría de la Constitución*. Traducido por Alfredo Gallego Anabitarte. 2° ed. Barcelona: Editorial Ariel, 1979.

López Maya, Margarita, y Dinolis Alexandra Panzarelli. "Populismo, rentismo y socialismo del siglo XXI: El caso venezolano". *Revista de Ciencias Sociales de la Universidad Católica del Uruguay*, nº 2 (2011): 39-61.

Loreto González, Irene. *Algunos aspectos de la historia constitucional venezolana*. Caracas: ACIENPOL, 2010.

——. "Proceso constituyente y Constitución de 1811". En *El Derecho público a comienzos del siglo XXI. Estudios en homenaje al profesor Allan R. Brewer-Carías*, I:133-59. Madrid: Civitas y UCV, 2003.

Louza Scognamiglio, Laura. "Notas de prensa de la ONG Acceso a la Justicia sobre la asamblea nacional constituyente en el ejercicio de sus funciones (agosto 2017-marzo 2018)". *Revista de Derecho Público*, nº 153-154 (2018): 153-76.

Louza Scognamiglio, Laura, y Flavia Pesci Feltri. "La justicia constitucional en Venezuela: Instrumento político para la edificación del autoritarismo (1999-2021)". En *Estudios constitucionales y parlamentarios. Anuario 2021-2022*, 135-59. Caracas: CIDEP, IEPFT y UCAB, 2023.

Lugo Felice, Rafael. "Constituyente de 1863". En *Procesos constituyentes y reformas constitucionales en la historia de Venezuela: 1811-1999*, I:225-64. Caracas: UCV, 2005.

Maingon, Thais, Carmen Pérez Baralt, y Heinz Sonntag. "La batalla por una nueva Constitución para Venezuela". *Cuestiones Políticas* 16, nº 24 (2000): 22-48.

Márquez, Carmen María. "Interpretación de la Sala Constitucional del Tribunal Supremo de Justicia del artículo 350 de la Constitución de la República Bolivariana de Venezuela". *Revista Provincia*, nº 29 (2013): 55-92.

Matheus, Juan Miguel. "Irresponsabilidad e inmunidad parlamentarias en la Constitución de 1999". *Revista de la Facultad de Derecho de la Universidad Católica Andrés Bello*, nº 62-63 (2008): 59-79.

Mezgravis, Andrés. "¿Qué es la desobediencia civil?" *Revista de Derecho Constitucional*, nº 7 (2003): 189-91.

Miranda González, José. *Reformas y tendencias constitucionales recientes de la América Latina (1945-1956)*. México D.F.: UNAM, 1957.

Montiel, Moisés A. "La sucesión de los Estados y el derecho de los tratados. El principio de la tabula rasa y sus excepciones". *Revista de la Facultad de Ciencias Jurídicas y Políticas de la Universidad Central de Venezuela*, nº 138 (2013): 143–55.

Muci Borjas, José Antonio. "La regulación del encaje legal bancario y la furtiva expropiación regulatoria de la banca venezolana". *Revista de Derecho Público*, nº 157-158 (2019): 66–95.

Nikken, Claudia. "Algunas reflexiones sobre este asunto de la constituyente". En *Estudios sobre la Asamblea Nacional Constituyente y su inconstitucional convocatoria en* 2017, 205–10. Caracas: ACIENPOL y EJV, 2017.

——. *Consideraciones sobre las fuentes del Derecho constitucional y la interpretación de la Constitución*. Caracas: CIDEP y EJV, 2018.

——. "La soberanía popular y el trámite de la reforma constitucional promovida por iniciativa presidencial el 15 de agosto de 2007". *Revista de Derecho Público*, nº 112 (2007): 51–58.

——. "Soberanía popular y reforma constitucional. Breve análisis crítico de la fallida reforma constitucional iniciada por el Presidente de la República el 15 de agosto de 2007, desde el punto de vista de la soberanía popular". *Anuario de Derecho Público*, nº 1 (2007): 83–105.

——. "Sobre la invalidez de una Constitución". En *Derecho Público a comienzos del siglo XXI. Estudios en homenaje al profesor Allan R. Brewer Carías*, I:205–18. Madrid: Civitas e IDP-UCV, 2003.

Nikken, Pedro. "La protección de los derechos humanos: Haciendo efectiva la progresividad de los derechos económicos, sociales y culturales". *Revista IIDH*, nº 52 (2010): 55–140.

——. "La sorpresiva congruencia democrática del 2 de Diciembre". *Revista Venezolana de Economía y Ciencias Sociales* 14, nº 2 (2008): 167–84.

Njaim, Humberto. "El pueblo desenmascarado. Derecho y democracia". *Cuadernos Unimetanos*, nº 11 (2007): 167–79.

——. "Génesis y perspectivas de cierta asamblea nacional constituyente. Una mirada politológica". En *Estudios sobre la Asamblea Nacional Constituyente y su inconstitucional convocatoria en* 2017, 219–27. Caracas: ACIENPOL y EJV, 2017.

——, ed. "La reforma constitucional". En *Venezuela. Crisis política y reforma constitucional*, 147–63. Caracas: UCV, 1993.

Nogueira Alcalá, Humberto. "Poder constituyente, reforma de la Constitución y control jurisdiccional de constitucionalidad". *Cuestiones Constitucionales*, nº 36 (2017): 327–49.

Núñez, Linda. "La reforma constitucional de 1945". En *Procesos constituyentes y reformas constitucionales en la historia de Venezuela: 1811-1999*, II:563–85. Caracas: UCV, 2005.

Observatorio Electoral Venezolano. "Informe: Elección Presidencial (Parte I) - 2018", 2019. https://oevenezolano.org/wp-content/uploads/2020/05/Informe-Presidenciales-2018-Parte-I-2018.pdf.

——. "Informe: Elección Presidencial (Parte II) - 2018", 2019. https://oevenezolano.org/wp-content/uploads/2020/05/Informe-Presidenciales-2018-Parte-II-2018.pdf.

——. "Informe: Elecciones de gobernadores 2017", 2017. https://oevenezolano.org/wp-content/uploads/2021/04/Informe-Eleccion-de-Gobernadores_compressed.pdf.

Observatorio Global de Comunicación y Democracia. "Informe: Elecciones asamblea nacional constituyente 2017", 2017. https://www.observademocracia.org/wp-content/uploads/2017/10/Informe_AsambleaNacionalConstituyente-2017-VE.pdf.

Observatorio Venezolano de Conflictividad Social. "Venezuela 2020", 2021. https://www.observatoriodeconflictos.org.ve/oc/wp-content/uploads/2021/01/INFORMEOVCS-ANUAL2020.pdf.

Ortega Weffe, Jesús. "Temas básicos que Ud. debe conocer con ocasión de la tentativa de usurpación del poder constituyente originario en curso". En *Estudios sobre la Asamblea Nacional Constituyente y su inconstitucional convocatoria en* 2017, 273–95. Caracas: ACIENPOL y EJV, 2017.

Pace, Alessandro. "Morte di una Costituzione". En *La muerte de una Constitución. El proceso constituyente de 1999 desencadenado por dos sentencias de la Corte Suprema*, 27–43. Caracas: EJV, 2022.

Pacheco Amistesarove, Antonio J. "El proceso constituyente y la Constitución de 1874". En *Procesos constituyentes y reformas constitucionales en la historia de Venezuela*: 1811-1999, I:265–315. Caracas: UCV, 2005.

——. "El proceso constituyente y la Constitución de 1904". En *Procesos constituyentes y reformas constitucionales en la historia de Venezuela*: 1811-1999, II:451–91. Caracas: UCV, 2005.

Palacios Márquez, Leonardo. "De la inconstitucionalidad de la sentencia de la Sala Constitucional del Tribunal Supremo de Justicia n° 814 del 11/10/16 que se subroga la aprobación y control presupuestario del ejercicio 2017". *Revista de Derecho Tributario*, 2016, 51–78.

Pellegrino Pacera, Cosimina G. "La reedición de la propuesta constitucional de 2007 en el Decreto N° 6.217, con Rango, Valor y Fuerza de Ley Orgánica de la Administración Pública". *Revista de Derecho Público*, nº 115 (2008): 163–67.

——. "Los actos estatales expresados en el procedimiento de reforma de la Constitución: Naturaleza jurídica y control judicial". *Revista de Derecho Público*, nº 112 (2007): 343–46.

Peña Solís, José. "Breve excurso histórico y conceptual sobre las leyes constitucionales, a propósito de las dictadas por la sedicente Asamblea Nacional Constituyente". *Revista Venezolana de Legislación y Jurisprudencia*, nº 10 (2018): 219–47.

——. "Lecciones de Derecho constitucional venezolano". UCV, 2015. http://hdl.handle.net/10872/18618.

——. *Los tipos normativos en la Constitución de 1999 (tesis sobre los principales problemas interpretativos que origina su regulación)*. Caracas: TSJ, 2005.

——. *Manual de Derecho administrativo*. Vol. I. Caracas: CIDEP, 2021.

——. "Observaciones preliminares sobre la inconstitucionalidad del decreto presidencial n° 2878, de 23-5-2017, contentivo de las bases comiciales de la asamblea nacional constituyente 'convocada' por Nicolás Maduro". En *Estudios sobre la Asamblea Nacional Constituyente y su inconstitucional convocatoria en* 2017, 439–46. Caracas: ACIENPOL y EJV, 2017.

Peralta Fung, Khairy. "Régimen especial y transitorio para la gestión operativa y administrativa de la industria petrolera nacional. Decreto n° 3.368 del 12 de abril de 2018". *Revista de Derecho Público*, nº 153–154 (2008): 298–311.

Peraza Celis, Arturo. "Proceso constituyente de 1858". En *Procesos constituyentes y reformas constitucionales en la historia de Venezuela:* 1811-1999, I:179–223. Caracas: UCV, 2005.

Pérez Luciani, Gonzalo. *El principio de legalidad.* Caracas: ACIENPOL, 2009.

Plaza, Elena, y Ricardo Combellas, eds. *Procesos constituyentes y reformas constitucionales en la historia de Venezuela:* 1811-1999. Vol. I. Caracas: UCV, 2005.

——, eds. *Procesos constituyentes y reformas constitucionales en la historia de Venezuela:* 1811-1999. Vol. II. Caracas: UCV, 2005.

Politikaucab. "En el año 2000 las megaelecciones no fueron 'el 28, el 28, el 28' sino el 30 de julio", 2024. https://politikaucab.net/2024/04/23/en-el-ano-2000-las-megaelecciones-no-fueron-el-28-el-28-el-28-sino-el-30-de-julio/.

Porras Nadales, Antonio. "Notas sobre la teoría del poder constituyente y la experiencia española". *Revista de Estudios Políticos*, nº 24 (1981): 175–200.

PROVEA. "Situación de los derechos humanos en Venezuela", 2024. https://provea.org/wp-content/uploads/2024/04/Informe-Provea-BN-2023-compressed.pdf.

Rachadell, Manuel. "El proceso político en la formación y vigencia de la Constitución de 1961". En *Procesos constituyentes y reformas constitucionales en la historia de Venezuela:* 1811-1999, II:683–732. Caracas: UCV, 2005.

——. "Las garantías de los administrados en la Ley Orgánica de Procedimientos Administrativos". En *El procedimiento administrativo. Archivo de Derecho Público y Ciencias de la Administración*, 4 (1980-1981):83–106. Caracas: UCV, 1983.

——. *Socialismo del siglo XXI. Análisis de la Reforma Constitucional propuesta por el Presidente Chávez en agosto de 2007.* Caracas: EJV y FUNEDA, 2007.

Raffalli, Juan Manuel. "El veneno escondido en las bases comiciales". En *Estudios sobre la Asamblea Nacional Constituyente y su inconstitucional convocatoria en 2017*, 409–12. Caracas: ACIENPOL y EJV, 2017.

——. "Reconocimiento judicial del proceso constituyente y sus consecuencias". En *La muerte de una Constitución. El proceso constituyente de 1999 desencadenado por dos sentencias de la Corte Suprema*, 271–92. Caracas: EJV, 2022.

Ramos Fernández, Mary, y Marianella Villegas Salazar. "Jurisprudencia administrativa y constitucional (Corte Suprema de Justicia y Corte Primera de lo Contencioso Administrativo): de 1999". *Revista de Derecho Público*, nº 77–80 (1999): 55–514.

Real Academia Española. "Consultar". Diccionario de la Lengua Española, 2022. https://dle.rae.es/consultar.

——. "Falacia". Diccionario de la Lengua Española, 2022. https://dle.rae.es/falacia.

——. "Impedir". Diccionario de la Lengua Española, 2022. https://dle.rae.es/impedir.

——. "Iniciativa". Diccionario de la Lengua Española, 2022. https://dle.rae.es/iniciativa.

——. "Invocar". Diccionario de la Lengua Española, 2022. https://dle.rae.es/invocar.

Revanales, Gerson. "Comentarios sobre la Orden Ejecutiva 13.692 del Presidente de los Estados Unidos de América de fecha 8 de marzo de 2015, sobre sanciones a funcionarios venezolanos: un expediente en defensa de la democracia". *Revista de Derecho Público*, nº 141 (2015): 137–52.

Rivas Alberti, Jhenny. "El control parlamentario sobre el presupuesto público". *Revista Electrónica de Investigación y Asesoría Jurídica*, nº 7 (2017): 12–24.

Rivas, Elide. "El proceso constituyente y la Constitución de 1881: Un federalismo a la Suiza". En *Procesos constituyentes y reformas constitucionales en la historia de Venezuela: 1811-1999*, I:317–39. Caracas: UCV, 2005.

Rivera, José Antonio. "Reformas constitucionales y justicia constitucional". *Anuario de Derecho Constitucional Latinoamericano*, nº 15 (2009): 125–50.

Rodríguez París, Nathalie. "Reflexiones sobre el decreto constituyente que establece el régimen temporal de pago de anticipo del impuesto al valor agregado e impuesto sobre la renta para los sujetos pasivos calificados como especiales", 2018. https://lega.law/lega-indepth-4/.

Rojas Pérez, Manuel. "Constituyente de 2017: Fraude a la Constitución". En *Estudios sobre la Asamblea Nacional Constituyente y su inconstitucional convocatoria en 2017*, 329–34. Caracas: ACIENPOL y EJV, 2017.

Romero-Muci, Humberto. "La metamorfosis kafkiana de la unidad tributaria y la dolarización de las sanciones tributarias". *Revista de Derecho Público*, nº 165-166 (2021): 147–214.

Rondón de Sansó, Hildegard. "Cuatro temas álgidos de la Constitución venezolana de 1999". En *Libro homenaje al Dr. Luis Cova Arria*, II:1035–67. Caracas: ACIENPOL, 2021.

——. *La Asamblea Constituyente en Latinoamérica*. Kindle. Caracas: FUNEDA, 2016.

——. "La Asamblea Nacional Constituyente de 1999". En *Libro homenaje a la Academia de Ciencias Políticas y Sociales en el centenario de su fundación 1915-2015*, I:395–442. Caracas: ACIENPOL, 2015.

Rousseau, Jean-Jacques. *El contrato social o principios de Derecho político*. Traducido por Leticia Halperín Donghi. Buenos Aires: La Página, 2003.

Ruggeri Parra, Pablo. *Historia política y constitucional de Venezuela*. Vol. II. Caracas: UCV, 1949.

Sagüés, Néstor Pedro. *Manual de Derecho constitucional*. Buenos Aires: Astrea, 2007.

——. "Notas sobre el poder constituyente irregular". *Anuario de Derecho Constitucional Latinoamericano*, nº 15 (2009): 151–63.

Salvioli, Fabián. "El desarrollo progresivo: Elemento central de la perspectiva pro persona". *Revista IIDH*, nº 71 (2020): 111–66.

Sánchez Falcón, Enrique J. "El congreso constituyente venezolano de 1830". En *Procesos constituyentes y reformas constitucionales en la historia de Venezuela: 1811-1999*, I:131–54. Caracas: UCV, 2005.

——. "La reforma constitucional de 1936". En *Procesos constituyentes y reformas constitucionales en la historia de Venezuela: 1811-1999*, II:539–62. Caracas: UCV, 2005.

Sanquírico Pittevil, Fernando. "Las facultades (i) limitadas de la asamblea nacional constituyente de acuerdo a la Constitución de la República". En *Estudios sobre la Asamblea Nacional Constituyente y su inconstitucional convocatoria en 2017*, 365–70. Caracas: ACIENPOL y EJV, 2017.

Santayana, George. *The Life of Reason or the Phases of Human Progress*. New York: Charles Scribner's Sons, 1920.

Sarria Pietri, Marisol. "Asamblea Constituyente de 1999, medio 'idóneo' para subvertir la democracia: Una estrategia bien planificada". En *Libro home-*

naje a la Academia de Ciencias Políticas y Sociales en el centenario de su fundación 1915-2015, V:3331-62. Caracas: ACIENPOL, 2015.

Schmitt, Carl. *Teoría de la Constitución.* Traducido por Francisco Ayala. 2° reimpresión. Madrid: Alianza Editorial, 1996.

Sieyès, Enmanuel. *El tercer estado y otros escritos de* 1789. Traducido por Ramón Máiz. Madrid: Espasa-Calpe, 1991.

Silva Aranguren, Antonio. "El Tribunal Supremo de Justicia y los decretos de estado de excepción de 2015: Ningún control y numerosos excesos". *Revista de Derecho Público*, nº 143-144 (2015): 109-18.

Silva Aranguren, Antonio, y Gabriel Sira Santana. "Decretos-Leyes dictados por el Presidente de la República, con base en Ley Habilitante, en el período 2010-2012". *Revista de Derecho Público*, nº 130 (2012): 24-50.

Sira Santana, Gabriel. "Algunas reflexiones sobre la justicia constitucional". *Revista de Derecho Público*, nº 167-168 (2021): 243-48.

——. "El bloque de constitucionalidad y su tratamiento por parte de la Sala Constitucional del Tribunal Supremo de Justicia". *Revista Derecho y Sociedad*, nº 18 (2021): 325-40.

——. *El estado de excepción a partir de la Constitución de* 1999. Caracas: CIDEP y EJV, 2017.

——. "El interés superior del niño como limitante a la libertad de expresión, a propósito de la sentencia n° 359/2014 de la Sala Constitucional del Tribunal Supremo de Justicia". *Revista Venezolana de Legislación y Jurisprudencia*, nº 5 (2015): 569-99.

——. "El interés superior del niño como supuesto límite inmanente de la libertad de expresión". *Revista de Derecho Público*, nº 169-170 (2022): 166-80.

——. "El interés superior del niño en las decisiones de la Sala Constitucional del Tribunal Supremo de Justicia (2013-2017)". *Revista Venezolana de Legislación y Jurisprudencia*, nº 10 (2017): 981-1005.

——. "El propósito de los estados de excepción en Venezuela (enero 2016 - julio 2018)". En *Libro homenaje al profesor Eugenio Hernández-Bretón*, II:1585-1614. Caracas: ACIENPOL, 2019.

——. *Generalidades sobre la ley de armonización tributaria de los estados y municipios*. Caracas: EJV y FUNEDA, 2024.

——. "Introducción al estudio del Estado". *Revista de Derecho Público*, nº 157-158 (2019): 124-54.

——. "La 'Asamblea Nacional Constituyente' en la Gaceta Oficial de la República". *Revista de Derecho Público*, nº 153-154 (2018): 245-65.

——. "La 'Asamblea Nacional Constituyente' en la Gaceta Oficial de la República (cuarta parte)". *Revista de Derecho Público*, nº 159-160 (2019): 227-36.

——. "La 'Asamblea Nacional Constituyente' en la Gaceta Oficial de la República (quinta parte)". *Revista de Derecho Público*, nº 161-162 (2020): 375-80.

——. "La 'Asamblea Nacional Constituyente' en la Gaceta Oficial de la República (segunda parte)". *Revista de Derecho Público*, nº 155-156 (2018): 219-31.

——. "La 'Asamblea Nacional Constituyente' en la Gaceta Oficial de la República (sexta parte)". *Revista de Derecho Público*, nº 163-164 (2020): 417-22.

——. "La 'Asamblea Nacional Constituyente' en la Gaceta Oficial de la República (tercera parte)". *Revista de Derecho Público*, nº 157-158 (2019): 266-74.

——. "La asamblea nacional constituyente y la subversión del orden constitucional. El caso de Venezuela (2017-2020)". En *Estudios Constitucionales y*

Parlamentarios. Anuario 2021-2022, 449-66. Caracas: CIDEP, IEPFT y UCAB, 2023.

——. "La Asamblea Nacional según el Tribunal Supremo de Justicia, luego de las elecciones parlamentarias del año 2015". *Revista de Derecho Público*, nº 145-146 (2016): 267-84.

——. "La dignidad humana en los fallos de la Sala Constitucional del Tribunal Supremo de Justicia". En *Temas fundamentales de Derecho público en homenaje a Jesús González Pérez*, 563-99. Caracas: AVEDA, CIDEP y FUNEDA, 2020.

——. "La Gaceta Oficial de la República como fuente de inseguridad jurídica". *Revista de Derecho Público*, nº 163-164 (2020): 423-38.

——. "La integridad electoral en Venezuela". En *Libro homenaje al Dr. Pedro Nikken*, II:807-32. Caracas: ACIENPOL y EJV, 2021.

——. "La libertad de expresión en las redes sociales y su restricción por parte del Estado". *Revista de Derecho Público*, nº 165-166 (2021): 346-56.

——. "La obediencia debida del funcionario público según el Tribunal Supremo de Justicia". *Revista Electrónica de Derecho Administrativo Venezolano*, nº 21 (2020): 91-106.

——. *Poder Popular, descentralización y participación ciudadana*. Caracas: CIDEP y FUNEDA, 2018.

——. "Reporte CIDEP: La Sala Constitucional del TSJ vs. La Asamblea Nacional", 2018. https://cidep.online/files/reportes/reportecidep-sctsj-01.pdf.

——. "Una mirada al Derecho de excepción en la Constitución de 1999". En *Principios fundamentales del Derecho Público. Desafíos actuales. Libro conmemorativo de los 20 años de la publicación de la Constitución de 1999*, 379-402. EJVI, 2020.

——. "Venezuela y el estado de alarma por el COVID-19". En *Estudios jurídicos sobre la pandemia del* COVID-19, 55-70. Caracas: ACIENPOL, 2020.

Socorro, Nelson. "Comentarios sobre las consecuencias jurídicas del rechazo por el pueblo soberano a la iniciativa de reforma constitucional del 2 de diciembre 2007". *Revista de Derecho Público*, nº 113 (2008): 57-67.

Socorro, Nelson, y Henrique Iribarren. "Notas sobre la suprainconstitucionalidad de base de una enmienda que permita la reelección indefinida del Presidente de la República". *Anuario de Derecho Público*, nº 3 (2009): 69-73.

Soriano de García-Pelayo, Graciela. "Mito y reforma constitucional en Venezuela 2007". En *Procesos constituyentes contemporáneos en América Latina. Tendencias y perspectivas*, 507-28. México D.F.: UNAM, 2009.

Sosa Llanos, Pedro Vicente. "Procesos políticos en dictadura. La asamblea constituyente de 1953". *Revista de la Facultad de Ciencias Jurídicas y Políticas de la Universidad Central de Venezuela*, nº 126 (2006): 119-38.

Tocqueville, Alexis de. *Democracy in America and two essays on America*. Traducido por Gerald Bevan. Kindle. New York: Penguin Group, 2003.

Torrealba Mesa, Luisa. "Políticas de comunicación y acceso a la información noticiosa en Venezuela entre 1999 y 2004". UCV, 2009. http://saber.ucv.ve/bitstream/10872/6415/1/TesisPDF.pdf.

Torrealba Sánchez, Miguel Ángel. "Discrecionalidad administrativa y conceptos jurídicos indeterminados: ¿Nociones totalmente diversas o dos niveles dentro de una misma categoría? García de Enterría y las posiciones de la doctrina venezolana". *Revista Electrónica de Derecho Administrativo Venezolano*, nº 8 (2016): 221–33.

——. "La justicia electoral erigida en obstáculo para la paz en Venezuela: El caso de la suspensión cautelar de la proclamación de los diputados del Estado Amazonas como instrumento para obstaculizar la constitución del parlamento e impedir la representación política". *Revista de Derecho Público*, nº 145-146 (2016): 319–47.

Trocel Yabrudy, Andrea. "Consideraciones sobre la legalidad de los bonos de la deuda pública nacional ante la ausencia de una ley de presupuesto para el periodo económico 2017". *Revista de la Facultad de Derecho de la Universidad Católica Andrés Bello*, nº 72 (2018): 38–57.

Turuhpial Cariello, Héctor. *El texto oculto de la reforma*. Caracas: FUNEDA, 2008.

Urbina Mendoza, Emilio J. "La jurisprudencia del horror: Las posturas argumentales de la Sala Constitucional ante el tema constituyente (marzo-mayo 2017)". *Revista de Derecho Público*, nº 149–150 (2017): 364–408.

——. "Observaciones sobre la sentencia n° 455/2017 de la Sala Constitucional del TSJ y la concreción jurisprudencial, atípica e impertinente, de la unidad conceptual Estado/Nación. A propósito de una polémica en el País Vasco". En *Estudios Constitucionales y Parlamentarios. Anuario 2018-2020*, 207–35. Caracas: CIDEP, IEPFT y UCAB, 2021.

Urosa Maggi, Daniela. "Justicia electoral y autoritarismo judicial electoral en Venezuela". *Revista Electrónica de Derecho Administrativo Venezolano*, nº 14 (2018): 317–36.

Vega García, Pedro de. *La reforma constitucional y la problemática del poder constituyente*. Madrid: Tecnos, 1985.

Vega Reñón, Luis. *Introducción a la teoría de la argumentación. Problemas y perspectivas*. Kindle. Lima: Palestra Editores, 2016.

Viciano Pastor, Roberto, y Rubén Martínez Dalmau. "Necesidad y oportunidad en el proyecto venezolano de reforma constitucional (2007)". *Revista Venezolana de Economía y Ciencias Sociales* 14, nº 2 (2008): 102–32.

Zerpa Aponte, Ángel. "El primer proceso constituyente del siglo XX: La constituyente de 1901". En *Procesos constituyentes y reformas constitucionales en la historia de Venezuela: 1811-1999*, II:419–49. Caracas: UCV, 2005.

——. "Los procesos constituyentes de 1882 y 1893: La constitucionalización de la 'Caída del Liberalismo Amarillo'". En *Procesos constituyentes y reformas constitucionales en la historia de Venezuela: 1811-1999*, I:341–412. Caracas: UCV, 2005.

Zovatto, Daniel. *Los estados de excepción y los derechos humanos en América Latina*. Caracas y San José: EJV e IIDH, 1990.

www.ingramcontent.com/pod-product-compliance
Lightning Source LLC
LaVergne TN
LVHW010648051026
849532LV00001B/213

* 9 7 9 8 9 0 5 2 9 0 0 0 8 *